邱丕相 等著

人民体育出版社

图书在版编目（CIP）数据

武学论谭／邱丕相等著. -- 北京：人民体育出版社，2022

ISBN 978-7-5009-6203-8

Ⅰ.①武… Ⅱ.①邱… Ⅲ.①武术－中国－文集 Ⅳ.①G852-53

中国版本图书馆 CIP 数据核字（2022）第 154278 号

*

人民体育出版社出版发行
上海盛通时代印刷有限公司印刷
新 华 书 店 经 销

*

787×1092 16 开本 24.25 印张 512 千字
2022 年 10 月第 1 版 2022 年 10 月第 1 次印刷
印数：1—2,000 册

*

ISBN 978-7-5009-6203-8
定价：85.00 元

___

社址：北京市东城区体育馆路 8 号（天坛公园东门）
电话：67151482（发行部）   邮编：100061
传真：67151483   邮购：67118491
网址：www.psphpress.com

（购买本社图书，如遇有缺损页可与邮购部联系）

序   PREFACE

二十一世纪初,北京申奥成功后,中国武术能否进入奥运会?中国武术以何种形式进入奥运会?这两个问题成为被武术界、体育界及全社会普遍关注的话题。二十年过去了,这些问题以国人最不情愿看到的结果被搁置起来。在这场讨论之初,笔者曾就武术的国际化与竞技化的问题发表过粗陋的见解。大概因为有过这些肤浅的议论,上海体育学院邱丕相先生有些误解,以为我也是武术中人,时隔这么多年还邀我为本书写序。其实,我是武术的门外汉,岂敢班门弄斧,但盛情难却,只好作为第一读者,写一纸读书心得。

两百余年来,华夏大地一直处于社会大变革、文化大转型之中,中国数千年的农耕文明正在向工业文明、信息文明社会转变,正在逐步走向高度民主、高度科学的现代社会。在这场转变中,积累数千余年的中华文明正在主动或被动地接受这一转型的考验:有的已被彻底摒弃,如三纲五常、女性缠足;有的成为"活化石"类文化遗产被保护下来,如大量的民间手工工艺;有的作了世俗的变形而得以幸存,如麻将、旗袍;有的还处在非黑即白的争议之中,最典型的就是中医中药;有的原貌基本未变,保留了世界文化宝库的地位,如国画、书法、围棋、京剧与筷子。

面对这场旷日持久的大变革,中国武术也必须回答这一时代的拷问,因为这关系它未来的走向与命运。

中国近代著名考古学家、人类学家、史学家李济先生曾说:"中国历史是人类全部历史最光荣的一面。只有把它放在全体人类的背景上看,它的光辉才更加鲜明。把它关在一间老屋子里孤芳自赏的日子已经过去了。"毫无疑义,武术是中国历史创造出的辉煌一页,今天应该将它放到全人类的背景上去展示,让它融入新时代的光芒。

中国武术走向世界,实现它的国际化,既是中国文化发展趋势之使然,也是世界文化对中国武术认同、借鉴与吸收之必然。中国武术走向世界,既是中华民族自信自强的体现，也是对中国文化从未间断的特征做出的表达。产生于冷兵器时代，绵延了数千年的武术，在当代将其主体部分的传承责任交由体育运动与体育科学承担，这是中国体育的幸运，也是武术的理想归宿。

毋庸置疑，中国武术转身成为通行的国际文化确实还有很大的难度。这是因为中国武术具有多样化的文化形态。中国辽阔的版图和多民族的文化结构，生成了中国丰富多彩的武术文化世界，中国的武术不仅有汉民族的，还有少数民族的，不仅有官廷的，还有民间的，不仅有军事的，还有养生健身的。中国武术不仅拳种、器械多样，而且门派、流派复杂，文化的多元化特征在武术中表现得异常鲜明。中国武术各流派都渗透着儒释道多家的哲学思想，各门派的军事、养生、教育、艺术等多领域的纷杂背景更让人眼花缭乱。可以预料中国武术最终走向世界，实现它的国际化，将是一个漫长遥远的过程，甚至是一个需要几代人共同攀登的复杂曲折的过程。

如果说武术进入世界文化视野，实现国际化，是其未来的一个发展目标，那么武术实现竞技化，在体育领域争得一席之地，则是达成这一目标的主要手段。

在近现代的文化交流中，中国武术通过武侠小说与影视作品捷足先登，以神奇的人物、离奇的情节与夸张的镜头，引发了全世界的好奇心与众多的追随者。20世纪初中国武术开始尝试进入体育运动，并以这种方式靠拢奥运，走向世界，这是一种最佳的文化选择，它以最友善平和的、充满艺术感的方式解读、柔化了暴力行为。柔道与跆拳道借助了其他邻近"文化场"的改造与过渡在奥运会上先后立足，这是武术进入世界的成功范例，之后便是中国本土在世纪交替前后所做的各种努力。

以现代奥林匹克运动会为核心的全球性竞技运动，是适应市场经济社会活动而产生的文化现象，是符合市场经济价值观的文化具象，是培养服务于市场经济社会人才的得力工具。近现代竞技运动勃兴于英国，中兴于德法，辉煌于美国绝非偶然。20世纪90年代，中国竞技运动迅速达到高峰，与进入市场经济的进程齐头并进，也绝非偶然。

武术现行的两种比赛方式，无论是套路表演，还是技击对抗，似乎都有难以周全之处，与现代世界竞技运动出现的世俗化、专业化与制度化并行的发展趋势相比照，还存有较大的差异。既然已把武术确立在"体育"范畴，就必须为它设计出既不伤害武术本质，又符合当代竞技理想的出路，也就是要对武术的体育竞赛与训练的方式做出规制，以适应国际竞赛环境，并符合运动项目成例。然而，现行的无论是套路比赛，还是散打较量，都遇到了难言的麻烦。

套路比赛，是一种对假想之敌的虚拟技击，或是虚拟攻防的连贯性组合。套路若形成竞技竞赛必定趋向高难动作的追求，以提高观赏性和"区分度"。这种做法与奥运会上已有的计分打点项目雷同，完全可能葬送武术的技击本原，在以唯美主义与性感为主导的运动项目诱导下，武术将沦为拳家所不齿的花拳绣腿。散打虽符合武术"技击"定义，应属题中之议。但武术或因其内涵奥秘，高深莫测，或因其周延模糊，无边无沿，难以找到一个可以公认并共享的技击方式和"弹着点"。中国武术若奉西方竞技体育审美观、价值观为圭臬，便丧失了自己，步入了困境。

中国武术进入奥运会固然是它实现国际化、竞技化的一个捷径，也确实可以使这两个问题变得表面化与简单化，然而若采取削足适履的方法，阉割武术的灵魂，则是断然不可取的。21世纪初，中国武术与奥运会擦肩而过已成历史事实，但是可以确信，能够创造出如此伟大文化——武术的民族，一定也会以更大的智慧破解这一难题。

武术进奥运的论争已告一段落，人们渐渐冷静下来，一本在沉思之后名为《武学论谭》的大作展现在读者面前，这是以上海体育学院邱丕相先生主创，率众博士集结完成的一部学术文集。全书采纳了文化学、人类学、民族学、教育学、体育史学、健身学、兵器学等多种学科的视野，讨论了中国武术的诸多热点话题。在书中，邱丕相先生提出的"武术与军事技艺同源，但不能混同。武术运动是体育概念，不能涵盖武术的全部"的观点，"武术境界中术境、艺境与哲境的关系"的提法，将太极拳推为"哲拳"、打拳时须"恬淡虚无，陶然忘机，求自然、贵虚静、重养气、尚体悟"的主张，以及"中国书法包孕了精深的传统美学思想，与中国武术在技理上有不少相通之处，不啻为武术智能训练的一项重要内容"的心得，都是邱丕相先生在大量武术实践经验基础上所做的理论把握。

周伟良关于"武术的现代理论体系……是在介入了近代以来的西方体育文化基础上，伴随着武术科学化的历程而逐步形成的""武术理论研究无疑是中国学术领域的一个有机构成"的判断；王岗关于"强化中国武术教育在教育整个过程中必须牢牢树立武术教育的国家意识、国学意识、学科意识、文化意识与拳种意识"的提倡；彭鹏等人关于"学校教育在传承武术文化的作用与所承担的责任是有限的。新时代背景下，学校教育对武术文化的传承还处于探索发展阶段"的认知与忧虑，这些讨论都值得学界引起重视。本书的价值还在于，有益于开阔武术理论的眼界，解决武术教学、训练与竞赛中的实际问题，并为武术运动的国际化与竞技化获取更加坚实的发言权。

此论著内容多有博古知今，观点不乏质疑问难，也引进了新的研究领域与方法。本书可供武术专业人士研读，也可作为民族传统体育研究生的学习读本。

既然对中国武术研究的基本任务落在了体育运动范畴之中，我们对武术的研究视野是否应该拓宽，是否可以不再局限于体育现有的概念、范畴、命题，是否可以加强对"广义的"中国武术的基础理论研究，这或许可以容纳更多的武术理论研究内容。

不久前读到一本名为《中国文明的开始》的书，正文前的插图汇集了在小屯、侯家庄、琉璃阁等地出土的青铜与石材的兵戈照片，品类竟有50余种之多，有简约的、有华丽的、有威武的、有刁蛮的，让我大开眼界，大为震惊。由此可以想见，中国古代战史中的武术曾有过何等蔚为壮观的景象，又有何等呼风唤雨的魅力。中国武术理论研究的空间是巨大的，研究的素材是浩繁的，研究者们一定是大有作为的。为中国武术的历史做复原性描述，值得激赏，而为中国武术的未来做科学性预见，更值得期望。

卢元镇
2022年清明日写于北京宣颐家园容笑斋

前 言 FOREWORD

1996年下半年，国务院学位办批准并由教育部下达，在上海体育学院建立第一个武术理论与方法博士点，这是中国武术漫长历史中的一次飞跃。

1997年春天开始招生，我被聘为博士生导师，兴奋中确也诚惶诚恐，只能是边学边干，教学相长。直至2012年带完了最后一批博士生，期间共有35位完成学业并获得博士学位，3位完成了博士后学业；共38人，他们是：周伟良、田金龙、姜传银、刘树军、梅杭强、朱东、李志明、刘静、郭玉成、李厚芝、罗玲娜、卢东镐、王震、戴国斌、赵光圣、陈宝强、马剑、郭肖波、蓝孝勤、翁信辉、马文国、田学建、王国志、王岗、闫民、彭鹏、付文生、卢裕山、杨建营、严志钢、吉灿忠、王伟、李世宏、曾天雪、马文友；倪依克、乔凤杰、黄聪。

此后的10年间，几乎每年，大家都要约定俗成地聚在一起，畅谈思想和观点，关注武术当下热点问题，勾画未来武术方略，既有争辩也有合作，不啻为一种团结向前的好形式。

本书辑选了我的15篇文论，又有35位同学参与，每人1篇，共50篇集于本书，作为上册。其中，我的15篇论文大体按照自己的规划思路，从最基本的概念到文化、教育、传承、传播、发展、健身、艺术等顺序编排；32位博士的论文则按照入学顺序编排，对于同年入学的同学，则按照年龄，年长者在先；最后面是3位博士后的3篇论文，也是按照入学先后编排。八九月间拟举办的"武-艺论坛"上发表的论文及尚未参与的博士们的文章，一起集成下册。此外，由于各篇论文成稿时间、发表时间不一样，跨度近二十年，为了尊重原论文，保留了原论文的体例、风格，只是在参考文献、词语表述上遵循图书出版规范进行了修改。

我曾多次在不同场合说过，博士是国家的高端人才，武术博士更显稀缺。为此，绝不能只为了做教授、当专家，光宗耀祖，感恩亲人，要有一种为国家担当的责任和使命感，催人奋进。

我们需要高瞻远瞩于武术未来，高屋建瓴于学科建设，高韵深情于祖国和人民。

此书的出版旨在表达我们赤诚的心和沸腾的血。

担任本书编委的有邱丕相、田金龙、乔凤杰、王震、杨建营、吉灿忠。

委托杨建营负责收集整理后交付人民体育出版社。

此外，还有刘洪、冯香红、彭国强等博士生参加了编辑整理工作。

感谢人民体育出版社的热情帮助和大力支持。

尤其要感谢当代体育大家卢元镇先生为本书作序，田麦久先生为本书赋词。

诚挚欢迎武术界领导、专家、学者朋友们给予批评指导，不吝赐教。

邱丕相

2022 年 3 月于上海

目 录 CONTENTS

对武术概念的辨析与再认识 …………………………………… 邱丕相 ▶001

武术套路运动的美学特征与艺术性 …………………………… 邱丕相 ▶005

中国武术套路的文化解析 ……………………………………… 邱丕相 ▶012

中国太极拳修心养性价值趋论 ………………………………… 邱丕相 ▶018

当代武术的三重使命 …………………………………………… 邱丕相 ▶024

武术文化研究和教育研究的当代意义 ………………………… 邱丕相 ▶033

当代武术教育改革的几点思考 ………………………………… 邱丕相 ▶038

人类生态文明视域下的未来武术 ……………………………… 邱丕相 ▶043

中国武术的回眸与展望 ………………………………………… 邱丕相 ▶049

论武术的传承与创新 …………………………………………… 邱丕相 ▶056

武术传播应两翼齐飞 …………………………………………… 邱丕相 ▶059

全球文化背景下民族传统体育发展的思考 …………………… 邱丕相 ▶062

改革体育院校武术专业课的思考与建议 ……………………… 邱丕相 ▶068

中国传统健身术发轫 …………………………………………… 邱丕相 ▶074

武术与书法管窥 ………………………………………………… 邱丕相 ▶078

武术：一个不可忽视的学术领域 ……………………………… 周伟良 ▶082

武术内外家之争：焦点、论点及其分水岭 …………………… 田金龙 ▶095

高校民族传统体育专业开展武术功法运动之研究	刘树军	102
武术套路运动技法的艺术思维本质与方式研究	梅杭强	112
中西方不同视角下武术国际化发展的现状和未来	朱 东	121
孙禄堂拳学的身心教育观	李志明	134
太极拳价值论	刘 静	141
中国武术的历史走向	郭玉成	149
武术国际化——传统武术的价值与现代化转型	李厚芝	156
武术套路运动与西方武技的文化刍议	罗玲娜	162
试论六艺教育与中国武术体系	卢东镐	170
武功整复师：一个武术人新职业的构想	王 震	178
武术人类学研究：概念、议题与展望	戴国斌	187
我国学校武术教育现实困境与改革路径选择	赵光圣	198
武术境界论	马 剑	205
试论《纪效新书》的"长兵短用说"与"闯鸿门势"	郭肖波	213
蔡玉明五祖拳的文化传播	翁信辉	220
武艺之"疯魔"	马文国	225
全球化视野中传统武术发展策略研究	田学建	228
"一带一路"倡议背景下中国武术国际传播偏向与转向	王国志	235
重构中国武术教育体系的理论研究	王 岗	246
武术的主体性思维及表达	闫 民	255
学校武术教育的发展审视	彭 鹏	266
模块与认知图式：武术动作套路演进的再认识	付文生	276
中国武术终极价值之研究	卢裕山	287
文化强国建设目标下我国学校武术传承体系研究	杨建营	297
建设适合北美消费者的武术产品及品牌	严志钢	305

游离于"文化"与"体育"间的武术发展新论	吉灿忠 ▶311
武术弱连带优势研究	王 伟 ▶320
人类命运共同体视域下武术形象的重构	李世宏 ▶328
"文化误读"与武术研究的历史反思	曾天雪 ▶338
有"变"有"常":当代武术发展的理性选择	马文友 ▶345
社会学视域下传承武术文化的教育研究	倪依克 ▶353
武术哲学的一种研究范式——从武术视角对其他文化的三重诠释	乔凤杰 ▶362
中国武术文化优势扩散研究	黄 聪 ▶367

对武术概念的辨析与再认识*

一、引言

中国武术具有鲜明的民族特色和悠久的历史文化背景。然而，对武术概念的认识却在不断地衍化，武术界人士也总是喋喋不休地争论。它的庞杂性和局限性，给武术理论建设和教学带来不少麻烦。武术教材也好，武术研讨会也好，曾把它界定在一个体育范畴之内。难道由于武术归体育部门来管，它就只带有体育属性吗？诚然不能。本文试图从历史学、社会学和文化学的角度，力求客观地去追寻它的起源和衍变，探索它的文化背景与文化特性，分析它的社会功用和价值，比较体育运动的规律与原则。

二、武术与军事技艺不能同日而语

任何事物的概念都不是一成不变的。从漫长久远年代里走过来的武术，今天的概念和昔日的概念所涵盖的内容和形式都有不少差异，但本质属性应当是一致的。

在历史上曾用过不同的名词归属武术这一概念。

如春秋战国时有"技击"之称；汉代有"武艺"一词；清初人们取用了《文选》中"偃闭武术，阐扬文令"中的"武术"一词；民国时期称作"国术"；1949年以后，又改称"武术"。

据文字记载，古代武术中呈现为对抗形式的搏斗运动有"角力""角抵""手搏""相扑""击剑""较棒""刺枪"等；舞练形式的套路运动有"戈舞""矛舞""刀舞""剑舞""双剑舞""戟舞""双戟舞""走戟""使耙""使棒""使枪""使拳""打拳"等单人和集体的演练，"枪对牌""剑对牌"等双人对练。

从历史上溯源，人类为了生存竞争或安全的需要，狩猎、战争中的技能形态与武术初期的技术形态同源同构，甚至在一定时期里融汇交织，然而其文化内涵和价值功能却有本质的区别。战争中重要的是群体的阵式、协同等，个人的技术作用极为次要。

---

* 本文发表于1997年《上海体育学院学报》。

武术却是以个体行为为主、自发于民间的一种文化形态，表现了自卫、健身、娱乐、表演等多种社会价值和功能。在整个进程中，中国古代的儒家、道家、道教、佛教、民间宗教，以及各种民俗文化，都对其有不同程度的影响和渗透。不妨说，原始形态的武术与同时期世界各地域的武技几乎无大区别，而发展到近代却迥然不同。重要的在于先秦以来，封建社会的经济与文化的长期积淀，使它逐渐远离狩猎和军事技艺的形态，成为一种独立的人体运动形式和文化载体。为此，对武术不能混同于军事技艺，我们应有一个明晰的认识。早在明代，战将戚继光曾倡导士兵练拳弄棒，其目的在于提高身体素质。他认为战争技艺是"一起拥进""就戳便砍"，岂容得"活泼跳动""身势手法"。

三、"武术运动"不能替代"武术"

武术发展至今，体育的功能日显突出，归属体育部门来发展它，又使其内容、形式和手段的体育化特点更强。近些年来，它的定义被概括为：武术是以技击为主要内容，以套路和搏斗为运动形式，注重内外兼修的中国传统体育项目。

然而，从广义上说，武术的定义并不是体育能够涵盖的；从其功能来说，也不局限于体育。对武术的定义可以从三个侧面来剖析。

（一）武术是中国传统的技击术

武术同源于早期人类的狩猎活动及战争中的实用技术。随着不断地总结发展和适应需求，从形式到内容有很大的变化，但是技击这一精髓却万变不离其宗。"武术以技击为主要内容"，表达了它的本质属性，无论是套路还是格斗，都离不开攻防技击。这一特性使它既有别于舞蹈、杂技等人体运动形式，也有别于体操等体育项目。

当然技击并不是中国独有的，它是人类从本能需要到文明需要必然出现的技能和文化。世界各地如角斗、拳击、击剑、泰拳、空手道、跆拳道、桑勃、摔跤等，也具有技击攻防的属性。重要的是华夏民族、炎黄子孙长期以来，在自己的土地上，以自己的实践，按照自己的需求，总结出了自己的传统技击术，诸如踢法中有蹬、踹、铲、截、弹、缠、扫、挂、摆、点、弹、踩、撅等，打法中有冲、撞、挤、靠、崩、挑、劈、砸、掼、撩、盖、鞭、抛、抄、钉、砍、插、穿、标等；踢打摔拿击刺六法中都有许多丰富的技击法，各地域、各拳种又不尽相同。此外，武术中的擒拿法、快摔法、桥法、十八般兵器的击法等，均有独到之处。

武术的技击属性，反映了武术概念的内涵。

（二）武术是中国传统体育

这一点在定义中已明确提出，表达了它的体育属性。这不仅由于千百年来人们从文化需求和社会功能角度出发，将其视为强身健体、提高素质的手段，发挥它健身和育人的功效；也由于近代以来，它在军事训练中的作用减小而体育功能增强，在近代文明兴起体育的时代，更向体育项目上转变。尤其是中华人民共和国成立后，政府明确武术为体育运动项目，开展普及和竞技比赛，竞赛法和规则使武术的套路和散手更明显地表现出体育性质。

从技击而言，它是一种人类进行格斗的方法，可以包括你死我活的和竞技较量的两种性质。那么，武术作为中国传统技击术也不乏含有置对方于死地或失去反抗能力的方法，这与体育的性质又是相违背的，便只能摒弃那些致伤、致残、致死的方法于武术运动之外，或者演化为一种个人操练或默契配合的套路形式。这也反映出武术作为传统技击术这一概念，含有超越体育的成分。这种武术技能仍在公安、司法及军事侦察部门得以保留和采用。对广大民众来说，武术的体育属性是主要的。

定义中提出以技击为主要内容，说明也并不完全都是技击内容，如套路运动中的连接过渡动作、"亮相塑形"等；也有整个套路技击含义并不突出，而健身、观赏功能较明显的。在散手运动中对有害健康、危及性命的动作，视为犯规而不允许采用或加以限制。

从逻辑学上认识，中国传统体育是武术的上属概念，武术的套路运动和格斗运动则是概念的外延。比较确切的提法，体育项目的武术应称其为武术运动。

（三）武术是中国的传统文化之一

我们在认识武术概念时，绝不能仅仅将其视为一种技术技能或人体运动，还应认识它丰富的文化内涵。在人类文明的进程中，技击术的出现是一种必然，它的初期也可以说大同小异，发展至今却有很大的差异，武术的独特性与其文化氛围分不开。在漫长的历程中，它不断受到中国传统哲学、政治伦理、宗教礼仪、军事思想、文学艺术、医学理论，以及社会习俗等形形色色的社会形态的深刻影响。中华民族独特的思维方式、道德观念、审美情趣、心态模式、价值取向以及人生观、宇宙观等在武术中都有集中的反映。

定义中提到的"内外兼修"，正是言简意赅地反映了它们的文化属性，使武术超越了一般的技能技术层次，也超越了以体能形态为主的西方竞技体育。它以哲学为基础，以"主动"与"主静"及中庸为支架，体现了寓意深邃、内容丰富的文化内涵，诸如整体运动观、阴阳变化观、形神论、气论、动静论、刚柔说、虚实说等，形成了独具风貌的武术文化体系。它既具备人类体育运动强身健体的共同特征，又具有东方文化特有的哲理性、科学性和艺术性。它是中国文化在人体运动中的表现和载体，从一个侧面辉映出东方民族文化的光彩。

"内外兼修"所包含的内容意蕴可归结为四个方面：武术追求外在的形健和内在的神韵，从而达到形神兼备；武术训练中既强调练"内"，又强调练"外"，所谓"外练筋骨皮，内练一口气"；武术的"内三合"与"外三合"，内外相合、上下相随，追求一种高度的协调与统一，体现了整体运动观；武术追求内外双修之功，要求武德与拳理、技术与修养结合，成为武术育人的最高境界。诚然，"内外兼修"一语较形象地表示了武术的传统文化属性。

四、结语

武术与军事技艺同源，但不能混同。

武术运动是体育概念，不能涵盖武术的全部。

武术是一种社会存在方式，是民族文化载体之一，但并不排斥它具有体育属性这一重要方面。

参考文献

[1] 武术编写组. 武术（体育学院专修通用教材）[M]. 北京：人民体育出版社，1986.

[2] 旷文楠，等. 中国武术文化概论 [M]. 成都：四川教育出版社，1990.

[3] 张岱年，程宜山. 中国文化与文化论争 [M]. 北京：中国人民大学出版社，1990.

[4] 戚继光. 纪效新书 [M]. 北京：人民体育出版社，1985.

[5] 程大力. 中国武术——历史与文化 [M]. 成都：四川大学出版社，1995.

[6] 乔克勤，关文明. 中国体育思想史 [M]. 兰州：甘肃民族出版社，1993.

武术套路运动的美学特征与艺术性*

武术发展到今天,不再是一个板块的多元价值功能,至少应分为健身的、艺术的、格斗的三个武术板块,充分发挥各自的价值功能,才会适应当今社会和市场需求。本文所论多指艺术武术这一板块。

武术套路运动如同其他体育运动,具有各自独特的美学特征与艺术表现力,但它们又具有共同的特性,即所有的体育运动都是通过参与者的智慧和体力对各自的技术进行再创造。无论是怎样的目的,参与者都从一个侧面间接或直接地表达了运动的美学与艺术特性。因此,对武术套路运动进行再创造,首先要明白它是一种怎样的创造,即它的技术特征是什么,然后才能深入它的审美及艺术表现问题。

一、武术套路运动的技术特征

武术套路运动,是中国独特的一种运动形式。世界上有很多技击术,唯独中国武术形成了庞杂纷繁、浩如烟海的套路运动。这是由中国文化特征,诸如人生观念、思维方式、价值取向、民族性格、生活习俗、审美情趣等决定的。

武术缘起于狩猎和战争,在搏斗格杀中,提炼了攻防技术。这种技术随着历史的进程,在东方文化的熏陶和浸润下,逐渐产生了分化。军事中的实用技术逐渐总结提炼为战阵武艺,民间流传的拳法逐渐演变为名目繁多的日常武艺。今天的武术大多是后种武艺的延续。两者虽具有很大的不同,但无论怎么说,武术还是一种传统的技击术,技击性是它的本质属性。武术套路技术的核心仍然离不开技击性。准确地说,武术套路的技术结构具有技击性,而它的演练技巧(技法)则具有很强的艺术性。武术套路运动的技艺特性,在于从攻防中提炼了手眼身法步、精神气力功,把格斗技术进行了再创造和升华。

明代戚继光是一名善于谋略的战将,同时也是一位精通拳法的武术家。他将三十二式长拳作为训练士兵的必修课。他说:"拳法似无预于大战之技,然活动手足,惯勤肢体,此为初学入艺之门也。"也就是说,打拳、练拳似乎在战场上无用,但它可以提

---

* 本文发表于2004年《上海体育学院学报》。

高士兵灵巧机敏的身体素质，间接地为军事服务。

所谓拳法，就是一种技击的模式，应对各种攻击的招式方法。经常组合在一起，也就成了套子。历史记载中，宋代出现了"打套子"，在勾栏、瓦舍中表演的，称路岐人。

中国传统的拳法究竟是练的、看的，还是用的？实际上三种功能都有。这是中国文化造就的一个现实。中国人通过对技击术进行提炼、琢磨，使之程式化，世世代代传承下去，也就形成了武术套路运动。

为什么说武术套路运动具有艺术性？原始人在狩猎或争战之后，欢庆或祭祀时，手舞足蹈，抒发情怀，《诗经·毛诗序》中有："言之不足，故嗟叹之，嗟叹之不足，故咏歌之，咏歌之不足，不知手之舞之，足之蹈之也。"这些舞的动作又均源于狩猎、战争等实践生活。

记载中周时分武舞、文舞，汉代有刀舞、剑舞、钺舞、沐猴舞，唐代分健舞、软舞，这都与武术密不可分。历史中的鸿门宴"项庄舞剑，意在沛公"，在宫廷舞剑，暗藏杀机。无独有偶，三国时期凌统与甘宁有杀父之仇，酒宴上"统乃以刀舞"，甘宁则以"宁能舞双戟"陪舞，以防万一。

舞与武在古汉语上相通，也有舞练之意。著名舞蹈家吴晓邦说，中国的舞蹈一半是武术，我学习武术已五十多年。唐诗中有"今日当场舞，应知是战人""忽如裴旻舞双剑，七星错落缠蛟龙"。舞练产生感染力，张旭观公孙大娘舞剑，淋漓顿挫，草书大进；裴将军卸衣舞剑，助发吴道子灵感，以壁作画，"庶因猛厉以通幽冥""平生绘事，得意无出于此"。这种感染力激发了灵感，移情于书画，正是艺术的力量。

人类学观点认为自然环境决定了思维方式，思维方式决定了文化形式。以传统农耕为主的中国，长于观天察地的形象思维——趋向艺术性；西方人长于逻辑推理的概念思维——趋向科学性。中国人的思维是以天观地，以象来体察形和器。

蔡龙云先生认为武术的拳、脚，一招一式，可以类似字的点画，字、词、短句，讲实用格斗，正如用字来传达与交流。散打有一定的规则来限制，与实用有所不同，可以类似散文，讲求技巧，实用性仍较强，而套路却似文字中的诗，是经提炼了的、比较理想化的，与实用本身有一定的距离，呈现出多样化的创造，也就具有了艺术性。

今天的武术早已不是发轫之初的武术，几经演进后有些拳法也未必能直接应用。技、艺原本不区分，有些技术也曾归属艺术，后来才区分艺术与技术、科学与科技。技艺高的武术，犹如紫砂茶壶，既是实用的，也是可观赏的艺术品。一味强调套路技术的实战性，是不现实的。戚继光认为那些用于表演的套子"图人前美观、满片花草""是无以上大阵，对大敌的"，而战争是要性命的勾当。初期的散打项目试验中用传统拳法来对抗竞技，也未能获得成功。

因此，当我们总结武术套路的技术特征时，可归纳为技击性、多样性和艺术性。技击性与艺术性并不矛盾，武术套路的技艺是表现技击性，但绝不是真实表现实用性。

实用与艺术是两个概念，实用性在套路中，尤其在竞技套路中是很难实现的。技击性主要表现在动作构架、方法上，艺术性主要表现在动作的技法、技巧（如何连接、如何演练）上，而健身性、娱乐性则是它的功能特点，不是技术特征。

此外，竞技武术突出了竞技性，是武术套路运动的一种新特点，运动员通过比赛完成动作的质量，比演练水平，比完成动作难度，分高低，论胜负。难度是竞赛中的一个重要棋子，应予以充分重视，但绝不是难度决定一切。如果武术套路难度决定一切，它的终极难度不是在步体操、技巧、杂技的后尘吗？

前些年，对武术套路运动的探索中，似乎认为舒展总比收缩美，中正总比歪斜美，复杂总比简单美，华丽总比粗犷美。其实都应当根据动作的特性和技术风格来确定。

我们在明确武术具有艺术性的同时，绝不是要放弃和弱化技击性，从演练来说，要用艺术性更精彩生动地表现技击性。

二、武术套路运动的美学特征

中国古代有"仁者为美""中和为美""立实为美"，也有不少美学精论，但没有从本质上来阐述。美学是揭示美的本质和原理的学问，它产生于西方。要了解套路运动的美学特征，就要弄清相关的美学原理。用美学原理分析、研究什么是武术套路的美，如何进行诗意的创造。

其一，武术套路运动的美，是表现战斗的"生活"。

车尔尼雪夫斯基认为"美是生活"，"美应当显示生活，或使我们想起生活"。人们的艺术创造应当再现生活，唤起人们对生活的回忆，人们通过对其认识与理解，从而感受了事物的美。《激情燃烧的岁月》是用现实主义的手法来描写的，唤起那个年代人的回忆。不熟悉的，但觉得合乎现实生活，也会认同。《康熙大帝》《雍正皇帝》，虽然未曾经历，但却较真实地反映了宫廷斗争，逼真、可信。真善美，真才感到美，正义、善良才能表现大美。武术套路运动，令人联想格斗、战斗的生活图景，从气概到智慧，由技艺到功夫，从而感到崇高的美。武术的套路技术魅力其根本出发点是直接表现战斗、技击，它要通过演练者的攻防技术、劲力、节奏、神采等来体现战斗的"生活"，不同于舞蹈、体操、戏曲、杂技。

武术套路运动的演练体现了攻防。武术套路是人们经过琢磨、推敲，对技击术进行提炼、加工，而表现的一种战斗的"生活"。通过习练者的不断体悟，在知其然、知其所以然的演练中得到升华，使演练者表现出神形兼备的攻防形象，使观众在观看的过程中，感受到武术套路运动的美。

武术套路运动体现了劲力，这是武术的技术特点。如寸劲、冷弹劲、鞭打劲、翻扯劲、碾转劲、缠丝劲、螺旋劲、崩撼劲、掤劲等（郭云深的明劲、暗劲、化劲）。各拳种都有各自的规律和发力特点，但也有共同的特征，即整体协调、发乎一点。因此，下功夫练出过硬的劲力，才是武术独特的美。

其二，武术套路运动的美，是一种"距离"的美。歌德曾经说过："艺术绝不该和现实一样，和自然毫无二致是不能体现艺术的。"所谓美是两方面的客体与主体。客体创造了美，主体观察对象时产生了美感，两者互为依存。

事物有三种属性：知识属性、实用属性、审美属性；作为审美主体的人有三种态度：知识态度、功利态度、审美态度。事物属性与主体态度的不同，会产生大相径庭的感受（经济价值、审美价值、形象风格）。对于春雨绵绵，行人感受到行路中的不便，而诗人、画家却感受到了一种诗情画意。这种诗情画意由"心理距离"而发，它是主体的人抛开知识、功利的目的，以审美的态度、艺术的眼光去看绵绵春雨，才感到大自然的美。因此，依存客体的艺术家需要通过创造，将作品与现实拉开距离，才能突出审美的属性。

罗丹是一位令人销魂的艺术家。他的作品让你误以为是真正人体的时候，又轻轻地提醒你，那只是泥巴。误以为人体的时候，艺术已经平庸，明了是泥巴的时候，艺术才闪烁光辉。齐白石先生说，"不似则欺世，太似则媚俗"，"似与不似之间，似之"。这都体现了一种距离的美。

武术套路运动的魅力，正在于它从攻防中提炼而得。它所提炼出的手眼身法步、精神气力功，是对格斗技术进行的再创造、升华、提炼，使之与实用攻防拉开一定的距离。否则，把街头打架的动作编成套路就没法看，把散打动作连成一套也不会有魅力。过去的武术家们能进行提炼和创造，我们这一代也能进行新的创造，时代也会接受，人民也会欢迎。继承传统，超越传统，是传统文化的共同主题。

其三，武术套路运动的美，是经过创造所表现出的一种感染力、震撼力的美。

高尔基说："对感官和理智发生影响，如同一种力量，使人在他的创造能力面前发生惊奇、自豪和高兴。"在马路上看人练套路，你会说花架子、不实用，这是因为你在实用的生活环境中，从功利的角度去看、去思考。当观众坐在观众席，客观上已经引入了审美环境，如果他们又是抱着审美态度而不是实用态度来观赏，那么是否能够让观众物我两忘，关键就看演练者如何通过演练把观众带进艺术之境。

客体所创造的艺术传递到主体的观众，产生"移情作用"，创造者以情创造图景，观众由图景而生情，情产生了转移。如裴旻舞剑，公孙大娘舞剑，精彩的演练移情到画家、书法家身上；老太太看《秦香莲》——忘情地在台下对戏中主人公喊不要钱，等等。扣人心弦的对练，激烈的竞争比赛，使人紧张、透不过气来，随之起伏跌宕，甚至产生"内模仿"，从而感到愉悦、满足、赞叹，产生美感。

回过头来说，武术套路运动的表演是否具有感染力、震撼力，武术套路的演练者是否能把观众引入艺术之境，令他们惊奇、赞叹不已，甚至产生移情作用，使观众物我两忘发生内模仿，则需要演练者和指导者精心地提炼和创造，需要演练者功夫的炉火纯青，充分表达指导者的创造意图，将武术套路运动当作艺术精品来打造。归结一点,武术套路运动主要不是靠悬念(足球的胜负未卜),不是靠强刺激(拳击、散打具有强烈的视觉冲击力)来赢得观众的掌声,而是靠艺术魅力取胜——它来自扎实的功力和艺术创造力。

三、武术套路运动的艺术性

美学分类中有自然美、社会美、艺术美(形式美,意蕴美)。自然美相对于人工塑造,犹如一块石头不经雕琢,其自然形态即可以引人浮想联翩。自然美十分可贵。自然美是一种真,也是一种天趣。社会美表现人与人的关系,人的心灵世界,道德、公德以及各种社会形态的美。如上电梯的人整齐有序,站在右半侧,为急行的人提供便利,就是一种井然有序的社会美。

艺术是创造美的技巧和方法。艺术美是武术套路运动的一个重要运动表现,武术套路运动通过两种形式来表现艺术美:其一,表现"外"的形式美。其二,表现"内"的意蕴美。

(一) 武术套路运动的形式美

"美是形式结构的比例和谐,以及变化中的统一"。商品的包装构成了最外面的一种形式美——朴素、大方,让人喜爱。艺术的搭配,点、线、光、色、声是创造直觉形象的重要因素。而武术则通过动作的均衡排列以及对比呼应来体现其艺术特性。在武术套路中,形式美表现为齐整、参差、主次、均衡、对称、对比、呼应、比例、协调等。

如均衡原则,具体至武术套路中就是要五体匀称。华拳技法理论认为"五体称,乃可谓之形备",一个动作要做到"方中矩,圆中规,自中绳平衡均施,敛束相抱,左右顾盼,八面供心"。四肢、躯干要均衡匀称。"弓、马、仆、虚、歇、拳、掌、勾"犹如"永"字八法,"点、横、竖、撇、撩、挑、折、勾"。要将武术套路动作做到准确到位、合规矩,就必须以柔韧做基础,才能得心应手。功架如同字的间架,如平正整齐,上下平衡,左右匀称,轻重平衡,分布均匀,对比调和,内外相称。

正与奇的关系。斜中寓直,奇中寓正,正中含奇,以奇求正,均为重力平衡,总体是平衡。如李连杰的《少林寺》电影海报中的动作;如醉拳中的狂颠醉步。这种打破平衡的局面,在变化中求平衡,使动作带有活力,充满动感,突显了技击形象。

要有遒劲。五体若"五骨",线条要挺拔,有内涵的劲,太极拳也不是松软的,含有掤劲。华拳要求撑、拔、张、展、勾、扣、翘、掤,犹如书法,入木三分,背光一照,一条铁线。没有筋骨的字,称为"墨猪"。

对比原则——变化中的统一。书法中有:长与短,曲与直,轻与重,粗与细,藏与露,方与圆,润与枯,浓与淡,形成对比;字与字间,敛与散,疏与密,大与小,等等，它们都处在一个整体中，表现和谐。

武术套路中，通过运用动与静、起与落、快与慢、高与低、刚与柔、进与退、转与折、收与放、挺与含、虚与实、轻与重之间的对比表现变化，从不均衡中求均衡，相辅相成，在对比中求统一，增强艺术感染力。如诗句中有："昔我往矣，杨柳依依，今我来思，雨雪霏霏。""风定花犹落，鸟鸣山更幽。"这种对比呼应在武术套路运动的指导者、演练者中得到普遍的应用，它可以表现整套的节奏变化，使武术套路充满生机。体现这种对比呼应，一是要有扎实的功力作为基础，没有功力形成不了鲜明的对比。以动与静为例，功力强才能干净利落，如李霞、刘清华的剑术；二是要有创造力，不要人云亦云，应别开生面，出其不意，"喜新厌旧"，甚至有逆反思维。

（二）武术套路运动的意蕴美

抛开形式美这一层，深入进去则是意蕴美。意蕴美是中国传统艺术追求美的重要特色。它通常指神韵、气韵、意境等。什么是神韵？"神乃形之君"，神采和韵味。神是指生命的象征，"神采奕奕"，"传神"，多指生命静态中透发生活的灵气。

武术中强调"静要有势"，定势要透发神采，生动活脱；体现了静中寓动，静若潜鱼。不仅是眼睛要贯注，更要有内在情绪和意念的支撑。怒在其心，含而不露，精气神的表现恰恰是东方竞技运动的特色。太极拳同样需要传神，外示安逸，内宜鼓荡，鼓荡就需一种激情，一种斗志。

气是宇宙中鼓动万物运转的东西，"气"和"神"都含有生命的象征。气韵与神韵是一致的，但也有一些区别。"气韵"是生气勃勃，有韵味。"韵"是一种节奏的和谐和音乐感。"动要有韵"，动作连接得和谐、巧妙、有序，快缓动静、起伏转折，把握得恰到好处。"形断意连，势断气连"，气脉不断，生生不息，表现了一种和谐的生命节奏。它不是杂乱无序，但也不一定是小孩背书，在武术套路运动中，它更表现了一种动态的韵律。可以说，把心、神、意、气与动作的起承转合巧妙地和谐起来定会"气韵生动"。

意境，是中国人追求的最高审美层面，是表现的生活图景与表达的思想情感融合一致，形成的一种艺术境界。它是整体性的、可感知的，犹如身法之妙，只可意会，不可言传。意境还能引发人们产生联想、回味，深远悠长。我把对意境的理解概括为：情景交融、以实生虚、引起联想、耐人寻味。山水画可以以实生虚，京剧则以虚代实，诗歌可以情景交融、以实代虚。武术用动作形象表现战斗意境和文学性格美（动作背后隐藏的为虚）。当我们把武术套路运动作为一种技击的艺术表现时，它给观赏者的应当是激昂、优美运动的乐章，是生动搏击的磅礴画卷。从有形联想到无形，韵味幽远。

有人说，意境是使观赏者如身入其境，在思想情绪上受到感染。这个提法比较容易联系武术套路。精彩的单练、对练，的确可以令人激荡，如入境中，"物我两忘"。蔡龙云先生说："要把自己置身于一个充满战斗的场合里，才能完美地表现套路运动。"

如果我们把手法、眼法、身法、步法与心、神、意、气巧妙合一，高度和谐，就会创造出一种表现攻防艺术的战斗图景，表现了一种勇敢、智慧、坚韧、顽强、灵活、机敏的泛文学性格美。这样的演练定会受到人们的称道。于承惠的双手剑技术，其剑法、身法、节奏、身心投入就很可取。可以设想，如果允许有音乐、话外音、背景画面等烘托，应当就是很高雅的武术艺术——表现技击搏斗生活的艺术。

以富有创造力的动作演练，燃起激情，以激情勾画战斗图景，以图景感染观众，令观众忘怀和回味。"有醉己之激情，始有醉人之力作，己不能醉，何以醉人？"陈鑫先生说："心无妙趣打拳，则打不出好景致。"神韵，气脉，意境，看似虚，却实存。如何运用到演练中，则需演练者扩充知识面，加以艺术修养，提高审美能力，善于借鉴，在实践中体悟揣摩，充分利用发散思维——迁想妙得，勇于创新。要在难度上创新，结构上创新，动作上创新，节奏上创新，风格上创新。要别出心裁，不同凡响，创造风格，创造个性。

美是无限的。作为表演性武术的套路运动，只有领悟到它的真谛时——技击是本质，功力是根基，节奏是活力，风格是色彩，激情是灵魂，我们才能将武术套路中的高水平表演不断引向高雅的艺术殿堂，才会赢来观众，才会为人们所赞赏。

参考文献

［1］钱穆．中国文化史导论［M］．北京：商务印书馆，1994．
［2］叶秀山．中西智慧的贯通［M］．南京：江苏人民出版社，2002．
［3］蔡龙云．武术运动基本训练［M］．上海：上海人民出版社，1956．
［4］习云太．中国武术史［M］．北京：人民体育出版社，1985．
［5］邱丕相．武术套路美学初探［J］．上海体育学院学报，1984（4）．
［6］宗白华．艺境［M］．北京：北京大学出版社，1987．
［7］伍蠡甫．中国画论研究［M］．北京：北京大学出版社，1983．
［8］李泽厚．美的历程［M］．桂林：广西师范大学出版社，2001．

中国武术套路的文化解析*

前　言

武术套路的产生是中国传统文化影响下的必然,从地理环境看,我国处于一种封闭的、高度稳定状态的大陆性地域,与西方地中海沿岸的民族有很大的不同;从物资的生产方式看,我国文化根植于农业社会,封建的小农经济在中国有几千年的历史,这与中亚、西亚的游牧民族,工商业比较发达的海洋民族相比也有很大的不同;从社会结构看,宗法制度在我国漫长的历史中成为维系社会的重要纽带。大一统在中国延续两千多年,这在世界历史上都是罕见的。正是上述独特的自然、历史条件的影响和制约使与之相适应的中国文化带有鲜明的个性色彩:无与伦比的生命延续力;推崇备至的天人和谐思想;厚德载物的宽容品格和自强不息的进取精神。而武术文化是典型的传统文化代表,它突出地映射出中国人的思维特征:比较偏爱形象思维,即使进行逻辑思维也不完全抛弃具体,对于具体与抽象、感性与理性也没有太严格的界限。表现出中国人在思维过程中活泼不滞、长于悟性的高度智慧。在这种传统文化背景下形成的套路运动蕴含了中国传统文化的特质。

一、动作性质

动作是套路的基本单位,是我们分析套路的切入点,套路利用动作来描写格斗意象。从套路的动作结构来看,它是以攻防为基础,体现进退、虚实、闪展、腾挪,没有攻防便不成其为武术。套路体现的是一种程式化的、灵活多变的理想化打法。不同拳种流派均与实战或近或远地存在一定的距离,它是对格斗进行提炼和抽象。这种抽象正如钱穆先生眼中的中国字一样,"虽是一种'象形'的,而很快便走上'象意'与'意事'的范围里。中国字并不喜欢具体描绘一个物象,而常抽象地描绘一个意象

---

* 本文与闫民、戴国斌合作完成,发表于 2007 年《体育科学》。

和事象"[1]。同时,这些抽象又始终未离开具体的形象,滕守尧先生将这种"粘带想象的概念上进行的抽象的思考"称为"具象的抽象"[2]。这种没有离开具体形象的"象意"和"象事",与西方美学"彻底甩掉具象性质的抽象概念上进行的思维活动"的"纯思的抽象"不同,体现出我国古代美学的一大特点。因此,套路用动作来描写格斗意象,不满足于形似,而要表现出格斗的动态、气势和意境,并将格斗意象的动作"符号化"。所以,套路的演练是格斗形象的表演,而不是真打实斗,是对真打实斗的一种超越。

套路对格斗"具象的抽象"还呈现出审美和想象的特点。有人认为,中国文化具有从技能向技艺发展的倾向。如原本摄取营养的进食过程,在中国菜系中却发展为"色、香、味"的追求;原本为了交流达意的书写,在中国大地却升华为对形、神、意等书法审美的寻找和追求;再如原本用来饮水的茶壶,在中国文化中竟衍生为对其质地、造型、音响等的把玩。中国是一个诗的国度,不仅产生了楚辞、唐诗、宋词、元曲,就套路的动作性质而言,不少套路不妨说就是一种带有诗意的攻防技术。用黑格尔对异化的观点,武术套路对实用的异化可能是事物的发展必然,它就像死亡的胎记一出生就烙在其身,伴随一生一样。套路原本可能是对格斗的描述、对格斗的实用追求,或者说是为了记忆与传承,却逐渐发展成为对格斗的想象和美的观照。在套路中表现为对格斗描写的精细、巧妙、多样化,对源于实战的"打"在套路中演变为劈、甩、抓、掼、鞭、崩、弹、砸等拳法;或演绎为点、穿、砍、劈、钻等掌法。这种打不仅有正打、侧打、上打、下打等,而且有双脚支撑或单脚支撑的各种步型的打和行进间及跳动的打等,呈现出中国人丰富的格斗想象力和辜鸿铭先生所言的中国人的"灵敏"。在这方面,西方拳击等格斗技术却提炼为"直、勾、摆",这种抽象带来的只能是客观的"见效"和感官的"血腥"。与西方拳击实用尺度不同的套路具有鲜明的审美取向,追求点到为止,重在赢得心灵。而西方拳击在于赢得对手,拳拳入肉。这完全归结于两种文化形态下技击思维的不同。

二、技术目标

技术目标是套路动作的路标,是套路动作质量的评价指标。

西方竞技体育的总体目标是"更快、更高、更强",对于难美技巧项目的竞技项目,其评价标准是规范、难度、流畅、稳健,虽有协调的要求,但绝不是主要的。中国武术则不同,传统武术把协调放在第一位。

从武术动作质量角度来看,规范不是最终目标而是协调(整体协调)。它要求每个动作都做到身体上下内外与躯干动作的协调统一,如"内三合""外三合"——手与

---

[1] 钱穆. 中国文化史导论 [M]. 北京:商务印书馆,1994.
[2] 聂振斌,滕守尧,章建刚. 艺术化生存 [M]. 成都:四川人民出版社,1997.

足合、肘与膝合、肩与胯合、心与意合、意与气合、气与力合；从动作运用的劲力来看，仍然要求协调。它要求每个动作都能调集全身力量发于一点，同时讲究刚柔相济、轻重兼施，"其根在脚、发于腿、主宰于腰、形于手指"等；从动作与动作的连接来看，还是讲究协调，动作与动作之间做到"形断意连""势断气连""起承转合"的有机统一，从开始到结束是一个完整的过程，似长卷的画，如滔滔江水起伏转折一泻千里；从运动形式来看，要求不同性质的动作间协调和有序，要求攻守进退、起伏转折、动静疾徐、神形兼备、虚实相生、开合有致、（布局）回环错落；从运动要求来看，其协调的要求如"单刀看手，双刀看走""眼随手动，目随势注"等。又如"行家一伸手，便知有没有"，其中的"有"便是有无身法自然、有无身体动作的协调。所谓"先看一伸手，再看一步走"，一招一式都要求上与下、内与外、形与神、躯干与四肢达到高度和谐。其价值取向是内与外、体与用、练拳与修养等的协调发展，其练习途径是"外练筋骨皮，内练一口气""练形以和外，练气以充内""炼精化气、炼气还神、炼神还虚"，无不反映出传统武术的和谐能力是最高境界。一旦动作协调，则有"动如涛、静如岳"之态，才能引发观众的无穷联想，如"轻如叶、重如铁、快如风、缓如鹰等""形似游龙，视若猿守，坐如虎踞，转似鹰盘"等。因此，传统武术套路的终极目标不是制胜，不是"更快、更高、更强"，不是"一拳打死牛"，而是身法自如的整体协调，正可谓"拳打千遍、身法自现"。武术套路的技术目标——和谐，是套路区别于西方体育的文化差异之所在，也应该是武术套路当代发展中不应忽视的环节。

三、文化意蕴

从文化学的视野来审视，套路作为一种技艺，其背后映射出中国传统文化的光辉。那么，套路的文化基础在哪里？我国哲学家冯友兰认为："中国文化的基础是伦理，不是宗教。"在中国历史上，占统治地位的是一种貌似宗教的伦理——儒家文化和道家文化（即伦理文化与自然文化）。

源于道家学说的自然文化，通过"道法自然"和"天人合一"，塑造出套路动作的阴阳生机；在拳理上确立了以太极、八卦、五行生克等理论为指导；在技术风格上体现出"兔滚鹰翻"等比拟；在练习要求上对天道规律的主动相合，表现为对"身法自然""天人合一"等的追求，如"拳如流星眼似电，腰如蛇形步赛粘"；在技术方法上不再追求战场上致残、致命的目的，而视为一种对攻防格斗的体验和内在超越；在拳种上"远取诸物、近取诸身"，形成了象形拳，如鹰爪拳、螳螂拳、猴拳等。源于儒家仁义道德的社会伦理之光，将原本散发着残忍气息的技术，衍变、改造为"仁者之艺"的"君子之争"，并通过"武德"体现出对习武者的道德约束；在人格影响上，

"没有丝毫的蛮横、粗野或残暴"[1]；在斗态上，有"见之似好妇，夺之似俱虎"；在心态上，表现为对道和传道者的尊重；在神态上，要求"内实精神，外示安仪""内宜鼓荡，外示安逸"等；在技术上，表现为比试的"点到为止"原则和"舍己从人"策略；在武术行为规范上，呈现出"中正安舒""不偏不倚"的中庸理念，充分体现了中国武术如它的母体文化一样，是一种不喜欢远征的文化，一种完善自身的内倾文化。如练功时选择时辰和方位，顺应自然节气；练功中要培养意志，"冬练三九，夏练三伏"，以适应自然；练功中讲究运气、聚气、养气，不可努气、憋气，遵循人体的生理规律。动作的变化讲究阴阳对立，相辅相成，如动中有静，静中含动，虚中有实，借实还虚，在攻防进退的万千变化中体现哲学的辩证法；在动作的编排上，讲究快慢相间，上下错落有致，动迅静定，展现出套路的编排演练技巧达到炉火纯青的境地。

简而言之，武术套路中的文化意蕴恰恰在于中国文化的基本精神，那种与天、与人、与社会宽容和合的品格，那种坚韧不拔、吃苦耐劳、勇于进取的奋进精神和战斗意象。优秀拳种动作的部署与构思，优秀拳家演练动作和对套路的理解与表达，都会给我们描绘一种攻防的图景，从而最终拨动观众审美的心弦和见仁见智的无穷联想，如唐朝的书法家张旭看了公孙大娘的剑舞，吸收了其中抑扬顿挫的劲力和节奏而书法大进。

四、审美情趣

审美情趣作为一种审美价值尺度、标准，常构成审美最高目标。它是在长期的、无数次的审美感知经验沉积的基础上逐步形成的。一位学者曾说过，"西方有把艺术技术化的倾向，中国有把技术艺术化的倾向"，很值得体味，笔者曾从"结构"和"会意传神"方面将武术和书法进行了类比，将阴阳的对比之美，与西方审美观念的外在形体美、力的美比较，揭示出中国武术更注重气韵之美和意境之美，讲究"形断意连、势断气连、气韵生动"等[2]。在此，对书法的美与武术套路的美作进一步解读。

如同把原本表情达意的书写升华为书法一样，套路也是格斗技术的升华，它们都是实用技术艺术化的结果。如白纸黑字的书写竟有了浓淡、枯润、疏密等变化；本是招招见实的格斗在套路中也就有了动静、快慢、轻重、起伏、大小、转折等处理。中国书法的观赏性已经远远超越了它的实用性。其独特的线条美，凭借线条的曲线运动和空间构造，表现出种种形体姿态、动势和情感、意趣，是中国人特有的审美情趣。武术套路不是单个动作的组合堆砌，恰恰是武术人智慧的产物，武术套路同样也在演练过程中流露出特殊的运动美，留给观众以美的感悟。

武术动作就像一个个独立的字，有字的"偏侧""复盖"等之变，套路就像一幅书

---

[1] 辜鸿铭. 中国人的精神 [M]. 海口：海南出版社，1996.
[2] 邱丕相. 武术运动员的智能训练 [J]. 中国教练员，1993（2）：19.

法作品，又有书法"应接""笔断意连"等之趣；书法是凝固了的武术套路，套路的演练是书法动态的创作。书法有独特的书写工具——笔、墨、纸、砚。武术套路的演练同样有持器械的刀、枪、剑、棍等套路。武术和书法同样具有鲜明的中华民族的艺术特色。书法的"写"并不完全是传达意图，交流思想，它还是一种诗意的作品。同样，武术套路对攻防格斗的提炼和想象，也是诗意的作品，套路在起承转合中，有格律的章法，有合韵的旋律和起伏跌宕的变化，如一首运动的诗。

书法的微妙全在意境、气息，丝毫不沾染现实尘俗具体的事物。意境是艺术家以心灵映射万象所表现出的主观的生命情调与客观的自然景象的交融互渗，是情与景的结晶[1]。对此，我国武术家蔡龙云先生从演练者表现的角度指出："把自己置身于一个充满战斗的场合里，才能完美地表现套路运动"。从演练者的角度来讲，只有神情并茂、身临其境地表现，方能体现出套路对格斗动作的艺术化处理和加工；或者说，自设于心中、表现为意境的"战场"，才能够使演练者通过具体有形的动作透射出一幅画卷。

五、价值追求

我们可以从武术套路诞生的文化类型来看套路的价值追求。人类文化大致不外乎游牧、农耕、商业三种类型。游牧、商业型均属于内源不足，需向外寻求，其文化特征都常常表现为侵略的、扩张的、外向的特征。与之相比，农耕型则可自给自足，无须外求，其文化特征也多表征为和平、安定、内向等特色。"农业民族是苹果，苹果熟了，骑马民族就来摘"[2]。在具有和平特征的文化氛围中形成的套路自然也就具有和平的色彩，如《少林七十二艺练法》中称："技击之道，尚德不尚力，重守不重攻。"可见，套路关于格斗的刻画，不是为了打人，如果为了打人也就不会有套路存在的必要性。当然，套路由于是对格斗的叙事，它升华的背后还是有一些防身之法的。但它所追求的目标是更高层次的，是为了人生的完善和人格的塑造。我们可以将套路用来防身、健体、娱乐等，但当在最初起点（或防身或健身等）继续走下去的时候，我们最终仍然会会聚于人格和人生的诉求。

我们也可以从传统文化对"完人"的期待和培养来看套路的价值追求。中国传统文化将习武融入"修身、齐家、治国、平天下"的系统中，将习武看成培养"文武双全"的一个环节。因此，从文化的传承来看，除了掌握一定的防身技能之外，武术尤其是套路还担负着伦理的教化和审美的熏陶之重任，通过习武来修身养性，成为一个会武却不粗野、善武而不蛮横、勇敢而不张狂的君子。"中国人意识中最强者为伦理观

---

[1] 习叶朗，彭锋. 宗白华选集 [M]. 天津：天津人民出版社，1996.
[2] 李零. 走不出的"英雄时代" [J]. 读书，2002（10）：32.

念,其次为美感"[1]。这种与道德化和审美化相互作用的套路,并不仅仅是一种技术或技艺,而是一种态度、心境和对生命的承诺,是武术个体"内圣外王"的途径之一。儒家将"仁"与"知"规定为理想人格的双重品格,由此确定了仁道原则与理性原则的统一。就其深层内涵而言,"仁"表现为一种完美的德性,"知"则是指在道德伦理制约下的理性,二者从不同方面展示了"善"的品格。武术传承中的文化教育就是传统文化的教育,受中国传统文化儒家思想熏陶的武术文化的传承就是传统文化的延续过程。

六、民族习性

传统中国社会的宗法伦理要求人们崇古重老,对此,我们可以从《论语·为政》"三十而立,四十而不惑,五十而知天命,六十而耳顺,七十而从心所欲,不逾矩"中看到经验积累的重要性;从"愚公移山"寓言中的北山愚公移山的坚定中,"我死了以后有儿子,儿子死了以后有孙子,子子孙孙无穷尽也",可以发现,中国人将个体的有限融入种族延续的无限倾向。我们还可以从这种倾向中推演出中国人对文化传承的重视。这种文化传统受特定文化类型中价值系统的影响,经过长期历史积淀逐渐形成为全民族大多数人所认同的思想和行为方式。

武术传承是一种血缘和近似血缘的传承,惜守宗法制度。一方面,形成了老师与学生的父与子或近似父与子,只对内不对外的代代相传的关系。另一方面,也需要一些固定的模式作为传承的基础。为此,武术正是通过套路这一形式把上辈关于格斗的经验和想象传给下一代。这是民族习性的反映,也是套路的必然,这取决于我们的文化是一种重视传承的绵延文化。也正因如此,西方的武技不需要用这种方式传承,西方国家的武技没有形成套路的运动形式,在下一代中通过训练就可以获得掌握,而技术传承一旦中断便很难复制。

---

[1] 许思园. 中西文化回眸 [M]. 上海:华东师范大学出版社,1997.

中国太极拳修心养性价值趋论

引 论

现代物理学带来了新的产业革命和信息社会，毋庸置疑地推进了人类的科技发展和物质文明进步；人、自然、社会三者之间的关系，也引起了人们严峻的思考。

西方一些发达国家中，个人本位主义的极端发展导致家庭解体，家庭关系置于冷冰冰的现金交易之中，使人们困扰和焦虑。

在这场矛盾之中，强调人与自然、人与人和谐的东方传统文化引起了人们的注意，发现东方哲学的宇宙观、人生观大有可取之处，兴起了对《易经》的研究，对太极拳的追求，以及对中国文化的渴望，等等。我们不能仅视其为一种学术现象、生活现象或追求猎奇。它正是在新形势下人类的一种寻求和回归。

中国传统的太极拳，具有东方民族体育的浓厚色彩，蕴含着中国传统哲学中的养生思想、伦理观念，注重内外兼修，融健身与修性于一体，有人称其为"哲拳"。这也是当今太极拳热的原委之一。

本文试图探索太极拳对人类在修心养性方面的价值与意义，研究它所透发出的人生哲理和道德观念，以及通过太极拳运动达到的修为效果。

贵自然——陶冶人的和谐观念

太极拳是受中国传统哲学影响最深的一个拳种，它依附于太极阴阳学说，以此为拳理的基础，以此为行拳的本根，谓之"凡身处处皆太极，一动一静俱浑然"。

太极拳以"道法自然"为指导思想，符合诸多要领合起来的整体要求，符合人的生理，符合运动规律，符合自然，符合道德原则。

首先，太极拳从技术上要求松净自然，无拘无束，"全身处处毫无牵掣""动静作势，纯任自然"。诸如头部虚领要自然，胸部微含而宽舒自然，松腰敛臀，"无使有凹凸，无使有缺陷"；运行中，"调息绵绵"，呼吸要顺其自然，行拳要圆活流畅，随屈就伸，做到"屈伸开合听自由"；运劲中，以意导动，遵循自然而不任意作为。

宏观的太极拳论更强调拳理与"天道"的一致性。太极拳先哲陈鑫说："打拳皆随天机动宕，太极原象皆自吾身流露"，"阖辟刚柔顺自然，一扬一抑理循环"。太极拳中的虚实、开合、刚柔等变化，处处包含了阴阳对转，故"习太极拳须悟阴阳要义"，使人与天有浑然相通之妙，可谓"每日细玩太极图，一开一合在吾身"。

其实，中国人并不仅仅把"天人合一"视为一种人与自然关系的学说，也是关于人生理想、人生觉悟的学说，将本体论、认识论和道德论三合为一，"天道"与人性（道德原则）一致起来。认为"因为私欲作怪，人往往以小我为我，私欲才会带来烦忧、困惑"，主张以"天人合一"为"诚明"，提高道德修养。当西方科技日益发达的时候，伴同着异化也随之加剧，个人的焦虑、苦恼、孤独感导致那种脱离世界的"神人合一"观念加强，相对来说，引导人如何与自然、社会相处的"天人合一"观念，成为一种入世之学，必然引起人们的向往。

以顺乎自然、天人相通观念来行拳的太极拳，使人在精神上处于一种空明的"无人之境"的心态，与大自然静静地进行心灵的交流，这种和谐不仅可以排遣忧虑，忘掉烦恼，抛弃浮躁，还可以使人的身心升华到一种轻松自如的境界，对陶冶人的风仪、格调、内在心境是颇有裨益的。

当然，人处在现实社会中，不可能置于"世外桃源"。太极拳的修性效应也只能是在调节、启迪、引导人们改造自然的同时，必须遵循自然规律，适应自然。这正是伏尔泰所说的，哲学家们在东方发现了一个新的精神世界和物质世界。

太极拳在行拳中还强调"中正""不偏不倚""无过而不及"的适中，讲究实中有虚、虚中有实、柔中寓刚、动中求静，阴阳相生，浑然一体，达到一种中和的完美。把人的和谐观念纳入一个新的框架，正是"致中和""中庸之道"的伦理观念的推衍。这种处世之学尽管也有一定的局限性，但给西方人的极端主义带来一种新的思考。

求虚静——培养人的最佳情感

立论于明末清初的《太极拳论》开宗明义："太极者，无极而生，动静之机，阴阳之母也。动之则分，静之则合。"中国哲学史中的主动学说与主静学说相对相引，主静学说是主动学说的补充。从道家思想的主静到道教内丹养生术的主静，导致了太极拳主静贵柔拳理的出现。

老子提出"致虚极，守静笃""不欲以静"，希望恢复一种符合人道的人际社会；庄子要人"抱神以静""必静必清"，既是长生之法，又是人生境界；道教内丹学说的精要在"养气守静"，主张"守静去燥""忘形静寂"，达到"神静则心和，心和则神全"的境界。无论是思维方式还是养生思想，都注重道德修养，企求由人的内心清净达到社会的安宁，由个人的修养化解社会的纷争，即所谓的"人徒知纵心为快，不悟制得此心，有无穷真乐"。

太极拳将这样一种虚静理念注入运动技术之中。练拳前首先要入静，做到心静体松，"上场时，先洗心涤虑，去其妄念，平心静气，以待其动"，使人的身心处于极宁静、极松脱的状态。太极拳又要求"心静用意"，在运动中把精神和意念贯注于一招一势之中，也是一种求静的方法。

真正进入虚静则被视为练太极拳的高级阶段，即"实中求虚、动中求静"的练法，把各式各样的动作意念皆归纳为一动一静的现象，再专心一意由动而静、由实而虚地深入。使我们的意志集中在求静的一点上，去影响动作，才能越练越纯净，做到"心中无一物，极其虚灵""敛入脊骨要静""性以静持之，养其诚以至动静咸宜，变化不测"，最后达到"以静御动""虽动犹静"的高级阶段，能以一法应万法，化万法为一法，在推手中能后发制人。

约翰·奈斯比特在他的《大趋势》一书中提道："每当一个新技术引进社会，人类必然要产生一种要加以平衡的反应，也就是说产生一种高情感。"在当今科技进步、经济发展的世界中，太极拳以静心养性、动中求静的运动方式，作为一种与之平衡的高情感活动，是非常可取的。

"渊静以明志，德修而道行"。在不少发达国家中，习练太级拳的人们聚集在一起，无欲无争，陶然忘返，不失为凝聚人们情感的"魔杖"。

重养气——融健身、修心于一体

气，是中国哲学范畴的一个极为重要的命题，是传统养生学的精要。西方的毕达哥拉斯也曾提出"天人合一"，在"数"；中国的"天人合一"则在"气"。气的内涵奥妙复杂，众说纷纭，概括地说，既是客观存在的实体，又是主体的道德精神。

"万物负阴而抱阳，冲气以为和"，阴阳之气充塞于宇宙间，也存在于人类自身，天地为一气流行，故天人相副，彼此感应。

从养生学的角度看，气被视为生命之本原。"人之生，气之聚也，聚之则生，散则为死。""长生之要，以养气为先。"养生之大，在于养气。道教的养生术为中国医学作出了重要贡献，其内丹学说为太极拳所汲取，诗云："身中一宝，隐在丹田，轻如密雾，淡似飞烟。"

中国的太极拳集技击、养生、哲理于一身，从实践到理论，从观念到方法，都十分关注气，注重运气、炼气、养气。练太极拳要求"气沉丹田"，呼吸要匀、细、深、长，自然平和，"绵绵若存，用之不勤"，尚属气息的调养运行。

更为重要的是中气，"须以直养而无害"，有人称其为元气的最佳状态。太极拳论中要求"以虚灵之心，养刚中之气""以浩然之心行之，无往不宜"，强调中气贯于脊中，收于丹田。太极拳理论认为，它是孟子所说的"浩然之气"，因此"心上功夫，不在吞津咽气，而虚静的心灵才称得上心"。《十三势行功心解》中对太极拳的气做了精辟的阐发:"以心行气,务令沉着,乃能收敛入骨。以气运身,务令顺遂,乃能便利从心。"这里所指正是心意、精神,使气如九曲珠遍至全身,无微不到,并非以力使气,全身"意在神,不在气,在气则滞"。正是这种主观精神、心境贯于行拳之中,太极拳才会达到"外示安逸,内宜鼓荡""气如车轮";做到"心为令,气为旗",才会"牵动往来气贴背""腹内松静气腾然"。

  精神、心境与人的道德修行分不开。《管子》较为深入地论述了精气在自然、社会和人的心性修养中的作用:"不以物乱官,不以官乱心,是谓中得。"达此境界就须虚静其心,宁静其意,使精气浩然和平,可以怡然安乐。也就是说人不为物所累,不为利所诱,恬淡自然,才能养好精气。可见养生在于养气,养气必须修心,修心则应修德。

  太极拳用意练拳,行拳练气,虚静其心,以心行气,既蕴含着生命本原论,又涉及道德精神论,将气与心术结合,犹如道教内丹学说,以人的思想、精神、心理状态为修炼的基础。所不同的是,道教内丹术以静坐导气,而太极拳则在绵亘不断的运动中求静,气遍全身,"随势扬气"。至此,把人的心理—生理—人生哲学连在一起,把心理平衡—延年益寿—生活情趣融成一团,人生哲理与太极拳的养气全神统一起来:哲学为太极拳提供了宇宙观、人生观的理论基础,太极拳为人生哲学提供了具体实践方式,实现人的身与心的两个健康,是一种不可多得的修心养性的体育形式。《重阳全真集》中的《劝道歌》说得好:"自然消息自然恬,不论金丹不论仙;一气养成神愈静,万金难买日高眠。"

尚直觉——体悟拳理与人生

  中国传统思维中的一个重要特点是重整体、重直觉,主张认知方式与修养方法一致起来,把本体论、认识论、道德论三合为一。这种思维方式虽然有偏颇、模糊的一面,但也有可取的一面。由于"它的功用不在增加积极的知识,而在于提高心灵的境界。"不妨说,它既是重现实的,又是重理想的。

  老子主张"为道",以无欲之心直觉万物的规律,庄子为"体道",孟子为"尽心",朱熹提出了顿悟式的直觉,"致知在格物",积习既久,就能豁然贯通。

  这种传统的思维方式对太极拳学习、锻炼方法也有很深的影响。太极拳谚中说:"拳打千遍,神理自现。"不重分析而强调体验,要求人们在实练中体会拳法、拳理,体悟人生、道德,将练与修熔为一炉。

  太极拳在学习认知过程中,主张由自然入手而知虚实;把握阴阳和谐变化而明劲法;求虚静而懂神明,最后达到无形无迹、出神入化的最高境界。要求由熟而悟,由悟而通,渐熟渐悟,一旦无障碍,豁然悟太空。

  人们把太极拳称作"终身不尽之艺","非知惟艰,行之惟艰,所图之势皆太极中自然之机"。"故终身行之不能尽",要学到老,修炼到老,正是太极拳以直觉磨砺修炼的路程。

在拳技中,拳势、拳法、拳理都需要渐悟渐彻,"工夫无息法自修""每一拳势,往往数千言不能罄其妙",要靠下功夫去品味、悟通。至于内劲、内意、内功则更是难以言传,须在不懈的修炼中"得意忘象",才会逐渐得心应手,顺遂自如,达到"无形无象,全身透空"的境界。

在我们的日常生活中,直接的直觉领悟往往是短暂的,而太极拳则把它延长为一种持久的意识,通过体悟,使求自然、贵虚静、重养气在整体意识中得以实现。拳技非一日之功,人的道德修养更是一个长期的陶冶过程,只要人们坚持术上的直觉体悟,理论会渐通,人生修为会渐悟。中国太极拳正是这样一种特殊的运动形式和学习方法,才会成为人们借助运动修为人生的有效之途,达到内外兼修、德艺兼备的效果。正如道教养生观所说的:"当人们按照自然的程序自然地采取行动并信赖他们直觉的知识时,就会获得人类的快乐。"

余 论

当本文行将结束之时,我们又回到了现代物理学上,人们发现它所包含的世界观并不能充分适应人类社会,最终"要有体验统一自然和协调生活的艺术"。太极拳运动在修心养性方面的价值功能,不妨说是其中的一支,应当引起人们的重视。

同时,也必须指出:第一,主静学说仍有偏颇、消极的一面,和谐恬淡只是人类奋进竞取的补充;第二,太极拳作为一种体育运动,修心养性只是强身健体的补充。

"随着未来科学的进步,宗教及其教条和迷信必将让位于科学;可是对于超越人世的渴望,必将由未来的哲学来满足,在这方面,中国哲学可能有所贡献"。

我们深信,蕴含中国哲学的太极拳在不断发展的历程中,对未来世界会具有影响和意义,并为人类的生存和进步作出贡献。

参考文献

[1] 徐才. 未来体育的一束新光 [Z] //第1届亚运会《武术之光》画刊,1990.

[2] 顾留馨,等. 太极拳全书 [M]. 北京:人民体育出版社,1980.

[3] 陈鑫. 陈氏太极拳图说 [M]. 上海:上海书店,1986.

[4] 孟乃昌. 老子与太极拳 [Z] //中国体育史学会. 体育史论文集,1988.

[5] 葛兆光. 道教与中国文化 [M]. 上海:上海人民出版社,1987.

[6] 张岱年,程宜山. 中国文化与文化论争 [M]. 北京:中国人民大学出版社,1990.

[7] 王生平. 天人合一与神人合一 [M]. 石家庄:河北人民出版社,1989.

[8] 米夏埃尔·兰德曼. 哲学人类学 [M]. 上海:上海译文出版社,1988.

[9] 张立文. 气 [M]. 北京：中国人民大学出版社, 1990.
[10] 顾留馨. 太极拳术 [M]. 上海：上海教育出版社, 1982.
[11] 旷文楠, 等. 中国武术文化概论 [M]. 成都：四川教育出版社, 1990.
[12] 高旭东. 生命之树与知识之树 [M]. 石家庄：河北人民出版社, 1989.
[13] 陈炎林. 太极拳刀剑杆散手合编 [M]. 上海：上海书店, 1988.
[14] 张舜徽. 周秦道论发微 [M]. 北京：中华书局, 1982.

当代武术的三重使命*

唯物辩证法认为世界上一切事物都处在不停的运动、变化和发展的过程中。武术作为一个客观存在的事物，同样处于动态的发展变化状态之中。纵观历史长河，在相当长的一个历史阶段，武术主要承担技击防卫的使命，作为最大规模技击的军事对其发展起着极为重要的推动作用。20世纪前半期，武术主要作为培育"尚武精神"的载体而存在，其主要使命是鼓舞中华民族的斗志，"强种保国"。20世纪后半期，武术被定位于体育运动，其主要使命是增强人民体质，增进人民健康。

20世纪末，特别是进入21世纪以来，随着文化热、国学热的逐渐兴起和再度升温，学术界很多学者开始重新认识中国文化。正基于此，21世纪之始，中华民族对内提出了"传承民族文化，弘扬民族精神""构建和谐文化""建设生态文明"的系列口号，对外提出增强文化"软实力"，展示"和平崛起的中国形象"的大政方针。在这样的大形势下，武术界很多学者也开始以新的眼光，从文化、教育的角度重新认识武术。

由于长期以来对武术的认识仅仅停留在一个单纯的体育运动项目上，从而使武术的发展之路越走越窄。早在20世纪90年代就有专家质疑："难道由于武术归体育部门来管，它就只带有体育属性吗？"诚然不能，作为"千年文化千年传承"的武术，绝对"不是体育能够涵盖的；从它的功能上来说，也不局限于体育"[1]。在新的形势下，只有重新对武术进行评估，对其价值功能进行历史的、发展的分析，并给予全面的、客观的总结，才能够拓宽武术的发展之路，使其真正在新的社会大潮中担当起更重要的时代使命。从宏观上讲，作为文化的载体、教育的手段、健身的良方，武术在当今时代应该主要承担起三重使命。

一、文化使命

当今世界的主要竞争是经济竞争和文化竞争。以美国为首的西方世界正以咄咄逼

---

* 本文与杨建营合作完成，2009年发表于《沈阳体育学院学报》。
[1] 邱丕相. 对武术概念的辨析与再认识 [J]. 上海体育学院学报，1997，21（2）：7-10.

人的攻势对世界各国展开意识形态领域的文化渗透，企图把西方文化作为全球化的文化。在"欧风劲吹，美雨靡靡"的同时，一些后起的东方国家也展开了文化掠夺。"在韩国成功申报端午节之后，又拟将中医改为韩医申报世界遗产。其后，消息不断传来，马来西亚、新加坡、泰国等欲将灯谜申请世界文化遗产等。一时间，外国人争先恐后地将起源于中国的传统文化申请为本国的文化遗产蔚然成风。"[1] 许多年前，日本一位武术家也曾口出狂言，说十年后太极拳的中心会在日本，而不在中国，据悉现在日本已经向国外派太极拳教练[2]。不仅如此，目前各类国外武技正在以前所未有之势吞噬着中国的武术市场，争夺着习武人群。世界局势风起云涌，在悄无声息的文化演变和愈演愈烈的文化争夺的背景下，中华民族文化的发展状况如何？将怎样摆正自身的位置，以怎样的姿态面对呢？

中国是一个绵延五千年的文化大国，有着悠久的历史文化，这种文化曾经以气势恢宏之势辐射到周边许多邻国，受到很多国家人民的顶礼膜拜。而自近代以来，政治的腐败，经济的落后，文化发展的畸形，军事方面的被动挨打，致使面对西方列强，一败涂地。面对连续惨败的事实，处于极度自卑状态的中国人产生了一种妄自菲薄的心理，力图将中国发展的所有希望都寄托于西学。"西化"几乎成了20世纪中国社会发展的特征性标志，从前期的新文化运动，到"文革"的"砸烂孔家店"，再到改革开放后的商品经济、市场经济的大发展，"西学"的历史印迹无处不见。当西方文化在中国大地遍地开花的同时，绵延了几千年的民族文化却逐渐消沉。全国政协委员、中国民间文艺家协会主席冯骥才在接受采访时说民间文化的传承人每分钟都在逝去，民间文化每一分钟都面临消亡[3]。其实何止民间文化，曾经作为主流社会的传统文化也在淡出现代人的视野。每次在校园里开展太极柔力球运动，过往的大学生几乎无不赞叹：这个源于韩国的新奇运动项目真是太有特色了！在中国产生的优秀运动之所以总是被误解为韩国的，唯一的原因就是球拍上的太极八卦图案与韩国的国旗很相似。这既说明了当代大学生对自己的文化传统的无知，同时也是中国传统文化传承的悲哀与尴尬！可能也有学者会说：相比西方文化，中国传统文化是落后的文化，先进的就要汲取，落后的就要淘汰，这是历史发展的规律，我们必须接受现实，没有可悲可叹的必要。如果真如是，以下现象又如何解释？在国内有些学者在大谈特谈"中医是伪科学"，"呼吁在五年之内取消中医"之时，韩国人却欲将中医改为韩医申遗；当因优先发展奥运项目，中国式摔跤逐渐淡出中国人的视野之时，在法国却开展得轰轰烈烈；在以奥运为指针，大胆改革创新，大力发展竞技武术之时，很多身怀传统武术技能的拳师却在国外大受欢迎，同时来中国拜师学艺的外国朋友也络绎不绝；在大力发展现代武术而

---

[1] 佚名. 中国传统文化路在何方 [J]. 国学, 2007 (11): 46-48.
[2] 邱丕相, 马文国. 关于中国武术发展战略的几点思考 [J]. 西安体育学院学报, 2005, 22 (6): 1-3.
[3] 王嘉. 民间文化每一分钟都面临消亡 [EB/OL]. (2007-05-09) [2009-01-15]. http://news.sohu.com/20070503/n249835559.shtml.

导致武术传统的人文价值逐渐丧失之时,北京城练跆拳道,体验中国武术精神的招牌赫然醒目,武术的人文精神居然要通过跆拳道来弘扬吗?

"西学""西化"所取得的成绩是有目共睹的,而且今后还将不断地学习汲取,洋为中用。但是,由于"矫枉过正"造成的传统文化的严重流失必须引起足够重视,必须在保持"自我"的前提下,去吸收、汲取,否则永远跟在后面。"一个没有深厚文化底蕴和强大的文化竞争力的民族,很难说是一个有希望的民族",面对风起云涌的文化竞争,必须首先确立中华民族文化在世界文化中的地位,只有摆正民族文化的位置,到传统文化中去寻找民族之根,才能够真正实现中华民族的伟大复兴。从党的十六大提出民族精神是一个民族赖以生存和发展的精神支撑,到党的十七大强调中华文化是中华民族生生不息、团结奋进的不竭动力,无不说明我党对精神文化力量的重视,"传承民族文化""弘扬民族精神"已经成为21世纪中华民族发展的时代强音。

"传承民族文化""弘扬民族精神"绝不仅仅是一个口号,也不可能一蹴而就。它首先是一个宏伟目标,其次是一个必须付诸实际行动的长期实践过程。只有通过各种实践载体和多种文化形态的参与,才能够真正完成文化传承的伟大使命。

"要把优秀的中华文化推介全球,其方式、方法、手段和机制都应当是崭新的,具有征服力、感染力和渗透力的"[1]。在"传承民族文化"的众多实践载体和文化形态中,作为"千年文化千年传承"的武术,是一个极其生动的实践载体,它在很多方面都映射着传统文化的光辉。我们曾从历史成因方面总结了武术的重道、重德、重礼、重教化、重和谐、重防卫、重整体思维、重辩证思维、重意境等文化特色[2]。在此,再换一个角度梳理武术的文化特征及其与传统文化的联系。第一,在武术的传统中,其主体价值命脉是一个通过"内外兼修"的具体实践而追求"内圣外王"的过程,这是儒家人文思想长期浸润的结果;第二,武术不仅追求简单实用的技击之术,而且追求"技击之道",并提出"以柔克刚""以静制动""后发制人"等"以反求正"的逆向思维理论,这是受道家思想长期影响的结果;第三,武术强调刚柔、虚实、动静、开合、攻守、顺逆等矛盾变化,这是传统哲学思想的高度体现;第四,武术技击十分讲究知己知彼、扬长避短、避实击虚、声东击西、因敌变化等战术原则,这是传统兵家思想的集中体现;第五,武术引入经络学说,注重养练结合,练习过程要求气沉丹田、以气运身,全方位把握精、气、神,这是与传统中医理论相结合的结果;第六,武术将"技术艺术化",追求诗意审美的意境美,这是传统美学影响的结果;第七,武术形成了门派林立、拳种众多的多元化格局,这是传统文化宗法观念的影响所致,等等。武术无处不映射着中国传统文化的光芒,可以说武术是一个传统文化的综合体。

通过武术不仅可以传承技术,还可以传承思想和精神。为保护、继承武术遗产,我国曾经在1983—1985年拍摄整理了大部分拳种资料和录像,即使长久封存,有些仍

---

[1] 朱威烈. 国际文化战略研究[M]. 上海:上海外语教育出版社,2002:13.
[2] 杨建营,邱丕相. 武术的文化进程探析[J]. 上海体育学院学报,2008,32(2):47-50.

难免流失。为此,重要的是活的传承,即确立传承人,明确保障措施和肩负的责任。另外,传承不仅是拳技、拳谱、拳诀,从文化的使命去思考,更重要的是传承理论、思想和精神。在众多的传承途径中,除了通过以血缘关系或模拟血缘关系的家庭或师徒传承外,武术专业院系也应该在武术文化的传承中发挥应有的作用。只有传统与现代、民间与学校相结合,群策群力,共同努力,才能够更好地完成武术传承民族文化的使命。

从文化的角度来说,武术的传承可以说是一种纵向的概念,需要一代一代地传下去,在传承中发展创新。另外,传播是一个横向播种、辐射的概念。中国武术不啻为一种传播中国文化的重要载体。

在文化竞争和文化演变的今天,中国不仅要勇于挑起文化传承的重任,使传统文化精神代代相传,而且要向世界传播优秀文化,提升文化地位,增强中华文化在世界上的影响力。武术作为一种以肢体语言为主要形式的文化传播载体,省去了烦琐难懂的语言障碍,以最为直接的身体运动形式诠释中国文化,不失为文化传播的一条适宜途径。对武术进行文化传播,既可以通过体育主管部门以组织各类武术竞技比赛的方式进行,如自20世纪80年代始的各种正式国际武术比赛及自21世纪始各地组织的各类世界传统武术节等,也可以通过民间拳师以教拳授艺的方式进行,很多民间拳师在西方国家大受欢迎,以及很多外国朋友专门到中国来拜师或认祖归宗,正是这种传播方式的效应。

除以上人们熟知的传播方式以外,人们容易忽视影视、艺术等传播形式。实际上,有效地利用好这类传播形式,可以产生无法估量的效果。中国功夫之所以在西方世界影响巨大,"Kungfu"一词之所以被收录到大英词典,与李小龙的功夫片对中国武术的宣传有最为直接的联系。据报道,最近以武术与艺术结合而编排的一些大型舞台剧,在西方世界大受欢迎,对宣传中国文化起到了积极的作用。2009年1月,以中国武术为技术载体,以河南省嵩山少林寺武术馆的功夫演员们为主要演员的功夫舞台剧《少林武魂》在美国百老汇连演24场,场均上座率达到85%(有两场甚至连站位票都一票难求),在纽约掀起了一股不折不扣的中国热,创造了中国文化"走出去"的多项第一[1]。与此同时,另一舞台剧《风中少林》,远赴澳大利亚,于南半球也刮起一股"少林之风"。许多堪培拉市民看完后表示,《风中少林》是他们多年来看到的最精彩的文艺演出,剧中武僧的一招一式都令他们印象深刻,难以忘怀[2]。

将武术与艺术结合,通过影视作品和举办各类大型演出,在武术文化的传播过程中起着宣传队和先锋的作用,而要使武术文化对西方世界产生持久的影响,则必须在文艺领域大力宣传之后,付诸更为本源的、具体的武术教育实践。鉴于此,极其重要

---

[1] 少林武魂"打入"百老汇[EB/OL].(2009-02-04)[2008-12-15]. https://www.chinanews.com.cn/hb/news/2009/02-04/1549535.shtml.
[2] 林瑞华. 让海外观众买单才是硬道理——《风中少林》赴澳演出的启示[N]. 中国文化报,2009-02-20(2).

的一点是争取使武术逐步进入西方世界的高等学府，成为一门课程来学习。包括将武术列为遍布世界各地的孔子学院的常设课程之一，作为与语言文字并列的身体运动文化，共同推进中国文化的世界性传播。只有这样，武术才能走进西方主流社会，只有走进了西方主流社会，才能促进东方文化的高层次传播。在武术的文化传承和文化传播过程中，需要特别突出和强调的是武术追求和谐，注重武德修养，侧重于以防卫技术进行健身修性的文化特色，这在当今时代具有极其现实的社会意义，对构建和谐社会的伟大实践，推行中国传统文化和为贵、和而不同的理念，消解流行于西方的中国"威胁"论，树立一个"和平崛起的大国形象"，具有极为直接的作用。

二、教育的使命

刘三元先生认为弘扬民族文化的误区，最核心、最根本的在于中国不是缺少优秀传统文化，而是缺少优秀文化的教育，特别是在民族文化中处于核心地位的民族精神，必须纳入教育的全过程，通过长期的教育实践进行培育。

长期以来，中华民族的发展一直突出以经济建设为中心，无论商品经济、市场经济，还是对外开放、加入世贸组织，都基本上围绕经济建设这个中心而展开，这促使中国以突飞猛进的速度发展，取得了举世瞩目的伟大成就。然而，自改革开放以来，虽然中国人民逐渐富裕起来，但是，受国内外各种思潮的冲击以及商品经济的负面影响，很多富裕起来的国民却找不到精神航船，人们发现孜孜以求的发家致富对人类来说只不过是一个初级目标，有些人甚至发出"穷得除了金钱以外，什么也没有"的感叹。

世纪之交，许多有远瞻目光的学者开始认识到失去精神支柱的危险，他们逐渐意识到：人民的物质生活得到满足之后，必须向精神领域拓展；中华民族在经济腾飞的同时，必须树立赖以支撑的民族精神。纪录片《大国崛起》曾强调，"一个大国必须具备两方面，就是物质的和精神的"，20世纪末中国的经济开始腾飞，而21世纪中华民族要崛起，也必将正视民族精神的巨大力量。从党的十六大提出"面对世界范围各种思想文化的相互激荡，必须把弘扬和培育民族精神作为文化建设极为重要的任务，纳入国民教育全过程，纳入精神文明建设全过程，使全体人民始终保持昂扬向上的精神状态"的宏伟蓝图以来，民族精神的宣传教育工作得到了大力开展。如近年来的很多文学影视作品，从《恰同学少年》到《李小龙传奇》，从《亮剑》到《闯关东》等，对宣传民族精神、激发全民族的爱国热情起到了积极的作用。各级各类学校也通过文、史、哲、艺等不同领域，将民族精神的具体培育工作开展得如火如荼。

在这个时代大潮中，人们好像忽视了武术教育，虽然2004年中宣部、教育部联合出台的《中小学开展弘扬和培育民族精神教育实施纲要》也要求体育课适量增加中国武术等内容，但是，这并没有引起相关部门的足够重视。国家体育总局武术研究院在全国范围对中小学武术的发展状况进行的一次规模巨大的调查显示：作为国粹的中华武术，在中小学的开展状况很不乐观。有 70.3% 的学校没有开设武术课，有些学校不仅没有增加武术内容，反而削减武术以增加跆拳道等域外武技项目[1]。国家的期望与目前的现实不得不让人深思，武术能不能担当起培育民族精神的时代使命？武术如何才能担当起这个神圣的使命？艾斐在《文化的责任》中指出：最重要的是要以文化为源流和中介而能动地赋予未成年人以民族精神、高尚人格和优良品德；对于未成年人，在第一时间切入的文化完全可以先入为主，形成牢固而耐久的文化接受基础，并产生极为深重的影响[2]。

"自强不息，厚德载物"是民族精神的根基，同时也是武术精神的内核。长期以来，武术的主体技术目标是提高技击能力。为提高技击能力，对抗、拼打是必经的途径，"冬练三九、夏练三伏"正道出了习武者的艰辛锤炼过程，这样一种运动技术无疑可以磨炼人的意志、鼓舞人的斗志。古代习武之人基本都具有一种勇于拼搏、奋发向上的"自强"精神，正说明了这一点。也就是说，武术在长期发展过程中一直在延续着"刚健有为"的民族精神。与此同时，在儒家思想的长期浸润下，武术也具有了重"德"的特点。最初的武德是一种制约机制，它通过一系列规范制约着习武者不滥用武力。在习武者长期以此为境而进行的技艺身心的修炼过程中，逐渐将这种要求内化为精神品质。也就是说，经过了历代的演进以及无数习武者长期"内外兼修"的锤炼，武德已经升华为一种高尚的精神境界，并内化于习武者深层意识之中。

传统武术的主体价值体系是一个通过习武者"内外兼修"的不懈努力，而趋向"内圣外王"的实践过程。这里的"内圣"就是通过自身不懈努力，提高自身的技击能力和道德修养；"外王"就是通过自身锤炼出来的能力去作用于社会，报效国家和民族，实现远大的人生抱负。这也正是儒家思想的"修身、齐家、治国、平天下"的具体化。习武者正是在这个"德艺双修"的过程中培育了"自强不息，厚德载物"的民族精神。在此基础上向外延伸，通过习武而具有的勇于拼搏、锐意进取、见义勇为、匡扶正义、宽容大度、礼仪为先等，都是武术精神的具体表现。

然而，长期以来，武术的人文精神教育价值并没有得到深入挖掘，学校武术仅仅定位于身体教育的技术层面；即使技术层面的武术教育，也无法得到保障。"重文轻武""重智轻体"的封建思想作梗之故，中国的学校教育一直不重视体育，在高考的指挥棒的指引下，各级各类中小学的体育课经常被其他文化课排挤，体育课教师的地位低得可怜，而武术课正是这种边缘课程的一个可有可无的组成部分，即使作为这个可有可无的组成部分，也是在"一个全面西化的身体教育场域里'惨淡经营'"[3]。这样的武术教育对于培育民族精神的伟大使命犹如杯水车薪，根本无济于事。

---

[1] 国家体育总局武术研究院. 我国中小学武术教育改革与发展的研究 [M]. 北京：高等教育出版社，2008：1.
[2] 艾斐. 文化的责任 [M]. 人民日报，2004-08-31.
[3] 王岗，邱丕相. 重构中国武术教育体系的理论研究 [J]. 上海体育学院学报，2008，32（3）：61-66.

相关教育部门只有首先致力于转变人们"重文轻武"的落后观念，对武术的教育价值有一个深刻的认识，并落实到具体的教育实践中，才能真正使武术承担起培育民族精神的教育使命。目前首要的问题是确立武术必修课的地位，如果还将其作为一个可有可无的副科中的一个项目来开展，根本不会有改观。只有将其上升到优秀传统文化的高度，作为一门不可或缺的国民教育课程，才能真正发挥培育民族精神的教育作用。东方民族中，日本、韩国那种勇于拼搏的顽强精神是值得称道的，这无论在一些中学生的夏令营活动中，还是在世界杯比赛中，都可见一斑。这应该与他们注重通过各种途径进行民族精神培育有很大的关系，其中将空手道、跆拳道等本国特色武技作为与其他体育课平行并列的必修课开展，很值得我们借鉴。只有将博大精深的武术从一般的体育课中分离出来，作为一门必修的国学内容独立地开展，并建立正规的评价机制，列入中考、高考的正规考试内容，才能使其真正承担起培育民族精神的教育使命，这就要求必须改革现行的武术教育体系，彻底抛弃受竞技武术技术模式影响而形成的失去民族精神内核的体操式武术，重新构建以"自强不息，厚德载物"的民族精神为内核，富有丰富的民族文化内涵的新教育体系，作为国学的一个重要组成部分开展。

目前的青少年受到来自家庭、学校、社会等各方面负面因素的影响，存在许多问题需要解决。如独生子女时代，家长对孩子的百般溺爱和娇生惯养，使很多人缺乏自强自立的精神；学校教育缺乏培养学生强者心态、竞争能力、坚韧意志、自强精神的素质教育内容；商品经济社会的负面效应造成了一些当代青年的道德缺失、信仰危机，导致了很多社会不和谐因素的出现[1]。而加强武术教育正是解决这些问题的良方。只有重新认识武术，切实理解它在民族精神培育方面的不可替代性，并给予合理的定位，真正纳入学校教育的整个过程，才能使其真正发挥作用，也只有这样武术才能在时代大潮中真正担当起应有的教育使命。

三、科学使命

在极力强调中国传统文化的积极价值的同时，也必须客观地认识到其消极成分，客观地讲，东西文化碰撞时的中国传统文化精华与糟粕并存。中国传统文化本是一种"刚健有为"的文化，但是，自宋明以来，受理学思想影响，却有"柔静"化的发展趋向。张岱年先生指出："柔静之结果，一切都成病态的。"[2] 实际上，讲"柔静"本无错，错就错在将其发展到极端。过于强调"柔静"的中国传统文化在封建末期已经病态百出，"东亚病夫"的耻辱称谓虽然太过分，但是也从一个侧面反映了当时很多国

---

[1] 杨建营，邱丕相，杨建英. 生态文明视域下武术培育民族精神的理论及实践研究 [J]. 中国体育科技，2008，44（6）：31-35.
[2] 张岱年. 张岱年文集（第一卷）[M]. 北京：清华大学出版社，1989：271.

民顺从麻木、缺乏竞争进取精神的现实。进入 20 世纪以后，特别是自新文化运动提出"科学和民主"的口号（当时称为德先生和赛先生，即 democracy science），西方的科学精神和民主观念以汹涌澎湃之势涤荡着几近腐朽的传统文化，科学精神和民主观念已经逐渐在中华大地生根发芽，并乘风破浪，扬帆远航。

封建社会后期的武术同样是一个瑕瑜互见的两面体，既蕴含着诸如前两部分所述的积极的、优秀的文化内涵和精神内核，同时也存在很多消极的、落后的糟粕成分。其一，受中国社会"内向凝聚、外向排斥"的宗法结构特点影响，武术界存在着很深的"门户之见"，由此导致的妄自尊大、唯我独尊，以及相互对立、相互排斥、相互诋毁、相互斗争，成为武术界的一大陋习，这如同封建专制思想，在很大程度上限制着武术的交流，禁锢着武术的发展。只有消除门派观念，打破门派界限，提倡博采众长，才能够促进武术的大发展。其二，长期在封建社会熏染下，武术滋生了一些迷信、玄虚的东西，这些在民间还没有完全根除。像一些"飞檐走壁"的绝技，"踏雪无痕"的轻功，"隔山打牛"的奇功，"刀枪不入"的神功，高深莫测、神乎其神、玄而又玄。在科学发展观的指导下，武术的各类神功奇技只有通过科学一一证明，才能辨别真伪。

经过近一个世纪的科学精神的涤荡，武术界已经发生了翻天覆地的变化，国家政策、时代发展和人心所向，使其中的落后、玄虚、神秘成分或被完全抛弃，或得到了一定程度的抑制，武术开始了体育健身和竞技的新征程。实际上，武术自产生之日起就具有强健身体的功效，"孙子兵法"早就有"搏刺强士体"的记载，只不过它一直作为一种附属功能而存在，从没有"喧宾夺主"的机会。西方体育的引入打破了这种常态，经过"土洋体育之争"的激烈对峙和碰撞以后，运用西方体育运动解剖学、生理学等自然科学的方法，从美国自然体育观的角度研究武术，成为 20 世纪武术发展的新气象。从 30 年代前后开始至今，武术已经阔步走在科学的光明大道上，健身和竞技的体育化方向逐渐成为武术发展的一个主方向。

在认识到武术的新变化的同时，也应客观地认识到：相对西方的一些运动项目，武术的科学化程度还远远不够，特别是在人类的身心健康受到来自各方面压力和威胁的今天。如何运用科学的武器，通过更为深入、细致、量化的手段，挖掘武术的健身健心潜能，使其更好地为人类健康造福，是 21 世纪武术科学化的新征程。

目前有关武术健身的科学实验性研究绝大多数集中在太极拳方面，相关研究论文六百余篇，其中核心期刊论文六十余篇。这些研究中有许多真知灼见，在一定程度上推动着太极拳运动的健身化发展，但是，大多数研究也在不同程度上沾染了目前学术界普遍存在的急功近利的习气，很多人以快出成果、发表论文为行动指针，不乏篡改实验结果，伪造实验数据，甚至根本不进行实验而凭空捏造数据的学术作假现象。即使很多真实性研究也普遍存在实验周期过短的通病，博览各项研究，试验周期多为 1 个月到 18 个月，很少超过两年的实验观察，绝大多数集中在 6 个月以内。从专业的角度，我们一直存在疑问：对于绝大多数以初学者为实验对象的研究，经过短时间的练习,受试者是否能够真正体验到太极拳的要领和真正内涵?根据很多专业人士的亲身体验,在练习太极拳时,要真正做到整套动作高度协调,体会到太极拳的心静体松、自然和谐,没有两三年的工夫,很难做到。仅仅几个月的模仿练习,受试者所练的"太极拳"充其量只能称为"慢式体操"。

科学研究一方面要具有正确的研究动机和目的,另一方面要具有客观严谨、脚踏实地、默默无闻、潜心奉献的精神,决不能急于求成,追逐功利。据美国伊利诺伊大学终身教授朱为模博士及浙江大学王健教授透露:未来有关太极拳健身研究的中心可能移至美国,美国一些学者正在以极其严谨的科学态度潜心太极拳健身机制的实验研究,他们不仅制订了几年甚至十几年的研究计划,而且已经精细到哪个太极拳动作对身体的哪个部位和哪些功能有哪些具体影响的程度。武术健身的科学化研究只有具备了类似的科学态度,并付诸长期的具体实践,才能够真正担当起时代赋予的科学使命,为人体科学的探索开辟一片崭新天地。

西方文化及其自然科学的特点是分析、分化,侧重于局部、微观领域的研究,这种特点有利于深入细致地了解事物的内层。而东方文化及其人文科学侧重于从整体、宏观、全局上把握事物,这种特点不至于出现"只见树木不见森林"的现象。因此,对武术的科学研究仅仅依靠实验进行深入细致的微观研究是不够的,在此基础上还要从整体、宏观上把握,力求做到整体与局部、宏观与微观、内在与外在、自然与人文协调统一。犹如不可能用西医方法来全面解析中医,武术的研究也必须走中西结合之路。

对于武术健身,特别是太极拳而言,在继续进行深入的分化、微观研究的同时,绝不能忽视了其文化命脉和技术核心和谐。"生命在于平衡",太极拳健身正是一种通过适度的运动,寻求整体协调、内外和谐、自然统一的技术。以平心静气、顺乎自然的心境行拳,可以使人在精神上处于一种空明的无人之境,与大自然静静地进行心灵的交流,这种和谐不仅可以排遣忧虑,忘掉烦恼,抛弃浮躁,还可以使人的身心升华到一种轻松自如的境界,对陶冶人的风仪、格调、内在心境颇有裨益[1]。特别是在人们承受巨大的竞争压力,身处快节奏变化的现代社会的今天,太极拳更是治愈和缓解诸如生理、心理方面的各种"现代文明病"的"灵丹妙药"。只有将科学精神渗透到武术健身研究的全过程,既进行深入细致的微观研究,也进行宏观上的整体研究,才能够使武术真正担当起科学的伟大使命。

中国正处于一个伟大的时代,经济正在崛起,一个"文化中国"的形象也令世界瞩目。中国文化与世界多元文化的交融,必将促进人类和谐社会的健康发展,正如著名学者罗素在《中西文明比较》中所说:"不同文明之间的交融过去已经多次证明是人类文明的里程碑。"中国武术在这个时代大潮中应当有所作为,担当起时代赋予的历史使命,既高瞻远瞩,又立足当下,为人类的祥和幸福做出应有的贡献。

---

[1] 邱丕相. 中国太极拳修心养性的价值与修为的效果 [J]. 上海体育学院学报, 1992, 16 (1): 22-26.

武术文化研究和教育研究的当代意义*

21 世纪是一个经济全球化、文化多元化的时代,也是一个包括文化竞争在内的综合国力竞争的时代。

中国武术具有悠久的历史,可称"博大精深",具有丰富的民族文化底蕴。面对这样一个时代,武术究竟应该怎么走?是跟上世界的步伐,对民族、人类有所贡献,被人们所喜爱、所追寻,还是需要呼吁抢救,当作保护的文化遗产封存起来?为此,我们不能不思索武术的文化研究和教育研究的当代意义。

一、武术价值功能的嬗变

虽然原始的狩猎和劳动促成了武术活动和武术意识的诞生,但真正意义上的武术应是源于战争,人们对战斗搏杀中成功的经验和动作加以总结,使之成为一种格斗技术,并首先在军旅训练中传播应用,注重简洁实用,如戚继光在《纪效新书》中讲道的:"既得艺,必试敌。"但作为武术家的军事战将,他并不否定拳法在军队训练中的应用,指出"拳法似无预于大战之技",因而作为"活动手足""惯勤肢体"的有效手段得到采纳和重视。

武术一旦走进社会,步入宫廷,散于民间,便在政治、经济背景的影响下和各种文化形态的渗透中,逐渐形成了一种独有的武术文化形态。在这种形态中,武术的健身性、艺术性和娱乐性得以凸现,人们开始重新审视和探讨武术的深层次价值内涵。历史上,武术既有"角抵""相扑""手搏""击剑"等对抗形式,也有"干戚舞""钺舞""刀舞""剑舞""打拳""使棒""枪对牌"之类的演练形式。无论哪种形式,都作为一种技能、技艺存在于社会。

尽管武术早已具备体育功能和健身价值,但真正作为体育形式是在西方体育文化作为一种参照系进入中国后才开始的,特别是近代关于"土洋体育"的争论,促成了武术价值功能的根本性转变,具有民族传统特色的武术在吸收西方体育的理论和方法后才逐渐进入学校,开展竞赛。中华人民共和国成立后,正式把武术确立为体育运动

---

* 本文与马文国合作完成,发表于 2005 年《体育科学》。

项目之一。

改革开放以来，中西方文化再次碰撞、交融，文化研究成为热点。武术作为一种优秀的民族文化，受到了人们的关注。武术体现了中国文化的基本精神，成为反映民族文化的一种载体，也正在逐步为人们所认识。显然，在充满文化竞争的世界格局中，仅仅把武术当作一项体育项目来认识，已远远不够。应当把对武术的认识上升到文化的高度，充分揭示它所具有的文化内涵、文化魅力和文化价值，武术不仅可以健身、防身，还可以修身养性、完善人生，对人类的生存和发展有新的贡献。

二、武术文化研究的当代意义

（一）从战略的高度来看

当今世界，经济的全球化促进了不同地区文化与经济和政治相互交融，文化在综合国力竞争中的地位和作用越来越突出。东西方文化将再一次经受碰撞和交融。代表东方文化的中国文化能否得到更广泛的共识？中国文化与西方文化在渗透中较量，关系到民族文化未来发展的命运。"民族精神是一个民族的生命力、创造和凝聚力的集中体现，是一个民族赖以生存和发展的核心与灵魂。"[1] 面对西方强势文化的冲击和渗透，民族的优秀传统文化如何生存和应对，持续和发展？国家与国家、民族与民族的较量，有时表现为不同文化的冲突和较量。面对强势文化，中国文化如何发展、中国武术如何实现现代化和推向国际，应是战略性的文化研究。

随着全球一体化经济时代的到来，人们的消费方式和生存观念发生了巨变。在这种全球文化高度竞争、冲突的背景下，如何追赶全球发展的潮流，缩小中国与世界文化的差距？传统文化如何向现代化转型？联想到武术，也就是说，中国古老的传统武术如何在文化的碰撞和交融面前进行适应和转型，要不然只能面临"人琴俱亡"的可悲命运。有人建议向联合国申请把中国武术当作一项文化遗产保护起来，如果武术真是那样，到了非保护才能生存的地步，不仅是武术的悲哀，也是我们民族的悲哀。武术在这种严峻形势下，如何适应现代化和保持民族风格，需要我们从文化的角度去深入研究。

（二）从全人类的大背景来看

回眸20世纪，既是飞速发展的世纪，又是充满矛盾的世纪。环境污染、生态破坏、信仰危机、物欲横流、身心失调、人格分裂、战争与恐怖主义等无不威胁着人类。1992年，1575名科学家发表了一份《世界科学家对人类的警告》，开篇即说："人类和自然正在走上一条相互抵触的道路。"[2] 1998年全世界荣获诺贝尔奖的75位科学家在

---

[1] 费孝通，等. 中国文化与全球化 [M]. 南京：江苏教育出版社，2003.
[2] 转引自：邵汉明. 中国文化研究20年 [M]. 北京：人民出版社，2003.

巴黎聚会讨论新世界前途时说："21世纪人类如果要过和平幸福的生活，就应该回到2500年前中国的孔子那里寻找智慧。"[1] 英国哲学家罗素在《中国问题》中写道："中国至高无上的伦理品质中的一些东西，现代世界极为需要。这些品质中我认为和气是第一位的，这种品质若能为全世界采纳，地球肯定会比现在有更多的欢乐祥和。"[2] 中国文化正在引起世界上的政治家、经济学家、社会学家、人类学家的关注，"中国学"正在成为一种显学。的确，"人类需要转换视角，用一种冲突融合而和合的观念来思考人类问题。"[3]

中国传统文化中"普遍和谐"观念无疑是对人类社会和平发展做出的特殊贡献。它的含义至少包括：自然的和谐、人与自然的和谐、人与人的和谐、人自我身心内外的和谐。儒家关于"和谐"的观念是把"自我身心内外的和谐"作为起点，推广到"人与人和谐"，继而扩展到人与自然的和谐，最后才能不破坏"自然的和谐"。这种由内而外、由人到自然和谐的方式，恰恰体现在武术的技术范畴里，而且贯彻始终，诸如上下相和、内外合一，讲究"眼随手动""目随势注"，所谓"六合"，即"手与足合，腰与膝合，肩与胯合，心与意合，意与气合，气与力合"，所谓体现躯干与四肢相合的"身法"等表达了周身和谐的高度境界。练习器械则有身械相合，南拳发力则与发声吐气相合；太极拳则讲求"随曲就伸""顺其自然""一动无有不动"的和谐旨要。长期的操练是为了达到一种高度完美的技术和谐，体现演练的美感和技击的追求。俗话说，"行家一出手，便知有没有"。意思是说，从演练者的手足身法配合是否和谐可以断定他的功力和习武的成就。中国武术，尤其是套路运动一直追求和谐，注重外在的动作与内在的心神意气的高度和谐，可以用一生的时间去探索。如何更好地体现和谐，很多拳家终生体味不尽。在武术意识里，很多理念都以和合忠恕之道为核心。例如，太极拳的推手中注重"舍己从人"就体现为对手考虑，不是一定要将对方打倒在地，制人而不伤人，强调人际关系的宽容、融洽与和谐。这种和谐观念有时也未必只体现在技术上、练法上，也可能在教学训练的过程中、礼仪中和相处中。在太极拳的锻炼中，也可以体验人与自然的和谐。比方说，在一个旷野里或者雪地里，翩然而起，行拳走架，本身就是人与自然的对话，把自己投入大自然的怀抱，与大自然无声地交流，甚至融入大自然环境之中，达到所谓的"天人合一"。这样练习的效果要更好。武术文化中诸如此类的观点不胜枚举，需要我们的专家和学者从不同角度去论证。

中国武术是民族文化的大载体，融摄了许多中国传统文化的精髓。文化性是武术的灵魂。"要把优秀的中华文化推介全球，其方式、方法、手段和机制都应当是崭新的，具有说服力、感染力和渗透力的。"[4] 在传播中除了语言、文字、音像、艺术之

---

[1] 转引自：汤一介. 和而不同 [M]. 沈阳：辽宁人民出版社，2001.
[2] 转引自：张立文. 和合文化的当代意义 [J].《人民政协报》学术家园.
[3] 转引自：朱威烈. 国际文化战略研究 [M]. 上海：上海外语教育出版社，2002.
[4] 转引自：朱威烈. 国际文化战略研究 [M]. 上海：上海外语教育出版社，2002.

外,不妨推出以身体去感悟"和谐"观念的武术,让人们在武术习练中直觉体验和培育和谐观念。这是否也可以成为一种可操作层面的推介?到底如何具体地在武术中体现这种文化的庞博内涵以及给予它更加完善的诠释,则需要武术工作者和一些社会学家、人类学家等联合起来进行深一步的研究。

中国武术既然是一种民族文化载体,或者说是民族优秀文化的一部分,如何面对强势的西方文化,为人类提供有益的伦理品质和人生理念,武术文化如何体现这一重要价值功能,应是很有意义的研究。

武术要真正地走向世界,仅仅停留在技术层面是远远不够的。实际上,武术的推广从海外华侨开始传授已经有一百多年的历史。武术的文化内涵和民族特色的推广并没有引起足够的重视,武术并没有进入西方的主流社会群体当中,当地的华侨和华裔大多在民间习武授拳,很少听到有国外的大学开设中国武术课程。从这个意义上讲,武术文化的研究显得十分重要和迫切,需要大批的武术工作者和关心武术的其他领域的专家学者付诸艰辛的努力,把武术的文化传播落实到操作层面。

如果中国人站在民族的乃至全人类的角度来传播武术文化,而不把它简单地作为一种技术,那将是大手笔、大气势,是真正意义上对中国武术的继承和弘扬。我们只要从这个高度上去研究和认识武术,对国家、民族乃至全人类才会有益,才会引起国家的重视,将其作为一项主要国策,武术也才会更好地为民族、为国家、为人类的进步作出贡献。

三、当代武术教育研究的迫切性

在西方强势文化的影响下,我们的民族文化面临着强烈的冲击,这种危机已经逐步延伸到文学、艺术和生活领域,影响着我们的青少年。面对西方敌对势力对我们实行"西化""分化"和争夺下一代的图谋,弘扬和培育民族精神的教育至关重要。不断增强广大青少年对民族优秀文化的认同和自信,振奋民族精神,凝聚民族力量,是一项十分紧迫的任务。

对于未成年人,在第一时间切入的文化完全可以先入为主,形成牢固而耐久的文化接受基础,并产生极为深重的影响。艾斐在《文化的责任》中指出:最重要是要以文化为源流和中介而能动地赋予未成年人民族精神、高尚人格和优良品德[1]。中华民族是一个具有优良传统的民族,五千年历史中孕育了许多优秀的传统美德。在武术传授中也有不少反映,如尊师重道、讲礼守信、勇敢仗义、坚韧笃实、刻苦求进,太极拳的虚静自然、舍己从人等。这些传统美德对于提高青少年的思想道德水平,弘扬和培育民族精神具有重要的作用。具有民族传统特色的武术蕴涵着上述的许多丰富内容,

---

[1] 艾斐. 文化的责任 [M]. 人民日报,2004-08-31.

有的体现在运动之中,有的融入教学和师生互动之中。武术生动的运动形式可以作为一种继承和弘扬这些美德的传媒和中介,使青少年在言传身授中受到教育。因此,如何在青少年中推广普及武术教育,武术课如何贯穿这些优良传统的教育等,都是十分重要和迫切的武术教育的研究课题。

中宣部、教育部联合制定的《中小学开展弘扬和培育民族精神教育实施纲要》(教基〔2004〕7号)吹响了武术教育改革的号角,其中提到在中小学开设和加强武术课的问题,在美术课中要讲中国画和中国书法,在音乐课中要讲民族音乐,在体育课中要适量增加中国武术的内容,而且要增加武术课的比重。这是令武术工作者感到欣慰和鼓舞的一件大事。

尽管武术早在1916年就开始进入学校,不同时期又不断地编入大纲、列入课程、制定教材,但时至今日,在学校中并没有实现根本的普及,甚至在许多学校"名存实亡"。据调查,目前大多数中小学的武术课基本上是徒有虚名,甚至一些学校的负责人明确表态武术课可以取消。一旦武术课在中小学丧失应有的地位,武术的普及推广和发展形势将会十分严峻。究其原因有三个方面:①师资匮乏;②教材陈旧;③教学模式单调呆板,不符合中小学的实际情况。归纳起来也是三个问题,即谁来教、教什么和怎么教。事实上,体育院校的毕业生在普修课学过一些武术基本知识和技术,然而到了工作单位,很多都忘记了。这说明长期以来,我们的武术普修课在内容设置上存在问题,需要进一步研究。几十年一成不变的"老三样"(初级拳、初级剑和简化太极拳),已经远远不能适应当前的教育形势,需要改革。我们是否可以参考柔道的形式,对武术套路教学进行改革,从观念上打破套路的束缚,从套路中提炼一些动作,使之简短灵活,带有一定的攻防对抗性,这样既方便学习,又带有趣味性,容易被广大学生接受和欢迎。

当代武术教育改革的几点思考*

武术教育改革，不仅关系到武术自身的发展，更关系到民族文化的传承、民族精神的弘扬，也是加强青少年思想道德建设的需要。在新的历史条件下，尤其是在当前进行新的体育课程改革的大背景下，武术教育改革已刻不容缓，迫在眉睫。

一、武术教育的意义

武术教育，不仅仅指武术教学，它的研究范围更广泛，是指通过武术教学过程，使受教育者从身体上、技能上、品行上、人格上得到教育塑造。武术何时进入奥运会是举国上下都在关注的一个课题。日本借东京奥运会之机，使柔道步入奥运大家庭，韩国乘举办汉城奥运会之势，使跆拳道跨进奥运殿堂。全世界各个角落的炎黄子孙都希望武术能借北京举办奥运会的机会进入奥运大家庭。武术进入奥运会，有利于武术向世界推广、传播和发扬光大，提高武术的国际地位，增强国家尊严和民族自信，同时奥运大家庭中又增加了一个东方体育项目。但从目前的形势来看不容乐观，尤其是原国际奥委会主席罗格上任以后，采取了"瘦身计划"——"只出不进"，对奥运项目进行改革。武术在这样的大背景下要正式进入奥运会难度很大。武术内容丰富而精深，目前流传有序、传播广泛、比较系统的拳种就有 130 种。每一个拳种根据不同的地域、风俗等又形成不同的流派，仅太极拳就有陈、杨、孙、武、吴、和、李、乐、赵堡等派别。武术需要继承发扬的东西很多，而进奥运会的只是武术里的一部分。辩证地来看，武术暂时进不了奥运会也并非坏事，我们可以对竞技武术进一步调整和完善，同时进一步加强对传统武术的改造和创新，这样更加有利于传统武术的继承和发展。

乔晓光先生认为："一种文化的兴衰，往往依赖于拥有这种文化的人数。"就武术继承和发展而言，最重要、最关键的是武术教育问题。在学校教育层面，武术教育还没有真正在学校实现普及。2004 年，美国得克萨斯州的一群孩子曾写信问温家宝总理："温总理，你会武术吗？"在他们眼里，作为武术发源地的东方文明古国的中国，人人

---

* 本文与王国志合作完成，发表于 2006 年《体育学刊》。

都应会武术，人人都练武术。然而事实却并非如此，如在学校，尽管武术作为体育项目已列入学校教育当中，但武术教育却没有从根本上在学校中扎根。而当前武术教育主要依靠民间的一些武术馆、校来推广普及，相对于我国13亿人口而言，力度显然是不够的。而日本空手道、韩国跆拳道都早已作为各自国家中小学的必修课而得以普及推广。武术虽然作为体育的一个项目也列入了我国中小学课程中，但由于诸多原因影响，造成武术在不少学校名存实亡，制约了武术的普及开展。尤其值得注意的是，近年来国外武技（空手道、跆拳道）在中国的传播对武术在中小学的开展产生了较大的冲击。在许多大城市中心区，武术没有立足之地，跆拳道、空手道等国外武技却大有市场，这值得我们深思。应当看到只有当武术在普通教育中实现普及，才是中国武术的真正普及。

从文化角度来看，目前世界正处于多元文化竞争的时期，各国之间的文化竞争非常激烈。如端午节，是我国古代人民为纪念屈原而创立的，是延续了数千年的一个妇孺皆知的传统文化节日，韩国在这个节日里大兴民间、民俗文化活动，并将此节日向联合国申报世界文化遗产，表现为一种民族间的文化争夺。连我们的四大发明也有人产生了疑义，试图加以改变。文化争夺现象在武术当中也表现得非常激烈，中国于1990年在北京成立了国际武术联合会，它是当今武术运动在世界范围内推广普及的主管组织，却也有人在策划成立新的国际性、世界性的武术联盟组织，同时也在操办各种国际性武术比赛交流活动。日本的一位社会人士20多年前来中国时曾说："十年后，太极拳的中心可能不在中国。"此话并非随口而出，的确在日本习练太极拳的人非常多，而且人们对待太极拳的态度也非常认真、严谨，水平也较高。近些年来，日本也开始派太极拳教练去国外教学，但是大都不提太极拳的发源地是中国，不提太极拳是从中国教师那里学来的。久而久之，人们就会以讹传讹，忘却了它的真正发源地——中国。国际间的文化争夺值得我们为武术的发展担忧。正如刘三元先生所云："弘扬民族文化的误区，最核心、最根本的在于我们不是缺少优秀传统文化，而是缺少优秀文化的教育。"

从战略的角度来看，西方文化目前作为一种强势文化对青少年的影响较大，尤其是中国加入世界贸易组织以来，青少年接受了太多来自西方的东西，吃的是麦当劳、肯德基——味美，穿的是西部牛仔——时尚，看的是西部大片——刺激，听的是摇滚——陶醉。西方文化对青少年一代的影响无孔不入，而青少年的中国传统文化观念反而淡薄了。不久前，在复旦大学举办汉语知识大赛中，获得冠军的竟然不是中国学生队，而是外国留学生队。留学生学习汉语不仅仅是为了掌握这门语言，他们还要了解它的文化背景、文化内涵；而中国学生却成天埋头苦读外语，对汉语反而浅尝辄止。由此可见中国当代青少年传统文化观念的淡薄。现在的青少年大多是独生子女，由于家长的宠爱、教育的滞后，导致任性、感情脆弱、不能吃苦，经不起困难和挫折，青少年教育问题、思想道德建设问题已迫在眉睫，国家已把它放在很重要的位置。如何加强青少年思想道德建设？民族精神的弘扬，爱国主义教育，传统文化的传承就显得尤为重要。无论从文化角度、战略角度还是教育的角度，都必须把武术教育提高到一个重要的战略高度来认识，武术教育任重而道远。

二、武术教育的回顾

武术作为中华民族的国粹，有着悠久的历史。在春秋战国时期，武术就相当兴盛。宋代以后，武术逐渐走向民间，保镖、护院、走江湖、教拳、卖艺等，五花八门。自"五四运动"以后，西方体育随着西方文化进入中国，西方式的体操进入学校，在土洋体育的论争中，一些仁人志士极力推出自己的体育项目，富有民族传统的武术因此得以走进学校，武术也就从家传式的、师傅带徒弟的教育模式转变成了老师带学生的集体学习模式。中华人民共和国成立后，国家正式把武术确立为体育项目，武术开始从民间自发的行为成为国家正式开展的体育项目。在这个过程中，国家组织一些专家整理出版了长拳、南拳、太极拳等一系列武术套路，采取"教学—训练—比赛"模式，一直延续至今，这种模式对武术的发展推广功不可没。但现状不容乐观，一些学校取消了武术课，不少学校中武术教学名存实亡。武术运动管理中心王筱麟主任言简意赅地指出学校武术存在"谁来教？教什么？怎么教"的问题。"谁来教？"理当由我们体育院校的众多毕业生来教。他们能教吗？据调查，很多毕业生武术专业教学技能较差，对他们而言上武术课有困难，能不上还是不上的好。"教什么？"目前的武术教材一是入门难，技术动作较为复杂、动作路线难记。学习武术套路要有很好的基本功，基本功不扎实，难以练好套路，缺乏成就感，以致学习积极性消退，丧失了习武的兴趣。二是枯燥，常言道"冬练三九，夏练三伏"，习武要有坚强的意志，吃苦耐劳的品质。例如，压腿、拉韧带、蹲马步等基本功需要常年如一日，持之以恒，所有这些对现在的独生子女而言显得十分枯燥。三是空泛，在教学过程中，教师没有讲清动作内涵及其运用，学生也没有领会动作的精妙，只是简单地进行肢体动作的模仿，不知其所以然。回顾历史，中华人民共和国成立后，武术从社会底层上升到国家层面，比以前更规范化、标准化了，强调动作工整，而技击性则少提或不提，也就渐渐失去了攻防作用。正是这些因素制约着武术教育的发展，人们到底需要什么样的武术，还研究得不够，跟不上时代发展的需要，也不能满足青少年的兴趣需要，不能为群众所喜闻乐见，造成学生喜欢武术，却不喜欢上武术课。因此，我们必须对现有的武术教材内容进行改革。"怎么教？"这也是制约武术教育发展的重要问题。长期以来，我们的武术教学采用"基本功—基本动作—套路"教学模式，整个模式和专业少体校没有多少区别，要求很高，学好很难。教学内容以竞技武术为主，传统武术中的大量资源、素材却没有被好好利用。面对这种情况，武术教育改革势在必行，国家需要出台一系列的规范措施、政策，实实在在地把武术纳入学校课程当中，武术工作者需要认认真真地研究如何编写出适应青少年特点的教材，改进教学方法，符合普通中小学生生理、心理特征，并在武术课中渗透民族精神的教育。有人提议武术能否从体育课中脱离出来，成为一门国学的必修课，通过身体教育来传承中国传统文化，弘扬民族精神。

三、武术教育改革的基本思路

淡化套路，突出方法，强调应用。武术教学内容不是不要套路，而是要淡化套路教学，教学内容要短小精悍、简单易学，强调动作方法及动作的运用，在此基础上形成套路。

权威性、指导性教材与地方性教材、校本教材相结合。国家制订出统一的指导性教材，各地在这一基础上根据本地的特色编制出本地的教材，如广东、福建可以编写南拳，山东可以编写螳螂拳，河南以少林拳为主，西北地区以翻子、劈挂为主等。各学校还应根据师资和学校的情况编制校本教材，使统一教材、地方教材和校本教材有机结合，才会生动活泼。

汲取传统武术营养。编写教材内容应多汲取传统武术中的精华，尤其是一些比较知名的老拳师对某些招法、手法、腿法的独特见解，可以创造性地加以吸收，用以丰富武术教学内容和教学方法。

遵循"一看就喜欢，一学就上手"的原则。在武术教学内容创编当中，要想办法让青少年感兴趣，让他们"一看就喜欢"，吸引他们主动来学，同时武术教学的入门门槛不要太高，让他们"一学就上手"，循序渐进不断提高。

借鉴跆拳道、空手道的成功经验。韩国跆拳道、日本空手道在各自国家乃至世界上的成功经验值得我们借鉴，尤其是他们的服装、礼仪、道德教育方面的高度规范性，使青少年学习后都比较懂礼貌、守规矩，深受家长欢迎。我国经过几十年的改革开放和经济建设，生活水平有了较大提高，学校教学条件等有了很大的改善，可以对武术的服装很好地设计一下，不要在低层面上徘徊，要正规化、有档次，以利于更好地传承民族文化，弘扬民族精神。

总之，武术教育要高屋建瓴，面向大众。武术不仅是身体素质的锻炼手段，而且要成为培养教育人的方式。要充分利用好武术这一教育资源，配合学校的多种形式，全面培养青少年、塑造青少年；同时也要挖掘好武术这一文化资源，通过武术传承民族文化、弘扬民族精神，尤其是在当代，面对物欲横流、享乐主义、拜金主义的不良思想，作为传统文化精髓的武术能否为国家、民族的兴衰发挥作用，能否屹立于世界文化艺术之林，更好地为全人类的健康与进步服务，是我们应努力研究的。

参考文献

[1] 邱丕相. 中国武术教程（上）[M]. 北京：人民体育出版社，2004.

[2] 全国体育院校教材委员会.武术理论基础［M］.北京：人民体育出版社，2000.

[3] 习云太.中国武术史［M］.北京：人民体育出版社，2001.

[4] 邵汉明.中国文化研究20年［M］.北京：人民出版社，2003.

[5] 朱威烈.国际文化战略研究［M］.上海：上海外语教育出版社，2002.

[6] 乔晓光.活态文化［M］.太原：山西人民出版社，2004.

[7] 邱丕相，田学建.论太极拳的普遍和谐价值观［J］.体育学刊，2005，12（3）：70-72.

[8] 张胜利，刘树军.中国传统武术可持续发展探索［J］.体育学刊，2005，12（1）：68-70.

人类生态文明视域下的未来武术*

"文明"二字在中国古代文献中较早见于《易传·乾文言》"见龙在田,天下文明"和《尚书·舜典》中"浚哲文明",它们都是文采光明和文德辉耀的意思。西方国家进入资本主义社会后,"文明"这个词被广泛地使用。马克思、恩格斯对文明的含义作出过科学的概括,他们认为,文明是反映整个社会生活和社会面貌变化的,是整个社会进步的标志,它是人类改造世界实践活动的成果。

武术作为人类文明的产物必然与人类文明化的进程休戚相关。武术的未来发展也一定受到人类未来文明社会的态势的影响。

一、人类的文明化进程

人类进入文明社会后,大体上经历了采猎文明、农耕文明、工业文明、信息文明这样几个阶段。每一次文明的进步和飞跃,既是在科学技术进步和生产力极大提高基础上实现的,也是在人类对自然的认识、利用和改造能力不断提高的前提下产生的。在采猎文明时期,生产力水平极其低下,人们完全依赖自然界生存,因而对自然的认识非常低下,人和自然的关系建立在盲目与自发的基础上,它们形成一种和谐相处的关系;在农耕文明阶段,生产力有了一定程度的发展,人们依靠农耕牧渔而生产,对自然也有了一定的认识,人同自然的关系处于一种较低水平的平衡状态;而在工业社会,工业文明所反映的是较高水平的生产力,社会依靠科学技术和机器大工业生产而发展,人类沉湎于改造自然和征服自然的狂热中,这个时期人和自然的关系是一种对立的、不平等的关系。在信息文明时代,人类获得的信息量急速增长,地球因为网络而变为"村落",先进的科学技术正以不可想象的速度渗透到人类个体的道德领域、情感领域和精神领域,并试图对人类进行简化操作。人类社会正面临历史上最为严峻的挑战。

"人类对于无止境进步的信心,仅在五十年以前还是那么广泛地流传着,现在却好

---

* 本文与王震合作完成,曾参加 2009 年国际人类学与民族学联合会第 16 届世界大会。

像已经完全消失了。"[1] 资源面临枯竭，污染日趋严重，全球性的环境问题日益突出，特别是进入20世纪90年代以来，人类和自然的冲突便以最强烈的形式爆发出来。生态危机的出现，给陶醉于工业文明辉煌成果的人们敲响了警钟，使人们不得不对以往的人与自然关系的认识及其发展模式进行反思。

恩格斯早在100多年前就提醒人们："我们不要过分陶醉于人类对自然界的胜利，对于每一次这样的胜利，自然界都对我们进行报复。"[2] 当自然以它特有的方式对人类进行"惩罚"之后，人类才突然明白了后果的严重性。

因此，一种新的文明取代信息文明将是不可避免的历史的必然。这种文明需要我们重新审视人和自然的关系，重新确立人类生存的终极价值，这种新的文明就是生态文明。

20世纪80年代末，生态文明意识逐渐在世界不同民族和不同意识形态的国家产生。人们不再盲目追求增长，而是探求可持续发展。90年代联合国环境与发展大会通过《里约宣言》，真正拉开了生态文明时代的序幕。近年来，理论界和学术界对全球化问题的关注，特别是对生态文明内容的探讨表明，生态文明时代的到来作为一种共识已经确立和形成。

生态文明建立在人类文明发展史的基础上，是以人类和自然相互依存为中心的一种新的文明。生态文明时代的到来，既是历史发展的必然结果，也是人类社会发展的必然选择。

二、武术的文明化进程

中国武术，作为源于战争搏杀残酷嗜血的搏斗技术，在中国大地上演绎为一种充满哲理、伦理、艺术等光辉的套路运动形式。世界的每个角落、每个民族都有其本地化的搏斗技术，中国武术无论是在运动形式上还是在价值追求上都有别于他们"致伤致残"的血性和"你死我活"的残忍。这种独特的差异与它的文明化进程不无关系。在中国文化积淀中发展起来的武术，不可避免地、与生俱来地携带着我国民族文化的众多特性。

（一）嗜血的格斗

中国武术的源头，可以追溯到我国远古祖先的生产活动中去。当时生存环境极为险恶，生产资料异常贫乏，先人们为了生存不得不进行狩猎等生产活动，并从中学会了使用木棒、石头击打野兽的方法。这些击打的方法孕育着武术兵械格斗技术的产生。除了人与兽斗之外，部落战争是进一步促进武术发展的重要因素。这种嗜血的格斗术

---

[1] 爱因斯坦. 爱因斯坦文集：第3卷 [M]. 许良英，译. 北京：商务印书馆，1979：320.
[2] 恩格斯. 马克思恩格斯全集：第23卷 [M]. 北京：人民出版社，1956：519.

与其他民族的格斗术没有区别,罗马大竞技场的角斗,就是把俘虏来的奴隶放逐在场上相互残杀,以观赏取乐。

(二) 约规下的决斗

武术除了用于军阵格斗,还用于奴隶主贵族消遣活动,并在民间传播。他们重视提倡"拳勇""技击",特别是"相搏"与"斗剑"发展迅速。《庄子·说剑》记载:"昔赵文王喜剑,剑士夹门而客三千余人,日夜相击于前,死伤者岁百余人。"其所描述的就是那个时代的武术已开始有了约规下决斗形式的发展。这一形式与西方中世纪的决斗相雷同,约规下的决斗相比野蛮厮杀文明一些,但仍然是你死我活的对决。在西方,决斗一直延续到19世纪,从剑击发展到枪击。

(三) 体育竞技的胜负

武术从技术渊源、文化心态和伦理思想上反映了它具有强烈竞争性的一面。从汉魏曹丕以蔗为杖与邓展将军论剑,直至近代的"打擂台",人们从比武中显示自身强大和战胜对手的能力。即使是脱离搏斗"敌我"双方的套路演练,也是在寻求一种英雄主义的豪壮气概和勇往直前的精神。武术文明化进程开始逐步走向体育竞技的胜负。把格斗术放置于竞技场上,在严格的规则下力求避免伤害进行旨在决出胜负的比赛,是人类格斗术文明化的重大进展。如拳击、击剑、摔跤、柔道等,旨在以速度、力量、技巧战胜对方。

(四) 心理的较量

武术本身的内倾性所表现的中华民族重内、重意、重合、重直觉的文化心态,使武术的文明化进程有了新的发展。武术技术、技法中的内涵,常常需要"反求诸事"的体悟,从反复实践中方能得其要领。武术与其他具体的外在竞技不同,难以划定。武术劲力是靠以意领气、以气催力来实现的。手、眼、身、步形体动势是内在精、气、神的反映,形与神、内与外是相互联系的统一整体。内劲、内气、内在意境,妙到令人玩味不尽、体味不尽,常常成为练习者体悟不止的"终身武艺"。即使在较武中,也由原来纯粹的嗜血格斗进化为心理的较量,"较艺"超越"较技"。通过演练或"拆招""试手"以显示功力、道德、精神,使对方心悦诚服,乃至结为同好。

三、生态文明下未来的武术

竞技体育中的格斗运动比较血腥,约规下的决斗使人类走向了文明化的新里程,这里既不是流血的杀戮,也不是以生死为代价的决斗,而是以力量、速度、智慧来决定胜负的。然而在工业文明时代,人们的竞争心态最终导致了追求金牌带来的丑恶,甚至不惜以兴奋剂摧残身体。曾在电视屏幕上出现的一种美国职业摔跤 Puleleis 是一场模拟厮杀角斗的对抗性表演，虽没有危及生命，却仍体现了工业文明下人们竞争心态演绎出的追求感官刺激，一种极端利己、享乐主义的裸露。

"人所取得的惊人进步使他能够在很大程度上支配自然，赋予物质世界以符合自己意愿的形式。但是，这些进步不仅有人口的巨大增长相伴随，而且有无数人的精神萎靡相伴随，而谁也无法要求这些人对他们的生活的起源和进程的现实负起责任。"[1]

当我们的丰富商品充斥了人类的物欲生活，当信息科技带来诸多方便的时刻，人们是否意识到了人类在此环境中精神领域、道德领域、情感领域的缺失和空虚？人类的文明化进程该如何走？诚然，生态文明时代的提出，给人类带来了一缕新的希望之光，在这个令人憧憬的生态文明时代，未来的武术是怎样的？既不是杀戮的，也不是决斗的，甚至不是竞争的，应当是一种高度和谐、自然的文明形态。

生态文明的主要标志，体现在三大"转变"上：一是生产技术的大转变，即有害环境技术向无害环境技术的转变；二是经济观念与行为的大转变，即从单纯追求经济目标向追求经济生态双重目标的转变；三是自然观的大转变，即由天人相分到天人和谐的转变。由这三大转变产生了一种新型的生态伦理观、价值观和生态文明观。生态文明观强调，人与自然必须保持平衡、协调和统一，社会、生态、经济必须协同发展。

在生态文明社会，人类高尚的生活态度、文明的生活方式、科学的健康理念，必将影响武术的存在形态。未来武术的变化，笔者认为主要将朝三个方向发展。

（一）自然的武术

人类追求生态文明是在寻找人的自然本性，它是一种回归自然的最为"纯朴"的感悟，而并非那种野蛮象征的搏打厮杀。习练者不再过多考虑武术的格斗功用，因为格斗武术在生态文明的社会已失去舞台。不去追求动作标准如何，不去图人前美观和争夺金牌。他们仅用自己的肢体在书写内心的武意，随曲就伸，自然而然。当你置身于旷野、园林、绿地等空气清新的自然环境之中，恬淡虚无、心旷神怡，用一种热爱自然、融入自然的心情去练拳，以顺乎自然；以天人相通的观念来行拳，让动作自然地流动，毫无牵扯勉强，从而感受到大自然的无为状态，体悟到圆、通的无碍妙境。

（二）智慧的武术

武术长期积淀产生的武术格斗技艺，将演变为一种智慧，成了"两两相当"，却没有一点伤害。人们在玩"劲"和用"法"中回味祖先留给我们的智慧财富。人们在兴致的演练与对抗的玩味中体验武术的延年益寿之功效。它通过假想、假设各种攻防的形态，变化出无穷尽的招数和凸显神通的劲力，贵在出"巧"出奇，充满了在攻防能

---

[1] 卡尔·雅斯贝尔斯. 时代的精神状况 [M]. 王德峰，译. 上海：上海译文出版社，1997：2-8.

力上的智慧。对招法劲力的钻研磨砺，会带给人们一种无穷尽追求的乐趣，是一种精神上的满足，可以作为一种修炼身心的终身体育运动。

(三) 艺术的武术

每个人都可以拥有艺术的精神，以超越功利的、发自内心的、充满喜悦和感激的心态对待生活。艺术的武术使习练者自得其乐、自我完善，它培养人们一种生存境界，一种流连忘返、沉迷陶醉的高峰体验。艺术的武术通过其表现技击性这一载体体现东方文化的艺术魅力。将身体的无穷变化演绎为一种艺术，在攻防进退中充分展示个人的想象，创造一种攻防的艺术形态，不仅千变万化，而且尽显形态、节奏、神韵之美。"艺术不是技巧的事业，而是心灵的事业。"通过艺术武术可以美化、净化人们的心灵。

四、太极拳与推手很可能是未来武术的重要形式

美国人本主义心理学家亚伯拉罕·马斯洛提出了"尤赛琴"（Eupsychian）工程，他提出了在当今科技社会、商业社会、物质社会中寻求人类失落的心灵美德，"表现出对西方人生价值的挑战，对东方生存智慧的借鉴"[1]。通过这种借鉴，人们可以在太极拳的自然运动中捕捉到他们追寻的踪影。

太极拳以易学的太极阴阳学说为指导思想，以中国传统的整体思维方式理解世界，是一个充满哲理的拳种，体现了传统哲学的普遍和谐价值理念。太极拳继承了传统哲学的和谐价值观，强调练拳要追求"一动无有不动""周身一家""牵一发而动全身""内三合，外三合相结合""内不动，外不发"、由内到外完整一气等。讲究"以心行气，以气运身"，使心、气、神的运行极其和谐。这些要求使人们在练习太极拳时，体悟到要达到"一动无有不动""周身一家"，必须做到内外、形神和谐统一。它与生态文明观有许多共同的地方。

(一) 人与自然和谐的哲学观（松静自然、拳禅合一）

太极拳"道法自然"，人身为一"小太极"，自然为"大太极"。当你练完了一套太极拳，到树林、草地上，无拘无束地"全身处处毫无牵制"，"动静作势、纯任自然"，呼吸自然，开阔心胸，"随天机动宕"，也无意追求蹬腿有多高，架势有多低，姿势有多规范，以顺乎自然、天人相通的观念来行拳走势，与大自然静静地交流、交融，将自己融入大自然，天人合一，生机无限，热爱自然、热爱人生之情油然而生。

其所进入的几近于"禅定""涅槃"的理想境界，恰恰是未来人类所追求的人的天真、质朴与自然。

---

[1] 鲁枢元. 生态批评的空间 [M]. 上海：华东师范大学出版社，2006：112.

（二）人与人和谐的伦理观（随曲就伸，舍己从人）

在生态文明社会里，人们聚在一起练太极拳，创造了一种全新的环境，随着音乐舒拳走势，或两两推手，听劲试力，引进落空、"舍己从人"，成为一种融洽感情、乐此不疲的交流情感活动。正如《大趋势》一书所提到的，"每当一种新技术引进社会，人类必然要产生一种加以平衡的反应，也就是产生一种高情感"。太极拳以静心养性、动中求静的运动方式，作为一种高情感活动是非常可取的。老年人平日较为孤独，有一种场合让他们一起练拳，试力，交流，"君子之争"，相互尊重，其乐融融。太极拳以其绵缓斯文的运动风格，尤其容易增强人与人的和谐相处的观念。有兴趣练太极拳的人聚集在一起，无欲无争，陶然忘返，不失为凝聚人们情感的"魔杖"，寻回人与人之间的和谐、正直与善良。

（三）人自身和谐的养生观（以心行气，以气运身）

太极拳和其他武术拳种一样，在练拳中追寻和谐，上下、身步、手眼、内外，处处和谐，可为"终身不尽之艺"，也就是人们所说的"终身体育"，对老年人十分有益。可以摆脱寂寞和孤独，天天练，天天有新感受，自得其乐，自我完善。

太极拳不同于其他拳种的是更重视内在的养气。"气"被中国人视为生命之源，养生在于养气，养气必须修心，修心就要修德。人不为物所累，不为利所谋，才能恬淡自如，养好精气，用一种生存境界抵御金钱、物质的诱惑。太极拳是一种意气运动，"以心行气""以气运身"，用意不用拙力是太极拳的一大特点。

太极拳在绵绵不断的运动中，把人的生理健康、心理健康、人生哲学连在一起，相互作用，把心态平衡、延年益寿、生活情趣融为一团，兼而有之。唯其如此，太极拳对人类的特殊功效才会得以充分地显现。

这种追寻也恰恰是对人一味地追求物质的一种抵抗，寻回人的创造精神和审美能力，建立一种精神、情趣的信仰和追求。

五、结语

1. 自然的武术、智慧的武术、艺术的武术是未来武术的发展方向。养生法的追求将以自然武术为主；智慧武术则是一种尚巧斗智的文明对抗竞技；艺术武术则是武术家和艺术家合作的结晶，赏心悦目，陶冶情操。

2. 太极拳与推手很可能是未来武术的重要形式。它所反映的人与自然和谐的哲学观、人与人和谐的伦理观、人自身和谐的养生观恰与人类对生态文明的向往和追求相一致。

中国武术的回眸与展望*

中国武术在历史的长河中蜿蜒行进，历经曲折却生生不息。它的技术特征和文化特征十分凸显，其多元价值毋庸置疑，熔技击、健身、教育、审美于一炉。它是宝贵的民族文化财富。

走到历史的今天，这样的一宗富矿竟然与奥运无缘？武术进学校已喊了近百年，却依然显得寥落。武术的命运，人们淡漠它吧，却也大都关切。本文试图从社会学的角度作一些历史性的回眸，又从奥运的价值观去审视它，再从生态文明的视角去思考它的未来。

一、中国武术社会存在方式概览

（一）明清以前的中国武术

首先，古代武术早期主要存在于军旅之中。据《礼记·月令》中记载："孟冬之月……天子乃命将帅讲武，习射御角力。"《左传》也说"国之大事，在祀与戎"。国家的军事实力是极其重要的，武技的高低直接关系到其军力国力。《汉书·刑法志》中"齐愍以技击强，魏惠以武卒奋，秦昭以锐士胜"的记载也反映出春秋战国时期各个诸侯国对军旅武术的重视。

其次是在宫廷。《礼记·内则》里记载"成童舞象"，就是指武技之舞。《资治通鉴》中记载的"吴王好剑客，百姓多创瘢"，表现的是宫廷中殿前的击剑、以武取乐造成的结果。

民间也有为数有限的游侠剑客。他们缘起于士阶层，"平时肆力于耕耘，有事则执干戈以卫社稷者"[1]。春秋时代文武分途，武者成为游侠、剑客，服务于上层社会。他们大多身怀绝技，义薄云天。

自唐以降，武则天建立了武举制，直至光绪二十七年废除，前后延续 1200 年。宋

---

* 本文于 2018 年在河南师范大学举行的中国体育科学学会高峰论坛报告，由王震协助整理后发表于《体育学研究》。
[1] 吕思勉. 先秦史 [M]. 上海：上海古籍出版社，1982：293.

代创立了武学。武举制和武学开辟了一条平民以武进入军中的仕途之路。

总之,这一时期的武术主要存在于军旅和宫廷。

(二) 明清时期的民间武术

自宋代开始,城市出现,据《东京梦华录》记载,在勾栏瓦舍有了"路岐人"(即艺人) 的"打套子""相扑"等表演。南宋出现了大量民间结社,如"角抵社""英略社""弓箭社"等与武技有关的团体。不妨说,宋代开启了民间武术的先河。

明清时代,冷兵器渐次退出了军事舞台,民间武艺得以空前活跃,拳家林立,流派纷呈,是传统武术的大发展时期。今天不少传统拳种与此有关。清代虽有不少限制民间习武的规定,但以习武结盟、结社等势如潮涌,难以禁绝。太极拳、形意拳、八卦掌等拳种在此间形成。

历代的农民起义,多出于灾荒之时。揭竿而起,结众为伍,以武造反,也是古代武术的一种社会形态。

(三) 民国时期的近代武术

西方列强妄图蚕食中国,"落后就要挨打"使爱国仁人志士忧国忧民,探索"西体中用""中体西用"等改良之路。武术也在西方文化影响下,开始向体育方向转化。"中华新武术""土洋结合""国术救国"倡导一时。在孙中山"尚武精神"的引领下,西北军爱国将领张之江先生游说包括蒋介石、宋子文等在内的 45 位国民政府首脑要员作为建馆发起者,于 1928 年在南京成立"中央国术馆"。该机构云集全国名家高手,传习武技,举办国考,传播海外,远赴柏林奥运,为武术的教育化、体育化、科学化迈出了重要的一步。此后许多省、市、县相应成立分属机构。政府对武术统筹管理得以实现,称为"国术"[1]。民间武术人以武为业,保镖护院、教拳卖艺。各拳种流派得以授徒传承。然而,随着抗日战争的全面爆发,"中央国术馆"被迫偃旗息鼓,武术发展中断。

(四) 新中国的现代武术

中华人民共和国成立后,武术被确立为国家开展的正式体育运动项目。由政府统一管理,以"发展体育运动,增强人民体质"为宗旨,于 1953 年在天津召开了全国民族形式体育观摩大会,会后部分参加者赴北京怀仁堂得到党和国家领导人接见,可见政府重视民族传统体育。从巩固人民民主专政的角度看,当时政策不扶持民间武术组织,对封建、反动的组织予以坚决打击和取缔。

1957 年国家体委组织出版了新中国首部武术竞赛规则,组织专家编创了长拳、刀、

---

[1] 释永信. 民国国术期刊文献集成(第八卷)[M]. 北京:中国书店,2008:113.

剑、枪、棍的初、中、高级规定套路，此后形成了以长拳、南拳、太极拳为中心的技术体系，先后有 10 余个省成立了专业武术队。武术初步走出了一条标准化发展之路。运动技术水平得以空前提高，涌现了如蔡鸿祥、李福妹、陈道云等一大批优秀运动员，积极推动了武术的普及与发展。

国家体委统一管理在高等体育院校开课、开班，确立专业，使民间武术进入了高等学府之门。此时基本上由官方武术"一统天下"，民间武术自生自灭。1982 年国家体委发动了"自上而下"又"自下而上"的全国武术挖掘整理工作，成果斐然。

由于仍以发展竞技武术为主体，使发掘之成果尘封入库，沉寂下来。20 世纪 90 年代，中国武术成功进入亚运会，被列为正式比赛项目。国际武术联合会应运成立。武术"源于中国，走向世界"，竞技武术主导地位更加确立[1]。

（五）改革开放新时期的武术

随着改革开放，民间武术出现了勃勃生机。民办武术馆校林立，尔后家族武术产业悄然兴起，广收门徒，波及海内外，成为民间武术的重要一支。此时官方的竞技武术与民间的馆校、家族产业并行并存。地方政府在政策放宽后，赛事频频，十分活跃，部分企业家开始瞄准武术产业市场。而官方的竞技武术却日渐淡出了人们的视线。

值得注意的是，随着民间武术的开放，社会上的怪力乱神相继出笼，封建迷信沉渣泛起，也有为牟取私利不择手段的，对此类糟粕必须有足够的警惕。目前政府部门尚缺乏强力的措施出台。

二、竞技武术的反思

近代以来，武术开始进入运动会，出现竞技武术的称谓。无论是民国时期的国术国考，还是 20 世纪 50 年代全国民族形式体育活动的展演大会；无论是柏林奥运会的成功展演，还是北京亚运会的大放异彩，武术三度出现"由表演而比赛"的历史发展。第一次变化萌发于 20 世纪二三十年代；第二次出现于五六十年代；第三次发生在 90 年代以后，武术运动成功进入亚运会，并连续举办了 14 届世界武术锦标赛，代表着竞技武术发展走向了一定的高度。尽管竞技武术是饱受"欧风美雨"影响的产物，但从其技术主体、审美标准等来看，它还是反映出中国武术"由实用到审美"的发展[2]。不仅成为武术文化传承的载体，作为武术人"认识自己、认识他人、认识天地"的工具，而且是普通大众防身、健身、养生的手段，并用作社会教化、文化娱乐等。以套路为主要竞技形式的武术运动毋庸置疑地推动了中国武术的现代化发展，为中国武术的国内传承和国际传播做出了不可磨灭的贡献。

---

[1] 邱丕相. 中国武术史 [M]. 北京：高等教育出版社，2008：78.
[2] 戴国斌. 从现代奥林匹克的复兴看中国竞技武术的奥林匹克之旅 [J]. 体育与科学，2003，24（3）：19-22.

套路运动是中国武术的主要形式和重要载体，它是有别于其他国家武技、颇具中国文化特色的运动形式，是中国武术的一张重要的文化名片。其所具备的高品质的文化价值、健身价值和艺术价值不容置疑。但作为高端的竞技运动，它参照体操比赛的评分办法。后来逐渐走向了"高、难、美"的技术方向，即质量高、难度大、形象美。为了能够进入奥运会，增加可比性，甚至削足适履，派生了许多过分的旋转翻腾的动作。实践证明，它不仅远离了大众，而且两次申奥失利，至今与奥运无缘。从竞技武术发展的现状反观武术的存在，我们认为主要有三个方面的问题。

（一）普及性不够

虽然国际武联有149个会员国，但是有些组织还不能完全代表这个国家或地区的整个武术界，在不少国家只有华裔华侨凭着自己的爱好勉强经营，参与的人数颇为有限，远不及跆拳道和空手道的普及程度[1]。另外，武术在电视网络等媒体的宣传欠缺，也直接影响武术在世界范围内的普及。就观众而言，国内真正能看懂武术套路比赛的人也为数不多，我们又有什么理由让那些对中华文化知之不多的国际奥委会委员们看得懂"中国式的体操"[2]。

（二）客观性欠缺

评分类项目本身带有主观性，容易造成评比结果上的异议。花样滑冰、花样游泳、艺术体操等项目在奥运会中已是众说纷纭、纠纷不断，再增加一个更具内涵特征的评分项目，自然会让国际奥委会委员们心存芥蒂。武术讲求"内外合一""神形兼备"，其中的"身法""协调""劲力""精神"比较难评。即使采用了分块打分，其"演练水平分"主要还是由裁判员根据经验和感觉来判断比较。从规则、技术角度，武术套路走西化的路仍然难以客观评价。全运会有评判性的问题，进入奥运会照样会有。任何一个裁判员都是有国籍的，也就有国家因素在里面，很难把握评价的客观性。非客观性不免带来了赛前排名、暗箱操作等有悖于竞技体育原则的不良现象。以武术套路作为中国武术的竞技主体申请入奥，在评判的客观性方面显然有失偏颇，两次申奥失败自然难免。

（三）精彩性不足

自罗格任奥委会主席时期就开始执行的奥运项目"瘦身计划"，主要针对的就是比赛精彩度不够、参与人数不多的项目，世界范围内的关注度、市场开发情况、赞助商参与热情、商业价值开发潜力、收视率、电视转播效益、金牌分配是否过于集中等是

---

[1] 蔡宝忠. 竞技武术走向奥运的历程及启示[J]. 体育科学, 2004, 24（1）: 73-77.
[2] 王攀, 王岗. 中国武术"入奥"失败的理性反思[J]. 上海体育学院学报, 2014, 38（2）: 59-62.

考虑的主要因素[1]。

武术套路论难度，比不上体操、跳水、技巧。论优美，比较花样滑冰，没有大场面飞动的旋律。加之运动员动作雷同，风格较单一，容易产生审美疲劳。最主要的是，观众看不懂孰优孰劣，悬念不强，难以吸引观众。散打是中国推出的现代竞技项目，与传统武术没多大关联。特点不突出，与其他格斗项目区别不大，独特性不够。相比之下，日本空手道、韩国跆拳道始终保持动作和规则的高度统一，同时强调适度对抗性。而中国武术的某些规则容易走极端。武术运动的胜负界限应该更明确一些[2]。这一1936年就已技惊奥运的中华体育文化项目不仅至今仍没有找到一种向世界展现自己内涵与外延的合适形式，反而依然持续构划着一种为寻求加入奥运家庭而不断适应与调整的独特历史轨迹[3]。总之，武术以套路的形式进军奥运举步维艰，需要策略转移。

三、未来武术的思考

约10年前，从一本《生态批评的空间》受到启发，我们开始了从生态文明的视角思考中国武术的未来[4]。认为未来武术将朝着自然的武术、智慧的武术和艺术的武术方向发展，太极拳和推手可能是武术存在的重要形式[5]。回眸当时的思考，觉得还可以再展望一下未来武术的存在形态。

（一）作为体育竞技

作为体育竞技的武术应坚定不移地向前推进，但要考虑武术竞技的形式。武术套路的技术内容固然非常好，但不适合高端的竞技比赛。竞技武术可以以进奥运为目标，但竞技内容不应该是套路演练，而是对抗竞技。这里的对抗应该是独具中国文化内涵的文明对抗，诸如太极推手、中国式摔跤以及长兵、短兵、中华射艺等原本属于武术的运动形式。

有学者在总结分析武术进入奥运会的艰辛努力和历史经验教训的基础上，认为武术"入奥"应首选武术体系中最具代表性的太极拳[6]。太极拳的套路演练比赛依然会重蹈评分难以客观量化的覆辙，而以对抗决胜负的太极推手更具可行性。经过30多年

---

[1] 牛健壮，孙得朋. 从奥运会中摔跤、跆拳道及柔道项目的演变探究武术项目的发展趋势 [J]. 西安体育学院学报，2015，32（2）：191-197.
[2] 姚勤毅. 中华武术为何距离奥运会有点远 [N]. 解放日报，2018-02-20（6）.
[3] 申中卿. 2008—2012：中国武术的发展激荡与战略抉择 [J]. 武汉体育学院学报，2013，47（11）：59-63.
[4] 黄鹂，吴佳贤. 从和合思想角度探析武术的价值取向与发展路向 [J]. 南京体育学院学报（自然科学版），2016，15（5）：151-154.
[5] 邱丕相，王震. 人类文明视域下的未来武术 [J]. 武汉体育学院学报，2007，41（9）：1-4.
[6] 张继生，张萍. 单相思下的失望与希望：武术"入奥"的历史回顾和策略思考 [J]. 武汉体育学院学报，2013，47（2）：56-60.

的探索式发展，太极推手已形成了一个独立的竞技技术体系。由于它尚巧不尚力，制人不伤人，强调以柔克刚，以静制动，出奇制胜。人们更期待它成为一项最具有东方文化特点和中国武术特色的现代竞技体育项目[1]。

还有学者反思认为武术入奥失败的原因是没有把中国式摔跤列入中国武术项目群，呼吁竞技武术增加中国式摔跤竞技内容。中国式摔跤不以粗野和蛮力相搏，以巧制胜，斗智斗勇，动作漂亮神奇，深得崇尚文明格斗的人们喜爱。其优势在于：技术丰富、对抗精彩、文明高雅、胜负易判、观赏价值高、具有中国特色。中国式摔跤相比以套路表演为主的武术，更贴近奥运比赛的"竞争"本质，更符合奥运会正式比赛项目的要求，具备向奥运竞技平台发展的可能性。深度整合武术与中国式摔跤，将会加快推动中国"国技"运动入奥的历程[2]。

武术的长、短兵器运动这几年在国内外也开始时兴起来。在保障安全性的前提下，这项运动的竞技性毋庸置疑。它所代表的武术器械技法迥然不同于西方体育的击剑，值得探索。

近十多年来，随着越来越多的人群参与到传统射箭活动中，社会上兴起了所谓的"传统射箭热"，引发了学界的广泛关注。这种形成于中华文化圈，以弓、箭以及相关器物为媒，准确击中目标为本质属性，文射和武射为表现形式，跨地域交融为主要特点，兼具多种价值属性并始终处在变化发展中的宝贵文化遗产，我们称它为中华射艺[3]。古代武艺常常把"射艺"排在第一位，今天有机会复兴这种传统武技，期望它成为武术竞技的内容之一。

当今世界流行的暴力、血腥的格斗运动，残酷而野蛮，是人类文明的倒退，是罗马角斗场的重演。积极倡导武术文明格斗将是对世界竞技体育的贡献。

（二）作为健身运动

作为大众健身运动的武术，形式可以多种多样。武术套路运动作为主流项目进行推广无可厚非。套路形式是拳种流派技术的重要载体，具有广泛的适应性，是群众喜闻乐见的健身手段，应积极改革创新，编创简单、易学、有趣的武术套路，开展交流表演比赛，活跃身心。以"身心合一"为导向，将武术优秀的拳械运动推向世界。

将来，很多拳种的核心技术可能只局限于少数人去掌握和研究它，大多数人群可能就是练练太极拳之类的套路技术、组合技术、基本技术等，走"身心合一"的健身之路。我们把它称为"自然的武术"，和自然很接近，包括气功，都可能融在一起，为大众健康服务。若干年以后，这类武术就是使人接近大自然，顺应生态文明的大趋势。

---

[1] 关鹏，朱东. 武术入奥新思路——太极推手进入奥运会 [J]. 搏击·武术科学，2011，8 (2)：13-14.
[2] 李全生，苍海. 合和与争竞：中国式摔跤"入奥"可行性分析 [J]. 北京体育大学学报，2014，37 (6)：32-36，53.
[3] 贠琰，郝勤. 有的放矢：建构有关"中华射艺"的动态认知与挈领概念 [J]. 成都体育学院学报，2018，44 (2)：6-11.

当你置身于旷野、园林、绿地等空气清新的自然环境之中，恬淡虚无，心旷神怡，用一种热爱自然、融入自然的心情去练拳，以顺乎自然、天人相通的观念来行拳，让动作自然地流动，毫不牵扯勉强，从而感受到接近大自然的无为的状态，体悟到圆、通的无碍妙境，从而获得身心健康。

（三）作为文化遗产

作为文化遗产，我们国家在积极保护。传统武术多姿多彩，不少拳种的核心技术中的攻防技艺充满着中国智慧，是不可再失传的宝贵财富。一方面要在小众中进行精细的传承、研究和保护。另一方面要在大众中从简和标准化，积极在学校开展，最好结合传统文化从体育课中独立出来，建议教育部在中小学开设"国学·国术"课，亦文亦武。传承优秀民族文化，大学则开设有关选修课。

保护文化遗产，在传承过程中要重视传承保护核心技术。不少人误以为把师父的多少套路学下来，就是传承了，知其然，却不知其所以然，忽略了老一辈掌握的核心技术。无论哪个拳种，如果没有核心技术，就没有生命力。

（四）作为艺术形式

作为艺术形式的武术，武术套路将发挥重要作用。应充分把它艺术化、舞台化、影视化，不受规则限制，该怎么发挥就怎么发挥。高水平套路运动员的功力和技艺仍有广阔天地。他们不再受规则约束限制，不断从传统武术中汲取营养，充分地艺术化，在影视、舞台、表演娱乐活动中，一展英姿，大放异彩。艺术的武术使习练者自得其乐、自我完善。它培养人们一种流连忘返、沉迷陶醉的高峰体验。艺术的武术将身体的无穷变化演绎为一种艺术，在攻防进退中充分展示个人的想象，创造一种攻防的艺术形态，不仅千变万化，而且享尽形态、节奏、神韵之美。通过艺术武术还可以净化人们的心灵。

四、结语

展望未来，武术的社会存在方式和管理模式必将从一味由官方操办和家族自由经营中走出来。代之而起的是，各级武术管理者与专业人员、企业家三结合的方式正在形成，并初见端倪。

在中国特色社会主义建设的新时代，武术的新发展需在"体育强则中国强"命题下，在服务中华民族优秀传统文化传承、健康中国建设、中国文化"走出去"目标和"一带一路"倡议的背景中，"不忘本来，吸收外来，面向未来"地处理好实践探索与理论反思的合理张力，在实践探索中强化理论总结，在理论研究中突出实践指导。我们期待中国武术的锦绣未来！

论武术的传承与创新*

一、对传统武术的认识与理解

中国武术源远流长，就技术而言，真正与今天传统武术相接壤的，应是明清以来的传承。民间出现的"使拳之家""使枪之家"等，流派纷呈，并有内外家之别。

武术技术是一个博大庞杂的实体，包括格斗、套路、功法三大块，从它的历史进程中，又可以分为三个价值层面，我们把它归结为：临战型实用技术、预设型攻防技术、艺术型演练技术，如下图所示。

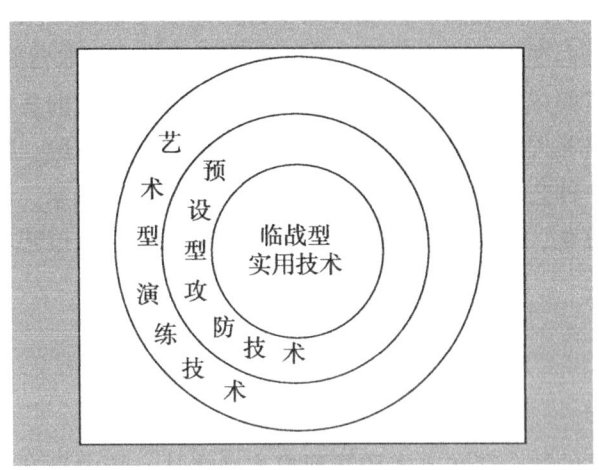

武术技术的三个价值层面

明代战将戚继光在《纪效新书》中的三段描述：

"既得艺，必试敌。"

"拳法似无预于大战之技，然活动手足，惯勤肢体，此为初学入艺之门也。"

"周旋左右，满片花草。"

---

* 本文依据 2010 年远程教育课《武术技术与文化》，"2020 年清华武术九人谈"报告整理。

"徒支虚架，图人前美观。"

它阐明了拳法与实战的关系，花法技术应另当别论。

清代武术家吴殳在《手臂录》中的两段描述：战阵之枪乃杀敌救命的贴身勾当，大劈大封，重实阔大；游场之枪为高人极深研几，如火作焰，如水生波。

这两段描述进一步明确了军旅中的"兵枪"与民间的"游枪"之不同。可以说，兵枪、游枪、花枪演绎了武术的三种技术形态：

> 兵枪——临战型实用技术；
> 游枪——预设型攻防技术；
> 花枪——艺术型演练技术。

（一）临战型实用技术

简单实用，用于战场搏击，以制敌为目的。各民族几近相同，受文化因素影响不大。竞技格斗运动多以此为本，加以规则和裁判制约，尽量减少伤亡。

（二）预设型攻防技术

由军旅走向民间，是拳家们的创造和总结。明代以降形成众多流派，沿袭至今仍是传统武术的主体技术。

招法与劲法是它的主要特点。"招法"是拳家长期实践总结的攻防技术，具有实用性，由于方法多而模式化，便利于套路形式传承，实战能力却相应弱化，但仍不失为传统武术中的精华。如八极拳的"八大招"，螳螂拳的"采三手"，翻子拳的"缠额手"，等等，大多数拳种都有其核心技术，是武术中的宝贵财富。劲法是各拳种提炼出的发力和运化的方法。比如陈式太极的缠丝劲，杨式的掤劲，通背拳的鞭打劲，劈挂的翻扯劲等，各有其妙，精彩纷呈。要想悟通需数年之功。

招法与劲法可用于个体防卫，多不适用于战场上的搏斗。当代格斗运动只能从中吸收一些加以运用。

该技术以套路为主要传承形式（民间传承中尚有内场子与外场子的区别，外场子只练套，内场子练打结合）。

（三）艺术型演练技术

适应人们娱乐、观赏、养生、健体的需要，在第二层技法基础上增加花法，强调整套起承转合，动静疾徐。注重身法、节奏、神韵。

所谓技法，多指拳种的技术要求运动风格和演练方法。如八卦掌中的"三形三势"，华拳中的"撑拔张展"，形意拳中的"出如钢锉回若钩竿"，等等。

当代竞技武术、健身武术及养生武术均属此种。它的主要动作仍具有攻防形象或攻防含义，但和实战应用有了一定距离。在此基础上衍生出功夫片、功夫舞台剧等多种文化形态。

三种技术形态代表了不同的价值功能，不能混为一谈。

二、对武术传承发展的思考与建议

（一）要有大武术观

武术是中华文化的生动载体，是一种重要的文化资源，应从国家战略高度认识武术，尤其应重视发掘其文化内涵、教育力量和健康效益。

武术中的中国文化精神极其宝贵，主要反映为：

> 刚健有为的进取精神；
> 厚德载物的君子风范；
> 崇尚自然的和谐品格；
> 重视传承的绵延观念；
> 追求诗意的审美理想。

由此，建议国家成立一个由文化旅游部、教育部、卫生部、体育总局、民委、公安部联合组成的武术传承发展指导组，全面统筹武术传承发展工作。

（二）武术教育极为重要

多年来，武术进学校问题始终没有从根本上得以解决。

建议教育部门摆脱体育课束缚，开设国学国术课，大力推广文明对抗的武术项目，使人们通过习练武术体验中国传统文化。

（三）高等院校应承担起"非遗"武术保护与传播的重任

传统武术是重要的武术资源，也是竞技武术之本，应予以充分重视。各高校相关学科和专业应选择适当的拳种项目，成立研究机构，与民间结合，开展武术"非遗"的传承保护与传播创新。特别是整理研究各拳种实质性练功方法、技击方法、经验理论等，抓住拳种的核心技术，加强保护研究，并定期进行观摩交流。

（四）竞技武术应以对抗性项目为主，套路应采用观摩交流评奖的形式

推手、长兵、短兵、中国跤、射艺是中国武术的传统项目，也是文明的对抗竞技形式，应作为竞技武术的重点开展。武术的套路形式丰富多彩，更适用于表演交流大赛，进行观摩评奖。各高校、各地区都可以成立俱乐部或代表队，层层选拔，参与比赛。

武术传播应两翼齐飞*

一、传播与传承的意义及相互关系

已故中国武术协会主席徐才先生，有一句非常著名的话：武术源于中国，属于世界。

武术是几千年来中国人民智慧的结晶。它的特点是把人的拳脚功夫或用兵的功夫通过一种演练的形式展示出来，既可健身，又有一定的防身功能。

这个财富是人类文明的体现，应当为世界人民所共享。

由此，对它的传播就显得十分有意义，今天我们讲传播，首先离不开传承。简单地说，传播是空间性的，向四处播散，而传承是时间性的，从历史到今天的代代相传。一个是横向，一个是纵向。

没有传承就没有传播，传承是首要的。而只传承不传播就没有社会效应，东西再好没有受惠于人类，就没有达到目的。因此，传播与传承是相关联的。我们要保护这一非物质文化遗产，首先要在小众之中精准地、完整地传承，一代又一代。同时在传承的基础上，由小众走向大众，受惠于人民，同时在传承中加以创新。

这就是当今武术面临的重要使命。

二、竞技武术与传统武术应两翼齐飞

回顾竞技武术的发展史，在20世纪30年代已初见端倪。"中央国术馆"组织国考、游艺大会，组团赴柏林奥运会，后由于抗战没有很好地延续，但已开始向竞技武术迈进。中华人民共和国成立后，武术确立为正式体育运动项目，1958年出版第一本竞赛规则，1959年进入第1届全国运动会，武术运动正式走上了竞技体育的轨道。

多年来由表演赛到锦标赛，由亚锦赛到亚运会，由世锦赛到青奥会，通过竞赛成为向国际传播的一个重要途径，至今拥有了150多个会员单位。

---

* 本文依据"2021年清华武术九人谈"的报告整理。

成就是可喜的，但并不乐观。

2008年以来，几次申请奥运未果，其中有多种原因，诸如在普及性、非客观性、精彩性等方面尚有不足。尤其是非客观性带来的缺陷是致命的，竞赛的客观性差，就难以体现公平原则，这一点需要我们踏踏实实地认真解决，不解决这一问题，即使进了奥运，也会被退出来。

传统武术是历史的传承，留传至今的拳种流派多发生在明清以降，拳种纷纭，器械庞杂，可以说是百花齐放，但不适合竞技。1953年就有民族形式全国观摩大会，20世纪80年代初国家进行了由上而下，又由下而上的全国武术挖掘整理工作，对武术遗产进行了梳理，并组织了全国武术观摩表演大会，采取评奖的办法，极大地鼓舞了传统武术在民间的发展。

传统武术作为非物质文化遗产，从文化的角度，它是宝贵的非遗财富；从体育的角度，它是健身育德的良好手段。

竞技武术与传统武术具备各自的优势。竞技武术是一条规范化、标准化之路，由此进入国家乃至世界的舞台，也由此进入高等院校的殿堂。从普修至专选，从专业设置到学科建立，从学士到硕士、博士及博士后培养规格，武术的竞技运动起到了重要作用。然而，竞技武术的"高、难、美"渐渐远离了传统武术。传统武术是它的源、它的本。

传统武术的重要特点，是以招法为核心，招招为攻防，而今竞技武术运动员连"攻防含义"也不管不顾了，一味地追求难度，武术将不可避免地被异化。如果要体现武术的本质特色，就必须向传统学习，不断地从传统武术中汲取营养。

竞赛是传播的重要途径，因此要用好竞赛。

套路的比赛如何摆脱异化的困境，其一是要向传统学习，一学招法，二学劲法；其二要改变以"高、难、美"为标准的方向，不改变，异化是必然的。需要下决心研究竞赛规则。

此外，应大力推广传统竞技项目。

中国跤，它的技术方法十分丰富巧妙，令人叹为观止。精彩度高且十分文明，以三点触地判失分。它是传统的中国武术，向世界传播，可取。

太极推手也是传统的竞技手段，应进一步研发或者与太极拳演练组成打练结合的竞技模式。但是它的精彩度有待深入研究。

短兵也值得推广，尚需加强传统技术与竞赛规则的研究。此外，射箭是自孔子以来就倡导的竞赛技艺，客观性极强，礼仪庄重，值得推广。

总之，武术推广应该拓宽道路，在拓宽的基础上选优进奥运。

三、高等院校武术传播与传承的历史使命

随着高等教育的发展，武术从进高校课堂到设立专业，到建立学科，近60年的发

展是一个飞越，对武术发展也起到了重要作用。但这还远远不够，高校应当在向世界传播和传承保护遗产两方面发挥重要作用。

最近在上海体育学院国际教育学院举办的"一带一路国际教练员培训班"，可以给我们很多启示，因为仅仅靠比赛促进传播是远远不够的，办班培训，招进来派出去，都是可行的。

就国际竞技模式来说，也不必局限于奥林匹克一种形式，博大精深的武术完全可以另辟蹊径，策划一个传统武技的竞艺大会。有套路演练也有竞技对抗，自成系统，形成规模，比如咏春拳在世界各地比较流行，是否可以既演练也对抗呢？

高等院校的武术专业应当立足本土，面向世界。立足本土就是要把老祖宗留下来的东西传承好、保护好，还要担负起面向世界的重任。

传承是为了更好地传播，在传承的基础上加以创新和规范化传播，广泛地传播又促进我们更精准地传承。

总之，竞技武术与传统武术各有优势，在高等院校不可偏废。专业运动员应当很好地从传统中汲取营养，改变向"高、难、美"迈进的唯一路径。

高等院校武术专业的学生应面向社会一专多能，既能演练也能对抗，既懂健身养身，也能舒筋正骨；面向世界则因武文兼修，竞技与传统互通。

以上个人管见，仅供参考。

全球文化背景下民族传统体育发展的思考*

每个民族在自己的生存发展空间中,在种族绵延的历史长河里,都用智慧创造了独具特色的民族体育。如今,在文化多元化、经济全球化的背景下,中华民族传统体育是在竞争中保持自立,还是在交融中得到发展?是以消极保护态度来避免流失,还是以积极创造的态度发展传统?这些都是我们在面对经济和文化全球化的时代背景必须思考的命题。

本文以中国武术实际发展状况为例,谈一谈关于民族传统体育发展的一些想法。

一、在科技进步、经济发展中,民族体育的消退与流失

当代世界是一个经济全球化、政治多极化、文化多元化的时代。科技的飞速进步和经济的繁荣发展,强烈地撞击了人们原有的价值观念。有人认为,在这样的冲击下,人类的许多游戏规则将会改变。美国学者尼尔·波兹曼在《娱乐至死》一书中指出:后现代社会是一个娱乐化的时代,电视和电脑已在替代印刷机,图书所造就的"阐释年代"正在成为过去。

经济的发展,物欲的刺激和享乐主义滋生,使人们更加注重追求时尚、娱乐和休闲。就选取何种健身运动来说,人们更喜欢选择那些时髦的、有趣的、实用的、轻松的和有刺激性的体育运动项目。相对而言,诸如中国武术这样的体育运动却远离人们选择的视野。它需要"冬练三九,夏练三伏""铁杵磨成针"的坚强毅力,它更需要克服枯燥、甘心吃苦的耐心。再加之,现代竞技武术的标准化、规范化忽视和远离了武术固有的攻防技击特点,使武术拥有的人群越来越少,尤其在城市里,许多青少年把兴趣投注于外来的"跆拳道""空手道""瑜伽术""踢踏舞""健美操"等。有报道说,跆拳道已经把中华武术"踢"出了"都市时尚"。当然也有报道说,当国内的青少年热衷于跆拳道、瑜伽的时候,一批洋学生却津津乐道于中国功夫的"过招"。

谁也不会否认中华武术的文化魅力和价值功能,但在当今形势驱使下,传统武术如何传承、如何发展已成为亟待解决的严重问题。

---

* 本文发表于2006年《体育科学》。

乔晓光先生说："一种文化的兴衰往往依赖于拥有这种文化的人数。"今天，中华民族优秀的传统文化正承受着多方面的冲击，也正在面临着流失。"陕北老婆婆手中的剪纸，肚里那些古老的花样已不再是村中女娃们热衷的东西""陇东的皮影戏正在和电视作着顽强的抗争""纳西古乐表演舞台上，老艺人的遗像一年比一年多""靠口传记忆傩戏的老人们正在讨论明年谁来出演"。所有这些都会令热爱华夏民族文化的人们为之担忧。

令国人大感意外和大跌眼镜的是，据《文汇报》报道，在今年举行的复旦大学汉语言文字大赛上，夺得第一名的竟然是留学生队[1]。这一结果不仅让评委们大失所望，也让许多长期从事汉语教学的教师感到十分吃惊。虽然一次比赛的失利并不能代表水平的优劣，但目前汉语言文字在我们的大学生中没有受到重视，我们的年轻人倾心于国际化的时髦，更追求网络语言的新奇，对汉语的感情和驾驭能力表现出了令人遗憾的乏力。在成为时尚的"双语教学"的引导下，我们的民族母语逐渐向应试教育妥协，母语文化的严重流失也已经成为不争的事实。

全国政协委员、中国民间文艺家协会主席冯骥才在两会期间接受采访时曾说，"民间文化的传承人每分钟都在逝去，民间文化每一分钟都在消亡"。目前我国非物质文化遗产的现状令人担忧，有许多中华民族传承已久的口头与非物质文化遗产正在逐渐走向消亡或者已经消亡。

中华民族文化的流失，在传统武术中同样存在。老拳师们手中的技艺，今天有多少青年人感兴趣？据《郑州晚报》报道，在河南省登封市境内的唐庄乡磨沟村，曾因传承"少林功夫"而辉煌一时，但是，现在能完整打几套少林拳的老拳师已经不多了，而且，大多已在60岁以上[2]。而更让人感到忧心的是，我国青少年对传统武术的认识产生了一定的隔阂，甚至有些人学习了跆拳道，对传统武术的技击不屑一顾，这与长期以来我们在武术工作中以竞技武术为主导发展方向的偏颇是有关的。1984年前后的3年中，中国武术工作者做了一件非常有意义的事情，即自上而下，又自下而上地进行了全国范围内的武术挖掘整理工作，摸清了"家底"，及时拯救和保存了一些濒于失传的拳种。这些珍贵的资料，如何传承和珍藏？但时至今日，对这些珍贵的资料我们确实没有尽到责任，只是将这些散落于民间的优秀传统武术的资料进行了一次聚合，而没能够有组织、有计划地实施这些资料的科学化整理和这些优秀拳种的继承及传播。这些优秀的传统武术技术和理论仍然被束之高阁。这样的"保护"形式是非常勉强的，时间久了也会再次丢失。因为，作为言传身授的传统武术，会因老拳师们的作古而将技艺带走或使其消亡，传统武术的保护更需要人的继承。

---

[1] 母语，有没有奔流在你的心中[N]. 文汇报，2005-06-26（8）.
[2] 宋振科. 少林拳师死守不传3原则凸现民间功夫传承之困[N]. 郑州晚报，2005-12-21（4）.

二、强势文化影响下,中华民族体育的自信与自觉

我们不能不看到,以美国为代表的西方文化,目前仍然呈现一种强势文化——麦当劳、牛仔裤、摇滚乐、西方大片……无孔不入,潜移默化地影响着我们青少年。当然作为时尚文化,或者作为文化交流是无可非议的,但是长此下去,我们丢弃的将是自己的文化传统,其所带来的后果是不可估量的。"民族精神是一个民族的生命力、创造力和凝聚力的集中体现"。"一个没有深厚文化底蕴和强大文化竞争力的民族,很难说是一个有希望的民族"。回眸20世纪,既是飞速发展的时代,也充满了悲惨与矛盾。环境污染、生态危机、物欲横流、身心失调、人格分裂、战争与恐怖主义时刻都在威胁着人类的生存。1992年,1575名科学家发表了一份《世界科学家对人类的警告》,开头就说"人类和自然正走上一条相互抵触的道路"[1]。1998年1月,全世界的诺贝尔奖获得者在法国巴黎开会时发表宣言:"如果人类要在21世纪生存下去,必须回到2500年前,去吸取孔子的智慧。"日本学者沟口雄山先生强调,应将"中国思想中作为深厚的传统而积蓄下来的仁爱、调和、大同等道德原理作为人类的文化遗产向全世界展示出来"[2]。诚如《甲申文化宣言》中所指出的:"中华文化注重人格、注重伦理、注重利他、注重和谐的东方品格和释放着和平信息的人文精神,对于思考和消解当今世界上个人至上、物欲至上、恶性竞争、掠夺性开发以及种种令人忧虑的现象,对于追求人类的安宁与幸福,必将提供重要的思想启示。"[3] 中国文化注重"自强不息"的进取精神和"厚德载物"的宽容品格,这对中华民族传统文化的延续起到了至关重要的作用,它把每个中国人紧紧地联结在一个社会网络之中,形成了超强的凝聚力和持久的生命力。

时尚是一种流行,但未必持久。当我们看到跆拳道、空手道等外来形式的武技进来的时候,重要的是我们不能丧失对武术的自信。武术中深邃的文化意蕴和丰富的技术内容,对本民族、对世界人类都具有久远价值和深刻意义。

中华武术作为一种运动形式、一种体现中华文明的身体文化,即中华武术可以让习武者从运动中体悟、感受中国文化的进取精神、宽容品格和灵便智慧。每一个真正接触了中华武术的人都会有所感触。我们的武术工作者、武术研究者应当坚持不懈地、不断地揭示出武术对人的文化意义和教育价值,从而,武术才能在健身、防身、修身等多方面显示其综合功能和魅力,尤其需要跨学科、跨门类的专家积极参加。此外,我们还应在传统的基础上进行创新,去创造传统。因为传统绝不只是过去的东西,它应当是由过去延续至今,流淌不断的东西。丧失创新精神去继承传统,只能是一种僵

---

[1] 邵汉明. 中国文化研究20年[M]. 北京:人民出版社,2003:114.
[2] 邵汉明. 中国文化研究20年[M]. 北京:人民出版社,2003:110.
[3] 许嘉璐,季羡林,任继愈,等. 甲申文化宣言[N]. 中国青年报,2004-09-08.

化的、没有生命力的传统。

武术工作者要适应时代的步伐，对传统技击术进行改革和再创造。在改革、创造的过程中，我们不仅要有自信，而且应该有费孝通先生所提出的"文化自觉"，即应当深刻地看到武术还有不足的一面；必须承认无论在形态上、方法上还是在观念上，武术还有不少落后的东西。用一种辩证的观点来看，它又需要外来文化的沟通、交流乃至冲击。今天，西方文化涌入中国，跆拳道占据都市时尚（也不是坏事），恰恰引发我们去思考、去改革、去创造。

强势文化也好，外来文化也罢，它们的到来对中国传统文化的发展是一个促进。民族传统体育是否拥有强大的生命力，关系到它对人类的贡献程度，关系到中华民族的文化魅力，国家有责任保护民族传统体育，也有义务把优秀的民族体育推向世界。

三、在中华民族传统体育发展中，对几个问题的看法

（一）竞技武术与传统武术的分离

中华人民共和国成立初期，国家从增强人民体质、保护身体健康的角度展开推广武术的工作。在这样的背景下，长拳系列的标准化技术开始步入历史舞台，它不仅在普及中发挥了作用，而且由此逐渐形成了适应竞赛的"竞技武术"。然而在较长一段时间里，我们的工作重心偏向竞技武术，对传统武术的继承与发展有所忽视，这使两者的发展出现一些脱节的现象。传统武术为竞技武术在过去的几十年里提供了丰富的技术素材，成就了竞技武术在现代武术史上的辉煌年代。然而随着人们金牌意识的不断膨胀，竞技武术被逼到了不得不强调一些"硬指标"才能区别胜负、决出金牌的境地，终于走上了一条类同体操追求形体动作难度的道路，这值得我们进行反思。现在我们可以看到练习竞技武术的运动员和教练员在编选动作的时候，首先考虑的不是是否和武术所需要的攻防、劲力相吻合，而是把动作的优美和难度放在首位。传统武术在它的传承流变中，不同地域、不同拳师所创造的拳种风格立意不尽相同，但无论如何，其动作结构以攻防为基本原则，或具有实战性，或表现了攻防技巧，或体现了攻防假设场景，总而言之，是把符合技击场景的动作素材加以提炼、反复练习，另外还有单招、喂招、散打等训练手段，从而使传统武术成为一个集功法修炼、套路训练、技击对抗为一体的完整体系。竞技武术失去传统武术的支撑，便会成为无源之水、无本之木，容易迷失技术发展的方向。传统武术正是竞技武术取之不尽的技术源泉。

（二）精英的武术与大众的武术相混同

竞技武术的发展，培育了一批技艺不凡的武术精英，但精英的武术与大众的武术对技术的要求有很大的不同，精英的武术要求技术精密化，大众的武术要求技术普及

化。然而，我们的学校武术、大众的武术基本上推行的却是竞技武术所要求的武术精英的技术模式、少体校的技术模式，"入门很难，学好不易"的特点致使普通学校的武术教学难以进行。"教师不能教，学生不爱学"的"怪"现象也就相继出现。当前中小学体育课的主导思想是健康，有多种体育项目可供选择，其中武术也占据了一定的比例。从文化传承和民族感情的角度而言，很多学校的领导和体育教师比较愿意接受把武术课作为培养学生品德和掌握体育锻炼技能的项目来加以重视，但同时他们也反映了不少问题，例如，武术动作本身的复杂性、武术教学过程的长期性以及现行教材和评判准则的单一性，使很多教师对武术教学望而却步，学生的兴趣也就无从谈起了。教育部在体育课程改革的指导纲要中把中国武术列入"武术类"，言指不仅包括中国武术，还包括各种来自域外的武技项目，也就是说，把武术放在一个与跆拳道、空手道、柔道、摔跤等项目竞争的位置上，各个学校可以根据实际情况进行选择，未必非选择中国武术不可。这是非常严峻的形势，中国武术能否被选择将取决于它的竞争力和吸引力。精武体育会的一位资深教练透露，以目前的状况，如果韩国的跆拳道和日本的空手道开始在中国的中小学大力推广，我们会无招架之力，会让中国武术陷入尴尬的窘境。在这方面，跆拳道似乎有一些成功的经验值得我们借鉴和吸取，传统武术中有许多适合于大众练习的内容，比如形意拳、螳螂拳、翻子拳、福建五祖拳等，动作朴实、难度不大、技击性强，如果我们能将其中的一些动作加以提炼，可能会为群众喜闻乐见。

（三）学科与项目发展的脱节

民族传统体育学是1997年教育部确立的体育学之下的四个二级学科之一。在高校中，这种年轻的学科队伍基本是由武术教师组成的（当然，还有一部分理论研究者在涉足这一新学科的研究），应当说，它的理论构建相当薄弱，其课程设置也不甚明确。更为甚者，体育最高权力机构——国家体育总局按体育项目，划分武术、气功、社体3个中心来管理。在体育科学学会的组织中，涉及民族传统体育的只有武术分会；教育部中的大学生体联也是只有武术分会。民族传统体育学作为一个二级学科如何发展、课程如何设置、项目怎么开展，以及课程、学科建设由谁来引领、构划和管理等，并不十分清晰。也许我们已太习惯于计划经济的管理模式，如何做好这件事应当引起大家的关注。

（四）对"传统"的认识误区

人们往往容易把"传统"理解为"过去的"，或者"过去已有的"，其实传统应当包括"历史上形成的"和"流传至今的"这两个要素。从这个意义上说，对于历史上形成的，但已没有生命力和存在价值的传统，我们没有惋惜的必要。只有在现实中依然存活、流传至今，并起到积极作用的传统，才是富有生命力的传统。我们的责任不仅是传承它，更要创造它、发展它。正如余秋雨先生所云："传统不是已逝的梦影，不是风干的遗产。""凝结的传统不是真正严格意义上的传统，而一切有价值的创造都是传统的延承。"

传统武术中那种表现家传的"一招一式"动辄不得，只讲原版继承，不许发展创造只会有害于传统武术的生存。但必须说明的是，传统武术需要与时俱进，但绝不意味着走时尚、赶时髦，仅仅去迎合娱乐化的需要。人们可以从娱乐中、审美中感受武术的真谛，但不能为了娱乐去阉割武术、异化武术。

竞技武术在发轫之时也是源于传统武术，在某种程度上讲是对"传统"的一种创造，但随着竞技武术奥运战略的实施，逐渐脱离了传统武术所规定的本质。

四、几点建议

第一，中国有3亿多青少年，学校是最重要、最广泛的传承武术的阵地，也只有将武术置于学校通过青少年来传承，才能更好地履行武术弘扬民族精神和传承中国传统文化的历史使命。是否可以将武术从学校的体育课中独立出来，作为每个学生必上的国学课程，这将十分有益于传承民族文化和弘扬民族精神。

第二，根据武术内容流派纷呈、繁杂不一的特点，可以将积极推广与保护相结合，从而能够有效地避免流失；此外，特别应该加快对大众武术的创新研究，只有把传统武术融入广大民众的日常生活之中，才能保持旺盛和长久的生命力。

第三，当前的体育院校招收武术本科生的考试标准完全是按照竞技武术的模式建立的，带有相当大的片面性，无异于给练习传统武术的学子树立了壁垒。因此我们建议，体育高等学府对传统武术传承的优秀年轻人敞开大门或者网开一面，打破唯竞技武术标准进行择生的考试办法，只有这样，才能为处于边缘地带的传统武术提供一个繁衍生存的空间，传统武术才会后继有人。

总之，面对全球文化多元化的今天，充满竞争、交融与渗透。我们应该站在民族的、国家的乃至全人类生存的高度来发展民族传统体育，唯其如此，民族传统体育才会有希望，才会有更广阔的前景。

改革体育院校武术专业课的思考与建议*

一、新中国武术走进高等院校的历史回顾

中国武术长期以来基本上是在民间发展。中华人民共和国成立以后开始进入高等院校。例如，华东（上海）体育学院在1952年建院后不久就有武术的术科教学内容。

1958年在青岛举行的全国体育学院院长座谈会上正式确立了在体育院校设武术课、武术班之后，全国各大体院相继开设了武术课、武术班，中华武术开始了走进高等院校的新篇章。

1973—1976年，招收了四届工农兵学员，体育院校也设立了武术班。1977年恢复高考，武术专业招生正式恢复。

1988年教育部颁布了《普通高等学校本科专业目录》，体育专业分为7类9种，9种专业中除了4个试办专业之外，分别是体育教育专业（教育学类）、运动训练专业（训练学类）、体育管理专业（应用文理科类）、体育生物科学专业（人体科学类）、武术专业（传统体育类）。由此，武术专业开始从少数的体育院校全面铺开，面向普通高校。

20世纪90年代以来，有民族传统体育专业的普通高校陆陆续续达到了四五十家。

在武术专业的发展历程中，教育部于1984年在上海体院设立了第一个武术理论与方法的硕士学位点。1996年又在上海体院设置第一个武术理论与方法的博士学位点。1997年随着体育学之下4个二级学科的设立，将"武术理论与方法"改为"民族传统体育学"，后又改为"武术与民族传统体育学"。

从这样一个简单的历史回顾中可以看到新中国的武术事业发展，经历了从民间走进高校，从有武术课，到有武术班，从有武术专业，到有武术硕士学位点、博士学位点，体现了"武术与民族传统体育"成为一个学科的进步过程。

当今的武术已经成为我国教育事业中一个不可或缺的专业和学科门类。

---

* 本文依2020年在河北体育学院所作报告整理。

二、竞技武术发展道路的历史审视

中华人民共和国刚刚成立之际,所面对的主要问题是政权稳固与社会安定。因此,当时对武术的民间结社是不支持的,特别是在农村更不允许发展。但是,这并不代表新中国对武术不认同、不重视。恰恰相反,1953 年于天津举行的全国民族体育观摩交流表演大会,武术作为重要内容进行了表演和交流。会后还选拔了优秀的队员到怀仁堂给国家领导人表演,这表明了国家对武术的基本态度。同时,为更好地开展武术工作,国家体委还设置了武术科,负责整个武术事业的工作。

1956 年,关于武术如何发展的问题出现了一次"击"与"舞"的大辩论,即围绕技击开展武术,还是围绕健身表演开展武术。虽然在辩论过程中很多武术专家坚持武术应该围绕技击开展,但受整个社会发展的大环境所限,国家体委采用了以舞为主的形式,提出要给人民一个"优美的武术"。

这与当时的时代背景有关系,刚刚成立的新中国更需要稳定与和平,对于对抗性竞技并不提倡。

就像是电视剧《新世界》当中有一句台词很有意思:"新中国了,不兴打架那个玩意儿了。"他本来是在天桥练把式摔跤的,感觉不合时宜。

1957 年因拳击比赛打死一个人,后来取消了拳击项目。直到改革开放之后,拳击运动才得以恢复。

因此,当时武术的发展虽然被提高到竞技的道路上,但只能发展表演性的套路。在这样的时代背景下,国家体委组织专家编制了甲、乙组的规定套路和初级套路。后来又创编了向世界推广的国际规定套路。

由此,武术发展走上了一条套路标准化的竞技之路。

1958 年举办了 11 个省市的武术比赛;1959 年第 1 届全运会,武术被列为正式比赛项目,比赛的内容以长拳类为主,包括拳、刀、枪、剑、棍。第 2、第 3 届全运会没有设武术项目,第 4 届得以恢复武术比赛。

20 世纪 70—90 年代,李连杰、赵长军、原文庆等先后获得了几届全能冠军。他们的全能项目主要是长拳类的拳、刀、枪、剑、棍、对练及南拳,后来又增加了太极拳类的比赛。

1982 年召开的全国武术工作会议是有史以来最高规格的武术会议,会议确立了武术要走向世界,武术要继承传统,并于 1983—1986 年对传统武术进行了全国性挖掘整理工作。

这次会议精神也源于一些领导人对武术发展提出的一些意见。如廖承志说:"你们武术不如日本吧?""你们现在的武术成了舞蹈了。"曾任国家体委副主任的荣高棠说:"现在是一家独霸,走的舞台化,不是搞武术,而是把武术给毁了。"曾任国家体委副主任的于步血说："武术，第一是单调，第二要断种。"曾任国家体委主任的李梦华提出："武术应该放到日程上来了，再不抓就要犯严重错误。"

当时的这些言论与批评很值得深思，为解决问题，进行了一些探索讨论。在具体实践过程中，第一，进行了对传统武术全国性的挖掘整理；第二，在武术竞赛中增设了其他拳术和其他器械两项；第三，开拓了以竞技对抗为主的实验研究，最后确定将散打作为武术的另一种比赛形式。

此后，全运会上的武术比赛对奖牌的争夺愈演愈烈。

在6届全运会上，不少代表团向组委会反映，武术比赛不公平、不公正，并将意见反映到国家体委。针对这个问题，国家武术研究院组织专家研究修改规则。如何体现公正，便于操作，成为修改规则的主旨。在修改过程中，专家们提出了武术套路当中要设置规定难度，在技术水平相当的情况下，以难度动作来决定名次的前后。

后来随着运动员水平的提高，基本上都能完成规定的难度，由此，又恢复到原来的问题，等于原来的问题仍然没有解决。在这种情况下，又提出了难度分组、裁判分组等改革方案。

如此一来，竞技武术已经完全走上了高、难、美、新的发展道路。

在武术竞赛发展过程中，还有过几次纠偏。

20世纪70年代，四川的一名运动员做出了旋子转体360度的难度动作，引起轰动，裁判员给予了加分。而这一加分以后，很多运动员、教练员都开始把精力放在创新难度上，从而使套路比赛中的奔跑、跳跃越来越多，在很大程度上忽视了原有的武术技术内容。

出现了这个现象以后，又修改规则，增加了限制助跑、限制非武术动作等条文。也就是说，有些难度技术在武术套路中不准做，做了就要扣分。

20世纪80年代后期召开的全国武术训练工作会议上，提出了"严格动作规格、突出攻防含义"等要求。但这里只能说是攻防含义，不是攻防技术。攻防含义就是增加攻防意识。说明当时已在往体操化、舞蹈化方向发展的路上，竞技武术套路已经走向了一条完完全全的高难美新发展道路。

20世纪80年代后期，国家体委曾有意将全国武术锦标赛退回到表演赛，因众多武术专业队的上诉而没有实行。

进入21世纪以来，竞技武术套路曾两次申奥，但都以失败告终。不成功的最根本的问题在于武术套路这项竞技比赛的非客观性。

三、当下武术专业学生面对社会的困惑

现在体育院校武术专业课的教学内容仍以竞技武术为主体，而学生学了这些内容走向社会以后，有多少用武之地呢？或者说社会对这类技术专长的需求量有多大呢？

首先他们学的是竞技武术，练的是竞技武术，而竞技武术主要在专业队里开展，专业队需要多少专业的教练呢？——一般不太需要，所以他们很少有可能进专业队。

大量毕业生只能进入各级普通学校。而以竞技武术作为教学内容，很多大学反映：武术班的课上不下去，因为学生不愿意学，学好很难，学了又没用。我们的很多毕业生当了教师，教了几年武术以后，就再也不想开武术课了，这就是当今武术专业毕业生面临的现实问题。

包括武术散打方向的学生，他们走向社会以后，不少人去做空手道、跆拳道等方面的教练，而不是教武术散打，也是因为社会不需求。总之，无论竞技套路还是竞技散打，社会的需求量都不大。

相反，有的学生擅长传统武术，能在社会上开馆招学生，做得还不错；还有的学生从康复的角度，进行养生、整复、调理，受到社区的欢迎。这些都应该引起我们的思考。

传统武术在历史发展过程中一直与推拿整复等骨伤科结合在一起，像民国时期的武术大家王子平、郑怀贤、马凤图等，不仅武术技艺超群，而且骨伤科也是其绝活。在中华人民共和国成立之后，他们更多地以行医为业。

上海体育学院前几年做过一项研究，在养生方向开展了"三艺通备"教学，即让学生能练武术，能了解武术的传统文化，还能进行身体调理和康复。由此培养的复合型武术人才会受社会欢迎。

当前我们的学生在社会上没有很大的需求，或者是不受欢迎，根本原因在于我们的武术专业课出了问题。我们的武术专业课始终以竞技武术来进行教学训练，这种状况很值得我们思考。

四、改革专业课的几点思考

（一）结合非遗体育的传承保护，加强对传统拳种的学习和研究

非遗体育只有走进高校才能得到更好的保护传承。非遗体育实际上就是传统武术和其他民族民间体育。它应该成为各个体育院校民族传统体育专业的主要教学内容。非遗体育的申报大都是传统武术拳种，高等院校一定要很好地承担起传承、保护和发展传统武术拳种的重任。

目前教育部也正在做这件事，如前几年已经在邯郸学院建立了太极拳研究基地，在山东体院建立了螳螂拳研究基地，2019年在上海体育学院又专门成立了非遗体育研究院。在此时代背景下，武术专业教学的主要内容应该从竞技武术转向传统武术。或者说面更广一点，转向非遗体育，包括武术以外的其他民族民间体育、养生方法、整复方法等。

(二) 改变唯套路的观点，打练结合，突出传统武术拳种及器械的对抗性竞技，并把如中国跤、推手、短兵等有中国特色的文明对抗积极推向奥运会

武术专业教学，应使学生既能打、能对抗，也能练、会套路，尤其应突出传统的对抗。中国武术有很多传统的对抗形式。比如中国跤，本来就属于武术，但是在按照奥林匹克系统分项的时候，把中国跤这个武术的重要对抗内容放到整个摔跤项目中，跟国际跤、柔道并在一起。自古以来，中国跤就是武术当中主要的对抗竞技方法之一。另外，太极推手也是体现中国传统文化内涵的一种文明对抗。中国传统的短兵，既不同于西洋的击剑，也不同于东洋的剑道，具有中国特色，值得探索。

中华武术的诸多文明对抗形式与比较残酷、血腥的西方拳击、笼斗（MMA）有很大区别，是象征人类文明的中国特色对抗形式，应当积极地将其推向奥运会。

(三) 走出以武术竞技为中心的教学模式

武术专业的人才培养模式应打破以竞技武术为主体教学内容的状况，使学校的毕业生既能够竞技，也能够表演，还能够搞健身养生、武功整复，成为掌握多种技能，形成一专多能的武术专业人才。

以上海体院为例，今年单招进来一批优秀的武术运动员，其竞技武术水平已经相当高了，我们的专业教学内容如果再以竞技武术为主，是不是有点重复？是不是应该让他们根据自己的特点去学习探索一下传统武术技艺？教学内容是不是应该以传统武术为主？此外，还应该让他们学习武术当中的养生健身功法、武功整复方法。

上海体育学院前不久与杨浦区政府合作推出的社区健康师，很受欢迎，符合社会需求。而之前我们的学生只会竞技套路，根本达不到社区健康师的要求。如果我们的学生能竞技能表演，能打能练，能搞健康整复，一专多能，将在社会上受到欢迎。

(四) 充分认识武术套路的艺术特性

让一些技术优秀的武术套路运动员走出竞赛规则的藩篱，开拓武术表演专业方向，这应该是武术发展的一个新分支。

竞技武术套路的艺术特性很强，很有感染力，作为表演项目也很受老百姓欢迎。可以让一部分优秀运动员继续向前研究套路技术、套路艺术，不受竞赛规则限制，开拓武术表演方向，为大众的娱乐、健康服务。

目前有些院校虽然开设了武术表演方向，但其招生对象是选择考艺校的艺术生，而且是艺术专业挑剩下来的学生。这类学生根本没有武术基础，没有武术功力，把这样的学生拉来做武术表演专业的学生，四年练下来很难成气候。

在优秀武术套路运动员当中选取特别喜欢表演、有这种爱好的学生去学武术表演专业，这样的学生走向社会也会受欢迎。

（五）解放思想，大胆改革教材，探索教学方法

当前体育院校的武术专业课技术教学内容已经到了非改不可的地步，这种改革应该从教材入手。

前些年教育部曾组织全国高校专家对武术套路基础教材进行改革，选了十个比较优秀的传统拳种，从中提炼出一些典型招法，教学过程中以招法为主，而不是以套路为主。在学期结束考核时，完全可以让学生根据学到的这些攻防招法自己编套路。这样，他们学到的东西一定是灵活的。

套路是人编创的，应该把最核心的传统武术技术教给他们，将来他们完全可以根据社会的需求，编创出适合不同人群的套路。这样他们不仅掌握了传统武术拳种的核心技法，而且具有了创新能力。

改革专业技术教学内容应该从改革教材做起。

这是一项非常重要和迫切的工作，对此应认真对待、深入研究、大胆进行。

中国传统健身术发轫*

当今世界,人类最关注的是什么——飞向月球、金融风暴,还是厄尔尼诺现象?归根结底是人类的生存、安全和健康。

一、奥林匹克运动与大众体育

近代,人们把古希腊、古罗马文明中崇力和求知的传统召唤回来,并与征服自然的观念相结合,"力的崇拜"形成了延续至今的奥林匹克运动,"知识就是力量"推动了科学和工业的发展。一时间,征服自然、战胜同类的西方文明统治了世界。以奥林匹克为代表的西方体育观念,伴同西方文化在20世纪初期进入中国,体操、游戏和竞技,曾被认为是先进的西洋体育,似乎便是人们赖以生存和体现文明的健身运动。然而恩格斯提醒人类:不要陶醉于人类对自然界的胜利,要警惕自然界对人类的报复。果然,大工业和高科技带来的环境污染严重威胁着人类健康,倡导竞争给人以极大的心理压力,金钱诱惑使人与人的关系变得冷酷。同样,人们重新认识了奥林匹克运动,它为人类的进步与和平做出了贡献,然而在它的发展中追求"更快、更高、更强"虽适应于人类竞技,却逐渐远离了人们对健康的需求,尤其是近几十年中,争夺金牌带来了负效应:兴奋剂、不择手段地贿赂、超极限训练对人体的摧残等。奥林匹克的负面作用终于引起了人们的注意。

在这种大趋势中,人们的哲学思想和体育观念得以冷静的思索,一种主张人与自然和谐的东方文明为人们所瞩目,一种志在增进人的心身健康的"大众体育"悄然兴起。在人们开始热心于"大众体育"时,具有典型东方特点的中国传统的健身术为人们所青睐。衡量一个国家是否为体育强国,决不能只看它在奥运会上摘取的金牌数量,更重要的是看它参与体育锻炼的人数和体育设施。未来的世界,未必是东方体育替代西方体育,而必定是东西方体育结合和互补的时代。

---

* 本文发表于1999年《山西师范大学学报》。

二、中西方思维方式与体育观念的差异

19世纪的伟大诗人、思想家泰戈尔曾把征服自然、战胜同类视为西方文明要素，把人和宇宙全体的联合视为东方文明要素。就其思维方式而言，西方重外、重形、重分解、重理念，而东方则相对重内、重意、重整体、重直觉。可以说，西方思维所培植的是"知识之树"，带动了科技和工业现代化；而东方思维所培植的是"生命之树"，强调了保全生命、颐养天年。

由于东西方思维方式不同，在体育观念上也有明显的差异。下面我们在阐明中国健身方法的基本特征的同时，与西方体育作一比较。

（一）动静结合、形神兼养

西方体育以肌肉、骨骼和韧带等人体运动系统为主要锻炼对象，着眼于速度和灵敏等体能的提高，旨在使体格健壮，以便在社会中具有竞争能力和防卫能力。

中国古代养生理论则认为，人不仅要肢体柔韧强壮，更要有充沛的精、气、神。强调动静相合，"动以养形，静以养神"，即不仅要进行外形肢体运动，还要善于养内，如运气调息、内守心神，使内在的气血和顺、神气充沛、情绪稳定，从而达到心理健康。

《黄帝内经》认为"百病皆生于气"，百病起于情，情绪异常就会导致机体内部紊乱，气血阴阳失调进而引起病变。人们常认为喜怒哀乐可以影响脏腑，"怒火中烧"有损健康，甚至连内向忧郁也被称为"癌症性格"。中国传统体育观是通过修炼，以求外御六邪（风、寒、暑、湿、燥、火）、内调七情（喜、怒、忧、思、悲、恐、惊），从而达到对疾病的抵御、缓释和改观。这是仅靠西方体育的外练所不能解决的。这一内外兼养的体育观念相对更为全面。

（二）中和适度，过犹不及

西方体育以竞技为目的，主张进取和超越，固然有一种积极精神，然而过分地强调这一功利性目的，必然是高强度、强刺激的，超负荷、超人体极限的训练，以培养人不断超越别人、超越自我和超越极限的能力。这种强刺激固然可以产生超量恢复，增强身体局部的一些机能和工作能力，却也难免对人体产生负面影响，从健身的角度来看，是有缺憾的。

中国传统养生观多比较保守，强调"保精""小劳"。认为"形要小劳，无至大疲"，可以说受传统哲学的"中庸之道"影响，这一观念固然偏于消极，但从健身强身的角度，不进行超负荷运动，却有可取的一面。为什么有些运动员体强力壮，却伤病缠身，甚至猝死赛场，这反映了极限运动的不足之处。有些长寿之人日常生活中，虽

无激烈运动，却常动有恒，静中有动。中国的导引术、八段锦乃至太极拳，都旨在适中强度，轻柔徐缓，人体常处于良性刺激的状态，恰恰有益于健康。

（三）整体协调，阴阳平衡

西方体育立足于生物学、解剖学和机械论的观点，习惯于把人体的各个部位分割开来，强调某一练习增强某一块肌肉，某一运动对某一器官有较高的机能要求，如健美运动，机械的健身方法常有这种功效。这对达到外部形态的健壮和美观是显而易见的。

然而从增进健康的角度，中国古代养生观却时常从人的整体来认识，强调人体的整体协调，如武术中的"手、眼、身法、步，精神、气、力、功"便是整体的上、下和内、外的综合要求。从中医学的观点来说，人体不健是整体失衡、阴阳不调的原因。阴虚生内热，阳虚生外寒。从养生的角度，有人认为"生命在于平衡"，是有一定的道理的。

此外，从经络学来说，也有因气血不畅引起的"不通则痛"的机理；而脚底和耳朵概括了人体各部的穴位通联，反映了局部与整体的关系。"牵一发而动全身"，正是这个道理。

（四）顺应自然，天人合一

西方体育在其哲学思想的影响下，在运动中充满着超越和征服的精神，把人的运动与自然隔离开来，征服高度、超越时空和战胜自然的精神是可嘉的，不避酷暑、不畏严寒是可取的。

而中国传统运动养生观，则在"天人合一"思想影响下，更注重人与自然的统一，把人体活动规律与自然界的变化规律通应起来，如春生、夏长、秋收、冬藏的规律，人的饮食、起居、情绪随之调整，以适应自然。王充在《论衡》中说"人本于天，天本于道，道本自然，顺乎自然，即是最上养生之道"。气功、太极拳等特别注意与自然环境的交流，忘却自我，但融身于自然之中，和谐自如，对人体健康能收到一些令人吃惊的功效。中国传统健身术中模仿动物的动作和形象，也是与大自然万物相和谐的反映。

概括地说，中国传统的体育观无不受中国哲学的影响，而中国哲学又多存于儒家、道家和释家之中，儒家讲"修身"、道家讲"清心寡欲"、释家讲"超尘"，无论是出世之学，还是入世之学，都体现了两个字：修炼——身心并练。

如果把西方体育概括为人们在运动中进行"锻炼"的话，东方则强调在动静交替之中进行"修炼"。修炼可以说是内修外练，既有形态的，也有精神的。所谓"修"乃指修行，或者修为（人生观念、处世态度、社会道德），也可以说是人在动与静之中的身心投入。即投入一种状态、一种心境，清除人的紧张和压力，回归自然。

21世纪是一个知识经济的时代，更是一个人才竞争的时代。国力的强弱在于谁拥有了更多的人才。大学是培养人才的摇篮，要求学生学有所长，身心健康，不但能承担工作强度，还能有心理能力、道德品质、理想情操，因此仅仅靠竞技体育去培养他们是远远不够的。

伏尔泰说哲学家们在东方发现了一种新的精神和物质世界。这种新的精神、物质世界中的体育方法也是令人耳目一新的。它便是注重道德、精神、身体多方面的修炼，人与自然相和谐的中国健身术。这一健身方法不仅是经济的，而且是有效的，是更为适合于大众体育的。

参考文献

[1] 季羡林. 东西文化议论集 [M]. 北京：经济日报出版社，1997.

[2] 张海鹏，臧宏. 中国传统文化论纲 [M]. 安徽：安徽教育出版社，1996.

[3] 徐迟. 生命之树常绿 [M]. 山东：青岛出版社，1996.

[4] 吴志超. 导引养生论稿 [M]. 北京：北京体育大学出版社，1996.

[5] 马伯英. 中国医学文化史 [M]. 上海：上海人民出版社，1994.

武术与书法管窥*

　　武术与书法，都属华夏的传统民族文化，均以其独具的光彩闪耀于世人面前。然一文一武，似乎风马牛不相及，其实不然，两者有不少息息相通处，尤其在技法上和理论上有异曲同工之妙；而且，通过类比，可以触类旁通，迁想而妙得。

　　技理丰富的中国书法包孕了精深的传统美学思想，与中国武术在技理上有不少相通之处，对两者的比较和通连，不啻为武术智能训练的一项重要内容。迁想而妙得，触类可以旁通，"他山之石，可以攻玉"。书法和武术虽一文一武，但只要我们辩证地而不是机械地去进行比较，对于开拓武术运动员的智能，将是十分有益的。两者可以类比和迁想的基本点有二：

　　一是同形同构。中国汉文字，虽历尽沧桑，其基本形态是以象形为本根，完全不同于用字母组成的西方文字；而武术中的许多拳种、拳法都具有一定的象形特点，动作名称就更为普遍。就汉字的结构上来说，由笔画组织起来，组成一个完整的、缺一不可的方形整体，甚至有的书法家认为与人体具有同构的特点。汉朝书法家蔡邕在《笔论》中说："为书之体须入其形，若坐若行，若飞若动，若往若来，若卧若起……纵横有可象者，方得谓之书矣。"而武术正是以攻防为基本内容，显现了人体自身各种运动形态，讲究"动圆定方"，应该说在构架上大有通连之处。

　　二是会意传神。文字原本是人类社会生活中交流思想的一种重要工具，它的基本功能是实用，而书法则是一种艺术升华，除了表达思想的功用之外，更具备了美学价值，成为一种独特的文化艺术。中国武术源于人类的攻防格斗技能，具有防卫实用价值。当它发展为套路时，已不再是单纯地表现一些攻防的技巧，它的贯通的气势、飞扬的神采、生动的韵律，也在创造一种气势不断的战斗意境，具有了美学的价值，正如著名武术家蔡龙云先生提出的："把自己置身于一个充满战斗的场合里，才能完美地表现套路运动。"

　　以此为基础，我们才能展开武术与书法两者之间的类比和联想，启示我们对武术技法的认识与理解，从而提高套路演练的艺术修养。

---

* 本文发表于《少林与太极》2019年第1期。

一、象形说

"应物象形,随类赋彩"。中国的汉字起源于象形字,几经演化,仍有不灭的痕迹。这是形成中国独具的书法艺术的主要因素之一。蔡邕在《笔论》中道:"为书之体须入其形,若坐若行,若飞若动,若往若来,若卧若起,若愁若喜,若虫食木叶,若利剑长戈,若长弓硬矢……纵横有可象者,方得谓之书矣。"武术源于攻战搏杀,以技击为原则,在动作变幻和形态上常象形取意,不仅象形拳的动作象形于某种动物或人物,其他诸多拳种也莫不如是。如少林拳中有"古树盘根""鹞子钻天",太极拳中有"白鹤亮翅""玉女穿梭",形意拳中有"青龙出洞""狸猫上树",八卦掌中有"蝴蝶穿花""遮云蔽日"等,大都不仅取其名,其动作形象也包孕其中,所采纳极其广泛,或象人物,或象动物,或似山川草木,或若云月星辰。武术动作的象形性与书法中的象形性,常会相互启发,融会贯通,不谋而合。苏涣看了零陵僧的书法,却又联想到裴旻将军的剑法"忽如裴旻舞双剑,七星错落缠蛟龙",可谓妙哉!

二、骨筋说

武术与书法均要求有力度,通劲而豁达,或刚中含柔,或柔中蕴刚。人们常形容好的书法讲究劲健有力为"力透纸背""入木三分"。具体说来,书法讲究骨、筋、血、肉。"点画劲健者,谓之有骨",要求"骨体坚定而不弱"。武术亦然,十分注重"骨法"。有人将四肢与躯干并称为"五骨",即要求"五体"的五根线条要有骨力,骨梗强壮,紧致峻整,方法上常表现为撑、拔、张、展、勾、扣、翘、绷等。《华拳谱》中说:"形而无骨,有其形而无质",使人想到唐太宗李世民的书观:"无骨则无势。"字如此,武术的每一架势也如此。"点画灵活者谓之有筋",筋之融结在扭转,"筋贵灵活",为书法中的"含忍之力"。武术中在"八法"里言及"力要顺达",要求运动中的劲力要活顺自然,不能使僵拙之力。这恐怕与书法中笔的运转灵活而有力,也略有相通会意之处,有筋有骨,才会"刚如坚石,媚若银钩"。晋代卫夫人说得好:"善笔力者多骨,不善笔力者多肉;多骨微肉者谓之筋书,多肉微骨者谓之墨猪;多力丰筋者圣,无力无筋者病。"太极拳中将五体称为"五弓",谓之"一备身五弓,触之则旋转灵活,能蓄能发",确有一种内在的"含忍之力",太极拳被誉为"绵里藏针"。无独有偶,书法家们用中锋写字,藏骨抱筋,背光一照,正中是一道黑线,竟也有"绵中裹铁"之妙。

三、均衡说

武术与书法中常常有一个对应平衡原则。书法中对结构间架要求十分规矩,即平正整齐，轻重平衡，左右匀称，上下平稳。否则体势不工，规矩有亏，难云书法矣。犹如在说一个拳势四肢不协调，难免失势的道理。

　　武术中讲究身正步稳，式正招圆，即要求每个架势动作都要准确、协调、齐正。拳理中说，"五体正，乃可谓之形备"，如一个"提膝亮掌"动作，不仅要保持直立平稳，而且上肢一架一勾也要前后呼应，上下平稳。华拳技法中强调"自中衡平均施，敛束相抱，左顾右盼，八面供心"。形意拳中的一个"三体式"，三尖对照，不偏不倚，动作尤为严谨沉稳。歌诀中道："前俯后仰，其式不劲，左侧右倚，皆身是病"，若然要求似一个工整严谨的书法字形。南拳则更讲究"步稳身守、子午端正"，太极拳则要求"尾闾中正""虚领顶劲"的端正安舒姿势。拳法中说，"立身须中正安舒，支撑八面""气势团聚，对称协调""上下左右，相吸相系"，从百会至会阴穴上下一直线垂地，不禁使人想到书法中称为"撑柱""悬针""重心"等笔势。

　　从学习顺序来说，书法须先求工正，尔后险绝，又归复平正，使之"看似歪斜，实则能立"，呈险绝奇姿，生动美观。武术也有类似要求，李连杰的成功之处正是在架势工端的基本动作上，增加了身法上的变化，求得协调统一。这同书法的每一势，要求"险不至崩，危不至失"是多么相似！

四、阴阳说

　　我国古代的阴阳学说（即对比说）包含着朴素的辩证法观点，影响到武术和书法，表现为既相照应，又相对比衬托的对立统一规律。

　　武术套路在攻防变化中，充满了动与静、虚与实、刚与柔、快与慢、伸与缩、张与弛、抑与扬、顿与挫、轻与重、起与伏、内与外、上与下、正与偏等的相互对应变化，相辅相成，使阴阳二气相协调。长拳技法的"十二型"中，"重如铁""轻如叶""快如风""缓如鹰"，动静起伏，若脱兔，若处女，若燕子抄水，若风卷上九重，令人为之眉飞色舞。太极拳中虚实变化运转自如，通臂拳中吞吐灵活，翻子拳里上下翻飞，南拳中刚里见柔，绵拳中绵里见刚……可以说丰富多彩、各显其能。

　　书法技巧中阴阳对应的因素，讲究"彼此顾盼""潜相瞩视""相管领""相朝揖"。其中轻与重、刚与柔、藏与露、虚与实、正与偏、长与短、抑与扬等颇与武术套路技法有相通之趣。如果我们有心，在那笔走龙蛇的书法中，从字形的开合蹙展，运笔的轻重疾徐，笔势的刚柔曲直，墨色的浓淡枯润，结构的疏密偃仰、虚实相生，章法布白的起伏连顿，不是可以联想到武林健儿在比赛场上的生动武姿吗？

五、神韵说

　　《文心雕龙》中说："神用象通，情变所孕。"中国传统的艺术观十分重视对神采气韵的意境追求。"神乃形之君""书之妙道，神采为上"（《笔意赞》）。武术套路的演练中也十分讲究"精气神"功力的表现，著名武术家蔡龙云教授、张文广教授、何福生先生所演练的五路华拳、四路查拳、形意拳都达炉火纯青、登峰造极之境界；著名武术运动员徐学义、李福妹、陈道云等的自选套路也都淋漓尽致，别具风格。

书法中认为"神若不和，则字无态度""心若不坚，则字无劲健"，练武术也是如此，必须形神兼备，心力坚强，充满战斗意识和神采，"眼随手动""目随势注"，做到志勇而神传。太极拳虽轻柔绵绵，却要求"外示安逸，内宜鼓荡"。

书法的整篇中讲究章法，字的连顿中要求气脉贯通，隔行不断，一气呵成，可谓"韵者，隐迹立形，备仪不俗"（《笔记法》）。武术套路的整套由起势到收势，动静变化之间，也要求形断意连、势断气连、气势贯通、完整如一。

就方法而言，"字者，心画也"，写前要凝神静思，写时则"神居胸臆，志气统其关键"，做到意在笔先，胸中有书。武术中的动作也十分注重意识，做到心动形随，意与气合、气与力合。太极拳尤其要求以意导动、意到劲到、内外合一。

"阴阳二气而生万物，万物皆禀天地之气以生"，气论是中国传统哲学、养生学的基本观念，也是中国传统美学的基本思想，"气"被视为鼓动万物的原动力和生命节奏，书法中追求的内在气质，武术中追求的内外合一、会意传神，无不表现了民族文化心态的一种理想追求。这种抽象意识，在武术智能训练中恰恰需要运动员自身的悟性（对武术技理的领悟）和借鉴于书画等传统艺术。

长期以来，书法在理论上总结了极其丰富的内容和经典。有人说中国书法是民族精神最基本的艺术表现形式，构成了中国艺术的基本因素，可以说极富有民族文化的代表性。中国武术在长期实践中技艺精深广博，在技法理论上虽有总结，但相对于实践却显得薄弱。武术工作者在总结探索武术技法理论方面，大有借鉴书法的必要，结合武术自身的运动规律，予以阐发建树，将有益于武术理论的开拓和武术运动员的智能训练。武术界对书法的研究早已有先例，远的不说，就笔者所见，已故著名武术前辈王子平先生，生前对书法颇有研究，在他晚年时期表演的一套富于写意、潇洒超脱的青龙剑，与他酷爱泼墨抒情、笔走龙蛇不无关系；著名武术家万籁声先生、何福生先生、蔡龙云先生、李文彬先生的书法都是颇具神韵的。

当然，武术毕竟是武术，任何一种形式都无可替代。与书法理论的相通性，旨在启发和开拓思维，得以迁思。建议在武术训练的同时，尤其是从事武术高级训练者，应加强对武术运动员书法鉴赏的兴趣和能力的培养，耳濡目染，提高艺术修养，将有益于武术套路演练水平的提高。"专"到一定的火候，"博"才有用，对于高水平的武术运动员，体能、技术、心理的训练与智力的训练密切结合，才能发挥更大的效应，对培养武术运动员的演练风格和意识尤为有益。

武术：一个不可忽视的学术领域*

武术，一个越来越为当今世界所认识的中国传统人体文化样式，多少年来，以它博大的文化载量和魅力，吸引了无数习武者"衣带渐宽终不悔"地折腰苦求。在军旅格杀的刀光剑影里，在抗暴自卫的价值追求下，在形形色色的技艺交流中，武术不断经受着历史的洗礼，从而丰富了自己的文化库存，终于积淀为中华文化大观园中一道亮丽的风景。

作为一种反映中华先民"技击之道"的身体文化，武术在它的长期发展中融入了中国古代哲学、兵学、中医学及养生导引理论等，因而成为一种极富文化载量的中华民族传统体育活动。步入20世纪后，由于武术自身的实践需要及在各种学术思潮的涌动下，武术理论研究更为不少学人所关注，有关武术的学术领域在逐步拓展，一个具有鲜明时代特色的武术学科体系正在形成。

一、武术理论体系

从概念上讲，所谓武术理论体系是指，由若干相互联系的武术理论范畴所构建成的有机知识整体。中国武术的发展历经了不同的历史阶段和时代背景，因此其理论体系也大致可分为传统理论体系和现代理论体系两个既有联系又有各自特色的内容结构。

（一）武术的传统理论体系

我们把在中国农耕文明条件下形成并衍传至今的有关武术的观念认识与经验认识的知识体系，称为武术的传统理论体系。尽管它没有理论上的专门表述，但我们只要通过对传统武术各类文献典籍的梳理寻绎，就不难把握到反映前人对于传统武术从"体"到"用"的文化认知。这一理论体系无疑是伴随着传统武术的历史进程而积累形成的。在这个发展链环上，习武者的个人经验被整合为习武群体的普遍经验，一代的认识被转化为世代的认识。当然，这种整合转化已非原有的简单传递，而是融合了

---

* 作者简介：周伟良（1953—），男，汉族，江苏苏州人，博士，杭州师范大学教授（已退休）。1997—2000年在上海体育学院攻读博士学位，指导教师邱丕相教授，学位论文《传统武术训练理论论绎》。主要研究方向：中国体育史、武术历史与文化。本文发表于《体育文化导刊》2004年第5期。

众人的智慧后被不断丰富完善的。另外，传统理论除了依靠历代习武者的实际经验滋养外，又广泛吸收融摄了各个历史时期与自身相关的其他文化成果。因此，在历史文化视野中，武术的传统理论也就有了历史发展上的渐进性和文化构成上的多源性两大特点。

1. 传统理论发展的历史渐进性

恩格斯在《卡尔·马克思〈政治经济学批判〉》一文中写道："历史从哪里开始，思想进程也应当从哪里开始。"如果把先秦时期那种为满足统治者嗜好的斗剑和"两两相当"的角力活动看成古代武术的正式形成，那么与此相伴的武术理论在历史的长河中基本经历了原创和成熟两个时期。

原创期是指古代武术理论的初始建构期，在历史的维度上，大致由先秦至宋元。从目前有限的资料分析，此时期的武术理论表现出以下几个主要特点：第一，具有明显的"宣勇气，量巧智也，然以决胜负"（《角力记·述旨》）的技击指向，不管是《庄子》中说的"示之以虚，开之以利，后之以发，先之以至"的剑论，还是《汉书·艺文志》的"习手足，便器械，积机关，以立攻守之胜者也"，都清楚地说明了这一点。第二，在原创期的理论表述中已反映出当时的武术理论与古代哲学文化相契合的某些特征。比如《庄子·人间世》中提到的"以巧斗力者，始乎阳，常卒乎阴"，而《吴越春秋·勾践阴谋外传》中那段越女关于"手战之道"的著名论述中，更进一步在阴阳之道的概念基础上，推绎出了诸如开与闭、内与外、形与神等一系列范畴。值得注意的是，此时期已有了对武术价值体系的初步概括。司马迁在《史记·太史公自序》中写道：练剑习武"内可以治身，外可以应变，君子比德焉。"当然，原创期的武术理论尚缺乏系统性，许多内容语焉不详，但涉及的范畴内容相当重要，它为后来武术理论的发展，奠下了一块深厚的基石，开启了一泓旺盛的思想源泉。

在历来的许多研究者笔下，明清两代是古代武术的繁荣期，而这种繁荣不仅表现在武术外在的技术层面，更重要的还反映在包括理论在内的整个武术文化形态的成熟上。可以毫不夸张地说，中国武术传统理论体系的基本框架内容是在这个时期氤氲形成的，尽管其中裹挟了一些历史尘埃。作为成熟期的传统理论特点，归纳起来有五个方面。第一，武术与军事武艺虽然还保持着相当的联系，但在时人的认识中其分野越来越大，清初吴殳《手臂录》中所记的"战阵之枪"和"游场之枪"就是一个例证。第二，在经验认识上已基本形成了一个从择徒拜师到具体训练过程的习武模式。第三，在古代哲学认识论影响下，借用太极、阴阳、五行和八卦理论思想与词汇，构建起了一个古代武术的理论框架，并一直影响至今。第四，包括气功在内的多种功法练习在广大习武者观念里已成为重要的习武内容，如"练拳不练功，到老一场空"及"内练一口气，外练筋骨皮"等，已是人们耳熟能详的习武要言。第五，道德教化在整个传统理论中得到了进一步强化，终于形成了传统武术文化的重要内容——武德。

进入20世纪后的百年岁月中，由于受到各种政治、经济及文化的影响，武术发生了自身的历史变迁，经历了两次社会转型。同时，各种近现代体育文化也为传统理论注入了新的文化因子，使传统理论受到新文化洗礼，从而出现了新的研究走向——开始逐步建立起武术的现代理论体系，但传统理论在广大习武者中（尤其是民间习武群落），依然有着很高的认同及很大的影响。

2. 传统理论的内生与外源

任何理论的形成都有它的生成途径。那么武术传统理论的生成途径是什么呢？我们只要对这一理论体系的文化结构进行全面审视，就不难发现其生成途径不外乎"内生"与"外源"两种，由此构成了内生型传统理论和外源型传统理论两大类别。

概念上，内生型传统理论是指，在传统社会条件下，直接从具体实践中形成的对武术的经验认识，以及对这些经验认识的理论总结。经验认识是人们把实践过程中积累起的体会认知，诉诸思维活动后而形成的理论形式之一。从这个意义上讲，内生型理论无疑是最贴近武术实践的。长期以来，它通过各拳门内部流传的拳谱图籍，以及"易于记诵"的拳谚秘诀，对一代代的习武者发挥着精神上和实践上的驱动作用，同时，这些拳谱图籍也是我们今天窥视传统武术历史文化的一个重要资料源。需要说明的是，在这类理论中也包括借用其他某些文化领域的理论观念，但绝非简单地移植或搬抄，而是将这些理论观念经过自身的文化整合后建立在自己的经验范围之内。如太极拳论中的"欲左先右，欲上先下，欲前先后"，显然折射着古代道家"反者道之动"的哲学精神；再如被众多拳种视为不二法门的"炼精化气，炼气化神，炼神还虚"习武三步曲，本滥觞于传统气功理论，究其思想，同样源于"万物含三，三归二，二归一"的道家万物复归理论。由于这些思想理论已深深融进了武术的传统理论之中，已成为广大习武者的日常经验感知，故也属于内生型理论类。

所谓外源型传统理论是指，并非直接从武术的实践中产生，而是把其他文化领域中某些既成的概念、范畴或理论，通过推衍、类比等方式引入传统理论之中，从而建立起来的有关观念系统。观念是事物发展的内在调节机制。将其他文化领域的思想观念引入武术理论之中，是由多种原因决定的：首先，人们获得观念的基本方式是实践或学习，而这一方式离不开一定的社会文化环境，人们正是从所处的社会文化环境中建构起自己的思想观念的。比如在中国的传统社会中，人们之所以习惯于运用阴阳五行学说来阐释武术理论，其原因在于这一理论模式有力地反映了中国传统文化的每一个层面，并转化为人们认识事物的最基本思维方式，人们无法逾越历史给予的文化规定。其次，传统社会中由经验积累形成的认识系统在认识事物方面有很大局限性，它既难以阐释武术本身的内在规律、机制及与其他事物的相互联系，同时也不可能形成一个严密有致的理论体系，必须借助于理性思辨，而理性思辨又必定要依赖一定的思想方法，这就是武术传统理论吸收其他文化领域思想观念的内在要求。另外，处于相同文化母体中的如传统哲学、中医学、气功学和兵学等，因其文化上的"近缘"关系，也为丰富传统理论提供了逻辑上的必然性和可能性。

经验认识和观念认识这两种不同的理论发生途径，导致了彼此不同的理论特点。内生型传统理论主要以经验的积累为基础，如从先秦《庄子·说剑》中提出的"后之以发，先之以至"，到明代"旧力略过，新力未生"的"拍位"学说，继而又至清代形成的"彼不动，己不动；彼欲动，己先动"的太极拳论，其间是一个漫长的理论建设过程。而以观念认识为特征的外源型传统理论，往往是将一些近缘文化领域中比较成熟的理论直接转化而来，"因而它的发生往往是突发的，其理论的发生不仅是一次性完成，而是一经发生便是以比较成熟的形式出现。"[1] 关于这一点，以宋代《太极图说》为蓝本提出的"太极拳论"，以古代五行生克学说为模式推衍的形意拳生克理论，以古代八卦理论为基础形成的八卦掌学，即是三个典型事例。

由观念引发的理论可按自身的逻辑规律推衍出次生理论来，在推衍中甚至可以无视经验事实或与经验理性相悖的矛盾。比如，一向被某些拳家奉为"武技之宝囊"的按时点穴，寻其根源乃是传统"子午流注法"理论在传统武术功法中的推衍产物，是一些好事者理论上的浪漫想象，它并不顾及其理论的真实性和经验事实是否存在。当然，传统武术的实践，是以经验认识为主导的。仍以按时点穴为例，民国时期，当按时点穴之说迷漫于社会时，许多执着于经验理性的人们对此提出了强烈抨击。尽管宣扬者信誓旦旦，云只要立下苦恒志，即能习成旷世技，但实践中又有多少人会去耽迷于这种由类比推理而来的"屠龙术"呢？"日减其技，渐而失传"[2] 的背后，不正隐显出"语绝于无验"的经验认识在传统理论中的主导作用吗？

由此可见，传统武术中的经验认识和观念认识既有融摄性，又存在排斥性。当观念认识所阐释的理论不能为经验所直接把握时，或阐释的对象与经验认识不悖时，两者会互摄共存；当观念认识背离了实践理性或有悖于经验事实时，即要受到某种排斥。不过，由于传统理论中的经验认识长期以来一直未形成"学科"意义上的理论体系，因此，这种观念认识的外源型理论至今仍有着自身的地位及文化影响力。

（二）武术的现代理论体系

作为进入现代社会后人们关于武术的系统化思维形式，武术的现代理论体系并非是传统理论的直接沿承与补充，而是在介入了近代以来的西方体育文化基础上，伴随着武术科学化的历程而逐步形成的。

1. 武术现代理论研究的新跨越

从19世纪下半叶开始，羼入于西方文化而来的近代体育，强烈冲击解着中国原有"因因相沿"的传统体育文化格局，中国体育史的回音壁上终于响起了新的浪潮之声，当时包括武术界在内的一大批有识之士对此表现出了极大热忱。记得印度著名诗人泰

---

[1] 鄢良. 人身小天地 [M]. 北京：华艺出版社，1993：279.
[2] 德虔. 少林点穴法 [M]. 北京：北京体育学院出版社，1988.

戈尔说过这样一句名言："美好的东西不是独来的，它伴了许多好东西同来。"众所周知，西方近代体育不仅是若干种外在的运动项目，更重要的是它还包括了诸如运动生理学、运动解剖学、体育原理等体育基础学科在内，正是凭借对近代自然科学和社会科学的应用，西方的近代体育才筑起了它坚实的科学理论基础，并进一步形成了自身的理论体系——体育科学。在这一点上，与长期积淀在闭塞的小农经济土壤中，满足于代代"口授心识"而又缺乏批判精神的武术相比，形成了一个巨大的文化反差。人们开始认识到，"国术一道，脱不以科学方法从而改进，势难邀社会之信用，必致完全失传"[1]。历史的推动与文化的撞击，终于点燃了理性的思想火花，中国武术界第一次喊出了武术科学化的响亮口号，甚至有人还提出了关于建立国术学的主张（姜容樵《国术学概论》），一些自然科学和社会科学的研究方法也开始运用于武术研究[2]，武术的传统理论结构终于发生了历史性变化，尽管其中有些研究的观点、方法和分析尚有种种不足，但它为武术现代理论体系的形成作出了不可忽视的铺垫。

武术的现代理论体系的逐步形成，是 20 世纪后半期中华武术发展的一个显著标志。中华人民共和国成立后，尤其是从 80 年代开始，我们欣喜地看到，由于武术运动的迅速发展和现代体育科学春潮的涌动，武术理论研究在前代的基础上正向多学科、多层次的系统性研究拓展，并已形成许多各具内容的研究范畴，从而具备了独立成为一门学科的基本条件。据此，有些研究者撰文提出，应该把这门学科正式称为"武术学"[3]。对于武术由一般性的理论研究到学科体系的建立，无疑是一个历史性的跨越，标志着中国武术发展史上一个新时期的到来。

2. 武术现代理论体系的学科属性及其层位

受当代体育科学发展的深刻影响，今天的武术理论研究已广泛涉及自然科学类、人文社会科学类及由两类学科相交叉的诸多领域。在对象上，自然科学类侧重于对象的自然属性研究，其结论不以人的意志为转移，而人文社会科学类则侧重于对象的社会属性研究，不同的研究者可能会有不同的结论；在方法上，自然科学依托于必要的仪器和实验条件，一般具有可操作性和可重复性，而人文社会科学类主要体现为思辨，它更关注各类资料的分析、归纳。前者如有关武术运动的运动生理学研究及运动生物力学研究等，后者如有关武术的历史文化研究或发展战略研究等。除此之外，武术的现代理论研究中还包括自然科学和社会科学相交叉的研究内容，如有关武术训练、武术经络学说等方面的研究。所以，武术的现代理论应该是一门综合性学科。

关于武术理论在体育科学中的层位问题，长期以来武术界没有对此进行更多研究。

---

[1] 吴志青. 科学化的国术 [M]. 上海：大东书局，1930.
[2] 如唐豪等人有关武术史学与文献学的研究，吴志青、张鉴唐等人有关武术心理学、生理学方面的研究（吴志青《科学化的国术》；张鉴唐《国术生理学摘要》，见《新体育》第 1 卷第 2、3 期合刊）。
[3] 周伟良. 试论现代武术理论体系及其范畴 [J]. 体育科学，1993（2）；徐才. "武术学"的序曲 [M]//徐才武术文集. 北京：人民体育出版社，1995.

倒是体育理论界在20世纪80年代初讨论体育科学体系时有人主张，"应该在运动学之下建立中国武术的专门学科。"但其所言的"运动学"乃是"以人体运动之自然现象为其研究对象"，其内容主要包括动作论、锻炼（教学、训练）原理及方法等[1]。依此划分，目前武术理论研究中的许多理论问题显然难以涵盖其中。鉴于现代武术理论所涉及的领域、内容，20世纪90年代初有文章提出："中国武术的历史文化特殊性和它所涉及的研究领域，逻辑地应处于体育科学体系下的下位层次。"[2] 90年代后期，我国体育学科管理层正式将民族传统体育学列为当代体育科学的四大学科之一，武术理论也就成为今天民族传统体育学中一个最重要的分支学科。

二、武术理论研究的若干特点

武术是中国传统文化的一个"全息影像"。按照理论界常用的关于"文化三层次"学说，我们不妨把武术分成表现为拳种套路、器械功法等的外显层，训练传承、道德规范等的中间层，以及诸如价值观念、审美情趣等的内隐层三个方面。从历史的角度看，武术的形成与发展是一个极为复杂的文化现象：它源于古代的军事武艺，同时又汲取了诸如哲学、医学、导引及戏曲、舞蹈等文化营养，是在不同时代背景下一种多元文化的"合力"结果。因此，有关武术的技术性理论研究和基础性理论研究，构成了武术理论研究中的两个重要方面，并由此展现出它所具有的若干特点。

（一）学与术相结合特点

理论是对实践的提升，理论研究是人们的理性思维形式。由于武术理论研究一方面是对已有武术实践的总结和提升，另一方面其研究的成果最终又需作用于实践，因而在研究中就具有了鲜明的"学"和"术"相互通、相结合的特点。

武术研究是一门有着具体行为方式的学问。研究武术读书固然重要，但并非仅凭读书就可洞见其底奥。仅凭粗浅的视觉印象和文本知识，是无法对"技近乎道"的武术进行合乎实际的理论阐释的。所以，切身的实践认知和技术感受，应该是每一位武术研究者必备的基本素养之一，否则所论时常会失之于空泛疏阔。比如，以善写武侠小说而闻名的金庸先生曾在1980年为吴公藻的《太极拳讲义》所写"跋"语中认为，"在太极拳中，速度并不是最重要的事。要旨是永远保持平衡和稳定。"[3] 这里暂且撇开太极拳的要旨是否为"永远保持平衡和稳定"不谈，就其断言在太极拳中速度并不重要一说，也令人费猜。因为稍稍练过太极拳及推手的人都知道，对于套路的单练而言，其速度快慢当然并不重要，但在推手较技中，历来的太极拳家无一例外都强调一

---

[1] 胡晓风. 科学的整体观[J]. 成都体育学院学报，1981（2）.
[2] 周伟良. 试论现代武术理论体系及其范畴[J]. 体育科学，1993（2）.
[3] 吴公藻. 太极拳讲义·跋[M]. 上海：上海书店，1985.

个"快"字。如清人武禹襄的《太极拳论要解》中云:"彼不动,己不动;彼欲动,己先动。""先"者,快也。需要说明的是,太极拳中要求的"快",是指一种所发放的劲力实际到达对方之身的"快",而非一般日常生活中理解的"先下手为强"之"快"。王宗岳"太极拳论"中说"慢让快……非关学力而有为也",亦是此意。武术实践的深切体会,对于研究如武术历史文化等一些非技术的基础性理论同样有着至关重要的意义。因为只有具备了这方面的知识背景,研究者才能在描述、分析武术现象和总结其发展规律时对武术的历史演进及特征有一个较为清晰的把握,使研究血肉丰满,从而避免那种"隔靴搔痒"式的徒用一些流行的时髦话语来掩盖其内容的苍白。

另外,武术研究固然需要其实践上的体会,但这种体会只是为研究提供了一种重要的知识素养,武术的技术实践和理论研究,毕竟是两种不同的活动形式。民国时已有人提出研究武术应"技术与学理常相互联系……非学理不能使技术昌明,非技术不能使学理盖显"[1]。但是,在农耕社会背景下,武术长期以来有重"术"轻"理"的特点,这使有些习武者的意识深处有一扇难以向科学理性敞开的大门,因而至今依然存在一道难以与主流学界进行交流的理论"壁垒"。他们似乎以武术的"道统"自居,讥讽执着于理论探索者为"嘴把式",甚至在学术场合也不忘嗳嗐"是驴是马拉出来遛遛",全然不顾理论研究的价值所在和评价规范。中国文化早有"文武缺一非道"的传统。醉心于实践是可贵的,但只有学和术结合,才能迸发出武术的现代文明之光。

(二) 多种学科交叉特点

文化的交流、互摄是历史发展的重要动力。因为"只有通过交流,才能吸纳新的文化因素,产生新的文化成果。"[2] 武术是历史上多元文化长期交流、融合的结果。而作为这一人体活动样式的理论研究,同样越来越明显地呈现出多学科交叉的特点,并且其研究的发展,也不断需要相关学科成果为它提供支撑。

历史上,传统武术正是广泛汲取了诸如古代哲学、兵学、中医学和导引养生学等理论成果,从而才形成了被称誉为"博大精深"的文化体系。现代武术理论,更是一门广泛涉及除了体育学以外的自然科学类、人文社会科学类的交叉性学科。比如,有关武术运动的生理生化研究,是运用现代运动生理学和运动医学的研究方法与实验条件,来揭示该运动对人体所产生的各项生理生化指标变化,它为建立武术的科学训练体系提供科学依据,同时也为武术活动的健身价值作出科学说明。又如,武术的生物力学研究,在武术的科学化训练中,它主要阐明武术技术动作的力学原理,建立"最佳"技术模型,同时也能对运动员进行技术诊断,分析运动员身体结构和机械能的力学特征。此外,还可以从力学角度说明造成某些损伤的机械原因,以便制定有效的防治措施。

---

[1] 王元辉,等. 对于国术之疑点 [C]//民国丛书:4编47册. 上海:上海书店,1992.
[2] 马明达. 走向世界的少林文化 [M]. 林学论文选. 郑州:少林书局,2006.

需要提及的是，在20世纪30年代那场"土洋体育之争"碰撞下发出的"国术科学化"的时代呐喊中，已有人开始运用生理学、力学和心理学等理论研究武术[1]。尽管这些研究由于受当时条件所限不免存在种种不足，但其中蕴含了科学的文化因子，对于推动武术的近代化转型起到了积极作用。中华人民共和国成立后，随着运动生理学、运动生物力学、运动解剖学和运动心理学等一批人体运动科学的成熟，以及武术理论研究对这方面理论成果的引用，有关武术的自然学科类研究水平不断提高，并逐步成为当代武术理论体系中的有机内容。

如果说运动生理学、运动生物力学等主要用来描述武术运动过程中的人体生理指标变化及相关的运动技术参数，那么诸如武术的概念、价值、历史、美学和发展战略等方面的研究，则需要历史学、文化学、民俗学、社会学和哲学等人文社会学科作为其基础。近代以来，许多研究者在这方面取得的一系列成果，无一不是得益于这些学科的支持。

早在半个多世纪前，著名社会活动家、武术史学家唐豪先生就针对当时武林中长期形成的"托名祖传，自炫其能"的门派陋习，运用历史学的方法进行梳理，写下了《少林武当考》《少林拳术秘诀考证》及《内家拳》等至今仍有其学术意义的文章，并对古代武术文献作了较为系统的整理，其编写的《中国武艺图籍考》，可谓是武术目录学和文献学的奠基之作。从20世纪80年代开始，有关武术的人文社会学科研究从历史学及其他，一些如社会学、文化学、逻辑学、传播学及美学等学科理论纷纷介入其间，从而武术的学科领域被大大拓宽，出现了可喜的学术景象。

总之，武术理论研究是门多学科交叉的边缘性学科。因此，只有不断加强与相关学科的关系，整合各种学术资源，吸收其理论成果，才能不断提升自身的学术品位，以推动自身研究的不断发展。

（三）理论研究的制高点

哲学是一个民族的文化核心。由于中国古代哲学向来关注的是人与社会的关系而非人与自然的关系，"其主导方面是社会哲学而非自然哲学"，即使出现一些自然哲学的因素，也会很快被社会哲学所吸收或改造，因此就使得中国传统文化中难以发展出自然科学来[2]。中国古代浑融的哲学气质对中国传统文化产生了深刻影响，这在武术文化中也有清晰反映。中国武术的技艺与理论有着悠久的历史渊源和深厚的文化载量，这就要求在研究时充分把握住这样一种理论特色。可以说，武术之所以能不同于田径、体操、球类等运动项目而单独成为一门具有自己研究范畴、理论体系的学科，也在于此——武术的人文社会学科研究是该理论研究的制高点。

---

[1] 如张鉴唐的《国术生理学摘要》发表于《新体育》第1卷第2、3期合刊；吴志青的《科学化的国术》于1930年在上海大东书局出版等。
[2] 涂光社. 原创在气[M]. 南昌：百花洲文艺出版社，2001：24, 38.

有研究者指出，在西方文化土壤里滋生的体育术语，都明显带有物理性质，如强度、密度、幅度、力量、频率等，而在以武术为代表的东方体育文化中，用这类物理性术语就难以说明，"即使某些运动细节可以得到阐释"，但本质上无法解读诸如阴阳互济、动静刚柔之类的范畴和要领[1]。诚如所言，像"提膝亮掌""马步冲拳"之类的现代武术动作名称，虽简明易懂，但由于被过滤掉了传统武术含有的隽永寓意而不耐咀嚼；相比较之下，如"起似蛰龙升天，落如霹雷击地"这类采用比兴修辞手法的文句描述，借助了比附、联想和自我心理喻示，从而能突破事物间的时空界限，形成一种可感知的文化图景。对此，如不放在历史文化的视野中来加以诠释，是难以明了的。

1986年4月，时任国家体委主任的李梦华先生曾说过这样一段富有见地的话："我国目前开展着四五十个体育项目的活动，其中包括武术。可以这样统计体育项目的数字，但这并不标志着武术的位置是1/40或1/50。可不可说它在体育中应占一半的位置。"[2] 无疑，李先生所谓的"一半"，是针对武术特有的历史文化而言的。对于其事物的历史文化，当然必须从某事物的历史文化上加以解释。但是，这方面的研究在目前是有缺憾的。近十多年来，有关武术论著进入了一个繁荣期，上下几千年、文化断裂、战略审视云云——貌似高深的"宏论"不少，洋洋洒洒的"画鬼"之作犹如过江之鲫。可一阵喧哗之后并没有留下多少具有理论成色的东西，内容空泛苍白，作者似乎更注重于如何用堂皇的辞藻来描述、重复人所共知的常识，或挟西方理论而欲彰其"学贯中西"。"著文不立说"已成为眼下武术研究中非常突出的现象。明末思想家顾炎武曾倡导"文须有益天下"，强调凡做学问"必古人之所未及就，后世之所不可无，而后为之"（《日知录集释》卷19），这也就是王元化老人所言的"做有思想的学问"。

一般说来，包括各级导师与武术硕、博研究生在内的学术群体，本应是推动武术理论研究发展的最主要力量。但令人遗憾的是，不少人的论著诚如陈平原先生指出的那样：只有范围而没有问题[3]，热衷于吞剥其他主流学科的"美味佳肴"，唯新是从，唯洋是从，以此催肥速壮，其结果只能是踮起脚跟来窥视别人的花园而缺乏真正的学术自立。就目前而言，武术理论研究上能体现学科前沿的成果实在是乏善可陈，也远落后于中华武术实践的发展需要[4]。之所以如此，究其原因当然是相当复杂的，非一二句话可以说清楚，但至少能反映出我国武术人文社会学科的人才匮乏以及理论研究

---

[1] 李力研. 野蛮的文明 [M]. 北京：中国社会出版社，1998：第1章.
[2] 转引自：徐才. 徐才武术文集 [M]. 北京：人民体育出版社，1995：91.
[3] 陈平原. 大学何为 [M]. 北京：北京大学出版社，2006：627.
[4] 按：武术理论研究落后于实践对它的需要，下面一个事例颇能说明问题。2007年初在山西太原召开的一次全国武术科研工作会议上，武术运动管理中心的一些领导纷纷谈到要如何利用2008年奥运会期间举办的武术比赛机会，充分展现中华武术的文化内涵，还计划要把有关材料译成外文，以便宣传。当时笔者提出了这样一个问题：能否介绍一下什么是中华武术的"文化内涵"？然领导们或作沉思状，或顾左右而言他，始终无一人道及。

的严重不足。

走向21世纪的中国武术,要摆脱神秘主义的层层羁绊,要从生生不息的历史文化中汲取活力,要纠正长期以来由于某种政策性失误而造成的浅薄偏颇,除了进行自然学科研究外,更应加强有关武术人文社会学科理论的研究,加强培养、扶持那些甘受寂寞,用自己的智慧心血来撰写具有独立思想论著的莘莘学子。

三、亟待注意的几个问题

综观近半个世纪来,尤其是改革开放后,武术理论研究无论在深度还是广度上,都取得了不小成绩,一支学术队伍在逐步形成。但是,其中存在的一些突出问题,亦应亟待引起注意。

(一)遵守学术规范

众所周知,学术活动是一个由多个方面组成的有序系统,遵守规范是保障这个系统稳定及推动学术发展的首要前提;学术规范一旦丧失,则必然带来学术共同体的无序,最终将断送学术研究自身的尊严和价值。

武术理论研究作为一种学术活动形式,当然必须遵守学术规范所要求的一些基本规则。从近十多年来武术理论研究的实际情况来看,有的研究者确能遵循学术规范,以严谨的治学态度为构建武术理论大厦添砖加瓦,但也有相当一部分论著失范现象严重,不管是一些授业解惑的教材,还是具有查考作用的辞书,抑或集中体现"学人气象"的论文著述,也照样违规失范比比。尤其是被称为"学术蝗祸"的抄袭剽窃,已成为近几年来社会上表现突出的学术腐败现象之一,且有愈演愈烈之势。理论研究本是对事物客观规律的揭示,对实践经验的提炼,对探求真理的思考,其学术含量在很大程度上取决于理论研究的原创性,如研究的论点、资料的搜寻及理论的分析等。科学研究一旦缺少了甘坐冷板凳的厚积薄发而走入得来全不费功夫的"终南捷径",学术的价值也就消解为零,这是学科建设的危机所在。另外,还必须指出,目前有关武术学术评价(如论文评审、成果鉴定等)中存在的种种弊端,也为其学术失范提供了庇护。孰不知学术评价没有了规范,就会变得难辨轩轾,如同任何颜色的猫在夜幕中都是灰色的。

学术失范是近几年来中国学术界的共有现象,但在武术研究中表现得尤为充分。对于武术研究中出现的各种失范事例,社会上早有非议。2000年12月,笔者利用第六届全国体育科学大会在武汉体育学院召开之际,就武术科研活动中的规范化问题曾向有关与会代表发出调查问卷65份,实际回收58份。在作为调查内容的"您认为当前我国武术科研活动中是否存在有违学术规范现象"一栏中,认为"存在有违学术规范现象"的有53份。样本不大,但也能说明一些问题。前几年,曾有学者就武术研究中的种种学术失范提出批评。本来，据实据理的学术批评是保障任何一门学科理论得以健康发展的必要机制，它张扬的是实事求是的科学理性，也是净化学风、保障学科建设良性有序发展的有效措施。然而，在武术界，目前有些人硬将这类学术批评扯成人际关系上的龃龉，更有个别居心不良者借此挑拨中伤，这也是目前不少人对武术研究中诸多失范现象感慨多于评论的主要原因之一。

（二）形成学术传统

依笔者看来，大凡一门自成领域的学科，都应有其自身的学术传统，并在此传统下，逐步丰富它的学术体系，形成其学术规范并积累其学术成果，以此推动它的学术发展。因为，传统本身就是种无形的制约和力量。武术作为一门学科发展至今，尽管初步形成了一个理论体系，但发展不快。低水平重复、常识性错误、不规范的理论陈述或"空空道人"式的疏阔宏论随处可见，造成了五光十色看似繁荣的"学术泡沫"。尤其是诸多学术失范现象得不到遏止，学术批评被曲解，其深层原因就在于它至今尚未形成一种学术传统。

任何一门学科理论的发展，都须得益于本身的延续和积累，而武术研究在其自身的进程中却发生了断层。近代武术史上，一些研究者苦心孤诣，为后人筑起了一个较好的起点，但我们在较长的一段时间里由于受到错误思潮的影响，对此表现出了一种学术冷漠和忽视。比如，"辨章学术，考镜源流"的武术文献目录，是武术研究的基础。早在民国时期，唐豪先生就编撰出版了他"殆费十余载"搜寻考订的《中国武艺图籍考》及其他研究论著，从而为武术史的研究和资料建设打下了很好的基础。但令人遗憾的是，唐先生开创的学术领域长期以来没有受到应有的重视，更不用说对其论著进行专门整理了，这确是一个值得人们思考的问题。当然，由于种种原因，前人的研究中难免有这样或那样的不足和疏漏，这些也正是需要后人将其补正完善的，由此展现出武术理论研究的历史进程。只有站在前人的肩膀上，才能使自己站得更高；相反，如果学术研究无视前人的成果而一切"从头越"，必然导致理论研究起点的跌落。

马克思曾说过这样一句名言："在科学上没有平坦的大道，只有不畏艰险沿着陡峭山路攀登的人，才有希望达到光辉的顶点。"但在眼下我们这个社会里，职称、地位和官衔具有非同一般的意义，它使不少人因此成为众多场合中不可缺少的"吉祥物"，即使在学术上也会时常显现出非同一般的光晕。反映在武术研究上，我们时常可以看到有些文章动辄喜将权位者的话作为讨论问题的逻辑前提，而丝毫没有关于建立这个逻辑前提的理论依据是什么；或请一些非专业的"学官"来审核专业教材，至于这种"审核"的实际意义并不重要；或者热衷于由一些有高职称、高地位的人士来评审课题及论文，而不考虑所聘请的人士是否具备相应的学识素养。就连中国体育科学学会下属的武术分会——这样一个群众性的武术学术社团组织，也充塞着行政气息而显得衙门味十足。这种在官本位作祟下的以职称、地位尤其权力至上的学术环境，已成为当前武术研究中的一大"顽疾",它常使一些"敷衍成章"之作顿时扶摇直上成为"时文"。于是,学术沦为权位的附庸。

学术研究有其自身的尊严,决不能一味揣摩风气随人毁誉,或以一人之是非为是非,尤其不能以市侩式的权位、职称、声望之高下为是非。否则,遑论学术研究的独立与地位。在笔者看来,对于长期以来注重技术层面的"术"而尚未形成学术传统的武术理论研究来说,强调以上两点尤为重要。

(三) 注意学科交流

武术研究的多学科性,决定了它必须关注相邻的学术信息,与其他学科建立广泛有序的学术交流,以加快自身的学科建设。比如,20世纪80年代后史学界有关清代秘密结社的诸多研究成果,对武术史研究中的南少林、梅花拳问题等产生了深刻影响;而像文化学界的"文化三层次"学说被引入武术理论研究后,"武术文化"就不再是个笼统的概念,而是有着既表现为拳种套路、器械功法等的外显层,又表现为传承机制、习练方式等的中间层和诸如价值观念、审美情趣等的内隐层的多结构文化体。另外,像目前有关武术训练理论中的概念、方法等,也基本来自运动训练学。"他山之石,可以攻玉"。多学科的交流,为武术研究提供了新的平台,同时也为进一步形成新的边缘性研究领域创造了条件。不过总的来看,武术理论研究与外界接触还相当有限,因而不少领域显得步履蹒跚。

理论研究中的学科交流是相互的。二十年前笔者曾提出,武术研究一方面应关注相关学科的发展,及时汲取其最新成果以丰富自己,另一方面应使自己的学术研究突破武术界这个圈子,让成果在更大的社会范围内发挥其学术价值,实现其学术价值的最大化[1]。事实上,许多相邻学科是需要这方面成果的。我们看到,近些年来武术理论研究开始受到学术界的关注,但还很不够。究其原因,当然是多方面的,但自身研究缺少学术影响和与外界少有交流沟通,恐怕是主要症结所在。鉴于此,武术研究加强与其他学科的沟通交流的意义就显得尤为重要。早在20世纪30年代,就有人指出,"国术乃中国社会的产物之一,研究他(它)亦可使我们窥得不少的社会秘密呢"[2];海外著名的中国社会文化史学者王尔敏先生更言简意赅提出:"此门(武术)尚待作学术性发掘,自具重大参考价值。"[3] 武术历史悠久,内容博大精深,并且有着极为广泛的社会活动人群。它的研究成果,不但对建构我国当代体育科学具有重要意义,同时也为研究我国的历史文化提供了一个难得的人文景观。从这个意义上讲,武术理论研究无疑是中国学术领域的一个有机构成。

马克思主义的奠基人曾说过,"一个民族要想站在科学的最高峰,就一刻也不能没

---

[1] 周伟良. 对建国后武术社会学科理论研究的思考 [C]//武术科学研究. 北京:北京体育大学出版社,1993.
[2] 范振兴. 我对于国术的意见 [J]. 体育杂志·1卷 (3.4合刊),1935.
[3] 王尔敏. 明清时代庶民文化生活 [M]. 长沙:岳麓书社,2002:125 注1.

有理论的思维"。如果说农耕社会中传统武术的发展主要靠一种原发型的实践积累,那么现代武术的演进就要求是在理论支撑下的主动推进。因此,所谓的武术的现代化转型,绝非一个随口赶潮的时髦名词,而自有其一系列的实际内容。加强武术理论研究,是实现武术现代化转型的首要关键。武术研究学术水平的提高及学术品位的提升,需要武术学人的努力,也离不开整个学术界的多方参与和支持!

(注:原文以"一个不可忽视的学术领域"之名刊登于《体育文化导刊》2004年第5期,后收于2012年台湾逸文武术文化有限公司出版的《历史与现代交汇中的中华武术》一书时改现名。)

武术内外家之争：焦点、论点及其分水岭*

决定武技胜负的因素有技术、体能、心理，且三者相互影响。对体能与心理作用的不同认知会形成不同的技术走向。很多武术流派的形成与此有关：既有侧重意识训练的，如太极拳、形意拳等；又有侧重力量、速度训练的，如少林拳、长拳等。明末清初，著名学者黄宗羲为浙东武术家王征南先生撰写《王征南墓志铭》时，提出了武术有内家与外家之别，引发了后世内外家之争。随后，内家拳逐渐发展并汇聚成以太极拳、形意拳、八卦掌为代表的内家三拳。从拳风上看，内家拳绵柔，外家拳刚猛；从拳理上看，内家拳重意，外家拳重力。争论也随之升级，成为一个学术话题。但由于这些争论对现象的描述偏多，说理不够透彻，故此"公案"一直未有定论。

黄宗羲在《王征南墓志铭》开篇即言："少林以拳勇名天下，然主于搏人，人亦得以乘之。有所谓内家者，以静制动，犯者应手即仆，故别少林为外家。"（《南雷文定·卷八》）意即外家拳追求勇猛，擅长发起攻击，但也留下空当，给对方以可乘之机；内家拳以静控制对方的动，使来犯者应手跌仆。文中令人困惑之处有三：其一，为什么"主于搏人"就"人亦得以乘之"，而"以静制动"就可有"犯者应手即仆"的结果？其二，为什么"主于搏人"就是外家，而"以静制动"就是内家？其三，武术内外家分类的依据是什么？两家立论能否成立？对此，黄宗羲未说明，但其文意也可理解为：可乘的是主搏的、主动的，是外家；不可乘的是主制的、主静的，是内家。即归纳为关于可乘与不可乘、主搏与主制、主动与主静、主内与主外四个辩论。这也正是武术界关于内外家之争中辩论得最多的问题。

如果双方所论都有一系列的理法作为支撑，且有逻辑关系，那么两大体系都是成立的，武术内外家的分类也是符合学术规范的。通过这种逻辑关系，可查看两大体系的基本走向，并从体系的角度讨论相关理法问题。故此，关于武术内外家分水岭的探讨是两大拳系从经验对比到学术论证的转折，也是中国武术建立自身理论体系必不可少的重要环节。

---

* 作者简介：田金龙（1963—），男，汉族，江苏扬州人，博士，教授。1997—2000年于上海体育学院攻读博士学位，导师邱丕相教授，学位论文《太极劲技理研究》。现工作单位：邯郸学院；主要研究方向：太极拳理论与方法。本文原稿发表于《上海体育学院学报》2020年第11期。

一、四个辩论的逻辑关系

（一）一个焦点

"可乘与不可乘"既是技术思路之争，也是焦点之争。为顺利展开辩论，论战双方首先要厘清思路，站在论战的制高点思考问题。"可乘与不可乘"是问题的开始，也是形成技术思路的过程。在主观上，哪一方都不愿承认"自己的技术体系是可乘的，对方的技术体系是不可乘的"。问题不在于承认还是不承认，而是如何认识"可乘"与"不可乘"，又如何保证自己"不可乘"而让对方"可乘"。只有确认问题的存在，才能分析其发生的原因，并技术化地解决。这是辩论的焦点，关系到胜败的主动权和技术体系的构建。

（二）三个论点

为构建技术体系，延伸出主搏与主制、主动与主静、主内与主外三个方面的辩论。

其一，"主搏与主制"是技术主张之争，指执行什么原则可以达成技术思路。外家的观点是"搏"，即主动攻击，用强大的攻势摧毁对方防线。内家的观点是"制"，即控制对方，通过某些手段扼制对方，使其无法攻击而被动挨打。

其二，"主动与主静"是方法运用之争，即用什么方法实现技术主张。外家的观点是"动"，即用积极的移动让对方跟不上节奏而被动"挨打"。内家的观点是"静"，即让对方安定下来，不能自由运动，从而被我方调动。

其三，"主内与主外"是身体修炼之争，指通过身体训练获得更好的执行能力。外家的观点是练"外"，通过强健体格获得更好的运动能力。内家的观点是练"内"，以足够的精神力量影响对方，使其为我所用。

二、四个辩论的理法分析

（一）可乘与不可乘之辩

可乘与不可乘的辩论产生于对意识的分析。可乘，即有机可乘，指防守不够严密，有破绽。不可乘，即无隙可乘，指防守严密，没有破绽。破绽是防守中出现了意识的空白点，并由此导致了动作的空白点。这些无防护意识的部位就成为对方攻击的目标。表面上对方攻击的是这些部位，实则被攻击的真正原因是意识的缺失。故从攻守的严密性而言，比武较技首先是意识的较量，即拳谚所谓的"拳打不知"。对于意识在武技中的先导功能，两家的观点是一致的，但在如何发挥意识能动性的问题上，出现了两种不同的技术思路，并随之演变为两大技术体系：第一种思路及延伸出来的技术体系是外家；第二种思路及延伸出来的技术体系是内家。

第一种思路围绕"点"展开，认为"可乘"就是有更多的攻击点，"不可乘"就是有更大的防守范围。攻击点越多，自然就越容易突破对方的防守体系；防守范围越大，防守体系越严密，自我保护能力也越强。例如，"变点"打击是少林拳的特点之一，正如恒林大师所说："不得时者待之，危者避之，得机者击之，得利者连击，击则连三，暴劲制敌。"[1]

在这种攻防体系中，每组织一次攻击，都要通过预先的计算进行预判。双方的较量开始于这种预判。技术水平的高低取决于判断正误率：正判率高、误判率低，则胜算大；正判率低、误判率高，则胜算小。戚继光在《纪效新书·拳经捷要篇》中谈道："俗云：'拳打不知'，是迅雷不及掩耳。所谓'不招不架，只是一下；犯了招架，就有十下'。博记广学，多算而胜。"这与恒林大师的观点是一致的，都认为"算"与"变"是抢夺制胜先机的法宝。

在第一种思路下，无论预判有多准、命中率有多高、防守有多严密，总会百密一疏。尤其在技术水平高于对方的情况下，很可能由于一次疏忽而受到致命打击。所以，为了摆脱抢点的困境，更彻底地做到不可乘，应首先突破思维的束缚。

第二种思路是从心理入手，迫使对方失去意识的能动性，使其为我所用。通过正确的动作干预，打破对方的思路，剥夺对方的意识，使其陷入茫然状态。在这种状态下，对方既无意攻击，也很难防守，极易遭受致命一击。

在第二种思路下，攻防体系围绕"无"展开。从技术原理上讲，"无"是一种心理控制技术，让对方处在一种无左右、上下、前后，同时又"不即不离""不丢不顶"的状态中，即"零"接触的状态。在此种状态下，对方如同进入黑暗世界之中，感到恐慌紧张，并因无法感知动作的方向性而精神迷茫、动作呆滞、行动迟缓。此时若给予指示，对方极易被引导。所以，在"无"的状态下，对方是被动的，主动权在己方。己方有更多的攻击机会，处于最安全的防守状态。《太极拳谱》中对"无"的技术进行了充分论证，认为"一羽不能加，蝇虫不能落。人不知我，我独知人。英雄所向无敌，盖皆由此而及也"的状态是太极拳的入门途径。

（二）主搏与主制之辩

第一种思路延伸出主搏的技术主张。"进攻是最好的防守"，为确保在"点"上有胜算，就要积极进攻，争取更多的出击机会，使对方防不胜防。例如，翻子拳用"快"压制对方，讲求"双拳密如雨，脆快一挂鞭"，要打得对方透不过气来，让对方疲于应付而没有机会反攻，从而有效保护自己，掌握攻击的主动权。另外，强势进攻也可给

---

[1] 德虔，素法. 少林打擂秘诀 [M]. 北京：北京体育大学出版社，1998：5.

对方造成强大的心理压力，在精神上摧垮对方，使其不战自败。黄宗羲所谓"少林以拳勇名天下"，"勇"指"勇猛"。"快"与"猛"显示了搏击的决心与勇气，也为"算"与"变"的技术思路提供了方法上的保障。

第二种思路延伸出主制的技术主张。认为只有控制住对方，让对方不能"快""猛"，才真正掌握了主动权，才能使对方"可乘"，而自己"不可乘"。太极拳运用控制技术的基本方法是"我顺人背"，即避开正面冲突，占据有利位置，让对方处于被动状态，并紧紧跟随，让对方摆脱不掉。王宗岳在《太极拳论》[1]中明确指出："人刚我柔谓之走，我顺人背谓之粘。动急则急应，动缓则缓随。虽变化万端，而理唯一贯。"高超的控制技术可让对方无法动弹，正如"敷"字诀所说："敷者，运气于己身，敷布彼劲之上，使不得动也。"可见，拥有独特的控制技术是实现"引进落空"技术的先决条件。

（三）主动与主静之辩

主搏者必主动。此"动"不仅是积极主动，也是运动、调动，即运用"指上打下，声东击西，佯攻而实退，视退而实进，虚实兼用，刚柔相济"[2]的方法，让对方应接不暇。主搏方需"动"起来，在移动、变化中调动、迷惑对方，争取更多的主动权。主搏并不代表鲁莽，而是一种智慧。认为主动攻击是莽汉之举的言论，多为外行人的推断，或有门派之见人士的故意贬低。大量事实证明，面对快速多变的攻击，主静方未必制得住"动"，甚至是应接不暇，被动挨打。

主制者必主静。既然内家拳的思路是为了制"动"，主静必然是出于控制对方"动"的需要，然而制住"动"的不是静止，内家拳讲求"内动"，从未静止过。此"静"是让对方失去攻击心理或行动的一种方法，是"以静息之"，以静"制"动也可说是以静"息"动。

以静制动的常用方法是空寂与同步运动。空者，空间；寂者，凝定。空寂如凝滞的空间是包含一切方向之"无"，让对方感到恐惧而不敢妄动，或在恐慌中盲目地被调动。同步运动可让对方在无知觉中做出无谓的运动，在不知不觉中跌入"陷阱"。例如，太极拳采用"仰之则弥高，俯之则弥深。进之则愈长，退之则愈促"的方法，以保障空间的寂静与永恒，将空寂发挥到极致，由此实现"引进落空""粘黏连随""不丢不顶"的控制技术，让对方既进不来又逃不掉，既摸不着又离不开，在心理与身体上被彻底摧垮。

（四）主内与主外之辩

无论是主搏还是主制，都需一定的身体执行力作为保障。由于主搏方的思路是通

---

[1] 王宗岳. 太极拳谱 [M]. 北京：人民体育出版社，1991：25-53.
[2]《少林寺与少林拳》编写组. 少林寺与少林拳 [M]. 广州：广东科学技术出版社，1984：32.

过"点"上的快速多变打乱对方阵脚，需要良好的运动系统做保障，对力量、速度、耐力、柔韧、灵敏等身体素质都有很高的要求。少林拳的动作体现了这一技术特征，如《少林拳珍诀秘要》[1]中所说："少林拳大多数动作是由大肌肉完成的，动作幅度大，变化多，并具有许多伸屈、回环、平衡、跳跃、跌扑等动作。"在中国传统运动理论中，对运动系统的认知主要包括筋、骨、皮，习惯性地将其功能称为"外壮"，对其加以训练称为"外练"。"外练筋、骨、皮"实际上是针对运动系统的训练，亦即"外壮"的训练。从中国传统的"体用"关系出发，主搏方将这种依赖外壮之"体"为执行力的技术归为"外家"。

主制方的思路是以静制动，需要良好的神经系统做保障，才能敏锐地感知静息活动的存在，以发挥控制力的作用。中国传统运动理论对神经系统的认知主要包括精、气、神，习惯性地将其功能称为"内壮"，对其加以训练称为"内练"。"内练一口气"实际上是以呼吸为调控手段对神经系统的内在感知力进行训练。同样基于"体用"关系，主制方将这种依赖内壮之"体"为执行力的技术归为"内家"。

三、武术内外家的两大分水岭

（一）理论分水岭

两家就技术思路、技术主张、方法运用、身体修炼四个方面各自陈述了自己的观点，阐述了自己的理论体系。作为两大体系，还会有更多的论题、论点需要展开辩论，如刚与柔、快与慢、强与弱、大与小等。如果离开体系，就论点与论点之间一对一地进行辩论，无休无止，也辩不清楚。如内外家都讲究内外兼修，由此经常发生概念上的混淆。内家、外家指的是内家拳与外家拳，是技术方面的区别；内修、外修指的是身体训练，是功法方面的区别。不能因为有了内功训练就认为是内家拳，或有了外功训练就认为是外家拳。误以为"内修"是内家拳专属的情况时有发生，如《满手少林拳》[2]认为其拳法"既有外家拳刚、快、准、脆的特点和鲜明的技击方法，又有气息导引、调和内脏器官养生调理、气息运行的内家功法，是兼收并蓄、自成一家、内外具备的中华武术奇葩"，其所说的"内家"功法其实是十八罗汉功、少林七星气功、北斗七星气功，显然这是未分清内功修炼与内家拳的区别。实际上这种内外兼修与武术内外家不是同一个概念。同时这些比较要在体系中理解，由于体系的不同，所修方法会有所不同。为避免类似的概念混淆，更加准确地把握两大体系，需对两家立论的理论基础进行比较，以分清它们的理论与技术走向。

从内外家的理论体系中可以看出，外家拳的技术与体能紧密融合，更多地依靠力

---

[1] 栗胜夫. 少林拳珍诀秘要 [M]. 北京：人民体育出版社，2008：49.
[2] 高树华. 满手少林拳 [M]. 昆明：云南大学出版社，2014：1-2.

量、速度、柔韧、灵敏、耐力等身体素质，如果身体素质欠缺，那么掌握技术会有一定难度。内家拳的技术与心理（意识）紧密融合，更多地依靠心理暗示、诱导等意识作用，如果不能专注，缺乏定性，那么学习起来难度也大，更不用说达到高级境界。正是对于体能与心理的认知不同，才导致两家武技分道扬镳，外家走上了体能路线，内家走上了意识路线。为更好地辨别内外家及其相关概念，再从理论支撑的角度做出区分，笔者认为：持体能决定论的为外家，持意识决定论的为内家；体能与意识的关系问题是内家拳与外家拳在理论上的分水岭。

（二）技术分水岭

因为内外家的体系中很多要素是共通的，在实践中辨别也有一定难度。如两家都讲究内外兼修、刚柔相济、动静相生、虚实变化，都有"内三合""外三合"等概念，如果不是精通两家之学的人很难区分，甚至认为是一样的，或认为在高级境界时是一样的。事实上，它们是有区别的，到高级境界时区别更大。两家的立论点不同，技术路线的走向就不同，身体的修为也不同，最终的结果自然不同。倒是在初学阶段，区别并不大。无论是外家还是内家，都有一个技术学习的周期，在技术未到定型阶段，双方都不能表达自己的技术特色，都会"乱抢乱打"。一些较低层次的对抗比赛基本都是这种情况。即使推手，在较低水平时，也是"死推活操"。到高级阶段，有了章法，反而出现各自的技术特点，有了所谓的内外家之分。典型的是摔跤与推手的区别，摔跤用的是杠杆原理，必须找到2个点，推手是发放术，用的是"拔根"技术，只要1个点，所以，摔跤要不断地抢把，推手要不停地粘逼。由于现代竞技的开放，摔跤与推手的交流越来越多，这种区别也越来越清晰。另外，如果两家要融合，必须"补课"。外家要补上意识训练的课程，内家要补上体能训练的课程。单独走一条路，要到达目的地，既缺少理论支撑，也缺少事实证明。

技术的表达较为直观：在理论上走意识路线的内家，在技术上就会走"以小搏大"的路线；在理论上走体能路线的外家，在技术上就会走"以大胜小"的路线。王宗岳在《太极拳谱》中谈道："斯技旁门甚多，虽势有区别，概不外壮欺弱、慢让快耳。有力打无力，手慢让手快，是皆先天自然之能，非关学力而有也。察四两拨千斤之句，显非力胜；观耄耋能御众之形，快何能为？"[1]两家技术的区别就是"以小搏大"与"以大胜小"的不同，而大与小的博弈问题就成为内家拳与外家拳技术上的分水岭。

本来两家体系辩论的是技术路线的问题，并无高低、优劣之别，但黄宗羲给出的命题似乎有倾向性，有褒内家、贬外家之嫌。黄宗羲之子亦即王征南的弟子黄百家在其所著的《王征南先生传》中说"得其一二者，已足胜少林"[2]，褒贬更加直接。这样的描述多见于内家拳文献，如明代沈一贯在《搏者张松溪传》中说张松溪将少林僧

---

[1] 王宗岳. 太极拳谱 [M]. 北京：人民体育出版社，1991：25-53.
[2] 温力. 中国武术概论 [M]. 北京：人民体育出版社，2005：301.

举手送出,"如飞丸度窗中,堕重楼下,几死"[1]。在春秋战国时期,像越女[2]与鲁石公[3]的内家剑技更是受到高度赞扬,而庄子笔下的剑斗士则如"斗鸡"[4]。这种评价不够客观,因为武技是一种技术,只提供胜负的可能,结果却因人而异。尽管大量事实证明,内家拳未必制得住外家拳,内家拳也未必胜得了外家拳,但这种辩论还会继续下去。这是因为不管体能如何强大,站在武技的角度,都应超出体能的限制,向更强者挑战。大概这就是尚武精神,或是人们推崇内家拳的原因。

四、结论

武术内外家之争围绕一个焦点与三个论点展开。一个焦点即可乘与不可乘之争,出现了求"点"与求"无"两种不同的技术思路,延伸出两种技术走向。三个论点即"主搏与主制""主动与主静""主外与主内"的辩论。主搏与主制是关于技术主张的辩论,双方都认同意识的能动作用,但主搏方主张主动出击,以争取主动权,而主制方主张控制对方,以掌握主动权。主动与主静是关于方法运用的辩论,主动方认为运动起来才能调动对方,主制方认为"静息"之法方能制住对方。主外与主内是关于身体修炼的辩论,主外方认为筋、骨、皮外壮更有执行力,主内方认为精、气、神内修更有执行力。内外家的定义是从中国传统的体用关系出发,立足于"体"为"用"之本的角度提出的。

两家立论各有理论支撑,外家持体能论,内家持意识论,由此,体能与意识的关系问题成为两家理论上的分水岭。在实践中,外家追求"以大胜小",内家追求"以小博大",大与小的博弈问题成为两家技术上的分水岭。

---

[1] 张如安. 内家拳大师张松溪生平辨误 [J]. 体育文史, 1988 (4): 28-30.
[2] 吴越春秋 [M]. 徐天祐, 译. 南京: 江苏古籍出版社, 1999: 148.
[3] 说苑全译 [M]. 王鍈, 王天海, 译注. 贵阳: 贵州人民出版社, 1992: 637.
[4] 曹础基. 庄子浅注 [M]. 北京: 中华书局, 2000: 461.

高校民族传统体育专业
开展武术功法运动之研究*

武术功法原本是武术的三大主要运动形式之一。然而，由于历史的原因和人们认识上的差异，武术功法运动多年来被游离于当代武术运动之外。

为了补充完善武术技术竞赛体系，国家体育总局武术运动管理中心于 2004 年两次邀集有关专家学者，在广州和北京召开了武术功力比赛赛项论证会，对各地武术行家报送的 56 种功力比赛赛项和竞赛规则进行了认真论证，还对比赛的规程、规则进行了修改和完善。

全国武术功力比赛的成功举办开创了现代武术运动发展的新里程，它标志着一种新的武术竞赛形式的诞生。这一新兴赛事的举办打破了以武术以套路和散打为主的竞赛格局，使多年来流传于民间的武术功法运动拂去了神秘的面纱，登上了现代体育竞技的大舞台，拓展了武术竞赛领域，对武术运动的全面发展起到了积极的推动作用。目前，全国比赛"规定竞赛项目"包括单掌断砖、长杆较力、流星打靶、桩上徒搏；"自选项目表演赛"项目分为 4 组：克服重力组、击打能力组、灵敏能力组和其他能力组；凡武术传习者掌握的各种武术绝技，不宜列为"自选项目表演赛"项目的，均列入特邀项目会演等。

目前，武术界人士正携手努力，在总结经验的基础上，完善竞赛项目和竞赛规则，进一步开拓新的、形式多样的、各具特色的功法竞赛项目。在丰富全民健身项目和发展武术竞赛项目的同时，为了东方体育的发展，为了与西方体育一道展示全球体育运动风采，做出当代人的贡献。毫无疑问，这些有意的尝试都为武术功法进入高校发展做了良好的项目准备和运动方法的科学实践。

一、开展武术功法运动的作用

功法是武术的核心运动形式之一。在中国传统武术中有这样一句古训："练拳不练

---

* 作者简介：刘树军（1964—），男，汉族，湖南东安人，博士，教授。1998—2001 年在上海体育学院师从邱丕相教授攻读博士学位，完成学位论文《传统武德及其价值重建》。现工作单位：上海体育学院；主要研究方向：休闲体育、社会体育。本文是首发。

功,到老一场空。"它一语道破了练拳的真谛,反映了武术功法的重要性。但是时至今日,很多练拳者已不再练功,还有练拳者从未练过功,甚至不知道何谓武功。而全国传统武术功法竞赛的成功举办激起许多武术爱好者习练功法的强烈兴趣。

所谓"武术功力"(康戈武语),可以解释为通过武术锻炼获得的运动能力和专门技能所达到的程度。这种运动能力,既包括武术运动需要并表现出的专门能力,也包括人体活动的一般能力和对外界的适应能力。武术功法就是为获得武术功力而进行的各种辅助性练习以及桩功功力、腿功功力、腰功功力、臂功功力、眼功功力、耳功功力、内功功力等各种单一功力,套路演练技能和与人格斗技能等功力的总称。可以说,武术练习的基本目的,就是提高人体的功力。而这种功力的获得有助于提高人体的抗击打能力、击打能力、运动能力等。

当代武术功法的主要价值体现在以下方面。

(一) 健身养生

武术功法内涵我国传统医学、养生学和仿生学的诸多精华,注重"内外兼修"。强调意识与肢体动作的高度和谐统一。武术功法中内功心法就是古代的养生功法,至今长盛不衰。而众多的硬功、柔功等可增强肌肉、骨骼、内脏器官功能。武术功法的本质是挖掘人的潜能,全面提高人的生理和心理素质,以及在某一方面发展特殊的素质和能力,为武术搏击制胜服务。武术功法具有简捷性、全面性、针对性、趣味性、有效性等显著特点。

(二) 文化教育价值

武术功法源于中国传统文化,并在中国传统文化的环境里发展、完善,所以,武术功法也必定充分具备中国传统文化的内涵,并体现中国传统文化特征。从功法理论、方法、内容到具体动作,甚至名称,都很容易并强烈地感受到中国传统文化的气息。

武术功法教育历来重视"武德",以"尚武崇德"作为武术功法教育的重要部分。武术教育可以培养见义勇为、尊师重教的良好风气。另外,武术功法教育可提高人的综合素质,改造人生观和道德观,使习武者养成与人为善、纯厚处世、宽容万物的气度。

(三) 武术防身价值

技击是武术的核心本质,武术功法练习的主旨就是提高技击能力。许多武术功法的练习方式、方法直接或间接服务于技击,目的就是有效提高技击能力。

(四) 竞技观赏价值功能

武术功法的发展,技术水平的提高,必然需要一个舞台来展示,而竞技比赛就是一个很好的提高功力、展示功法的平台。尤其是武术中一些关于力量、速度、柔韧、稳定、准确、技巧，以及难美、格斗方面的比赛都具有很好的观赏价值。

（五）社会交往价值

武术功法作为民族传统文化和传统武术项目，在社会交往中有特殊的功能。随着武术的国际化，国外爱好者与中国交流越来越多，各种武术功法交流活动也越来越多，武术功法的社会交往价值功能日益突出。

总之，从现实角度来说，武术功法是为了丰富全民健身活动中的武术锻炼方式，丰富武术赛场中的比赛项目。当然，也为了通过竞赛形式，推动武术功力锻炼方法自身的发展，促进武术的全面发展。

二、高校民族传统体育专业（本科）开设"武术功法"课程的意义

从现实角度来说，武术功法进入高校民族传统体育专业课程体系是为了丰富全民健身活动方式，推动武术功力锻炼方法自身的发展，促进武术的全面和谐发展。

毋庸置疑，正如当初武术进入学校一样，武术功法运动进入民族传统体育专业课程体系，同样在中国武术发展史上具有重要而深远的意义，是推动传统武术功法发展的新起点。作为新时代武术中的一支，已经成为现代武术分化发展中的一支劲旅，为了避免出现武术理论研究明显滞后于技术研究的状况，在武术功法发展正恰当时开设相应的功法理论课程，使武术的发展内容完善和充实。

在高校民族传统体育专业本科课程体系中开设武术功法课程，主要是为了指导学生掌握中华民族传统武术练习方法、锻炼方式、运动形式及各种方法。

（一）传统武术功法运动实质与民族传统体育专业人才培养目标一致

为了继承和弘扬民族传统体育，突出体现民族传统体育专业以民族文化精神培育和民族传统体育教学为特色的应用型、复合型教育目标，强调"宽口径、厚基础、重能力、求创新"的教育理念，较好地掌握本学科的基础理论、专门知识和基本技能，注重合理、宽广的知识结构和自我获取知识及更新知识的能力培养，达到基础理论扎实、知识面较宽，适应和应变能力较强，素质优良，身心全面发展，适应社会与教育发展需要的目的。在高校民族传统体育专业开设武术功法课程，学习武术功法就是为了拓展武术知识，了解民族传统体育技能。这与民族传统体育专业人才培养目标是一致的。

（二）传统武术功法运动的开展是武术技术体系不断完善及发展的需要

中国传统武术源远流长，博大精深，发展至今形成了众多的流派，但不论何种流派均含有一定的套路运动、攻防技击运动和功法运动。其中各个流派中的功法运动是

武术运动的根基和核心，功法运动不仅种类多而且数量大。据记载，仅少林武术功法就有至少72种，武当武术功法至少有32种，在《中国武术实用大全》一书中介绍的武术功法有108种之多。按照传统武术功法的分类方法，可以将武术功法分为两大类：内功与外功。外功又可以分为软功、轻功和硬功。按照现代大学体育教育武术教材中的分类方法，可以将武术功法分为四类：内功、外功、轻功、硬功，这种分类方法与传统的分类方法基本一致。

武术功法是武术运动的一部分，我们把器械和徒手套路统称为套路运动；把各种各样的攻防技法称为格斗运动；而把各种练功方法称为功法运动。显然武术功法是中国武术的重要组成部分。另外，武术功法作为武术的重要练功方法，是现代社会除了推手和散打之外，保持中国武术技击本质特征的重要项目。开展武术功法运动使中国武术沿着技击本质发展，既保持了中国传统文化原有的本质特点，又使中国武术继续发扬光大。

当前，行业分工的精细化趋势不断增强，武术分化发展的趋势越来越明显，武术功法作为武术运动形式中的重要一种，有自己独特的功能。在促进武术事业健康发展的过程中，武术功法同现代竞技武术和传统武术一样必然成为重要的一支，其中武术功力大赛和功法课的开设是其发展的重要部分。它既丰富了武术内容和发展方式，又促进了武术运动竞赛的科学、全面和持续发展。

（三）时尚的现代体育运动需要科学、健康的传统武术功法补充新鲜血液

"人类重视发展，同样重视传统，没有发展，社会将会停滞不前，丢掉传统，发展将会失去根基。"传统武术功法是中国优秀民族传统文化的重要载体，是中华武术的重要组成部分，具有悠久的历史和丰富的文化内涵，它是中华武术之根。

武术的功法在内容上可谓浩如烟海，从头到脚，从内到外，从整体到局部，都有许许多多训练方法。武术功法是在人体素质的基础层面进行训练，是针对人的力量、耐力、速度、柔韧、协调、灵敏等方面的专门性练习，并且对培养人的坚定、沉着、勇敢、果断、自信、热情、意志、毅力、恒心等心理素质和品质都有很好的作用。这些针对人体素质的功法训练方法多种多样。武术的功法训练中每一种训练方法的背后均有相应的理论作为指导，这些理论大多是传统的哲学或中医理论，在这方面需要进行深入的研究，并与现代体育科学相结合，使之科学化。

所以，现代体育运动需要一些具有趣味性、技击性、艺术性、科学性、民族性，且简单、易学易练的传统武术功法进行必要补充和完善。

三、"武术功法"课程在高等学校民族传统体育专业（本科）课程体系中的设置

鉴于武术功法在武术发展中的历史作用及地位和在现代社会中的作用，通过近两

年的调查研究和专家论证，目前我们在由邱丕相教授主持的"教育部全国普通高等学校民族传统体育（本科）专业课程方案"中设置了"武术功法"内容。

《全国普通高等学校民族传统体育（本科）专业课程方案》（以下简称《课程方案》）是在回顾总结民族传统体育专业发展经验与成果基础上，在启动新一轮全面教学改革的大环境下制定的。《课程方案》设置突出基础性、宽广性和实用性原则，结合社会需要、学科发展、个体完善的思路，力求构建一个较为科学、完整的课程体系。整个方案结构分为三个层次、一个环节，即公共课程、必修课程、选修课程三个层次和一个实践性环节课程。设置基本思路为：必修课程"领域化"和"学科化"相结合，选修课程"模块选修"和"领域选修"相结合，任意选修课程"小型化"与"理论和实践"相结合。

虽然民族传统体育内容十分丰富，但各领域发展程度不同。目前，民族传统体育学科以武术为主干，就是因为武术经过五十多年的发展，已经形成相应的学科内容和基本完善的技术及理论体系，并具备较好的社会环境和现实的社会需求。

然而，由于现代"武术功法"运动开展得较晚，其理论、技术、训练、竞赛体系尚需进一步完善，暂不列为必修课程（必修课程是每一个民族传统体育专业的学生必须学习的课程）。

将武术功法作为武术专项选修课程中的一部分内容，是因为专业选修课程有较具体的专业方向，既具有一定的专业限制性，又具有一定的选择性和逻辑性。这一层次的课程是必修课的合理匹配与扩充，目的在于深化专业基础理论与基础知识，拓宽专业知识面和专业深度，培养学生的专业技术能力与特长。学生应按照系列方向选定某一系列，并完成该系列相关课程。

武术套路、武术散手、武术功法共同组成一个完整的传统武术技术体系。在传统武术技术体系中，功法、套路、散手既是一个有机联系的整体，同时又因训练的侧重点不同而构成各自相对独立的技术体系。虽然从功法到套路、散手，是传统武术习练的一个循序渐进的过程，很多传统武术的习练者也往往兼而习之，但是，这三方面也各有侧重。目前，民族传统体育专项选修课程分为武术套路类、格斗运动类、传统体育养生类、民间体育类、少数民族体育类五大专项选修类课程领域。其中格斗运动类主要有散打、推手、短兵、长兵、擒拿、中国式摔跤、传统武术实用招法、传统武术功法等。虽然传统武术功法是一个相对独立的子系统，但由于传统武术功法的理论、技术研究、学科发展、课程开发等尚处于初步阶段，目前其作为一个独立的专项课程领域还不成熟，故暂设"传统武术功法"课程。

当然，我们为了满足不同层次、不同专业方向学生的学习需求，还设置了任意选修课，学生在任意选修课程中可以选修"武术功法"课程。

四、高校民族传统体育专业开设武术功法运动课程内容之选择

(一) 传统武术功法内容丰富、形式多样

我国历史悠久，地域辽阔，伴随着这个特点产生发展的武术功法运动可谓根深叶茂、内容丰富、形式多样而且分类方式繁多，各门各派都有着各具特色的功法。在明代问世的《易筋经》、清代刻本的《内功图说》、民国年间出版的《少林七十二艺》和《练软硬功秘诀》中，记载有上百种练习形式不同的功法。

目前，按照锻炼方式和锻炼效果的不同，大致可以分为柔功、硬功、内功、轻功、感知功等。

1. 柔功

柔功是武术功法的一类，泛指锻炼肢体关节活动幅度和肌肉舒缩能力、提高柔韧性的练习方法。柔功的内容主要包括肩部柔功、腕部柔功、胸背部柔功、腰部柔功、腿部柔功和足踝部柔功。我们常见的朝天蹬、倒打紫金冠，以及各种折叠类动作，都是柔功功力的体现。

在武术运动中，不论是要达到一定的拳式规格，表现一定的运动幅度、速度和力度，还是要在对搏时击中对手和闪避对方的攻击，都直接受到肢体关节活动幅度的大小、肌肉舒缩能力的优劣的影响。因此，柔韧素质是习武者最基本的体能之一。

柔功的锻炼形式有静压和动转两类。静压又分为以自身内力进行练习的"主动压"和借助外力进行练习的"被动压"。动转是肢体以某关节为轴进行的屈伸、收展或绕环的运动。柔功练习中，静压和动转两种运动形式缺一不可，相辅相成方能获得柔功练习的最佳效果。

2. 硬功

武术硬功泛指增强身体抗击力和攻击力度的练习方法。硬功的种类很多，大致可分为抗击类和增力类。

抗击类包括锻炼局部的铁砂掌、铁头功等，亦有锻炼全身的排打功、金钟罩等功法。增力类包括增强指力和臂力的上罐功、拧棒功等，增强腿力的石柱功等。

武术硬功功法颇多，常见的有掌旋球功、推山掌功、合盘掌功、抓绷子功、抓圆锥功、拔桩功、锁指功、拈捻功、拈悬功、点石功、一指禅功、卷棒功、拧棒子功、上罐功、麻辫功、揉球功、铁牛耕地功、蜈蚣跳功、打狗皮袋功、吊袋功、石锁功、石柱功、铁头功、抵棍功、螳螂功、摩擦功、戳插功、滚铁棒功、双锁功、霸王肘功、靠臂功、拍靠功、搂贴撞靠功、木人功、排打功、金钟罩功、铁膝功、踢跟功、踢桩功、扫桩功等。在近些年的传统武术活动中，断石、开砖、板上钉钉、踢桩、掷锁、

一指禅、二指禅、木人桩等，都是展示硬功功力的方式。

3. 内功

武术内功是武术运动中，采用以意领气、以气运身、以身发力等基本锻炼手段的一种内外兼修的方法。内功练习，是各类武术功法锻炼的基础。它的目的在于锻炼人体运动时，意、气、劲、形四者一动俱动、一到俱到、一止俱止的能力。通过武术内功锻炼，可以获得内壮外勇、内外合一以及激发人体潜能的效果。

内功锻炼的方法很多，以练功的身体要求而言，大致可分为两种：一种叫静功，另一种叫动功。静功以桩功为主，也就是常说的站桩。肢体按一种特定的姿势固定不变，以此来强化内气运行及打通经脉，传统门派称其为"以形壮气"。动功又叫行功，是静功的形变，是以身体形状的改变来得到功夫的。通过肢体动作来引动内气按着固定的经络轨迹运行，传统的门派称其为"以形引气"。不论是"以形引气"的动功，还是"以形壮气"的静功，归根结底都是以强化身体机能，补充内部元气为目的。至于形态的不同，只不过是入手方法、途径不同而已。总之，内功的锻炼方法都离不开调整呼吸、意识以及配合肢体的动作。通过这些内容的相互配合，就可以达到练习内功的目的。

4. 轻功

在传统武功中，轻功占据极其重要的地位。古时练武之人，不论习哪家哪派的功夫，都极重视身法的轻灵，若动作呆滞，则不仅难以制人，反易为人所制。故习武者，多兼习轻功。

武术轻功泛指以步履轻快、纵跳自如，以及攀高走脊为锻炼目的的各种功法。传统的轻功功法有跑桩功、走砖功、梅花桩功、跑缸边功、跑簸箩功、飞行功、跳坑功、跑板功等。轻功训练主要通过逐步增加跳跃的高度、身负重物（如沙袋、铅衣等）的重量，以及减少载负体重的支持力等多种手段，提高训练难度，增进自身的力量、速度和平衡能力，发挥人体潜能。目前，在一些武术馆校中，设有轻功训练课程。

5. 感知功

武术功法中还有眼功和耳功等提高视觉、听觉和皮肤等感官感知能力的功法，称为"感知功"，主要包括眼功和耳功。

武术眼功泛指武功中保养视力，以及发掘视觉机能和非视觉"视"（感知）物潜能的各种锻炼方法。按其训练形式，眼功锻炼可分为静态视静物、静态观变动、动态视静物、动态观变动四类。眼功的锻炼效果，表现为提高目光敏锐和明亮度、扩展视野面（乃至能"眼观六路"）、提高凝注能力（乃至有穿透力）、增强瞪目直视而不瞬的能力、提高在变动中观察动体的能力，以及提高手眼相随的能力等多种。

武术耳功泛指武功中保养听力，以及发掘听觉机能和非听觉"听"（感知）辨潜能的各种锻炼方法。耳功功法有闻钱鸣功、听彩条功、闪沙包功、营治城郭功、左顾右盼功、掩启耳门功、鸣天鼓功等。

(二) 武术功法运动课程内容的选择

武术功法内容丰富、形式多样，有的可作为健体强身的方法，可以进行推广；但也有的已失去了现代价值，只能保留起来作为"遗产"和研究资料；也有一部分，可以说是为数众多的一大部分，都能通过整理和研究发展成为功力运动内容。

1. 选择的原则

武术功法的选择应与时俱进，要适应社会的发展，满足时代的需要。

①科学健康——运动方法应符合人体的生理规律、运动规律和武术的技术规律，具有良好的锻炼价值而无有损健康的隐患。

②特点突出——突出武术运动的特点、东方文化的特点和运动竞赛的特点。

③方法简明——运动方法简明、竞赛方法简明、评判方法简明，便于学习、观赏和参与。

④时尚娱乐——具有较强的时尚性、观赏性、娱乐性和趣味性，既可供观赏娱乐也能自娱自乐。

2. 内容的选择

为了加快武术功法运动的普及进程，国家体育总局武术运动管理中心在 2004 年召开武术功力比赛赛项论证会，对各地武术行家报送的 56 种功力比赛赛项和竞赛规则进行了认真论证，制定并颁布了《首届全国武术功力大赛竞赛规程》和《武术功力竞赛规则》。之后，对部分规定竞赛项目、自选竞赛项目的场地和器材进行了改革，修订了《武术功力竞赛规则》。同时，为了提高竞赛项目的运动水平和裁判员的执裁能力，促进功法运动的普及与提高，国家体育总局武术运动管理中心和中国武术协会先后举行了 4 届武术功力比赛培训，培训了一批武术功法教练员和运动员，正式出版了《武术功法教程——竞技功法》，还举办了武术功法论坛。目前，各界人士正携手努力，在总结经验的基础上，完善竞赛项目和竞赛规则，进一步开拓新的、形式多样的、各具特色的功法竞赛项目。

上述活动无疑对武术功法在高校民族传统体育专业内的开展起到极大的作用。但是，武术功法课程内容的选择，既要考虑到武术功法运动项目的完善度，也要兼顾现代高校的教学设备条件和师资力量水平。

在教学设备和器材方面，由于武术功法练习对场地器材普遍要求不高，所以较容易开展。在师资力量方面，通过我们了解发现，目前绝大部分具有民族传统体育专业的学校已有教师进行过武术功法培训，但是存在水平普遍不高的问题，还需要进一步提高技术水平，尤其是相关理论知识。

在武术功法运动项目内容选择方面，目前开展竞赛的项目有规定和自选两类。相比较而言，规定类的项目相对较完善，也较容易开展。如长杆较力、桩上徒搏、夺桥徒搏等，它们共同的特点是：场地器材要求不高、动作方法易学易练，有些技术更类似于太极推手，可以利用技术迁移方法加以移植。因此，将这些项目作为课程中一般普及内容。而流星击靶因为技术较复杂、难度较大，需要有软器械技术底蕴，我们将它列为提高内容。单掌断砖、悬空断物非常显著地体现了武术及功法的特点，也是大众非常喜爱观看的内容，但是由于这些项目需要人体具备承受一定击打的能力，对人体有一定的伤害，我们暂时列为介绍内容。至于石锁上拳，通过我们向学生讲解和观看比赛及教学录像发现，学生普遍不喜欢该项目。

我们以上海体育学院武术专业2005级学生64人为调查对象，通过观看比赛录像和教学录像，结果显示：学生最喜欢的运动项目依次为单掌断砖、悬空断物；桩上徒搏、夺桥徒搏；流星击靶；指鼎较力；长杆较力；石锁上拳。说明学生对富有鲜明特色的技击武术功法内容较为感兴趣（表1）。

表1 你所喜爱的运动项目

项目	喜欢	不喜欢
单掌断砖、悬空断物	64	0
石锁上拳	25	39
流星击靶	58	6
指鼎较力	56	8
长杆较力	50	14
桩上徒搏、夺桥徒搏	60	4

由表2调查结果可知，学生对桩上徒搏、夺桥徒搏，流星击靶，长杆较力表现出较好的学习兴趣。对石锁上拳、指鼎较力学习兴趣不高。而单掌断砖、悬空断物，虽然学生对该项目表现出浓厚的兴趣，但仅有53%的学生愿意参加练习。我们询问了不愿参加该运动的原因，普遍表示对该项目对人体的伤害感到畏惧。

表2 你愿意参加哪些项目练习

项目	愿意	不愿意
单掌断砖、悬空断物	34	30
石锁上拳	20	44
流星击靶	54	20
指鼎较力	28	36
长杆较力	46	18
桩上徒搏、夺桥徒搏	57	7

五、结论

①武术功法是一个不同于武术套路和武术对抗运动的相对独立完整的技术运动体系。有许多功法项目简单易学，便于开展，在全面建设小康社会和全民健身运动中，具有重要的现实意义。

②在当今"以人为本，健康第一"的教学指导思想下，武术功法在高校拓展有着极大的发展空间。但因现代武术功法运动开展时间不长，宣传力度不足，在师资力量、教学内容等诸方面还存在一系列的问题，亟待进一步完善与改进。

③目前，民族传统体育专项选修课程分为武术套路类、格斗运动类、传统体育养生类、民间体育类、少数民族体育类五大专项选修类课程领域。虽然传统武术功法是一个相对独立的子系统，但由于传统武术功法的理论、技术研究、学科发展、课程开发等尚处于初步阶段，目前其作为一个独立的专项课程领域还不成熟，故将其暂列为"传统武术功法运动"课程。

④在武术功法课程内容上，我们暂以桩上徒搏、夺桥徒搏、长杆较力、流星击靶为武术功法基础技能教学主要内容；以单掌断砖、悬空断物为武术功法技能提高内容，以其他武术功法介绍为辅。

⑤传统武术功法是中国传统文化的载体之一，传统武术功法修炼是一种文化熏陶，传统武术功法教育是中国传统文化传承的有力途径。传统武术功法教育是动态而多层次的，宜采用"熏陶"的方式，坚持树人为本、重在体悟的教育理念。

武术套路运动技法的艺术思维本质与方式研究*

人类所创造的许多实用技艺与美学形影相随。武术套路运动与其他体育运动相比较,其运动的艺术与美学特征尤为独特,备受学者们关注。近年来,许多学者运用美学的基本理论,从不同的切入点对武术套路的技艺表现与美学特征进行了研究。归纳结论要点为:1. 武术套路是实战技击的表现,但与实战的直接搏斗有一定的"距离",这种"距离"恰恰是它的美学特征[1];2. 武术套路是一种艺术创造,这种创造是中国武术自古以来一直追求的审美倾向,与中国人善于实用技术艺术化的传统吻合[2][3];3. 武术套路的审美倾向是通过追求形式美、气韵、神韵、意境、布局、节奏、德技双修等艺术之美来表现,"是建立在技击的基础之上,通过体现技击的内涵,追求超越外在的理想化的技击艺术。"[4] 由此可见,尚可从武术套路的外在美学特征来对其艺术性表现的内在思维本质深入研究。

人的技艺行为与思维本质关联密切,而本质又是"指事物本身的根本属性,它对事物的性质、状况和发展起决定作用(同'现象'相区别)"[5],由此引起了一个值得思考的课题,即什么是武术套路运动的艺术思维本质与方式?此外,武术套路运动确切地说是一种"实用艺术",既具有物质的实用功能,又具有精神的愉悦功能。如果缺少了二者其中的任何因素,就不能称为实用艺术。法国画家塞尚对于人类的艺术认为:"如果一定要对艺术作一种比喻的话,那么不应该把它比为'镜子',而应该把它比为'X透视',因为它的更大的价值在于探求追索世界深层和内在的真实本质,而不是把现实中的东西重新'反映'出来。"[6] 本文借助相关领域中有关人的思维本质与方式的定义和研究学说,对武术套路运动深层的艺术思维真实本质和方式进行研究探

---

* 作者简介:梅杭强(1954—),男,汉族,浙江三门县人,博士,教授,博士生导师,现已退休。1999—2002年在上海体育学院跟随邱丕相教授攻读博士学位,完成博士学位论文《武术套路形成的根源研究》,获得教育学博士学位。原工作单位:天津体育学院武术学院;主要研究方向:武术理论与方法、武术套路的现代发展与艺术思想。本文原载于《天津体育学院学报》2013年28卷第1期。

[1] 邱丕相. 武术套路运动的美学特征与艺术性 [J]. 上海体育学院学报,2004,28(2):39-43.
[2] 程大力. 神韵:中国武术与中国艺术 [J]. 搏击·武术科学,2005,2(7).
[3] 刘同为,王昊宁. 论书法艺术与武术演练的相通性 [J]. 上海体育学院学报,2008,32(5).
[4] 王岗,吴松. 中国武术:一种理想化的技击艺术 [J]. 体育文化导刊,2007(2):21-23.
[5] 李行健. 现代汉语规范词典 [M]. 北京:外语教学与研究出版社,2004:59,1234.
[6] 郭声健. 艺术教育 [M]. 北京:教育科学出版社,2001:9.

索，以期对武术套路运动技法的艺术特征有一个更科学的认识，也拟为其更好地传承与可持续发展提供科学的依据。

一、思维本质定义的相关研究

对于思维的定义和本质研究在许多学科研究领域中都有各自的位置，众多学者专家对它从不同的侧面进行了很多的探讨。人的思维本质究竟是什么？到目前为止，学界还存在较大的争论。

查阅相关资料可以发现，迄今至少有三种观点：一是间接反映论的思维观；二是认知心理学的思维观；三是"重组与计算过程"的心理学思维观。第一种是前苏联和中国学术界比较流行的观点，中国学者的主要依据是马克思的观点。朱志贤、林崇德认为："思维，这是人脑对客观事物的一种概括的间接的反映，是客观事物的本质和规律的反映，换言之，它是人脑对客观事物的本质和事物内在的规律性关系的概括的反应。"[1] 此定义没有脱离哲学认识论、逻辑学、意识论心理学等的传统基本理论。第二种是心理学界认为思维是属于认知活动的基础之上的。把思维看作整个认知过程的一个环节（过程由感觉、知觉、记忆和思维四个环节组成），也是最高级的认知形式。强调能够根据事物当前的状态推出本事物的过去和未来。第三种是20世纪70年代以来在前两种基础上不断深入研究出现的观点，近十年来有所新突破。例如王双宏认为"应当把思维界定在心理反应范畴之内"[2]，但"把哲学中关于感性认识与理性认识的区分，搬到心理学中来定义思维，是不够严谨的"[3]。他认为人的思维不是简单的对客观现实概括的和间接的反映，而是一个自主性的"自主言语"过程，但与回忆和想象不同的是，"它一方面要对材料进行重组改造，另一方面要按照事物本身发展变化的客观逻辑进行重组和传接（推理）材料"[4]。因此，将思维进一步界定为："思维是在人脑中进行的，由自我意识在自身言语过程的推动下，按照事物客观逻辑对一定对象的形象、表象、观念进行重组和传接的心理活动过程。"[5] 廖玲也认为间接反映论的思维观有一定的局限性。根据她的研究认为：心理过程不全是属于反射和能动反映，"用反映论来概括全部的心理，就以偏概全了"[6]；反映论忽略了主体能动性，过于强调思维是对客观事物的概括或者反映，似乎人产生思维的时候永远处于被动状态，但事实上并非如此。廖玲还认为，认知心理学的思维观仅仅把思维看作是认识事物的一种心理过程，也不全面，"事实上，思维除了具有认识能力以外，还具有创造性，也就

---

[1] 朱志贤，林崇德. 思维发展心理学 [M]. 北京：北京师范大学出版社，1986：7.
[2] 王双宏. 思维本质新议 [J]. 黔南民族师范学院学报，2002（1）：66-70.
[3] 王双宏. 思维本质新议 [J]. 黔南民族师范学院学报，2002（1）：66-70.
[4] 王双宏. 思维本质新议 [J]. 黔南民族师范学院学报，2002（1）：66-70.
[5] 王双宏. 思维本质新议 [J]. 黔南民族师范学院学报，2002（1）：66-70.
[6] 廖玲. 思维本质：心理计算过程 [J]. 重庆理工大学学报（社会科学），2010，24（9）：96-98.

是能够创造出原来没有的事物。"[1] 强调指出"思维是认识过程的一个必不可少的部分,但是这并不是说思维就等同于认识。"[2] 她给了一个定义是:"思维是一种心理计算过程,是大脑对信息加工的心理活动。"[3] 并且"这个过程分三个阶段完成:首先是对外部符号进行心理表征,使之转化为思维能够识别的独特的语言;其次是对思维语言进行加工,也就是计算;最后是输出加工后的有效信息。"[4] 相对而言,第三种观点的阐述比较全面。因为,其一,认为这个心理活动过程最大的价值是能对外部一定事物进行重组和创新;其二,过程是在人脑中依靠类似计算机语言的特殊"自主言语"方式,按照事物本身发展变化的客观逻辑进行的,但是,人脑与计算机最大区别就是人的自我意识下的"自主言语",它是有个体差异性的;其三,最终将输出有效信息来指导行为。事实上武术套路运动技法的组成就是这一系列活动过程,对此本文运用此观点的理论来进一步论述。此外,人的思维本质与方式紧密相关。中国人善于运用辩证思维方式被普遍认同。辩证思维最主要的特征是,事物是普遍联系的、发展变化的和对立统一的,这在武术套路运动技法运用和选编中尤为明显。

二、武术套路艺术思维的历史倾向

古奥运会(前776—394年)的混斗术(Pankration)和拳击都是西方传统的搏斗术。拳击至现代奥运会除了保护性规则和公平竞争措施的进一步完善外,其形式和价值追求没有太多的改变。而有史以来,"中国武术,从来存在一种将武术本身变成一种艺术,一种纯艺术……一如艺术般自始至终完全追求审美价值的倾向"[5]。由于这种思维倾向的历史存在,武术套路运动形式的发展与传承成为可能。

在中国古代春秋(前770—前476年)时,传说有一个民间女子论击剑之道曰:"其道甚微而易,其意甚幽而深。道有门户,亦有阴阳。开门闭户,阴衰阳兴。凡手战之道,内实精神,外示安仪,见之似好妇,夺之似惧虎,布形候气,与神俱往,杳之若日,偏如滕兔,追形逐影,光若佛仿,呼吸往来,不及法禁,纵横逆顺,直复不闻。"[6] 她将击剑中双方矛盾的对立统一、心理的活动志向、技法的虚实与真假变幻,用辩证思维的、充满哲理的词语来描述。此民女被越王封号为"越女",并以"越女之剑"而闻名于世。她在自我介绍中讲:"妾生深林之中,长于无人之野,无道不习……"(《吴越春秋·勾践阴谋外传》)至于她学了些什么具体之道,无从考证。但中国古代以农耕文明为主,"靠天吃饭"就要善于观察自然气候与顺应环境变化,比如

---

[1] 廖玲.思维本质:心理计算过程[J].重庆理工大学学报(社会科学),2010,24(9):96-98.
[2] 廖玲.思维本质:心理计算过程[J].重庆理工大学学报(社会科学),2010,24(9):96-98.
[3] 廖玲.思维本质:心理计算过程[J].重庆理工大学学报(社会科学),2010,24(9):96-98.
[4] 廖玲.思维本质:心理计算过程[J].重庆理工大学学报(社会科学),2010,24(9):96-98.
[5] 朱志贤,林崇德.思维发展心理学[M].北京:北京师范大学出版社,1986:7.
[6] 周勇.《拳经捷要》之简译与浅解[J].体育科技文献通报,2009,17(5):118-121.

种田就要按节气的变化规律来耕作。"人定胜天"是相对的，在生产力水平较低的中国古代，人们顺应自然规律是最明智的，否则就将付出巨大的代价，因此而产生了较早的天人关系相协调的观念与理论，并被应用于社会实践的方方面面，这可能是善于辩证思维的重要实践基础。"越女"还自述："……好击之道，诵之不休。妾非受于人也，而忽自有之。"（《吴越春秋·勾践阴谋外传》）用现代人的话讲是"自学成才"，反映了她是善于实践、观察、总结和不断地创新，在自然中将击剑的"技"与"艺"融会。这正符合了"重组与计算过程"的心理学思维观所认为的观点，即"越女"以自我意识下的特殊"自主言语"方式，按照击剑实践活动发展变化的客观逻辑进行了重组与创新。

武术的"技击"与"艺术"自古并行不悖。唐文宗时把"裴旻剑舞""李白诗歌""张旭草书"并称为"唐代三绝"[1]，武功卓越的裴旻将军之剑舞能与诗歌、书法齐名，可见他的武术艺术表演水平之高超。此外，继唐代诗人杜甫观公孙大娘舞剑器并赋予了脍炙人口的诗歌后，明代文人唐顺之观看武术套路表演又写有《峨嵋道人拳歌》[2]和《杨教师枪歌》。诗人与文人以观赏者的视角真实、形象地描述了武术套路的高妙神奇，可以说绘声绘色，入木三分，但如没有习武者高超的套路演练技艺，又何来如此形象逼真的诗歌。武术套路中的"四击""八法""十二型"，既是人与人搏斗实践中常用技术历史经验的概括整理，更是加工重组和创新。比如，"四击"把人与人搏斗技术概括归纳为"踢、打、摔、拿"四种基本方法。实际上就一个"踢"字即包含了许多用腿脚的具体方法，如蹬、踹、弹、点、跺、碾、缠、勾、摆、扫、挂等。"八法"要求是："拳（手）似流星眼似电；腰（身法）如蛇行步赛钻；精神充沛气宜沉；力要顺达功宜纯。""十二型"为动如涛，静如岳，起如猿，落如鹊，折如弓，转如轮，立如鸡，站如松，轻如叶，重如铁，缓如鹰，快如风，是按照其他客观事物和动物的规律特点，经过观察、认识并被"人脑计算加工"推理到它们的某些形态和现象的实用性，被人们在相互搏斗中所模仿和应用[3]，以输出加工后的有效信息作为创编套路运动技法的实践指导。如"快如风"，动作快时如劲风扫残云；"缓如鹰"，动作缓时并不懈怠，双眼炯炯有神如同鹰在高空巡猎。"四击""八法""十二型"可引申至优美洒脱的剑术；猛虎下山般的刀术；蛟龙闹海似的枪术；缠绵环绕、身姿如浪的蛇形拳；剽悍勇猛的南拳；悠悠飘逸、云移星转的醉拳；势如搏击于长空之鹰的鹰爪拳等。

实用技术艺术化，这种潜移默化的、在中国人头脑中根深蒂固的倾向在许多方面都有着久远的历史。在搏斗实践中善于全面观察，并形象地模仿捕捉动物搏斗和自然规律现象，加上对人与人搏斗技术实践的重组与创新，是武术套路运动艺术思维形成

---

[1] 温力. 中国武术概论 [M]. 北京：人民体育出版社，2005：12.
[2] 江百龙，林鑫海. 明清武术古籍拳学论析 [M]. 北京：人民体育出版社，2008：12.
[3] 李行健. 现代汉语规范词典 [M]. 北京：外语教学与研究出版社，2004：59，1234.

的不可或缺的重要过程。

三、武术套路技法的典范性是思维的"自主言语"

武术套路技术在自身发展过程中一个显著的特征,就是套路中的搏斗技术具有"典范性"。"典范"是可以作为学习、仿效标准的人或事物[1],也被认为是值得仿效的人或物在某方面的表现和基本特征。因此,我们所论的"搏斗技术典范性"是指两个方面:一是套路中具有搏斗含义的技术是能够代表其拳种基本特征的技法,也是明显不同于其他拳种套路的技法;二是这种技法又是学习、传承本拳种武术套路必须掌握的并有典型代表意义的标准动作。在此仅以拳术套路而论,因为"其拳也,为武艺之源"(《纪效新书·拳经捷要篇》),无论是何种派别拳种的武术套路创编,都有根据各自的实践经验与理论基础规范着自己典范的标准化技术动作,是各自人脑经过对于搏斗技术认识、重组与计算("自主言语"的个体差异性)过程,形成了输出有效信息的差异,导致规范各拳种自主标准化搏斗技术动作的不同,武术套路技术典范性风格也不同。比如形意拳有三体式,八卦拳的摆扣步,太极拳有四正手,劈挂拳的单、双劈手,翻子拳的七星拳、跺子腿,八极拳的六大开、八大招,戳脚的鸳鸯腿,华拳的"五连手",少林拳的"三不落"等。除了外在形体的标准动作,每个拳种的套路动作有不同的各具特色的风格要求。如有的套路技术朴实明快、劲力显现,搏斗中讲直进直取、先发制人;有的讲轻灵转换、以静制动、借力打力、后发先至;有的讲动作大开大合,放长击远,发挥一寸长一寸强的特点;有的讲劲力短促紧凑、动作幅度小、贴身紧逼,发挥节短势险的特色;有的注重上肢的威力,讲手法的细腻多变;有的则手脚兼并而多用腿法,上下配合,左右连发。

传统武术套路的师徒间的传承也有一个独特的现象,即人们对前人的经验积累整理出来的典范动作有着极端的崇拜与信任,往往在教学中会形成无条件的模仿与刻意追求。所以在客观上要求有造诣的前辈们整编套路动作有一定的技巧性,首先要全面考虑,对典范动作选择既要实用而又保持本拳种特点;其次套路编排时动与动间的连接也要有艺术性,使套路动作易记、易传授,此基础上的美观耐看、适度的艺术构思与夸张(有增强难度、提高身体素质作用)是必然的;最后要考虑套路技术经得起实践磨砺与考验,在实践中必然有所创新与发展,始终能区别于其他拳种。另外,套路中往往也会将真实的搏斗技术隐蔽于某些艺术化的变形动作中[2],因此,也就有了学习套路到了一定水平后,要更好地领会某些难掌握的动作时,必须经过有经验的老师帮助拆招、喂招与点拨练习(经"口传身授"而获得,仍然取决于各位老师"自主言语"过程的个体差异性)。当然,如果要更扎实地掌握搏斗技巧,在一定武术套路运动

---

[1] 李行健. 现代汉语规范词典[M]. 北京:外语教学与研究出版社,2004:59,1234.
[2] 周勇.《拳经捷要》之简译与浅解[J]. 体育科技文献通报,2009,17(5):118-121.

的基础上，增加搏斗功力与体能技巧的辅助练习是非常重要的。

四、"输出加工后的有效信息"是"巧打"

武术套路运动讲究"打"，因为技击既是武术的本质属性，也是武术套路的传承"基因"，武术套路离开了这一"基因"，就成了无本之木，无源之水。但是，武术套路又特别讲究艺术性的"巧打"，正是由于武术套路这种艺术性的"巧打"，才使中国武术有了独特的形式与魅力。因此，相关思维也是基于这种"巧打"（也称技击）的实践基础上的。

中国武术在传统的攻防搏斗中一直在追求"巧打"，不用蛮力，以最小的代价求得最高的效率。明代武将戚继光认为拳法不能直接被参与大规模战争的需要时所用，但并没有否认不能用于一对一的对抗搏斗。他强调："学拳要身法活便，手法便利，脚法轻固，进退得宜，腿可飞腾，而其妙也，颠起倒插；而其猛也，披劈横拳；而其快也，活捉朝天；而其柔也，知当斜闪。"[1] 可以看出强调的"巧打"要素要全面，包括身手要灵活、步法轻快稳固、腿法变幻莫测、摔法的刚猛、横向劈拳的迅捷、拿法的柔顺。这也都是武术套路运动的必备要素。《水浒》二十八回中"武松醉打蒋门神"写道："先把拳头虚影一影便转身，却先飞起左脚；踢中了便转过身来，再飞起右脚。这一扑有名，唤作'玉环步，鸳鸯脚'。"实际上就是武术套路中的程式化"连环飞脚"动作。再看第七十四回"燕青智扑擎天柱"，大汉任原被小个子燕青在左、右肋下反复躲闪钻将过去，使得任原"三换换得脚步乱了。燕青却抢将入去。用右手扭住任原，探左手插入任原交裆，用肩胛顶住他胸脯，把任原直托将起来，头重脚轻，借力便旋四五旋，旋到献台边……把任原头在下脚在上，直撺下献台来。这一扑，名唤做'鹁鸽旋'。"对照燕青所用的组合动作，其中有劈挂拳套路中的"鹞子穿林"式、太极拳套路中的"雀地龙"摔法、八卦拳套路中的摆扣步旋转。这些"巧打"技法被武松与燕青用得得机得势，也体现了巧妙娴熟的功力。从古至今，既能练武术套路又能实战"巧打"的武术名家众多。比如，现代武术教育家蔡龙云教授（1928—2015 年）擅长华拳、少林拳、太极拳、形意拳等套路，年仅 15 岁时就机智灵活地运用"连环"拳法和"迎面三腿"打败了身材高大的外国拳击手，堪称为"巧打"的典范。

武术套路运动还追求着超越了武术本身技术层面的理想境界，也是一种"巧打"的境界。比如表现有外在的技击功力与内在的"坚不可摧"，善于实战而不随便过分炫耀、不恃强凌弱，用艺术的、不直接对抗搏斗的形式来震慑邪恶，追求的是"不战而屈人之兵，善之善者也"（《孙子兵法·谋攻》）的理想境界。因此，武术套路运动技术的选编与实际攻防搏斗技术有着必然的差异，否则就不能称其为武术套路运动。邱

---

[1] 邱丕相. 武术文化散论 [M]. 上海：上海人民出版社，2007：7.

丕相先生认为:"武术(套路)若与真实没有'距离',只能形同嗜血的厮斗了。"[1] 试问"嗜血的厮斗"有何艺术震撼力?"武术套路运动的魅力,正在于它从攻防中提炼而得。它所提炼出的手眼身法步,精神气力功,是对格斗技术进行的再创造、升华、提炼,使之与实用攻防拉开一定的距离。否则,把街头打架的动作编成套路就没法看,把散打动作连成一套也不会有魅力。"[2] 所以,武术套路运动攻防搏斗现象进行再现时,不能将原本素材丝毫无差的原样照搬,而是"离形得似"方为妙。如同书画艺术传统理论认为:"妙在似与不似之间,太似则媚俗,不似则欺世。"[3] 也就是原始素材要经过想象、联想的比喻和筛选等手段加以重组和编排,而这些加以编排了的动作又不失其极丰富的攻防搏斗"巧打"的意境。此外,很多武术套路技法表现是适度夸张的,经常操练这种适度夸张的动作使柔韧与关节活动范围超出常人,身手灵活速度快,击打技法变幻莫测,搏斗中自然会胜人一筹。

五、辩证思维方式为主导

除了思维过程,它的方式也很重要。辩证思维方式对武术套路运动的技法影响重大。辩证思维通常被认为是以变化发展视角认识事物的思维方式,与逻辑思维相对立的主要观点认为:事物可以在同一时间里"亦此亦彼"。辩证思维方式指导着武术套路运动在对待人与人的搏斗技法中不能只考虑力量大小和速度快慢,还要整体考虑多方面因素,矛盾的双方是辩证统一的、相互依存和发展变化的。追求不直接用蛮力,降低了直接攻击性,而是用巧和变来应对外来攻击之力,讲的是"劲与道",比如"闪即是进、进即是闪"是攻与守的辩证统一;"……示之以虚,开之以利,后之以发,先之以至"(《庄子·说剑》)是虚实、先后的辩证统一;"以巧破千斤"是刚与柔的辩证统一。正如张晓燕、高定国、傅华所研究的结论认为,"辩证思维能降低攻击性倾向"[4],因为"辩证思维可以调和、超越,甚至接受明显的矛盾观点,对待冲突时常常采用折中的解决方法和整体性观点。"[5]

在《孙子兵法》中认为以柔能克刚、以少能胜多的往往是"以奇胜""故善出奇者,无穷如天地,不竭如江河"(《孙子兵法·形篇》),说明要能在实际搏斗中善于出奇制胜,武术套路技法练习应该是丰富多彩、层出不穷的,就像天地万物的变化无穷,就像江河流水的奔腾不息。考虑到实战中的素质要求全面性、招法运用的不可预测性,选编技法也要综合多样化,"踢、打、摔、拿"均涵盖,能达到"练的全面为实

---

[1] 邱丕相. 武术文化散论 [M]. 上海: 上海人民出版社, 2007: 7.
[2] 邱丕相. 武术文化散论 [M]. 上海: 上海人民出版社, 2007: 7.
[3] 邱丕相. 武术文化散论 [M]. 上海: 上海人民出版社, 2007: 7.
[4] 张晓燕, 高定国, 傅华. 辩证思维能降低攻击性倾向 [J]. 心理学报, 2011, 43 (1): 42-51.
[5] 张晓燕, 高定国, 傅华. 辩证思维能降低攻击性倾向 [J]. 心理学报, 2011, 43 (1): 42-51.

战"。如戚继光所言："择其拳之善者三十二势，势势相承，遇敌制胜，变化无穷，微妙莫测。窈焉冥焉，人不得而窥者，谓之神。俗云：拳打不知，是迅雷不及掩耳。所谓不招不架，只是一下；犯了招架，就有十下。"（《纪效新书·拳经捷要篇》）并要达到"博记广学，多算而胜。"俗话说：练全有形、用则无形。就是指平时练有形动作要全面多样化，用时才能随机应变。甚至要南拳、北腿、长拳、短打、内家、外家等都能兼而练之，"若以各家拳法兼而习之，正如常山蛇阵法，击首则尾应，击尾则首应，击其身而首尾相应，此谓上下周全，无有不胜"（《纪效新书·拳经捷要篇》）。四百多年前的戚继光倡导不"偏于一隅"的辩证思维方式，至今对武术套路运动技法多样性的选编，甚至更好地继承与创新仍有着重要的指导意义。

　　武术套路运动的艺术思维方式除了善用辩证思维，其中形象思维与抽象思维也兼而有之。传统武术家的思维活动，除了遵循各自认识的一般武术搏斗技术规律之外，始终离不开具体感性的武术套路社会存在形态，并把思想、感情、想象和真实的存在有机地结合在一起来进行武术套路的创编。形象思维还受武术家世界观的指导和支配，也受制于武术家对武术搏斗实践的理解熟悉程度，还决定于其武艺素养和对武术搏斗技巧的掌握、重组与创新。例如，长拳的十二形技法；太极拳的"形如搏兔之鹘，神似捕鼠之猫""静如山岳、动若江河。迈步如临渊、运动如抽丝。蓄劲如张弓，发劲如放箭"[1]；形意拳的"操练时，面前无人如有人；交手时，有人似无人"[2]。诸如此类的套路练习技术法则，均是形象思维与抽象思维的辩证统一，也是"自主言语"的个体差异性所致。

　　一个毋庸置疑的现实是，世界各地习中国武术者对武术套路艺术表现方式的迷恋占据多数。不管是竞技武术、健身武术、表演观赏性武术还是强调技击的传统武术，从武术套路运动作为体育艺术角度来看，能吸引观众，引导人们热爱它并亲身体验它的价值在于"巧打"和编得"妙"之艺术性，以及能使人深切感受到凡是人在内心最深处和最隐秘处所能体验和创造的东西……在赏心悦目的观赏和情绪中尽情欢乐[3]的艺术效果。

六、结语

　　武术套路运动的艺术思维是基于悠久的历史倾向性——中国人善于将实用技术艺术化，而较早成熟的农耕文明影响着这种思维的形成。各门派拳种的武术套路创编，都是根据各自的实践经验与理论基础规范着自己典范的标准化技术动作，也是人脑经过对于搏斗技术认识、创编与计算（"自主言语"的个体差异性）过程，形成了输出

---

[1] 王宗岳，等. 太极拳谱 [M]. 沈寿，点校考译. 北京：人民体育出版社，1995：7，45.
[2] 李天骥，李德印. 形意拳术 [M]. 北京：人民体育出版社，1981：12.
[3] 黑格尔. 美学（第一卷）[M]. 北京：商务印书馆，1983：57.

有效信息的差异，导致规范各拳种自主标准化搏斗技术动作的不同，武术套路技术典范性风格亦不同。辩证思维是主导方式，它决定了各拳种武术套路技法的全面性、对立统一和发展变化性，并决定了各拳种套路技法的多样性与艺术化。

尽管武术套路运动的技法有虚拟搏斗意识的存在，但许多搏斗技法是有实践依据的。尤其是在实战中求"巧打"的思维，反映了中国传统的人与人之间搏斗技术的思维活动比其他国家同类搏斗技术中的思维活动更显活跃与富有艺术。本文也期望能对武术套路运动技法艺术思维本质和方式的继续深入探讨起到抛砖引玉之作用，因为科学的认识武术套路运动的艺术思维本质与方式，对更好地传承与发展武术套路运动有重要的现实意义。

中西方不同视角下武术国际化发展的现状和未来*

一、前言

武术是中国的民族传统体育项目,有着悠久的历史。众所周知,亚洲的许多搏击类项目都源于中国武术,包括日本的柔道、合气道、空手道和韩国的跆拳道等。在这些项目中,日本的柔道和韩国的跆拳道已经是奥运会的正式比赛项目。与此同时,日本的空手道成了 2016 年夏季奥运会的候选项目,虽然最终没有进入奥运会,但中国武术连进入该候选名单的机会都没有获得。人们不禁要问,中国武术在国际上的发展状况如何?未来又将如何发展?

本研究将客观地调查武术在国际上的发展状况,分析造成这些状况的深层次原因。对中国武术的国际化问题进行跨国家、跨文化的联合研究,既突破因国内外文化、教育、习俗差异所造成的局限性,也可克服因语言方面的障碍所造成的沟通不畅,为探索一条适合中国武术自己特色的国际化发展之路提供参考。

二、研究方法

研究对象包括国际武术联合会各会员单位或武术协会负责人、国际武术联合会(以下简称"国际武联")官员、部分武术教练员。通过在诸多国内外文献数据库中查阅武术相关文献,检索关键词,包括武术、国际化、对外、国外、传播、国际(化)、wushu、wushu dissemination、Chinese martial arts、kungfu 等,并采用不同的组合形式,力求文献搜集的广泛性。

本研究的问卷调查包括国际武联会员单位、国际武联官员以及武术教练员。问卷采用半开放式结构,采用常规问卷调查和网上问卷调查两种方式。常规问卷分别在

---

* 作者简介:朱东(1970—),男,汉族,四川成都人,博士,教授,博士生导师。1999—2002 年在上海体育学院跟随邱丕相教授攻读博士研究生,完成博士学位论文《武术科学化训练若干问题探微》,获得教育学博士学位。现工作单位:上海体育学院;主要研究方向:武术科学化训练、武术健康促进。本文原载于《体育科学》2010 年第 6 期。

2007年北京举办的第9届世界武术锦标赛、2008年湖北十堰举办的第3届传统武术节、2009年加拿大多伦多举办的第10届世界武术锦标赛期间,向各队领队发放和回收问卷调查表。在线问卷调查内容与纸质问卷完全一致,以电子邮件的形式将在线问卷调查的链接发送至各国和各地区武术协会的电子信箱。

封闭式问卷部分的编码比较简单,采用的是李克特量表的格式,分为6个等级,按1~6进行编码。开放式问卷的编码由比利时维杰大学经过专门培训的人员来完成,编码完成后再由其他人进行核查,确保分类和编码的准确性。

有52个会员单位接受调查,接受调查的国际武联官员共6人,具体是Raymond Smith（英国）,国际武联副主席及欧洲武联主席;Sunny Tang（加拿大）,国际武联执行委员会委员、加拿大武术协会主席;Patrick Van Campenhout（比利时）,国际武联财务主管及欧洲武联主任;Andrzej Braksal（波兰）,国际武联执委会委员、欧洲武联副主席、波兰武术协会主席;E. Bekir Hocaoglu（土耳其）,欧洲武联执行委员会委员;Oleg Chukanov（乌克兰）,乌克兰武术协会主席。分别有来自捷克、英国、比利时、乌克兰、斯洛文尼亚的5名教练员参与了调查。

采用SPSS17.0对问卷进行处理,采用了频数分析和多维频数、相关性分析等方法对数据进行整理和统计。

三、结果与分析

（一）调查对象的基本信息

2008年的国际武术联合会单位会员为119个,截至2009年12月底,国际武术联合会已发展到139个会员单位,其中,增长最快的是非洲,由2008年的20个增加到37个。

参与本次调查的会员国和地区达到了52个,欧洲参与本调查的数量最多,有23个;其次是亚洲,13个;排第3的是美洲,有9个参加了调查;而非洲也有6个参与了调查;大洋洲1个（表1）。

表1 接受本研究调查的国家或地区一览表

欧洲	美洲	亚洲	非洲	大洋洲
奥地利,白俄罗斯,比利时,保加利亚,捷克,爱沙尼亚,芬兰,德国,英国,希腊,匈牙利,意大利,黑山共和国,荷兰,挪威,罗马尼亚,俄罗斯,斯洛伐克,斯洛文尼亚,西班牙,土耳其,北爱尔兰,乌克兰	美国,加拿大,墨西哥,圭亚那,巴巴多斯岛,百慕大群岛（英）,特立尼达和多巴哥,委内瑞拉,乌拉圭	孟加拉国,文莱,伊拉克,黎巴嫩,缅甸,朝鲜,韩国,尼泊尔,泰国,乌兹别克斯坦,格鲁吉亚,亚美尼亚,吉尔吉斯斯坦	埃及,埃塞俄比亚,毛里求斯,尼日利亚,南非,突尼斯	澳大利亚

说明:由于国际武联会员数是一个动态增长的过程,本文进行讨论的会员数仍然以本课题开始时的数据为基础（119个）。

从参与调查的国家或地区数量看,欧洲参与调查的比例最高,亚洲其次,大洋洲最少(图 1)。

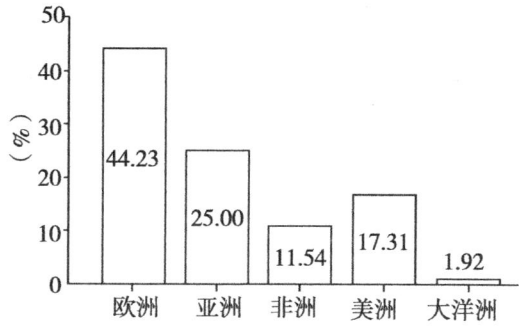

图 1　各洲参与本调查的分布情况示意图

多数受调查者在本协会中担任重要职位,其中,本国武术协会主席和副主席共 19 人,占受调查总数的 36.5%,秘书长 12 人,占总数的 23.1%;此外,技术监督委员会成员 7 人,占 13.5%;其他 6 人,占 11.5%。

(二) 习武人数调查

对参与习武人数调查的 46 个国家或地区习武人数进行了初步调查,结果显示:有 71.7% 的国家或地区习武人数在 5000 人以下,美洲和欧洲习武人数在 5000 人以下的国家或地区的比例较高,具体为美洲 87.5%,欧洲 70%,亚洲为 72.7%,非洲为 66.7%。研究进一步发现,习武人数少于 500 人的国家或地区共 8 个,其中,美洲就占了 4 个。习武人数在 5001~10000 人的国家或地区中欧洲为 4 个。习武人数在 1 万人以上至 10 万人以下的国家或地区共 4 个,习武人数在 10 万人以上的国家或地区在欧洲、亚洲、非洲、美洲各有一个(表 2)。

表 2　受访国家或地区参加武术练习的人数一览表

人数	欧洲		亚洲		非洲		美洲		大洋洲		合计	
	n	%	n	%	n	%	n	%	n	%	n	%
少于 500 人	2	10	2	18.2	0	0	4	50.0	0	0	8	17.4
501~1000 人	3	15	2	18.2	1	16.7	1	12.5	0	0	7	15.2
1001~5000 人	9	45	4	36.4	3	50.0	2	25.0	0	0	18	39.1
5001~10000 人	4	20	1	9.1	0	0	0	0	0	0	5	10.9
10001~100000 人	1	5	1	9.1	1	16.7	0	0	1	100	4	8.7
超过 100000 人	1	5	1	9.1	1	16.7	1	12.5	0	0	4	8.7

注:n 代表参与调查的国家或地区数,% 为参与调查国家或地区所占总调查数的百分比,下同。

皮尔逊相关性分析结果也发现,在习武人数与武术进入各国时间上存在着某种联系,相关系数 $r=-0.36$,$P=0.017$,说明习武人数越多,武术进入该国的时间越早。

(三)各国武术协会会员情况

在对各国或地区武术协会会员的调查中发现,大多数国家或地区只有 1 个武术协会(53.8%),有 6 个(11.5%)国家或地区没有参加本项调查,但有 30.8% 的国家或地区有多个武术协会存在的现象(表3)。产生这种现象的其中一个原因是这些国家或地区相关武术协会的成立时间早于国际武联成立的时间。

表3 武术在受访国家或地区所存在的武术组织数量一览表

组织数量(个)	1970年以前		1970—1980年		1981—1990年		1991—2000年		2000年以后		合计	
	n	%	n	%	n	%	n	%	n	%	n	%
0	2	100	9	64.3	6	42.9	6	85.7	2	66.7	25	62.5
1~2	0	0	2	14.3	4	28.6	1	14.3	0	0	7	17.5
3~4	0	0	2	14.3	1	7.1	0	0	1	33.3	4	10
>4	0	0	1	7.1	3	21.4	0	0	0	0	4	10

此外,在所调查的国家或地区中,本国或地区武术协会会员的数量近似于在该国或地区练习武术的人数,即大多数受访者(53.9%)认为,该国或地区至少有一半习武者隶属于武术协会,且大部分的会员都是在本国或地区注册,少数人为跨国或跨地区注册。这就意味着各国或地区的武术协会对本国或地区半数以上习武人群行使着管理和引导的职能。

(四)传统武术(Traditional Wushu)与现代武术(Modem Wushu)在各国或地区的发展现状

本研究对参与调查的各国或地区习练传统武术和现代武术的人数比例进行了初步的调查。数据反映,在不同国家或地区,传统武术与现代武术的习练人数比例存在着很大的不同。练习传统武术和现代武术者呈高度负相关,相关系数高达-0.858。这说明,传统武术开展得好的国家或地区,现代武术的开展就差;而现代武术开展得好的国家或地区,可能传统武术在当地的发展就较差。结果中,习练传统武术的人数低于 5% 的国家有 3 个,分别是文莱、尼泊尔、朝鲜。从这三国的具体情况分析发现其具有一些共同的特点,即传入武术的时间较晚,都是在 1990 年以后才传入。此外,这三国习武人数较少,朝鲜和文莱习武人数都低于 500 人,尼泊尔习武人数为 1001~5000 人,导致传统武术习练人数比例小的原因是否与传入时间有关系,或是这 3 个国家因为武术是亚运会比赛项目才在本国开展,仍有待于进一步研究证实。

传统武术习练人数比例达到 75% 以上的国家或地区有 14 个，说明这些国家传统武术的发展较好。习练现代武术的人数低于 5% 的国家有 5 个，分别是澳大利亚、英国、匈牙利、斯洛文尼亚、墨西哥。以上五国除了墨西哥以外，其他四国武术传入的时间较早，且习武人数较多。有研究者通过调查发现，习练传统武术的人不喜欢现代武术的最大原因是认为现代武术文化含量少，动作难，要求高[1]。

总体而言，传统武术与现代武术在受调查国家中开展的情况均衡，这一观察指标主要是通过习练现代武术和传统武术百分比超过 50% 的群体所做出的判断。

（五）武术套路与武术散打在各国或地区发展的总体情况

竞技武术主要包括了套路和搏斗（散打、推手、短兵）两个大类。据调查，目前武术套路的练习人数大于散打的练习人数，34.7% 的国家或地区主要以套路练习为主，25% 左右的国家或地区主要以开展散打练习为主，其中，套路和散打兼练比例最高的有 3 个国家，分别是澳大利亚、埃塞俄比亚和匈牙利。结合上文对传统武术与现代武术的调查发现，以上三国中澳大利亚和匈牙利练习传统武术的人数比例较高，可见，套路与散打兼练与传统武术习练有一定的关系。

（六）各国或地区武术协会的经费来源

调查显示，有 25% 国家或地区的经费来自会费。该项调查反映出各国奥委会所提供的经费仅占经费的一小部分。例如，有 75% 的受调查国家或地区反映，他们本国或地区奥委会所提供的经费低于整个经费预算的 5%。与之相比，在意大利的大多数单项协会的经费预算中，90% 靠国家或地区奥委会提供的经费支持。可以这样认为，武术的非奥运地位导致难以得到来自该国或地区奥委会的经费支持。此外，一些国家或地区提到了经费的其他来源，包括通过段位（非洲）、组织比赛（欧洲和美洲）、个人资助和筹款（美洲）等，但这些经费对于总体经费来源而言，仅占非常小的一部分（少于 5%）。

（七）各国或地区武术的发展现状

1. 各国或地区对武术在本国或地区开展情况的总体看法

本研究针对各国或地区对武术在本国或地区开展情况的总体看法进行了调查，对于武术在本国或地区开展的状况，各国或地区间存在截然相反的看法，有超过 36.5% 的受访者认为，武术在本国或地区开展的情况好或者非常好；有 25% 的受试认为，武术在本国或地区开展的情况差或者非常差；另有 34.6% 的被访者在这一问题上没有给出明确的回答，表示不确定。

调查中发现，习武的传统以及武术学校与组织机构间积极合作、有财政或官方支

---

[1] 杨啸原. 制约武术实现国际化的因素探析 [J]. 成都体育学院学报，2005，31（1）：80-83.

持有助于武术发展。而"缺少推广武术的传统"（36.0%）、"缺少资金/政府的支持和有资质的武术指导"（24.0%）、"缺乏财政和官方支持"（17.3%）是导致武术本国或地区发展缓慢的三个主要原因。此外，缺少新政策（17.3%）也是影响武术在本国或地区普及的一个重要原因（表4）。

表4 影响武术在受访国家或地区普及程度的原因调查一览表

内容	n	%
推广武术的传统	18	36.0
提供有资质的武术指导和训练增加国际间的交流	13	24.0
提供财政/官方支持	9	17.3
新政策	9	17.3
针对院校学生开设武术课程	8	15.3
统一武术名称	4	7.6

2. 各国或地区武术学校的发展

国家的发展靠人才，人才的培养靠学校，运动项目的发展也是如此。扩大武术在青年人群中的开展是目前武术发展的重点，只有在扩大武术练习人群的基础上，才能够开始讨论形成什么样的武术环境和氛围。在此环节中，通过开办武术学校，与其他学校合作开展武术项目是实现这一目标的重要举措。

对各国或地区武术学校的发展情况的调查显示，各国或地区间存在不同的看法。32.7%的受访者认为武术学校在本国或地区开展好或非常好，同时有25%的人选择了差或非常差（表5）。

表5 武术学校在受访国家或地区的发展情况调查一览表

描述程度	n	%
非常差	4	7.7
差	9	17.3
不确定	13	25.0
好	11	21.2
非常好	6	11.5
没看法	7	13.5
缺失值	2	3.8

就目前而言，武术在国外学校开展的好坏与该国或地区习武总数不存在显著性相关，既使在该项调查中认为武术学校在本国或地区开展好或者很好的国家或地区中，

在习武总人数方面也呈现离散状态,并不是本国或地区学校武术开展好的在习武人数上就一定很多。然而,认为本国或地区的学校武术开展差或者非常差的国家或地区在习武总人数方面明显偏少,这些国家或地区习武的人数均在5000人以下。此外,当前的一个现实需要我们认识清楚,那就是国际奥委会的委员有近一半来自欧洲,表明奥林匹克运动存在严重的欧美中心主义[1]。所以,我们应该重视普及欧美武术的习武人口,使武术产生良好的社会影响。

在此次调查中,武术学校较多和武术教学水平高是武术学校发展好的表现,而武术学校很少、缺少良好的武术教学、缺少经费和官方支持以及其他体育运动项目的竞争是造成武术学校发展缓慢的主要原因。

(1) 武术与孔子学院合作

武术借助孔子学院在各国的开展,以武术这一身体活动形式推广中国文化,得到了国家汉办和中国武术运动管理中心的重视。目前,北京体育大学已经在挪威与卑尔根大学、卑尔根中国协会等联合开办了卑尔根孔子学院,上海体育学院将与俄罗斯圣彼得堡体育大学合作建立孔子学院,说明正进行着武术与孔子学院合作办学的有益尝试。武术借助孔子学院在全球的发展可以扩大习武人群,并通过孔子学院这一窗口使更多外国人有机会了解中国武术;而孔子学院也可以通过开设武术来丰富教学内容,以武术这种身体活动方式使外国人了解中国的文化,提高汉语水平。

(2) 武术在大学开设课程

通过在大学开设武术课程是拓宽学校武术的另一思路。有研究报道,在美国,只有印第安纳(Indiana)大学设立了武术专项课程,亚特兰大的凯纳索(Kennesaw)大学设立了有学分的武术课程[2];上海体育学院在2007年与美国马里兰大学合作开设了有学分的武术选修课程,学生在来华之前首先在完成了若干篇与武术相关文献的阅读,了解了大量的武术相关背景以后,通过到上海体育学院进行武术理论和技术的短期学习,以体验书法、陶艺和观摩京剧等来了解中国文化,这一新型的教学模式的成功反映出以武术为主干、理论与实践相结合、多种形式并存的教学方式可能是将来武术教育的一个发展方向。

(3) 武术学校在国外普遍存在的问题

在本调查中,许多教练员表示,他们除了负责对武术技术的教学和指导外,往往还要承担包括经营学校、组织比赛、承担裁判工作等诸多日常事务,在这种情况下基本无法照料自己的学生,甚至会对自己的其他工作产生影响。长此以往,造成了武术学生和武术教师的流失。

这反映出的并不只是武术学校中师资力量不足的问题,深层次的原因是由于学校

---

[1] 洪浩,张龙栓. 对武术进奥运会若干理论问题的反思 [J]. 体育学刊, 2007, 14 (9): 49-51.
[2] 马敏跃,邹国建. 推进武术国际化发展的思考 [J]. 体育科学, 2004, 24 (4): 73-74.

的规模、武术生源的情况等一系列问题导致武术学校没有充足的资金来运营。因此，武术在发展的道路上不得不反省武术的教育问题，哪些武术教学内容、哪种教学方式和教学形式可以为市场所接受。

（八）武术国际化发展所带来的变化

中国武术真正的国际化发展始于 20 世纪 80 年代。在随后的 20 年间，以政府为主导的武术国际化发展可谓日新月异。就此而言，大多数受访者（78.8%）认为，武术在技术方面的变化很大，具体包括了套路和散打都在过去发生了很大的改变。

1. 受访者认为套路主要发生的变化

认为套路主要发生的变化有以下几方面：①武术套路动作难度的增加（22，44%）；②套路竞赛规则变化很大（12，24%）；③套路技术攻防技击性的淡化（11，22%），这是在本研究调查中国外对我国武术反应比较强烈的一点；④近年来增加了武术的教学和裁判员的认证（7，14%）；⑤仅有 4 个国家（8%）认为武术赛事的举办有所增加（表6）。

表6　受访国家或地区认为套路技术的变化方面调查一览表

套路技术变化	n	%
增加运动难度	22	44
改变套路比赛规则	12	24
减少攻防技击性	11	22
增加教学、裁判认证	7	14
举行更多赛事	4	8

2. 受访者认为散打主要发生的变化

受访者认为散打发生的主要变化有：①认为散打"越来越受欢迎"（9，18%）；②散打教学和裁判认证在增加（7，14%）；③散打竞赛规则有变化（5，10%）；④女性和青少年的散打赛事有所增加（4，8%）（表7）。

表7　受访国家或地区认为散打改变方面调查一览表

散打改变事项	n	%
越来越受欢迎	9	18
教学和裁判认证在增加	7	14
改变散打竞赛规则	5	10
增加女性和青年比赛	4	8
保护设备	1	2

（九）武术国际化所面临的问题

许多受访者认为，武术的一系列改变主要由"试图使武术更具吸引力"（34.6%）和"努力使武术进入奥运会"（26.9%）等因素引起。在调查中，受访者也针对当前武术的国际化状况给出了自己的看法，其中，持积极看法的人（42.4%）高于持消极看法的人（11.5%）。另外，有28.8%的人选择"不确定"。

受访者认为，武术国际化进程中不尽如人意的几个主要原因包括：①缺少媒体关注，不知道武术；②缺乏经费和官方的支持；③缺少对武术传统的感情；④缺乏有资质的武术教学认证；⑤缺乏相互的合作（图2）。

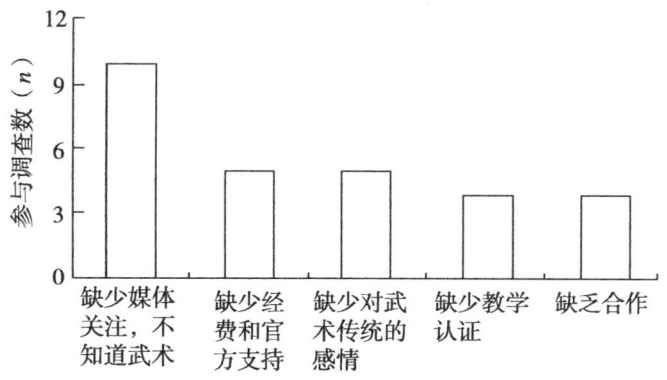

图2 受访国家或地区认为武术国际化主要存在的问题示意

武术的发展不仅需要政府和经费的支持，也需要不断壮大习武群体。正如比利时武术教师克里斯多夫（Kristof）在接受调查时的回答："我们学校发展较好的重要原因是我们在训练设施上进行了投入。所有投入得以完全实现是由于当地武术学校所在的布鲁塞尔地区政府提供的补助。然而，政府的投入还不足以满足我们对武术进行的远期发展规划的要求。武术的发展必须建立在有更多练习武术的人群基础之上，并且，这些人不仅仅是将练习武术当作他们的一个职业来看待。"从这位教练员的一番话里我们还得出了这样的一个看法：武术国际化的发展，我们还需要更多热爱武术的人士参与。

此外，各国武术协会应该是独立管理的机构，应该是为当地武术学校提供发展和支持的组织。然而，目前的形势是许多人既经营着自己的武术学校，又是当地和本国武协的负责人。这导致他们没有时间打理武术学校，也无法专注于武术协会方面的管理事务。建立更加专业、更加独立的武术协会，使之可以根据本国、本地区武术发展需要来开展相应事务成了武术协会需要思考的问题。

（十）武术裁判员的发展状况

关于武术裁判员水平，各国有着不同的观点。28.9%的受访者持否定态度，持不确定态度的人与之基本持平，为28.8%，仅有8位受访者持肯定态度，如裁判水平较高或有较大改善，14位受访者提到亚洲以外地区缺少裁判员的教学认证。从以上数据可见，虽然经过几十年的努力，武术在世界上已经形成了较为完整、规范的竞赛规则和裁判法，但是，各国武术裁判员的水平却有待进一步提高，尤其是要增加亚洲以外的武术裁判员的培训。在各种大型赛事的执法裁判中应该增加亚洲以外国家裁判员的数量，以利于增强武术比赛的国际化程度和提高竞赛公平性。

（十一）武术教练员的发展状况

调查中许多受访者都认为，提高武术的水平必须要有高水平的教练员以及高质量的武术教学培训内容。我们在调查各国武术教练员的水平时，各国受访者表现出了不同的观点：有15个国家的28.8%的受访者持否定态度，25%的受访者选择"不确定"，23.1%受访者持肯定态度。

持否定和不确定态度的受访者中，15个受访者认为，本国缺乏有资质的武术教学导致了教练员水平不高，有3个受访者认为，由于缺少合作才导致了教练员队伍水平低。受访者中有5位认为本国有高水平的武术教练员。

调查发现，对于大多数教练员而言，武术训练没有标准，他们也不清楚如何训练。本国或本地区的武术组织在此方面也没有提供任何的帮助，国际武联应该要求其所有的会员单位努力发展本国或本地区武术教练员的执教水平，对包括执教高水平运动员的教练员和指导大众武术的教练员提供统一的教学标准，以避免出现"盲人带着另一盲人走路"的情况。另一个不可回避的问题是，这些武术教练员呈现非职业化特质，原因是仅靠教武术所得的收入无法保障教练员的基本生活。

提高教练员的技术和理论的另一个建议是以"工作坊（workshops）"或者"研讨会（seminar）"的形式将优秀的或有潜质的运动员集中进行训练和提高，既能够让教练员之间的教学经验得以交流，也能够促进运动员之间的相互学习。

（十二）各国或地区对国际武联相关问题的看法

调查显示，接近半数的受访者（46.1%）认为，国际武联（IWUF）在促进武术国际化发展方面的工作是"好"或"非常好"，只有不到1/5的人认为"差"或"非常差"。持肯定态度的受访者认为，国际武联推动了武术的国际化，而持否定态度的受访者认为，在促进武术国际化过程中国际武联还缺少对武术的推广活动和开展广泛的合作。调查数据表明，多数受访者充分肯定国际武联促进了武术的交流和合作，而持否定态度的受访者也提出了以下原因：国际武联缺乏使用英语的沟通交流和互动。

(十三) 武术国际化存在的问题及发展策略

1. 武术的发展需要获得来自官方的支持

在本次研究中,许多受访者都提到了武术的发展需要官方的支持,武术在世界各国或地区的发展情况不一,但武术在大多数国家或地区没有得到来自当地政府的认可,武术需要在各会员国家或地区获得官方的认可,并获得当地政府的支持。不仅如此,武术还需要在各国或地区得到当地民众的认可,只有这样才能从资金和配套设施上获得支持。除了"武术入奥"以外,还要力争将武术推向奥运会之外的国际性综合赛事,如世界运动会、世界大学生运动会等,使武术在各国或地区获得政府的支持。

2. 武术的市场化推广

如果条件许可,由国际武联或者相关部门提供资金,建立提高亚洲以外武术教练员、运动员武术教学训练水平的基金。有计划地对亚洲以外国家或地区进行武术的推介和展示,使外国人了解什么是武术,这是将来武术国际化中需要继续加强的工作。帮助亚洲以外国家将武术以市场化的运作方式推向公众是大众武术国际化发展的方向之一。要利用中国传统节日组织武术相关的表演,扩大武术在世界范围的影响。

3. 武术信息资源交流的问题

目前还没有针对武术教练员和运动员编写的标准训练指导手册和书籍,且外文武术书籍较少,这不利于信息资源的分配。国际武联及会员国或地区需要制定非常清楚的武术训练指南和训练标准,训练指南的内容不仅包括竞技武术,还可以兼容大众武术和传统武术。

4. 武术培训的问题

武术师资问题是影响武术国际化的主要问题,尤其是在亚洲以外的国家或地区需要更多经过认证的合格的武术教师,在这方面,亚洲国家或地区应该将他们的教练员资源与其他国家"分享",而其他国家或地区则需要将本国的武术教练员派往亚洲国家或地区,尤其是到中国来提高他们的执教水平并获得证书。此外,定期为各国或地区武术教练员、教师用当地语言提供高质量的武术培训,使他们能够有机会提高武术教学和训练能力,并以考核的形式对参与培训的当地教师进行技能鉴定并颁发证书。

5. 武术器材推广的问题

许多国家或地区有着水平较高的武术运动员,但由于没有更换新的武术地毯从而导致他们的水平没有办法进一步提高,其中一个原因是新的地毯价格太贵。不仅如此,武术地毯铺设非常复杂,而国外多数的训练场(馆)是多功能多用途的,许多项目都会使用同一场地,当地的训练中心或训练场(馆)不会专门为武术训练而贮存这种占地面积巨大的新地毯，这也是在武术国际化过程中，武术新规则实施以来关于武术场地所反映出的一个问题。

由于国外武术参与者的武术服装、器械需要到中国购买，这增加了其使用武术器材的成本。因此武术器材的生产应该实施本土化、标准化、规模化生产。建立和健全武术器材研究、认证机构，保证武术器材的安全性和适用性。

6. 加强武术的科学化研究和管理人才的培养

加强对武术的科学研究，尤其是健康、社会影响因素方面，是未来武术国际化发展中的重要内容。通过定期举办武术研讨会，将学术性研究有效地运用到武术国际化推广实践中去。此外，武术组织以课题研究的形式为研究者提供经费的支持，提高武术研究的深度和广度。应加大鼓励武术学术性文章在外文期刊发表的力度，加强对武术教学内容、教学方式、国际化教学效果、武术与健康、武德对青少年行为的影响等研究，从科学的层面研究和宣传武术，揭开武术神秘的面纱。另外，加强培养面向国内外的武术管理人才，武术管理人才的质量将影响到武术未来的发展。

四、结论与建议

（一）结论

1. 武术在世界各洲发展极不平衡，即使在同一洲内，不同国家或地区之间武术发展水平的差距也较大，其习武人数总体偏少。各国或地区习武人数与武术在该国或地区发展的时间长短有一定关联，时间越长，习武人数越多。多数国家或地区只有一个武术协会，但有1/3的国家或地区存在多个武术协会并存的现象。

2. 传统武术与现代武术在国际上的开展程度基本相当，两者之间呈现高度负相关，即传统武术开展好的国家或地区现代武术开展较差，反之亦然。武术套路的发展好于散打。

3. 各国或地区武术协会的经费来源主要来自政府、会费、本国奥委会和私人资助。其中，大部分经费来自会费和政府的资助，本国奥委会的资金比例低于本国或地区以及经济支持与官方支持的缺乏是影响武术在各国或地区发展的重要因素。

（二）建议

1. 在教练员培养方面，应该建立一套科学的、合理可行的教练员等级制度和教练员培训制度。

2. 世界各国或地区（除亚洲少数国家或地区外）武术裁判员队伍还未真正培养起来，武术裁判员认证没有形成科学的体系，要建立一套国际裁判员培训和认证体系，促进各洲、各国或地区武术裁判员队伍建设。

3. 建立武术资源共享平台，使武术发展的最新信息能够高效、快捷地传达到各会员国。

4. 加大援外力度，特别是对于武术发展较为落后的国家或地区。

5. 重视学校武术的发展，利用孔子学院扩大武术练习人口。

6. 上海世博会期间举办系列的武术活动，抓住推介武术的好机会。

7. 大力发展武术文化产业，对武术赛事进行市场化运作和改造，赛事的形式可以多样化。

8. 加大武术文化信息流的对外输出，尤其是对那些对武术还不太了解的国家或地区要加大影响力度，可以通过出版不同语言的武术书籍、文字资料、图片影像资料等手段得以实现。

孙禄堂拳学的身心教育观*

一、西方身心学与中国武术的身体观

(一) 身心学：身心整合的探索

1. 观察身体的方法

人类以不同的面向来观察人体，建构出不同观察立场的身体知识，形成人对身体的不同认知，这个认知谓之"身体观"。身心学认为，观察人体有"外观"（from inside out）与"内观"（from outside in）两种方法。内观从第一人称的角度来观察人体，即个人自我觉察自己的身体、姿势、动作感觉、情绪与意图，这称为觉知（awareness），此时所觉察到的身体为身心合一的"生命身体"（soma）。觉知分为"觉"与"知"："觉"为主动的观察或被动的感觉，"知"为通过感觉与观察发现或体会到关联与规律。觉知形成了主观的哲学身体知识与智能，并形成"内观"的身体观。外观从第三人称的角度，即他人由外在来观察人体，此时所觉察到的身体为"肉身身体"（body）。外观形成了客观的科学身体知识与智能，并形成外观的身体观。

2. 身心学的内涵

"Soma"为希腊文，意指"有生命的身体"，而与一般常称的"肉体身体"（body）有别。"Somatics"一词，在中国台湾被翻译为"身心学"，指以soma为研究主体，强调探索人体觉察、生物功能与外在环境三者之间的互动关系；通过系统的理论与方法，经由身体的感觉与反应，以及身体动作操作，调整身体与心理，促进身心合一的学问。特质为将当代哲学中对人体的抽象学术研究，以科学理论与身体实践进行了具体说明。

身心学家认为：人类身体与心理有密不可分的关系；心理、情绪等内在因素会导

---

* 作者简介：李志明（1966—），男，汉族，台湾省基隆市人，博士后，教授。2000—2003年在上海体育学院跟随邱丕相教授攻读博士学位，完成学位论文《孙禄堂拳学的身心教育观》。现工作单位：台湾中国文化大学；主要研究方向：武功整复学、身心学、内丹学。本文为其博士论文的摘选。

致身体紧张，只要放松身体，心理就会放松；藉由按摩、太极拳、瑜珈等方式，可以解除身体紧张，进而放松心理压力；当解除了身体紧张与放松了心理压力后，可以使身心和谐，达到身心合一之境。所以身心学强调身心教育，通过身心技巧的学习，能够正确使用身体，改善身心健康，达到身心合一之境。普通泛称的"我"有三个面向：生理的我，心理的我，思考的我（thought = logical self）。从身心学的角度来看，"身"包括"生理的我"与"心理的我"，"心"为"思考的我"。身心学所强调的身心合一身体观，指的是身体为生理与心理合一的生命身体，所以人还是分身体与心灵，只是通过觉知与身心技巧训练，希望达到身心合一，因此在实际的操作上身与心是分离的。在觉知的过程中，人心被提取出来观照反映心理、情绪的生命身体。身心学家要求学习者去觉知身心之间的关系、觉察身体活动的机能、觉知人与人或人与物之间互动的关系。"觉"为身体内在的感受，无法以语言文字进行完整的描述，因此教育者与学习者之间身体的互动极为重要。唯有通过直接的身体接触或操作，才能体会正确的身体觉知。因此，身心教育家发展出身体技巧与方法，让学习者直接或间接感觉身心变化。

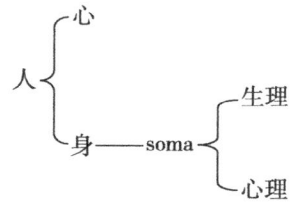

（二）身体观

1. 身心学的身体观

身心学的身体观除立足于西方科学的外观身体观外，也建立了内观身体观。
①身心是合一的。
②身体是有智慧的。
③身体是一个有不同情绪感受的、动态的、流动的和一直改变的活体。
④身体不是一个对象，而是一个过程。
⑤身体拥有自我指引、调整及学习的能力。
⑥身体拥有喜好及需求，它会自行运作来满足需要。
⑦身体拥有许多的可能性和无限潜能。
⑧身体本身是最好的老师和治疗师。

2. 传统中国身体观

相对于西方身体观，中国的身体观建立在对宇宙本体观察的哲学基础上，一开始就认为身心是合一的，不但对身体有外观的观察，形成与西方解剖、生理等科学相同的知识体系，并且对身体有内观的观察。

中国人对宇宙与身体的观察，建立在《易传·系辞》"形而上者谓之道，形而下者谓之器"的观念之上，并以"气"作为介质。《庄子·知北游》"通天下一气耳"的气的观念使中国人在观察事物时以气为主体，同时描述事物的形上形下、道器等内外特质。因此，中国人有气化宇宙观、气化身体观的思想。数术是中国人沟通天人的技术与理论，因此又有"数术宇宙身体观"的观念。根据《易传·系辞上》"易有太极，是生两仪，两仪生四象，四象生八卦"的"太极生化观"和《老子·四十二章》"道生一，一生二，二生三，三生万物"的说法，气化身体观即含有太极生化的数术观念。中国人的身体观具有太极的变异、阴阳、守中、圆整等特质，其中变异又具有顺向演绎与反逆修持之特性，因此研究者认为，以气化太极身体观来称呼中国人的身体观，能概括上述所有说法。

中国人将人分为"形-气-神"或"精-气-神"三段命题，建立了以"气"为中心的生命观。内观知识使中国人形成"具相"的内观身体观。中国具相的内观身体系统除"精、气、神、形"外，尚有"脉、俞穴"。上述具相内观身体系统，内丹家认为其与医家或气功不同[1]，有"质"的差异。这种差异，内丹家以"先天""后天"诠释，认为通过修炼可以由后天返回先天。

3. 中国武术的身体观

武术身体观建立在传统的身体观中，在实际体验与需要中形成独特的"气力观"，气力观主要源自明代《易筋经》。《易筋经》认为，人身有"内""外"之别，分两个层次：第一个层次以生理解剖的观点，将人身分为"内而五脏六腑，外而四肢百骸"，此为肉体的身体观；第二个层次结合内观与生理解剖的观点来分内外，"内而精气与神，外而筋骨与肉"，为身心合一的身体观。所以《易筋经》虽认为人身有内外之分，但内外"相互结合，共成一身"，表现身体的内外合一观。

《易筋经》对武术修炼提出"气力论"，认为武术修炼有"内功""外功"之分，内功练气以积气生力，外功练习力的运使。因此《易筋经》所练之力，为"内外兼修"之"气力"，非一般的力，是中国武术内观的特殊产物。这种身心合一、身内与身外统合之气力，在武术中或称"劲"，或称"内劲"，为武术之要求"内三合""外三合"合一之内外"六合"训练下的身体经验，因此武术训练多言劲。郭志禹与王静都曾充分论证劲是形神统合的产物[2]。对于劲的阐扬，郭云深提出明劲、暗劲、化劲的三个修炼层次。除劲之外，武术家还提出劲的运行路径，陈鑫《陈氏太极拳图说》提出"缠丝精"为劲运行之路径。

---

[1] 依柳华阳《金仙证论》："旧说谓督脉在脊骨外，而任脉止于上下唇，此二说皆俗医之妄指，岂知仙家说，任督实亲自在脉中所行运为证验。"按其所绘之图，督脉在脊髓与体腔之间，而任脉从脑中泥丸宫（上丹田）下穿咽喉，直贯下丹田，与督脉接通，而中医之经脉，行于皮层之间，故内丹家之任督二脉实与中医不同。

[2] 王静. 论武术的形神兼备 [G]//郝心莲. 武术科学研究. 北京：北京体育学院出版社，1993：278-284.

（三）身心教育

1. 西方身心教育

身心学有一个共同的观点，即身体本来是完满的，如果身体不完满，则是源自身体的误用，导致身心不适与失调，人可以通过身体的正确使用，恢复身体原有的完满状态。因此，身心学除身心医疗外，强调"身心教育"（somatic education），认为人除接受医疗外，还需要身体使用的再教育，认识如何正确地使用身体。身心教育的内容包括：

①重新建构身体观：内观的理论体系、外观的西方身体科学。
②学习如何知觉身体：觉知。
③重新学习身体使用方法：身心技巧。
④探索与体会身体的智慧：身心技巧通过觉知整合身体智慧。

2. 中国武术中的身心教育

(1) 武术身心教育的哲学基础

《中庸》开宗明义曰："天命之谓性，率性之谓道，修道之谓教。"中国人认为教育的目的为"复性"。复性的修养分为向外格物穷理的顺取之路与向内观照己心的逆觉之路，这与Hanna的"from outside in"及"from inside out"有异曲同工之妙。老子"道法自然"与"三生万物"的观念说明，宇宙万物都禀之于天，有天赋的本性，"本性"具足，因此只要向内逆觉或向外取法于天地万物，就可以返本复性。

《易传》曰："一阴一阳之谓道。"《庄子》曰："通天地者一气耳。"中国人认为宇宙万物莫非一气阴阳流转的结果。格物致知是洞彻宇宙万有变化以明心见性之道，变化气质以复性必以天地之性为标准而言变化，所以《孟子》认为："我善养吾浩然之气。"此语说明悟天地万物阴阳一气流行变化之理为修养心性的法门。因此，修性之学也被称为养气之学，为探究一气阴阳流转的体性。

研究者认为，中国人将生命分形、神两大部分，复性可从"形"或"神"着手。传统儒家思想偏于从神着手之"心性之学"；武术家则从形着手进行复性的工作，认为拳术为格物致知之学，为修身养性而作，能体悟宇宙阴阳变化之道，因此武术含有身心学身心教育的内涵。复性的我具有自觉生理、心理、思考三个自我的能力，成为真正能主宰的自我（ego）；因此，就Richard Bucke与身心学的观点而言，养气复性的中国武术不但能达到身心合一的状态，更能体验生命与宇宙秩序，进入天人合一的宇宙意识。

(2) 中国武术中身心教育的发展

明代的《易筋经》提出武术训练有"内壮""外壮"之别，形成内功、外功之分。

内壮功法混有养气与练气的概念，外壮功法为练气的概念。清末民初的《少林宗法》直接提出武术有"练气"与"养气"之分。练气"以运使为效，以呼吸为功"，目的为气力的运使；养气乃"圣学"，"以道为归，以集义为宗法"，目的为身体动作"操纵进退得其宜"。练气与养气分开练习，而且练气是蹲桩马单独练习；而强调养气的内家拳崛起，被认为是可以用拳术动作套路来练气与养气的武术。孙禄堂曰：

> 夫道者，阴阳之根，万物之体也。其道未发，悬于太虚之内；其道已发，流行于万物之中。夫道一而已矣，在天曰命，在人曰性，在物曰理，在拳术曰内劲。所以内家拳术有形意、八卦、太极三派，形式不同，其极还虚之道则一也。易曰："一阴一阳之谓道，若偏阴偏阳皆谓之病。"夫人之一生，饮食之不调，气血之不和，精神之不振，皆阴阳不和之故也。故古人创内家拳术，使人潜心玩味，以思其理，身体力行，以合其道，则能复其本来之性体。

从上述言论可知，内家拳家立足于气化宇宙观的立场，建立气化的、合一的、太极的、阴阳的、变异的、致中和的内家拳身体观，认为人因不顺天性而行导致身心失调，并以返本观的观点认为人可以通过内家拳的学习来改造身心，以练劲来回复人的本性。从孙氏之言，可知武术蕴含身心学身心教育理念。

二、孙禄堂拳学的身心教育观

孙禄堂认为拳术创造的目的为返本复性，其训练方法是以拳术动作格物致知。根据孙禄堂的身体观，身体可以表现出一气阴阳自然之流行的状态，即以身体之伸缩动静为阴阳；也可以展现出太极生化图像，如无极、太极、三体诸式，又如形意五行拳、八卦掌、太极十三式；还可以表现出宇宙万物中的单一相貌，如形意之十二形拳。因此，通过格物致知的观念，可以格己身动作、太极生化图像动作，或格宇宙万物现象动作，得一气阴阳自然流行的致中和之理，了解身体使用的自然性理，完成身心教育的目的。心要在于虚静，虚能容物，而静能体察。在静心中，体察身体动静伸缩往来是否符合拳术规矩"致中和"之理，习之日久，豁然贯通，自然身体动作和顺，回归人的自然性理。

（一）孙禄堂拳学的身体观

1. 气化身体观

宇宙万物基本组成为气，人亦如是。无极生太极，无极为无，太极为有，即一气之流行。宇宙万物为太极所生，不但有气，也有一气流行之理。孙禄堂认为，人为先天元气加后天形质所成，先天元气为形而上之道，为不具形之一气流行的体性，后天形质为形而下之器,为具形之身体,为后天气血。

2. 太极身体观

太极为一气之流行,有动必有静的相对产生,有动静就有阴阳,因此太极有动静阴阳的相对性观念。《易传》载有"易有太极,是生两仪,两仪生四象,四象生八卦"的"太极生化"观之理。而整个太极转变、生化、平衡、整合统一,都要合乎一定的道理,此为太极一气流行自然之理的特性,即致中和的特质。

"人自赋性含生以后,本藏有养生之元气",此气为"中和之气"。孙禄堂以"一阴一阳谓之道,若偏阴偏阳皆谓之病",强调顺行的中和之道的重要性,并说明逆行为致病之因。

3. 身心内外合一观

孙禄堂说:"心在内而理周乎物,物在外而理具于心。"人分为内外,内为心,外为身。身亦有内外,内为一气流行之理,外为肉体。所以内为心、为理,外为物、为身。人因有灵性之心,故能以心感通物内之理,故理具于心。宋明理学认为,"即心即理"。就此而论,可知一气流行之理——理气,是人内、外与身、心之介质。因此,孙禄堂拳学的身体观称为"理气太极身体观",这个概念可以囊括气化身体、身心内外合一身体、太极阴阳顺逆致中和的身体等观念。

身体为心与理气的载体,身体的表现为心与理气的作用,所以用心来改变身体的表现,可以改变理气,因此孙禄堂认为古人"发明拳术,以求复其虚灵之气",但要正确地以拳术格物致知,必须以心之"虚静"为本。

4. 动静合一的养生返本观

人因先天理气失调而体弱病生,需复其本,孙禄堂要求"静以养心,动以复气"。因此,习武练拳练气为养气,此气为回复身体动静一气流行之理,非为后天之气血。孙禄堂"静以养心,动以复气"之修炼身体观如下:

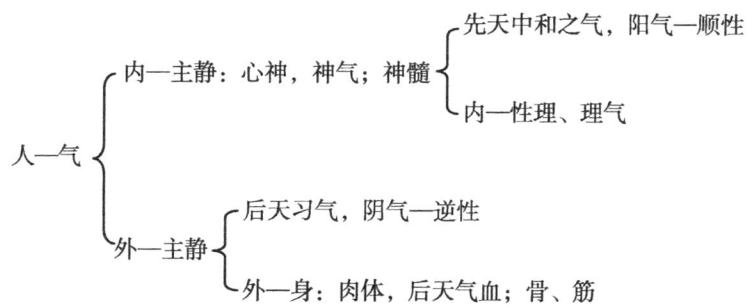

5. "身体使用的正确方法"与"身体使用的性理"

从身心学的"身体观"与"身心教育观"来看,身心学认为"人身中本具有使用身体的正确方法",因此才要"找回身体使用的正确方法",而孙禄堂拳学的身体观认为"人身中具有一气流行自然之理",其身心教育观为"动以复气",希望"回复身体使用之性理"。比较两者之身体观与身心教育观可知,身心学之"找回身体使用的正确方法",与孙禄堂拳学之"回复身体使用之性理"是一致的。

(二) 数理图像身体观与动作观（略）

(三) 身心内外合一训练观

武术强调身心合一、内外相合的身体观,从孙禄堂拳学基本技法要求"六合"的理念来进行说明最清楚。"六合"分"内三合"与"外三合"。内三合为"心与意合,意与气合,气与力合",此乃身中无形之物——心、意、气、力。外三合为"肩与胯合,肘与膝合,手与足合",此为身中有形之物——肩肘手、胯膝足。身中无形与有形之物相合的六合训练观,充分体现孙禄堂武学身心合一、内外相合的身体观。

(四) 身心教育结构

孙禄堂拳学的身心教育观主要落实在"理气太极身体观"中。孙禄堂认为,人为先天之理气与后天之气血所成,若不依先天理气之性而行,则伤后天气血;然而人可以通过武术的锻炼,习得身体动静一气流行之性理;其训练之法在于静心,心静才能观照身体活动的性理。所以孙禄堂强调"静以养心,动以复气",落实在具体的训练中,就是武术之身心合一、知行合一、格物致知之学。其训练结构为：以"诚"为本,明"知行合一"之理；先建立正确的知识体系,了解武术练气为养气练劲,明虚实、动静与体用之道,再进行身体的锻炼；从调身、调心、调息入手,以"三害""九要"为练拳之规矩,进行以拳术格物致知的训练；历经明劲、暗劲、化劲"三步功夫"之次第而成身心合一之学,进而迈入天人合一之境。

太极拳价值论*

价值，是客体对主体的有用性，即客体以自己的属性满足主体的某种需要。太极拳在长期的发展历程中，不断衍化出多种价值功能，以适应社会主体——人和社会发展的需要。

太极拳发端于明末清初，是走向成熟期的中国传统文化与中国武术的智慧结晶。可以说，太极拳是中国文化的一个"全息影像"。太极拳作为一种文化样式，按"文化三层次"学说可将其分为三个层次，其中价值观念属内隐层，它是决定太极拳发展的深层原因。

一、技击——太极拳主体价值取向

价值取向是调节、决定价值系统的主要内在机制，从根本上调节着人们的行为方式。从发生学的角度，太极拳是中国武术的一个分支，它的发生是中国武术发展的结果，其主体价值取向必然紧紧围绕"武"的精神和内涵。

从先秦的"后之以发，先之以至"，到明代的"旧力略过，新力未生"，继而至清代的"彼不动，己不动；彼欲动，己先动"，无不彰显着武术的技击原则和思想。技击，是两两较技的根本，也是历代习武者追求"内圣外王"之道，实现人生价值的途径。据唐豪考证，太极拳乃明末清初陈家沟陈氏第九代陈王廷所创。从一首"叹当年，披坚执锐，扫荡群氛，几次颠险，蒙恩赐枉徒然。到而今，年老残喘，只落得《黄庭》一卷随身伴。闷来时造拳，忙来时耕田，趁余闲教下些弟子儿孙，成龙成虎任方便"[1]，便可一窥太极拳的创造背景和创造动机。再看太极拳拳势之来源，陈王廷所造拳架中，有二十九式取材于戚继光的三十二式长拳。戚氏本着"若以各家拳法，兼而习之，正如常山蛇阵法，击首则尾应，击尾则首应，击其身而首尾相应……"（《纪

---

* 作者简介：刘静（1971—），女，汉族，安徽合肥人，博士，教授，博士生导师。2000—2003年在上海体育学院跟随邱丕相教授攻读博士学位，完成学位论文《太极拳健身理论论绎——健身思想和健身机制探》。现工作单位：上海体育学院；主要研究方向：传统体育养生与健康促进、武术与民族传统体育文化教育。本文原稿发表于《太极拳健身理论论绎》（北京体育大学出版社，2008年）。

[1] 唐豪. 太极拳之根源 [M]. 香港：香港麒麟图书公司，1969.

效新书·拳经捷要篇》）思想，综合古今十六家拳法，择其善者三十二式，"势势相承，遇敌制胜，变化无穷"。可见戚继光三十二式长拳，乃明代弃花法重实用拳法的精髓，是戚氏"既得艺，必试敌"的入门之径。将戚氏《拳经》歌诀按《拳经总歌》顺序相互对照，不难发现陈氏创拳的依据，无论动机、背景还是内容、形式，太极拳在发生之初，技击已成为其规定使然。

一句"任他巨力来打我，牵动四两拨千斤"，真正道出了太极拳的技击特点是重技巧而不在于臂力过人。在具体技法上要求"引进落空，粘黏连随"，在战略、战术上强调"舍己从人""得机得势"，从而达到"人不知我，我独知人，英雄所向无敌"的上乘武技境界。当然，太极拳"斯技旁门甚多"，但王宗岳早就指出"虽变化万端，而理为一贯"。不管太极拳法如何在运用中千变万化，而其动分静合、无过不及、随曲就伸、走粘相望、缓急相随等基本原理却是一贯的。从辩证唯物的观点看，正是这静动、曲伸、走粘、缓急等对立统一的矛盾现象，归结成"阴阳"二字，真实体现了太极拳拳法的真谛。这与何良臣所说的诸家拳种"取胜则一"，以及民国时期有人提到的"各地各家之拳术，其能打敌制胜则一也"，在技击价值观上具有历史传承的一致性。当然，陈王廷吸收了戚氏三十二式长拳中的二十九式，但他突出的不是"开大阵，对大敌"之技，而是"两两相当，角力角技艺"的个体性技击。从陈王廷《拳经总歌》到王宗岳的《太极拳论》，直至清末陈鑫的《陈氏太极拳图说》，无不折射着强烈的技击旨意。它们不仅是习武者经验认识的升华，同时又直接吸收了中国传统文化一脉——兵学思想的精华。兵学讲"知己知彼，百战不殆"，太极拳则形成了"以柔克刚"的技击特点，强调"以己粘人，必须知人"（《打手要言》），"欲要引进落空，四两拨千斤，先要知己知彼；欲要知己知彼，先要舍己从人……平日走架，是知己功夫……打手是知人功夫……所谓知己知彼，百战百胜也"（《走架打手行功要言》）；《孙子·势篇》曰"凡战者，以正合，以奇胜……战势不过奇正，奇正之变，不可胜穷也。奇正相生，如循环无端，孰能穷之哉？"陈鑫言"至于身法，原无一定；无定有定，在人自用：横竖颠倒，立坐卧挺，前俯后仰，奇正相生"（《太极拳经谱》）。"因敌成体"乃习武者追求的至高武技境界，太极拳要求"静中触动动犹静，因敌变化示神奇"，这与"兵无常势，水无常形，能因敌变化而取胜者，谓之神"，有异曲同工之妙。

但是，习武者在追求提高技击能力的主体价值驱动下，为了达到那"纵横自在，有感皆应"的"神明"之境，还必须经过"由着熟而渐悟懂劲，由懂劲而阶及神明。然非用力之久，不能豁然贯通焉！"的身心砥砺揣摩过程。在此过程中，历代太极拳家不断提炼总结出诸如"若言体用何为准？意气君来骨肉臣。详推用意终何在？益寿延年不老春！"（《十三势歌》）、"文修于内，武修于外。体育内也，武事外也。其修法内外、表里成功集大成者，即上乘也"等拳学理论。的确，"文武""体用"是武学强调的重要概念和范畴，太极拳对此也做了专门的文化阐释："理为精、气、神之体，精、气、神为身之体。身为心之用，劲力为身之用。"（《太极体用解》）"文者，体也；

武者，用也。文功在武用于精气神也，为之体育；武功得文体于心身也，为之武事。""文者，内理也；武者，外数也。有外数无文理，必为血气之勇，失于本来面目，欺敌必败耳！"（《太极文武解》)。可见太极拳强调的是"文武兼修，体用兼备"，并将其视为价值系统的理想模式。诚然，"武"和"用"是中华民族"重实际而黜玄想"的一种心理趋向，是实现"外王"之道的途径，但"文"和"体"同样凝聚了习武者对身与心全面塑造的价值追求，也是"内圣"之道的文化体现。

二、技进乎"道"——太极拳本体价值之追求

"道可道，非常道；名可名，非常名。无名天地之始，有名万物之母"（《老子·一章》)。"道"是千百年来中国历代思想家争论不休的一个核心问题，是中国古代哲学的重要范畴，在哲学上具有本体的意义。"有物混成，先天地生……可以为天地母。吾不知其名，字之曰道。"（《老子·二十五章》）可见"道"在老子这里已被认为是宇宙万物之本原，为万物之根本。于是"道"的终极性意义被确定，成为经验的基础和理性的依据，作为一个概念，它被广泛地使用，一方面很自然地沿着阴阳五行的思路，延伸到对天、地、人的结构性分析中，成为中国古代宇宙思想的重要背景，另一方面也被作为人之本性与人际伦理的合理性依据，投射到关于社会秩序的论争中，成为古代社会思想的重要背景[1]。作为文化巨系统中的一个分支——武术文化，"道"从总体上规范了武术的发展模式，并在微观上把握武术技法的变化规律。王宗岳在《太极拳论》开篇即道出："太极者，无极而生，动静之机，阴阳之母也。"其中"无极"一词，来自《老子》"复归于无极"，即老子所谓的"道"。正是这无极生太极，进而生出阴阳、动静，表现在形式上便形成了太极拳拳技的千变万化。《太极拳经》又说："虽变化万端，而理为一贯。"此理即此"道"，"道生一，一生二，二生三，三生万物"，也正是这根本的"理"即"道"，生出了诸如虚实、刚柔、动静、曲伸等相反相成、互为因果的千变万化。道生万物，万物归于道。太极拳通过所谓形而下谓之"器"的"术"和"艺"，而获得对天道自然、宇宙万物生化之理的体悟和体验，这是一种内在超越性的生命和人生价值的体验。"灿烂的艺赋予道以形象和生命，道给予艺以深度和灵魂。"[2] 太极拳所体现的"道"的精神，是"历来古人穷毕生之精力而不能尽其妙者"（杨澄甫《太极拳之练习谈》）之本，是太极拳之本体价值所在。

"反者道之动，弱者道之用""一阴一阳之谓道"构成了万物生成变化所遵循的"道"，即法则、规律。随曲就伸、阴阳相济、以柔克刚都是太极拳遵循此不变之"道"的体现。陈鑫则在《太极拳图画讲义》中明确提出"一阴一阳之谓拳"。依此"道"，在处理攻防关系时，太极拳强调攻中有防、防中有攻、攻防相依、攻防互用；

---

[1] 怀特海．科学与近代世界 [M]．何钦，译．北京：商务书局，1989．
[2] 宗白华．中国艺术意境之诞生 [M]．北京：北京大学出版社，1987．

处理劲力时，强调刚中有柔、柔中有刚、刚柔相济。弱者依据阴阳转化的规律，借助反向相求的方法，寻找机会，在得机得势时，击败对方。正是在此规律的驱动下，太极拳产生了尚巧、尚妙的趋势[1]。"夫形而上者谓之道，形而下者谓之器。神道难摹，精言不能追其极；形器易写，壮辞可得喻其真。"（《文心雕龙·夸饰》）太极拳技法的精髓和本质不在于一招一式的形似，而在于"通乎道""入乎神"的神似。"精言"不能描述"神道"，庄子也说"夫道有情有信，无为无形，可传而不可授，可得而不可见"（《庄子·大宗师》）。但在"道不可须臾离"的拳技招势中，其"有形"的层面是可传授的，而其中的意境、神韵和武技之道的真谛，则"名可名，非常名"，必须靠学者用心习练和体悟。"由着熟而渐悟懂劲，由懂劲而阶及神明"，要达到这种神明脱化的境界，关键还在于"然非用力日久，不能豁然贯通焉"的"体认"和"顿悟"。在陈鑫《太极拳权谱》中有言："太极至理，一言难尽。阴阳变化，存乎其人。稍涉虚伪，妙理难寻。"这就要求习练者要学思并用，须下实在功夫，方可寻到那"圆转随意运鸿蒙"的"真消息"。历来无数太极拳习练者也正是在"处处循规矩，一线启灵明。一层深一层，层层意无穷"[2]的道路上去体验"道"，去不断地追求和企及太极之"道"。

三、技、身、性和谐统一——太极拳价值系统结构特征

"修身、齐家、治国、平天下"历来是中国出世、入世人生哲学的体现，反映了中国传统文化价值系统的主要特征。"拳之一艺，虽是小道，然未尝不可即以小见大"[3]，习武之道同样深深地镌刻着这一文化情结。作为一种价值系统，技、身、性构成武术价值系统中的基本结构，并由此演绎着习武者追求的价值目标，演绎着武术文化的真善美，成为武术赖以存在的根本。

从传统哲学角度观，"技"乃形而下者，"道"之器也，是达"道"的手段和方法；"身"即形与神的统一，是生命活动的载体；"性"是哲学的一大范畴，董仲舒认为"性者，质也"，人心包括"性、情"两个成分。宋明理学家朱熹赞同程颐说的"性即理"，认为在人，"仁、义、礼、智，性也"。而陆九渊、王守仁认为"心即理""心之体，性也，性即理也"。在传统哲学的规范下，太极拳其理也精，其法也密，在大量经验认识的基础上，认为技、身、性和谐统一，是太极拳价值系统的基本结构特征。这里的"技"是指技击功能，是从"形"到"化"，从"有"到"无"，技进乎道的深刻把握；"身"是指强身功能，体现着形与神的完美结合；"性"即体道修德功能，是对习武者的道德情操的砥砺[4]。王宗岳在著名的《太极拳论》中将修习太极拳之道

---

[1] 康戈武. 古代武术演进的文化结构研究 [J]. 体育文史, 1998 (3).
[2] 王宗岳, 沈寿. 太极拳谱 [M]. 北京: 人民体育出版社, 1995.
[3] 陈鑫. 陈氏太极拳图说 [M]. 上海: 上海书店出版社, 1986.
[4] 周伟良. 传统武术训练理论论绎 [D]. 上海: 上海体育学院, 2000.

划分为三个阶段，即"由着熟而渐悟懂劲，由懂劲而阶及神明"。主观上这是习武者技击能力不断提高的过程，客观上却实现着身体机能、技击能力、道德修养的有机统一和逐渐升华，是习武者技、身、性和谐统一的过程。

人体乃习武之本，武技的高低与人体的强弱密切相关。陈鑫曰："举莫若清心寡欲，培其本源，以养元气。身本强壮，打拳自胜人一等。"孟子曰："志者气之帅，气者体之充。"从养生学的角度，气被视为生命之本原。"四肢百骸总归于一气"（陈长兴语），太极拳重养气，主张"气以直养而无害"，要求"以虚灵之心，养刚中之气"，并"以浩然之心行之，无往不宜"，强调中气贯于脊中，收于丹田。太极拳理论认为此即孟子所谓的"浩然之气"。"以心行气，以气运身""意到、气到、劲到"，可见，"气"在这里是心身运动的中介环节，在身的一端表现为劲的发挥，在心的一端表现为意的流行。"养气"的根本目的不仅为固本筑基，更重要的是专注于气的对象化展开和劲力的对外发放，把人体系统内部机能转化为外部行为和关系，以实现以柔克刚、克敌制胜的目的。"着"与"劲"是太极拳技术的基本环节，也是处理敌我关系的中介环节，直接决定着技击能力的高与低。顾留馨先生指出："着是打法、拳法、拳势。"练"着"首先要找形。"身必以端正为本""立身中正安舒，支撑八面"，即所谓"不偏不倚，无过不及"也。"不偏不倚，非形迹之谓，乃神自然得中之谓也。"可见练形不可离神，形神必须兼养。其次，完成动作周身协调，无乖戾僵拙。要做到周身协调，历来拳家强调要内外六合，即"内三合""外三合"之谓。此六合，陈长兴总结为"一动而无不动，一合而无不合，五脏百骸悉在其中矣。"同时通过刻苦体认，精熟每势的着法和变化，以去除蛮拙之力，逐渐体会周身一家的整劲。虽然太极拳习练者最终追求的是"浑然无迹，妙手空空"的神明之境，但着熟是入门的必经之途。"劲"在太极拳中具有根本性意义。陈长兴指出："夫太极拳者，千变万化，无往非劲。"清王南溪也道出"拳勇之本在于劲"。太极拳之劲，称为内劲，即"心劲一发，而周身之筋脉骨节无不随之，外之所形，皆由中之所发，故曰内劲"（陈鑫语）。这种劲的特征是"运劲如抽丝，蓄劲如张弓，发劲如放箭"；在技击上则要求"极柔软，然后能极坚刚""劲以曲蓄而有余，渐至物来顺应，是亦知止能得矣"，从而实现"借力打人，四两拨千斤"之妙。但是，由明劲到暗劲乃至化劲，并非易事，不仅在身体上，以至人的道德品质方面都是一个长期的磨炼过程，即所谓"劲以积日而有益，功以久练而后成"。不仅要注意内外的统一，因为"势虽不侔，而劲归于一""自顶至足，内有脏腑筋骨，外有肌肤皮肉，四肢百骸相连而为一者也。破之而不开，撞之而不散"[1]，还要在修养方面，"必俟多闻强识，格物致知……按步就序，循序渐进"。或者曰："此拳不能打人。不能打人只是功夫不到，若是功夫纯熟，由其大无外之圈，造到其小无内之境，不遇敌则已，如遇劲敌，则内劲猝发，如迅雷烈风之摧枯拉朽，孰能当之。"[2]

---

[1]王宗岳，沈寿.太极拳谱［M］.北京：人民体育出版社，1995.
[2]本社.太极拳全书［M］.北京：人民体育出版社，1995.

太极拳习练者在实践着养气、练着、积劲的过程中，也在不断地完善着道德品质的升华，这也正是中国传统思维中"主张认知方式与修养方法一致，把本体论、认识论、道德论三合为一"[1] 的体现。人们把太极拳称作"终身不尽之艺""非知惟艰，行之惟艰，所图之势皆太极中自然之机"，"故终身行之不能尽"，要学到老，修炼到老，正是太极拳以直觉磨砺修炼的路程，所谓"工夫无息法自修"也。《周身大用论》有言："一要心、性与意静，自然无处不轻灵"，道德之根于心，只有正心、尽性，才能"浑身轻灵，左右拿出应应应"。

"渊静以明志，德修而道行"，拳技非一日之功，人的道德修养更是一个长期的陶冶过程，太极拳无数习练者正是在技、身、性和谐统一的价值追求和不断实践中以求体道、悟道的。

四、太极拳价值观的演变和现代化转型

随着时代的发展和社会的变迁，人类文化在否定之否定的过程中发生着整体的提升和进步。东西文化的交流、冲突、融合奏响了近现代人类文化演进的主旋律，为人类文化在认识论、方法论方面另辟了一条走出藤蔓缠绕的蹊径，再度为民族文化的发展创造了机遇和挑战。依托于中国传统文化理论模式的太极拳，也必然在这场机遇和挑战中，接受着不同文化观念的冲撞和洗礼，从而在思想方法、价值观念乃至操作层次上，都发生着深刻的嬗变。

19世纪中叶，清王朝的国门被西方列强的炮舰轰开，西方文化迅速涌入中国，给恪守着传统文化的国民以巨大的心灵震撼，人们开始寻找强国强种之方。"兵操"的兴起并不能改变清王朝受屈辱的现实，民间传统武术的发展、完善，又显示着几千年传统文化铸就的国民对传统的眷念和希望，其表现之一为太极拳的传统理论和技法结构已宣告成熟。但是历史毕竟以前所未有的速度向前发展着，中西两种异质文化必须在对峙、冲突中不断寻求融合，这就是历史辩证法。辛亥革命以后，新旧体育之争，"尚武"的军国民主义教育思潮逐渐衰落，武术又面临着美国自然主义体育思想的冲击，结果是武术观念开始呈现出由"致用技击"向"卫生之道"变化的趋势，由重点宣传武术的"实用"价值转到着重从身心锻炼、道德修养、审美要求等方面发掘武术的体育意义，人们开始尝试用新的观念去认识、整理、研究我国传统的技击术。此时，一些武术家按生理学原理将少林十二式、太极拳、苌家拳二十四气及各种内功等，以心意作用及呼吸作用运动肢体的拳术列为"流通气血、强健精神"类。这种分法主要着眼于拳术的性质效果，以其主要锻炼价值为分类标准。尽管这种分类还很肤浅，但它毕竟反映了包括太极拳在内的武术价值观念的转变。继"五四"运动和新文化运动后，

---

[1] 邱丕相. 武海泛舟 [Z]. 上海体育学院内部文稿，2000.

民主与科学的思想冲击着我国体育界,土洋体育之争再次让国人审视西方近代体育和武术的本质和价值。这场争论加深了对土、洋体育的特点和价值等问题的认识。十月革命的礼炮,惊醒了我国先进的知识分子,他们开始找到了马克思主义,学会运用辩证唯物史观来考察我国传统体育。人们终于认识到,"国术一道,脱(若)不以科学的方法从而改进,势难邀社会之信用,必致完全失传"。文化的碰撞,必然引起对价值观念的重新认识,从而最终导致价值形态上发生变化。民国时期,太极拳受到了极大的关注,太极拳组织不断涌现,其普及的内容和形式多种多样,且出现了大量太极拳方面的著述和论文,太极拳的发展出现了较为兴盛的局面。这与太极拳吸收现代科学理论和西方近代体育进步的因素有密切的关系。考察当时出现的太极拳类书籍和论文,心理学、生理学、物理学、化学、社会学等科学理论受到了人们的重视和较为深刻的理解和运用。如徐致一撰写的《太极拳浅说》,专章对太极拳与心理学、生理学、力学的关系进行了较贴切的阐述;沈维周在《体育》月刊发表的社论《世界体育标准之太极拳》,结合了西方体育的理论和方法对太极拳的各个方面进行了详尽的分析,并阐明了太极拳的十五大功效。在二三十年代出版的太极拳书籍的"序"及"凡例"中,几乎无一例外地提到太极拳"养心存性""却病延年""卫生保健""应敌制胜"等功效及"可资终身""老幼皆宜"等特点,或"志在普及""广其传以救吾国之文弱"等目标,表明了习练太极拳的军事、教育、竞技、健身、审美、自卫等多种价值取向,难以分割[1]。

中国近代一个多世纪的沧桑历史,基本上是一个以西方文化的主动侵入,中国文化由对其抵触、冲撞、怀疑到逐渐吸收、初步融合的历史。任何文化的冲撞,其根本的核心是观念的冲撞。在这段历史中,武术界和其他传统文化战线上的仁人志士,主要围绕着武术的价值观念展开了论战,集中在武术是否具有锻炼价值和是否符合社会之发展需要上。经过这场论战,在太极拳方面,人们挖掘和阐释了太极拳的多种价值功能,肯定了太极拳的体育意义,从而激发了太极拳的自新力,初步完成了太极拳的自我认识过程,为太极拳迈向科学、迈向系统,实现自身的历史转型,准备了条件和内在的逻辑力量。

在经过了近代近于理性的审视后,现代武术依然经受着理性与非理性、科学主义与人文主义的洗礼和改造,继而在本质上发生着转型和飞跃。回顾中华人民共和国成立后太极拳发展的历程,前40年经过整理、改造,明确了太极拳作为体育形式发展的方向,太极拳的健身价值备受关注,表现为太极拳的技术形态、竞赛制度、训练方法、理论研究都正在努力地朝着科学化、规范化、社会化方向发展。特别是20世纪末以来,科学给这个世界带来了急剧的变化,人们一方面在充分享受着科学带来的物质和生活上的极大满足,但另一方面却不得不承受它可能给人类造成的精神危机。大规模

---

[1] 易剑东,郭兰. 民国时期太极武术的盛行及其历史原因 [J]. 山东体育学院学报,1996 (3).

的战乱、意识形态的对抗、周期性的经济危机、生态破坏等诸多全球性问题，构成了作为"人类生存方式"的文化对人类的严重异化。人类创造文化本来是为了生存，然而，被人类创造的文化却发展到了威胁人类生存的地步。对此，有学者认为，改变科学范式可能是一条理想的出路，于是，风格迥异于西方文化的东方文化被人们重视起来。这就为包括太极拳在内的传统文化提供了在新的历史条件下继续发展的必然性和合理性，它所具有的对现代或未来社会的启发、调节、互补作用，将显示着传统文化的现代价值和历史张力。当然，中国传统文化虽然具备了可能适合现代和未来价值和意义的因子，而要将这些因子变成现实，以有利于未来社会，则必须进行科学改造和现代化转型。太极拳作为形成发展于传统文化土壤里的人体文化和人体活动方式，是一种优化生命存在的价值系统。虽然其技击实效功能在现代社会并无存在价值，但其中蕴涵的"以巧斗力""舍己从人""生生之谓易"的思想，对解决现代科学的困惑不无裨益。前文已论述，太极拳是在技击能力提高的过程中，追求"技、身、性"和谐统一的，这是一种通过内部自觉颉颃、制衡、调控求得稳定和谐的内源性多样化取向[1]，体现着太极图的精神和价值，在人类乃至整个世界文化中焕发着价值魅力，为体育的发展注入了生机，创造了永恒的、和谐的图景。"万物皆是一理""天地人只是一道"，因此，"穷理尽性以至于命"，穷极物理和究尽人性不可偏执，理性应与价值合一。太极拳价值的体现，需要插上理性的翅膀，以实现价值观念中科学和人文的统一。

五、结语

"文化价值是人类世代相传的经验结晶的观念部分"[2]。作为一文化子系统，太极拳价值则是历代习练者在实践着阴阳互济、顺势化解、克敌制胜的过程中，所凝聚的对生命的意义的认识；它具有求真、求善、求美的技、身、性和谐统一的价值结构特征，最终所要达到的是对"道"的本质的体现。

---

[1] 阮纪正. 武术——中国人的存在方式 [J]. 体育与科学，1992（1）.
[2] 侯样祥. 传统与超越 [M]. 南京：江苏人民出版社，2000.

中国武术的历史走向*

一、引言

研究中国武术发展对策的人,其观点大约不出以下三个方面:一是全盘西化,二是保持传统,三是折中发展。此三种观念在武术发展的不同历史时期都曾处于有利或不利的地位。

民国时期,武术被提升为国术,在强国强种、振奋民族精神方面发挥过重要作用,由此成立的中央国术馆也对武术的发展起到了重要的推动作用。与此同时,中华新武术的出现为武术发展注入了西方体育的成分,武术的西化初见萌芽。这一时期传统的优势大于西化。

1949年以后,武术政策发生了巨大的变化,竞技体育乘势而起,占据了主导地位。武术进入了体育的行列,以竞技为特征的武术正式进入了历史舞台,武术的发展翻开了新的一页。各种类型、各种层次的武术比赛此起彼伏、轰轰烈烈,传统武术受到了巨大冲击。传统武术比赛的内容和形式也逐渐西化,甚至农民运动会的武术比赛也是竞技武术套路。这一时期,西化大于传统。

2004年,首届世界传统武术节在郑州举行,传统武术的发展开始进入实践阶段。同年,中宣部、教育部印发《中小学开展弘扬和培育民族精神教育实施纲要》,明确提出:"体育课应适量增加中国武术等内容。"把武术教育作为弘扬和培育民族精神教育的实施途径。全国武术功法大赛也举办得轰轰烈烈。此时,武术折中发展的道路初见端倪。

2005年,国际奥委会主席罗格在南京宣布,北京奥运会期间将要举行"2008北京奥运会武术比赛"。这一结果使得新中国不断探索与实践的竞技武术仍然无缘奥运会。

多年来,我们对武术文化的价值没有做到充分地肯定,相反,却背负着强烈的文

---

* 作者简介:郭玉成(1974—),男,汉族,山西新绛人,教授,博士,博士生导师。复旦大学新闻传播学博士后(2005—2007年)。2000—2003年在上海体育学院攻读博士学位,指导教师邱丕相教授。现工作单位:上海体育学院;主要研究方向:武术传播、民族传统体育历史与文化。原文《论中国武术的历史走向》刊载于《体育文化导刊》2007年第1期,本次摘编修改为《中国武术的历史走向》。

化自卑感。《北京人在纽约》中有这样的歌词："千万里我追寻着你，可是你却并不在意……我已经变得不再是我，可是你却依然是你。"武术全身心地去拥抱西方体育，不惜改变自己去与奥林匹克运动接轨，可是人家却并不在意。可见，全盘西化，认为进入奥运会就可以把武术传播到世界各地的观点遇到了前所未有的挑战。因为武术短时间内是进不了奥运会的，况且，即使武术真的进入奥运会，按照现在的发展，也不一定会像跆拳道那样进入个体家庭，进入千家万户。由此可见，通过比赛来发展文化的武术，显然是不全面的。

那么，中国武术要向何处去？

二、全盘西化之路

武术是中华民族传统文化艺术类项目，文化性、艺术性和技击性是中国武术的根本特征。体育是西方体育项目的泛称，包括了西方以游戏和竞争为特征的运动项目。以"中学为体、西学为用"为例，新中国竞技武术的理论研究与实践探索都是以此为出发点的。殊不知，中学的体，需要中学的用；西学的用，依存于西学的体。

1949年以后的武术大事记记录了武术发展的历程，这一历程是以武术协会的成立与新赛事的诞生为主线的。比如亚洲武术联合会的成立、国际武术联合会的筹立、南美功夫组织的建立及武术进入全运会、亚运会、东亚运动会等。"运动员"与"比赛"贯穿了新中国武术发展史的始末。2005年全运会武术比赛增设一枚女子散打金牌，以及"2008北京奥运会武术比赛"的举办无不体现了"体育的武术"的发展之路。武术体育化的终极道路是完成武术的"全盘西化"，最终进入奥运会的"殿堂"，成为一个以东方体育为名、西方体育为实的新的西方体育项目。

为了完成武术进军奥运的征程，围绕武术奥运发展之路，众多的专家学者从文化背景、技术、规则、裁判等方面进行了学术探讨，把武术的体育属性进行了最大化的扩展，使竞技武术距离武术本身越来越远。"文化的武术"逐渐脱离"文化"，演变成了"体育的武术"或"体操的武术"。

这一发展结果致使竞技武术已经不再是中华民族文化与体育的代表性作品，失去了武术原本的精粹。以武术套路为例，"文化的武术"是内在的、笼统的，老拳师的举手之间便可显示"功夫"所在；而"体育的武术"是显现的、量化的，在"360度、720度"之间显示武术的"功力"。这一大相径庭的内容与形势之间的变化，使武术套路的发展逐渐向"体操"方向发展，使武术比赛"非武术"化。推理如下：武术套路比赛中，决定评分与名次的关键是指定难度动作，并非武术的劲力、协调、精神，而由旋转、腾空转为定势的技术动作并非武术，至多是武术中不重要的部分，所以，武术套路比赛不是武术比赛。

尽管推理的结果并不完全正确，却具有合理性。因为武术套路比赛是武术比赛，只是决定胜负、名次的是非武术因素而已。此矛盾的结果是武术界的有识之士大呼竞技武术不是武术,并呼吁武术回归传统。而且,随着武术申奥过程中难度的不断加大以至最后与奥运无缘,发展传统武术的呼声越来越大。

造成竞技武术发展种种困难的原因在于武术本身。众所周知,武术是中华民族传统文化艺术类项目,即武术的属性应是文化大于体育。武术具有体育的属性,同时还具有文化属性、艺术属性。许多武术文献中经常引用的一句话是"武术属于体育,高于体育"。武术既然属于文化,怎么又会属于体育呢?武术高于体育是显然的,因为武术是文化,体育文化隶属于文化,所以武术是高于体育的。我们多年来大力发展的竞赛武术,其实只是在扩大武术的体育功能而已,对武术的整体发展却关注不够。

竞技武术终未被奥运接受的原因有多种,没有注重传播的结构与过程是一个重要的因素。武术要进入奥运会,首先要通过国际奥委会委员的投票表决。在进行武术国际传播的过程中,需要研究的传播对象是国际奥委会委员,研究他们需要什么样的武术进入奥运会。而多年来关于竞技武术的研究都是围绕我们自己开展的,比如调查教练员、运动员、裁判员的项目建议,比如认为男刀、女剑容易表现项目运动特点,比如提出如何增加评分的准确性等。站在我们的立场进行的武术研究往往会造成文化的误读。这恰如,鱼所想象的鸟是长着翅膀的鱼,人所会意的神仙是会飞的人,至多是三头六臂的人等。传播结构不清晰,即使有明确的传播目的,也无法得到真实的反馈。由此,各种改革都无法真正达到预想的效果。

另一种认识的偏差可认为是"中学为体、西学为用"。武术是中国的文化项目,却用西方的评判模式进行竞赛。这本身就存在"体"与"用"的矛盾。"体"与"用"其实是分不开的,中国武术与西方体育应各有其体,各有所用。完全用西方体育的标准衡量中国武术,武术的发展就会由西方人"看不懂"改变成"看懂",由武术而逐渐脱离武术,由西方对武术的"惊叹"变为"不以为然"。这一过程是以丧失文化特性为代价的。"中学"有"中学"的"体"、"中学"的用,"西学"有"西学"的"体"、"西学"的用,而且"有其体必有其用,有其用必赖其体"[1]。竞技武术改革多年来形成的矛盾,其根本在于文化上的矛盾。

那么,竞技武术如何发展呢?经过前面的论述,竞技武术的发展走向已经非常明确了,即"全盘西化"。"全盘西化"需要舍弃更多的文化要素,遭受更多的"中国式体操"般的非议。但"全盘西化"会加速武术的"体育化"进程,加快与奥林匹克接轨。

三、保持传统之路

传统武术是根植中国传统文化母体之上具有民族性、文化性、技击性、艺术性的

---

[1] 陈序经. 中国文化的出路 [M]. 北京:中国人民大学出版社,2004:11.

真正的中国武术。自竞技武术出现之始，竞技武术与传统武术之争就一直没有停息过。造成的结果是，传统武术不承认竞技武术，竞技武术又认为传统武术缺乏规范标准。对与错且不必论，竞技武术对传统武术的强烈冲击却是毋庸置疑的。竞技武术的发展是完全意义上的官方传播，占尽了天时、地利、人和，而传统武术属于民间传播，基本上处于自生自灭的状态。一位学者曾经说过，我们每天都在乐呵呵地抛弃着我们的文化。更有学者称"传统武术"是"濒危的非物质文化遗产"。传统武术的逐渐消亡已让我们痛心疾首。以少林拳为例，以前有300多套拳术、100多套器械，总共500多个套路，仅红拳就有10多套，但目前主要练习的只有两套。为了保护少林武术，2002年12月，"人类口头和非物质文化遗产抢救与保护国际学术研讨会"在北京召开之际，少林寺方丈释永信为少林功夫申报"人类口头和非物质遗产"。其实，包含近129个拳种和拳系及数百个拳派的传统武术，随着时间的流逝与时代的变迁，正在逐渐萎缩或消亡，有的已经彻底消失了。"中国武术"这一流传数千年、具有民族特征、能够增强民族凝聚力的文化艺术项目，已经到了必须加以保护的危急时刻了。去掉竞技武术无缘奥运的外在因素，技术改革的失败有不可推卸的责任。而此时，那几个竞技套路已经把传统武术逼得无路可走了。"锦标主义"和"唯竞技论"在传播武术的全国体育院校与武术馆校中已深入人心地在"官方传播"的领域之内，传统武术简直无处可逃。即使竞赛中的传统武术也已经变成了"竞技性传统武术"了。

"保持传统"是中国武术的出路，"传统武术"是中国武术可持续发展的生命之源。

其实，对武术文化的保护工作早在20世纪80年代就进行过。1982年，国家体委召开武术工作会议，明确提出：挖掘传统武术，抢救武术文化遗产。并成立了武术挖掘、整理领导小组，制定了《全国武术挖掘、整理工作计划》。在1983—1986年，动员了8000多名专职和业余武术工作者，开展了我国武术史上空前的"普查武术家底、抢救武术文化遗产"的工作，收集了大量文字和录像资料。但是，由于武术文化是以身体艺术为表现形式的文化形态，任何细微的肢体变化都会有不同的技击与健身效果，通过文字、录像根本无法再现武术的原貌。所以，挖掘的结果最多只是对武术进行了部分保护，与整个传统武术文化体系比较，只是做了一部分工作，并没有根本改变传统武术的消亡过程。

那么，整个武术文化的技术体系主要有哪些内容呢？20世纪80年代初步查明的"源流有序、拳理明晰、风格独特、自成体系"的129个拳种，其实在文献中并未核实。《中国武术史》中只列举了95种。康戈武先生编著的《中国武术实用大全》列举了62种，其中，武当拳、字门拳、黄林派、内家拳、意拳、自然门、长拳、六合拳、通背拳、戳脚翻子、侠拳、鹰爪拳、蛇拳、地躺拳、神拳15种拳术在《中国武术史》中没有罗列。一个原因是有些拳种只是在史料中有，现在已失传，如内家拳；另一个原因是虽现存于世，但不在挖掘整理的范畴，如意拳；还有的是因为属于新拳种，武术界并未真正对其进行拳种界定，如长拳。《中国武术百科全书》中列举了87个拳种，与《中国武术史》有40个拳种不同,且都有比较清楚的套路名称、风格特点、技术方法、练功方法等内容。如果这些拳种确实存在并独具特色、至今流传,则拳种总数已超过了经典的129个拳种的数目[1]。可以推论,传统武术的拳种、拳系及其流派数量并没有完全弄清楚,保护传统武术的工作势在必行。

除了徒手运动外,传统武术的不同拳种流派都有各自的器械技术,它们风格各异,除常见的刀、剑、棍、枪以外,还有短器械——鞭、鞭杆、钩、拐、锤、橛、匕首,长器械——笔架叉、大刀、戈、戟、斧、钺、叉、三叉齿钉耙、铛、铲、狼牙棒,双器械——铁筷子、峨眉刺、铁梳子、鸡刀镰、月牙刺、马戟,软器械——流星锤、绳镖、九节鞭、三节棍、龙头杆棒、飞锤、双飞过、四节铛、杆子鞭,其他的还有判官笔、圈、天荷凤尾镗、狼筅等。

此外,具有健身、养身、护身、增强武术技能的功法运动也十分丰富,包括提高肢体关节活动幅度及肌肉舒缩性能的柔功,锻炼意、气、劲、行完整一体的内功,增强肢体攻击力度和抗击能力的硬功,发展人体平衡能力和翻腾奔跑能力的轻功等。这些丰富多彩的技术和功法都需要继承和保护,它们具有浓郁的民族文化色彩,是中国武术的真正代表。

那么,为何要保护传统武术呢?如此众多的传统武术项目应如何保护与传播呢?

传统武术作为非物质文化遗产,它是民族精神文化的重要标识,蕴含着民族特有的思维方式、想象力和文化意识,承载着一个国家或族群文化生命的密码。它是人民群众创造力的高度展现,也是体现世界文化多样性,维护国家独立于世界文化之林——文化身份和文化主权的基本依据[2]。

既然保护传统武术意义重大,那么,以国家力量尚不能保护的传统武术如何完成传承与保护呢?我们认为,以身体艺术为表现形式的武术文化,其真正传承只能通过人与人之间的口传身授来完成。武术传承需要两类人。一类是民间武术传人,这类传人要由国家武术主管部门管理,并提供展示技艺的机会,操作方法可以这样:再次开展全国武术挖掘整理工作,对认定的拳种与传人提供参加每年一度的"全国武术大会"的权利与机会。另一类是高等院校中以武术为主干学科的民族传统体育学专业的学生。高等院校的民族传统体育学专业要注意招收传统武术练习者中的优秀者进行培养,通过他们把传统武术带到高校,通过高校向社会传播,各个地方、省份的民族传统体育学专业都分别招收在本地流行的地方拳种流派习练者,通过高等院校实现武术文化与传统武术的继承与发展。高校传统武术的传承者,应注重传统武术的文化性、科学性与传统性。

---

[1] 郭玉成.武术传播理论与对策研究[D].上海:上海体育学院,2003.
[2] 陈勤建.当代中国非物质文化遗产保护[J].新华文摘,2006(1).

四、折中发展之路

在武术文献中，关于武术发展的出路主要围绕竞技武术、传统武术及所谓的健身武术，其他发展之路却研究颇少。在竞技武术无缘奥运，传统武术尚待发展之时，武术的折中发展之路就颇有意义了，而且值得深入探讨。

日本借承办奥运会之际把柔道推向了奥运，韩国借承办奥运会之际把跆拳道推向了奥运，我们当然也希望借北京奥运会之际把武术推向奥运会。为此，中国奥委会和国家武术主管部门都做了大量的工作，但武术确实没有进入奥运会。

中国武术难道就只有进入奥运会这一条道路吗？

在前面我们论述过这个问题，中国武术是民族艺术类项目，是非物质文化遗产。既然是文化，它就不能只是通过"比赛"传播。武术传播最重要的途径应该是"教育"，发挥武术的教育功能才是武术发展的长久之计。这是竞技武术与传统武术之争的折中之路，是武术无缘奥运之后发展武术的最佳出路。

因为，武术"高于体育，属于文化"。它在中国传统文化的规范下，形成了强调整体合一、注重道德修养的技术体系和教练原则。它不仅能让习练者通过练习武术学习和理解中国文化中的整体特点、伦理特征和辩证特色，还能将这些有利于人类进步与和平的知识内化为锻炼者的行为准则，取得良好的教育作用。

武术在与中国传统文化的协同发展中，自然地融会了中国传统哲学、伦理、美学、医学、兵法等传统文化的思想与内容，形成了武术技术与中国传统文化合二为一的武术文化。武术成为中国传统文化的载体，武术的各种表现形式成为展示和传播中国传统文化的方式。人们练习武术的过程，也是解读中国传统文化的过程。传统文化中的思想和内容会在武术练习者的性格、品质中潜移默化地诉诸生活实践中，这就是武术的教育过程。通过练习武术，不仅能获得武术丰富多彩的技术内容，而且能了解和吸收中国文化的精髓，获得身心健康的全面发展。

2004年，中宣部、教育部印发了《中小学开展弘扬和培育民族精神教育实施纲要》，提出"体育课应适当增加中国武术等内容"，明确提出通过武术教育可以培育和弘扬民族精神。可见，武术的文化教育功能是不同于其他体育项目的。武术不应放在体育的范畴理解，而应是民族文化艺术项目。因为，民族文化艺术的保存、维护和走向世界，都具有教育与弘扬民族文化与民族精神的作用。

武术教育不同于语文、历史、德育教育，它是文化教育和身体教育的有机统一。在身体体验的过程中接受中国文化，会使人们真正融入中国传统文化之中，感受中国传统文化的博大精深，从而得到更好的教育效果。

其实，早在民国时期，人们就已经认识到武术的教育价值。为此，武术曾一度被称为"国术"，被列入学校教育，从青少年开始抓起。1914年著名体育家徐一冰在

《整顿全国学校体育上教育部文》中，建议将武术列为高等学校、中学和师范学校的正课。1915年4月，在天津召开的"全国教育联合会"第一次会议上通过了北京体育研究社许禹生提出的《拟请提倡中国旧有武术列为学校必修课》的议案。1918年，全国教育联合会在上海召开第四次大会，提出学校体育应"加授武术"，并指出"提倡武术，以发展国人特殊之运动"。同年10月14日至11月2日，教育部召开全国中等学校校长会议，议决：请全国中学校一律添习武术。1926年，第十一届全国教育联合会议决案中又有《学校体育应特别重视国技案》，指出"查国技为吾国原有之武术，关系体育，至为重要。""非惟适于成人之锻炼，实宜于儿童之学习。凡学校均应特别注重，以期保存国粹，促进体育，养成坚实之国民。"[1] 反映了民国时期体育界、教育界人士对武术教育价值的重视。

武术具有的教育价值使其在众多的民族传统体育项目中脱颖而出。1984年在美国洛杉矶举办的第23届奥运会上，中国奥委会向国际奥委会呈现了一部《中国古代体育》画册。全书把中国传统体育分为16大类22个项目。所有的这些运动项目中，现今唯有武术一类被列为学校体育教育的内容[2]。

武术振奋民族精神的价值与作用在调查中也得到了证实。一项对广州地区12所高校517名大学生的调查显示，89%的大学生认为高校广泛开展武术运动能振奋大学生民族精神[3]。

由上可见，历史与现实的共识是：民族文化可以传承和培育民族精神，具有良好的教育价值；武术承载着民族文化的内容和精神，武术教育可以起到培育和弘扬民族精神的作用。发挥武术的教育功能，在学校和社会开展武术，是中国武术的最佳出路。

五、结语

中国武术的出路大致有三条：全盘西化——竞技武术的发展之路，保持传统——传统武术的发展之路，折中发展——武术教育的发展之路。

在武术无缘奥运的今天，这三条道路是武术发展的必由之路。武术应以传统武术的发展为中心，充分发挥武术的教育功能，继续完成武术的奥运进程。

---

[1] 林伯原. 民国初期学校武术课程的设置状况 [J]. 体育文化导刊，1994 (4).
[2] 徐永昌. 寻求武术在学校体育中的根基 [J]. 中国学校体育，1999 (3).
[3] 梁永文，梁艳华. 广州地区高校武术活动现状调查及对策思考 [J]. 解放军体育学院学报，2002 (3).

武术国际化——传统武术的价值与现代化转型*

随着竞技武术在国内外的快速发展，传统武术如何进行现代化转型，以适应当代社会发展需要，一直是武术界密切关注的问题。以西方体育为模式的竞技武术和以攻防技击为标志的传统武术，长期互为抵牾，究其根本，二者不同的价值选择导致了所持的价值观念大相径庭。诚然，武术的现代化过程需要借用外来文化观念，但是，如果脱离自己的文化传统，武术现代化的进程无疑将会事倍功半。因此，为了推动传统武术变革，加速中国武术的全面化与国际化发展，对传统武术内在的价值进行重新审读显得尤为必要。本文拟从中国武术传统的价值功能入手，对传统武术如何进行现代转型的问题展开探讨，旨求为中国武术在国内外的发展实践提供一些理论上的思考和启示。

一、传统武术的多元价值孕育了中国武术独特的项群魅力

（一）攻防格斗是武术源起的根本

众所周知，中国武术源远流长，最早可以追溯到上古时代的人们为了生存而与猛兽的搏斗。然而，作为一项古老的搏击技能，武术防卫的根本还是在于人与人之间的争斗。原始社会的部落战争，刺激人与兽斗的搏杀技能迅速向着人与人斗的格斗技击技能转化。正是由于氏族社会普遍存在的人类争斗厮杀行为，战争中需要的一切格斗技术，由此开始从生产技术中分离出来，并在长期的战争实践中，逐步发展成为一项独立的技术。而且在整个冷兵器时代，传统武术的主要内容和价值始终是围绕着技击这一基本特征演化、发展的。

从历史的视角分析，中国古代武术存在两条发展主线。一是传习于军旅将士中的武术，一是流传于广大民间社会中的武术。军旅之中的武术，作为军事训练的一种手段，"临敌便捷，可望常胜者，无过'大封大劈'为最上"（程宗猷《耕余剩技》），

---

* 作者简介：李厚芝（1974—），女，汉族，湖北广水人，博士。2000—2003 年在上海体育学院跟随邱丕相教授攻读博士学位，完成学位论文《我国武术市场开发策略研究》。现工作单位：华东师范大学；主要研究方向：武术教育与传统体育传承发展、武术文化与市场。本文原稿发表于《体育科研》2005 年第 1 期。

因此，训练中的格斗、击刺技艺总是以"临敌实用"为标准，讲究简洁实效，反对"花法""虚套"。所谓"一技一艺"是"防身立功，杀贼救命"（戚继光《纪效新书》）之本也。与之相对的，流传在民间的武术，主要是用于小规模的"私斗"和"比场中较艺，擒捕小贼"之类个体与个体之间的对抗格斗，它的格杀技术总是以人自为战的设想来发展的，因而较偏重个人的勇力技艺和技巧。民间武术自春秋战国时期从军事技艺中脱离出来，在社会不同阶层、不同层次类别的人群中广泛地传习开展。作为一种强身自卫的技能，无论是"剑士""游侠""保镖"，还是庙宇、乡村、市井中的"练剑习武"，都非常讲究攻防的技击性。广大民间的武术家在攻防实践中不断探索，总结出了各种克敌制胜之道，从而形成了民间武艺千姿百态、各具特色的攻防技艺类别。如太极拳以掤、捋、挤、按、采、挒、肘、靠为主要技法，讲究"以柔克刚""引进落空"；形意拳以劈、崩、钻、炮、横为基本五拳，遇敌交手要求快速突然，一发即至；少林拳则以"硬打直上""快攻猛进"为特点。尽管不同的拳种流派有着不同的技击特点和攻防方法，而且各家各派在具体的形式、形态上还存在着种种差别，但民间武术各流派的技术发展都普遍遵循着一定的攻防规律。可以说，在健体的同时兼具攻防技击的防卫价值，这是武术区别于一般体育运动的显著性特征，也是传统武术的根本所在。

（二）传统文化底蕴是中国武术独立于世界武坛的特色之所在

中华民族历史悠久，辽阔富饶的华夏大地孕育了灿烂的文化和优良的传统。中国武术在几千年民族文化氛围中产生和发展，无论武术套路还是武术散打，都深受传统文化的影响，自然地融汇了传统文化的思想和观念，形成了有着独特个性与持久生命力的东方人体文化。正因为武术在整体上折射出了中国传统文化的基本精神，因而使之能够成为民族文化传承的载体，成为许多西方人了解中国传统文化的重要途径之一。有研究表明，武术在世界各国人民的心目中，"教育和文化"的价值高居首位。

武术不仅有丰富的文化哲理，在技艺的传授中也充满着东方的伦理道德意蕴，其中最为典型的就是武德。对习武者进行道德品质教育是武术学习过程中的一项重要内容。常见的武谚如"未曾学艺，先学礼""未曾习武，先习德"等，就反映了对仪礼和德行的重视始终贯穿于习武者的日常训练生活。通过武德这把"尺子"来规范习武者的行为举止，培育习武者知礼崇德、尚武自强的精神，而这种精神正是传统文化中"自强不息""厚德载物"的中华民族精神在武术圈域的投影。这种源自民族文化共同体中的特点使武术蕴含着丰富的民族文化内涵，直观地映射出本民族的价值观和民族情感。

可以认为，中国武术之所以被称为中华武术，并在世界武坛独具魅力，其中最重要的因素之一，就是在其技击特性之中所蕴含的博大精深的中华传统文化精髓。武术的文化底蕴与技击功能共同构建了中华武术在世界人民心目中东方武技的形象，而这正是它深受各国人民的青睐，傲然独立于世界武坛的特色之所在。

（三）种类繁多的套路程式是中国武术别具一格的审美基础，独特的艺术样式成就了武术的娱乐价值

美源于生活。作为一种人体行为的艺术，武术美的艺术特性是客观存在的。武术的艺术审美性主要产生于武术特有的技击美与技艺美。

武术的技击之美，可谓"勇武之美"，自古就有较高的审美娱乐价值。如《庄子·说剑》中记载：战国时，"赵文王喜剑……日夜相击于前……好之不厌。"《汉书·武帝纪》载，"（元封）三年春，作角抵戏，三百里内皆观"。曾经盛极一时的中国武术散打王争霸赛在2000年通过电视平台一推出，就迅速掀起了巨大热潮，据零点公司调查报告称，2001年散打王争霸赛跃升为当年中国体育第三大品牌赛事，电视收视率仅次于足球和篮球。尽管此后中国武术散打王争霸赛事因多方因素最终走向了衰落，但是通过以实战对抗和攻防技法演示表现出的武术技击之美在现代新媒介包装形式下传递出的巨大娱乐价值不容小觑。人们在观赏武术格斗运动时，从双方表现出的力量、勇敢、精妙的招式及强健的体魄中感受到强者的力量之美、勇武之美，并且通过欢呼呐喊等一系列的助威行为过程，达到移情体验，获得情感上的宣泄和精神上的愉悦。

武术技艺美，在武术套路运动中有着强烈的表现力和感染力。我国传统武术有着丰富的套路表现形式，或会意或象形，或独舞或对练，高低俯仰，起承转合，构成了中国武术独特的审美意象。由于古代武术与舞蹈的密切关系，武术演练很早就成为观赏的艺术，诚如蔡龙云先生所言，"演练者将自身置于假想的战斗场合"中，通过形体动作的演练表达，表现出中国搏击技术丰富多样的形式美和深远的意境美，从而给观赏者以独特的审美体验。事实上，武术所表现出来的艺术特性和美的创造表象是客观存在的，是武术自身发展所造化的战斗之美，像武术演练所表现出来的优美矫健的动作、均衡的势态、恰当的节奏、和谐的韵律及强烈的动感和深邃的意境等，都无不给人们带来强烈的审美感受。所谓"观者如山色沮丧，天地为之久低昂"，恰是这种独特体验的生动写照。

（四）保健养生的健身功能是新世纪体育健康价值的重要体现

20世纪以来，人类科学技术的飞速发展推动着社会进步日新月异。高度的现代文明在给人类带来实惠的同时，也给人类带来了很多困扰：首先，经济的高速发展使自然生态环境被破坏的程度日趋严重；其次，激烈的社会竞争使人们承受着强烈的心理紧张感和压抑感；再次，现代生产方式和生活方式使人们身体活动的机会越来越少，"文明综合症"的广泛蔓延使人类面临生存危机；最后，老龄化社会的来临使国民的医疗保健费用大幅增加，国民经济的发展背上沉重的负担。显然，这一切都将使"健康教育"成为21世纪人类社会发展的重要内容。美国前总统克林顿曾指出，"健康是21

世纪的通行证"。体育活动在人类"健康教育"中体现出的价值,已被越来越多的人所接受。而且,人们对健康的认识也不再停留在身体外在形态与机能的无疾病阶段,而是更加强调身心健康和积极生活的理念。传统的单纯的健体健身观向身心健康、休闲娱乐、全面和谐的新的体育健身观念发展。

  武术与所有的以身体运动为基本活动形式的体育项目一样,只要进行正常的人体运动就可以增进健康,达到健身的目的。然而,它又与其他体育项目显著不同的是,武术秉承了中华民族智慧内求的心态机制,在形体强健的同时追求内在精神与人格的健全。作为一种健身手段,它积极汲取了中国传统的导引养生术和中医摄生理论,通过系统的行气训练以充分挖掘人体的潜能,达到身体外在形体与内在机能和谐统一的目的。因此,武术练习始终强调内外俱练。有武谚云:"外练筋骨皮,内练一口气。"又云:"内练精气神,外练手眼身。"由"形神兼修"通达"身心并完"而至"天人合一",可以说是中国武术健身思想的独特之处。这也正是新世纪体育以人为本,追求健康,重视人的身心全面发展的健康价值的重要体现。

二、传统武术在现代社会的变革思路

（一）兼顾攻防技击与文化内涵的统一

  中国武术之所以被称为中华武术,并在世界武坛独具魅力,其中最重要的原因就是在其技击特性之中所蕴含的博大精深的中华传统文化精髓。武术的文化底蕴与技击功能共同构建了中华武术在世界人民心目中东方武技的形象。因此,传统武术的现代化发展,不能只着眼于攻防技击价值,还必须兼顾其文化内涵价值。离开传统文化,纯粹谈"一招制敌"的生死技击,绝不是传统武术的特质,而且在高度文明、法制化的当代社会,也是极不合时宜的。反之,如果一味追求竞技体操式的"高、难、美、新"的视觉感官效应,无视动作内在的攻防转换含义,则只能是一种异化了的"武舞",而非传统的真正意义上的中国武术。单纯地追求动作跳跃高度与旋转难度的竞技化体育模式不适合世界人民对中国武术的内在需要,也不利于武术真正走向世界。武术的更大价值在于它是与中国的民族精神、文化传统融会贯通的一种文化形态,这是历史上武术发展壮大的力量源泉,也是今天武术生存发展的活力所在。

  然而,如何在实际操作过程中做到技击与文化内涵这两者的兼顾,却是一个颇费思量的难题。传统技击术的内核到底该如何保留?如何在今天的社会环境里体现?如何外化为可操作性的指标体系?显然不是功夫影视里所表现的那么简单。同样,传统文化被吸纳入武术体系之后,内化为武术理论的文本着重表现在哪些方面?武术与传统文化千丝万缕的联系具体应该怎样恰如其分地表达?如何真正成为指导和规范武术习练者的理论方针?诸如此类的问题在今天似乎都还需要我们付出更大的气力,继续挖掘整理。

(二) 明确武术是一个项目群构成的运动大体系而非一个单项项目

提到武术，人们常用的一个词就是"博大精深"。的确，中国武术内容繁多，拳种丰富，体系复杂。因此，在当前武术现代化转型与发展中，我们必须要有这样一个明确的思想意识，那就是武术是由许多个技术与理论独成体系的运动子项目构成的一个大的项群体系，而非篮球、足球那样的一个单项项目。在武术系统之内应该具有一个项群与各个拳种、子项目之间的大概念与小概念的上下位关系的全局意识。传统武术的现代化发展，必须摒弃把武术笼统地作为一个单项处理的竞技武术发展模式的做法，而应该立足于武术整体，突出运动形式与功能的多样性。这是因为：一方面随着社会经济的发展，社会生活、文化娱乐方式的可选择性随之增加，人们有权利选择自己感兴趣的体育娱乐、锻炼方式，武术虽然集多种功能于一体，但是在当代社会并不是人们的唯一选择；另一方面，当前在竞技体育层面上开展的武术竞赛模式，在实际操作中已经显示出武术价值内核的顾此失彼与自我目标定位的缺失。

由于传统武术的本质完全有别于西方竞技运动，它不可能与其完全通约，硬搬照抄地把综合技能体系的武术项目群体简化成一个竞技体育项目，进入竞技比赛或奥运会，如果那样只会适得其反。当前武术散手与套路的不理想的竞技体育实践，就是典型。我们知道，球类比赛比的是命中率，田径类比赛比的是更高、更远、更快。我们却无法确切地说出，借鉴西方体操规则整合而来的武术套路比赛比的到底是什么！长期来，人们习惯于把武术多种价值功能糅杂在一起，把繁杂的中国武术作为一个单项看待，这种惯性思维和处理方式在新的时代环境里显然极不利于传统武术的健康发展。

因此，传统武术要生存，就应当积极主动地去适应时代和社会发展的需要。要么着重突出某一单项功能，如搏击或表演；要么以某种子项目进行部分提取改造，独立分离，进行个别突破。传统武术的变革必须要建立起武术项目群体的观念，采取多样式、多途径的发展模式，突出各个单项运动形式，以及价值功能的多样性，这是传统武术向现代体育运动转型的现实策略和途径。

(三) 正视武术套路程式中丰富的表演艺术成分

如前文所述，我国传统武术有着丰富多彩的套路表现形式，或会意或象形，或独舞或对练，高低俯仰，起承转合，构成了中国武术独特的审美意象。武术套路演练具有的独特美学价值使其很早就成为一项娱乐身心的艺术。如鸿门宴中项庄拔剑而舞的缘由，就是"军中无以为乐，请以剑舞"。再如被称为唐初"三绝"之一的裴将军剑舞，与当时名家的书、诗同列，极富艺术欣赏的价值。另外，以健身娱乐为主要目的的"套子武艺"表演在北宋以来的民间走场卖艺活动中也很盛行。在宋朝的军队中也常设有武艺表演的专业队伍。

然而，从整个冷兵器时代来分析，武术套路演练的艺术成分一直遭到攻防实用的排斥，至近现代以来，西方竞技体育的锦标主义又在某种程度上异化了套路的艺术表现力，从而使武术套路程式中的表演元素始终得不到充分而有效的释放。其实，武术不仅具有极为丰富的艺术表现形式，而且和所有行为的表演艺术一样，具有更为广泛的美的创造、美的欣赏、美的身心感应等只有艺术才具有的特性和审美价值。

21世纪不仅是知识经济时代，也是娱乐经济的时代，体育娱乐化的趋向越来越明显。人们不仅追求竞技体育比赛的娱乐观赏性，大众体育的开展也加入了更多的娱乐因素。"寓体于乐"，在娱乐中达到健身的目的，在健身中体味娱乐的欢悦心情，是现代大众体育流行的趋势。而且，大众生活中许多体育行为的选择也日渐显示出"乐趣引导消费"的趋势。面对当代多元化自由选择的社会环境，传统武术必须，也只有充分挖掘自身的艺术审美资源，突破原来单一的锦标竞赛模式，大胆进行赛制创新，才可能适应现代社会多元化发展需要，才不至于错失发展的良机。

三、结语

传统武术的现代化不应简单地理解为"西化"，毕竟历史的进程并不存在普遍适用的公式，当然也不能死抱传统不放，传统与现代虽有历史联系，但无论如何不可通约。当代社会的武术发展，必须兼容技击与文化的高度统一，这是传统武术现代化转型中的难点，偏重一方而忽视另一方，都将使中国武术丧失发展的动力与活力。传统武术的现代化转型还必须正视各类拳种套路程式中的艺术表演成分，要建立起武术大项群意识，从武术项目集群的上位视角把武术细分、还原成各个独立的子项，并根据现代体育运动发展规律和趋势，大胆进行赛制创新，选择各具特色的武术发展模式。只有在对传统武术的本质与价值功能进行深刻认识与理解的基础上，结合当代社会需要和文化价值选择，才可能使"传统"向"现代"的转型站立在切实可行的操作平台上，才有利于中国武术更好地全面化、国际化发展。

武术套路运动与西方武技的文化刍议*

作为中国武术文化的忠实学习者和推广工作的拥护、实行者,我经常在想两个问题:

一,中国武术不光有它诸如套路、流派、技能、训练方法等外部系统,更有诸如思维方式、哲学理论、审美情趣、伦理道德等因素组成的内部系统。那么这两者的关系是怎样的?它们的内在系统又是如何作用和影响制约武术的发展和完善的呢?

二,古代原始的搏斗技击术,中西方都曾有过,那么为什么只有在中国才会发展演变成套路运动体系,而西方却不可能呢?

本文将对中西自然环境社会特征、人的性格差异、思维方式、美学观念、哲学、伦理道德等方面进行比较分析,试图说明其对中西武技发展和形成的影响,从而探究其内在的逻辑关联。

(注:以下文中所提到的中国武术均指武术套路运动。)

一、文化的再思考

文化反映了人类属性的一切结果,包括产品、知识、信仰、艺术、道德、法律、风俗、社会关系等。不同的民族风格和特异性必然是民族间文化差异的结果。中华文化与欧洲文化的巨大差别,对各自传统格斗技术的发展结果产生了很大的影响。中华武术之所以被称为一种文化,是因为其在整个演进发展过程中,脱胎于人类为了安全和竞争所需要的劳动狩猎、战争中的技能形态,并且受到中国多种传统文化的影响、渗透和制约,形成一种具有多元价值和功能的运动艺术。历史的延续性和不间断性,以及门派众多、内容丰富、具有多元功能,是武术文化的两大特征。当然,欧洲亦有自己的搏斗文化,注重实战、追求功利,是其重要特征,它的形成和发展同样受到欧洲历史及诸多文化的影响和制约。

---

* 作者简介:Caroline Roblitschka,中文名罗玲娜,1965年生,德国慕尼黑人。博士,国际武联妇委会主任,德国武协副主席。2001—2006年,在上海体育学院跟随邱丕相教授攻读博士学位,完成学位论文《中西文化比较视角下的中西武技及中华武术的西方推广》。主要研究方向:武术文化的西方传播。本文其为学位论文节选。

二、中国武术套路运动和欧洲搏斗术的概貌

套路是中华武术最具民族特色的运动形式，经商、周、汉、两晋、南北朝、唐代的发展，自宋代趋以成熟，特别是明清时期，拳种林立、门派众多。这一时期"内家拳"出现，它直接运用中国传统哲学理论阐释拳理，是武术套路形成完备形态的重要标志。套路具有三大特征：1. 相对恒定性和继承性；2. 是流派特点的载体；3. 是技击术与中国传统文化的完美结合。

套路武术以其个体性（个人攻防能力的演示）、健身性、艺术性和娱乐性的特点，成为民间习武者主要的练武内容，其便于传授、观看、交流的优势，始终吸引着更多的人练习。

欧洲的搏斗术发展，大致可分为古希腊、古罗马、中世纪和文艺复兴四个时期。

古希腊的原始搏斗技术 Pankration（盘可腊体嗯），包括拳击、摔跤和"棒子搏击"。其除了具有军事功能外，还注重促使和培养古希腊人积极向上、勇于竞争、不畏困难、吃苦耐劳，以及英勇好斗的民族品格，体现了残酷搏杀的技术向文明的转化，以体育竞技来决胜负。

古罗马人蔑视希腊的体育和搏斗运动。他们认为，古希腊的体育运动不仅不能用作实战的准备，而且与罗马社会的价值观不一致。古罗马时期，搏斗术更趋向于为巩固统治者的政权服务，对外显示罗马帝国的强大和不可战胜；对内将决斗表演作为民众的主要娱乐，以安抚民心，同时也以此对民众起威胁作用，所以当时罗马帝国修建的决斗场达 200 处之多，最大的可容纳 18 万名观众。[1] 这一时期的搏斗术以血腥和残暴而著称，成为其主要特征。

中世纪欧洲骑士搏斗术，主要为国家战争服务。骑士被赋予浓厚的宗教和文化色彩，并受控于教堂。他们要接受文明方面的教育，包括书写、学诗、唱吟游歌、跳舞和其他宫廷礼仪。骑士在欧洲是一个国际的现象，因此也促进了欧洲整体文化的发展。

文艺复兴时期人们对搏斗术，已从数学、物理、几何学、解剖学等学科进行了较深刻的科学研究和认识，使搏斗术有了很大的发展。这从 13—16 世纪形成的搏斗技术手册，包括技术训练方法及其演示图片、器械和徒手搏斗技术方法的描述中可以得到证明。当时的搏斗师善于用数学和几何学的教学方法来解释动作和技术，或证明其动作和技术的准确性、规范性和有效性。有的还用文字和图画形式记载下来，传承至今。如当今西方广泛开展的击剑、拳击、自由搏击等就受到了这些理论的影响。图 1 显示搏斗师的进攻与防守、步法和器械动作，均有明确的角度规定，同时利用解剖学、物理

---

[1] 罗马帝国时有 200 多个决斗场，今天的意大利、法国、匈牙利、瑞士、突尼斯、西班牙、奥地利、德国、克罗地亚、斯洛文尼亚等国家都有。

学和几何学分析、解释了搏斗术与人体的关系。

另外，从葡萄牙人Carranza的《La philosophía de las armas》（1582年）一书也可以很清楚地看出，欧洲文化的许多内容，如哲学、宗教、数学、透视画法、解剖学、医学、天文学和音乐都对欧洲搏斗术产生过影响。Carranza在手册的封面使用了如下的词语——"英雄、自由、搏斗哲学、防卫和宗教"，也已经说明问题。

图1　用数学指导剑术（1686年）

下面是一组比较能代表和反映欧洲文艺复兴时期搏斗术概况的图片（图2~图4），产生于14—17世纪。

图2　1674年擒拿和解脱技术

图3　剑术的四个基本技术的单练方法（15世纪）

图4　以四肢发达、肌肉强健的身体来展示剑术（1610年）

欧洲搏斗术早在600年前就已经与科学结缘，这与欧洲人的性格特征及思维方式不无关系。

从以上内容我们已看到了中西武技的不同形态和体系，但是它们的发展和形成各自受到哪些因素的影响呢？下面我们来作一些分析和讨论。

三、环境社会说

自然地理环境是文化差异性的首要因素。中国特殊的地理自然环境，促使中华民族以农为本，形成农耕文化。[1]这种文化视天人合一为最高境界，并围绕如何正心、如何诚意、如何修身养性展开论述，然而恰好就是在这种文化心态的影响下，才有利于或有可能将那种原本好斗争强、残酷的搏斗技术，转化为一种套路形式的艺术体系。古希腊的地理自然环境使希腊人成为"海洋人"。为寻求生存的资源，他们自那时起，内心深处就产生了一种征服感，因为只有征服外面的大海才能获得生存。因此其世界观和人生观有一种强烈的"对立感"，视自然为"天人对立"、视人为"敌我对立"，于是"尚自由、争对立"，此乃与战胜克服之要求相呼应。此种文化，专家们称其为"海洋文化"或"商业文化"，其具有流动进取、对外扩张的特点[2]。在这种文化心态的影响下，西方人认为搏斗技术只是用以征服他人或取得胜利的工具和手段，别无他意。

中国大一统的国家背景和国家历史的延续性与不间断性为武术套路的形成提供了重要和有利的条件。而西方的历史进程，更趋向于变动、进步和更替。社会的变更、文化的断层，必然产生新旧文化的碰撞。这一结果不仅导致了武技在欧洲不能像中华武术文化那样几千年一脉相承地延续发展，而且使人们对异文化和不同种族人群产生敌对心态和防御、观察、对比、择优汲取的心态。由于此种心态背景的存在，欧洲人对武技的认识始终注重于实用功能价值上。

四、性格差异说

中国古代适合农耕的自然环境，使中国人形成了热爱自然、勤劳节俭、追求和谐、顺应天理的民族性格。而古欧洲更具备从事海洋贸易的自然条件，从而孕育了欧洲人追求竞争、寻求真理、大胆开明的民族性格。

中国人的性格特点主要体现如下：1. 爱自然，爱家庭，孝行当先；2. 稳健保守，因循守旧；3. 喜爱热闹丰富，追求和谐之美；4. 遇事忍耐中庸之道；5. 乐于将庸俗融入艺术之中；6. 浓厚的神秘习气，善于直觉想象。西方人的性格特点主要体现如下：

---

[1] 钱穆. 中国文化史导论 [M]. 北京：商务印书馆，2000：3-4.
[2] 钱穆. 中国文化史导论 [M]. 北京：商务印书馆，2000：2.

1. 爱自由，寻求自我；2. 爱谈话辩论，探求证明；3. 善于怀疑，富有洞察力；4. 严肃深思，开放开明；5. 追求真理，主张竞争；6. 勇于尝试，大胆革新；7. 直接务实，讲求效率。

中国人热爱自然、追求和谐、善于直觉想象及乐于将中庸融入艺术中的性格特点，与"天人合一"的宇宙观有关。拳家认为："天地为大宇宙，人体是小宇宙。"人从事武术运动，要与宇宙自然界的运动相一致、相统一，追求拳理与自然界的法则取得一致为最高境界。"学习自然、利用自然，是天人合一思想在武术中的体现。"[1]因循守旧、稳健保守、神秘的习气，以及注重家庭、孝行当先的性格特征，与中国的宗法传统密切相关，这一传统对中国武术流派的形成和武德规范的建立，以及注重师徒传承的传统均起到了重要作用。

注重和谐忍耐、提倡中庸之道是中华民族又一独特的处事哲学，体现最为明显的是中华武术的武德规范和某些技术理论的说教。例如，太极拳的拳理中，对姿势的要求是立身中正、不偏不倚、八面支撑，对劲法的要求是刚柔相济，推手中要求不丢不顶、无过不及等。

热爱自由、崇尚个人奋斗、追求竞争及开明、大胆、具有怀疑心和洞察力、富有寻求新知的欲望，构成了欧洲人以征服任何事物（自然）或人为快的理念。从希腊人早期的殖民运动，古罗马人为之欢呼雀跃的残酷的角斗士表演，以及古日耳曼人追求自由、好战而又不可征服的民族性格，都可窥见所谓"西方争斗和侵略文化的依据所在"。与中国传统文化相反的是，古欧洲传统文化中缺乏阴阳互补、协调和谐的观念。在传统的西方观念中，任何事物都是相互对立的，这种对立和竞争的思想像一根线贯穿着整个欧洲文化。

那么推而广之，西方原用以战争、决斗、搏击、厮杀的武技，在西方人的眼里衡量其价值的优劣、技术的好坏只能是从其功能或本质属性上来判别了，即实用性和实效性，别无其他标准可言。由此我们不难理解西方的武技几千年来只会沿着实战性、实用性、竞争性的方向发展，这符合西方人的性格特征。

五、思维特征说

中西方人传统思维方式可归纳为中国的内向综合型思维模式和西方的外向分析型思维模式，其根本差异在于：西方外向型思维的核心是"思物"，而中国的内向型思维的关键是"思我"。中国的内向、整体型思维视武术不仅是一种攻防搏杀技能和强身健体的方法，而且是一种修习人生道德、完善内在人格、感悟道性的修身养性之术，包含了武术内外兼修的全部内容，即形神兼备，内壮外强、内外合一和艺德统一、身性

---

[1] 江百龙，等. 武术理论基础[M]. 北京：人民体育出版社，2000：41.

同修。

首先,中西方人的传统思维方式如表1所示:

表1 中西方人传统思维方式

中国	欧洲
主动争斗 直觉思维 综合思维 整体观 以家庭为主 忍耐宽容、和谐性 审美为主 偏于心 人生哲学 伦理道德 主体观 人治 入世	被动静止 结构思维 分析思维 个体观 以个人为本位 竞争、怀疑性 科学为主 偏于物 科学哲学 宗教道德 客观为目标 法治 出世
一般性、中庸 温良、修养 崇拜祖先 道德话总是带在嘴里 喜欢留在家里 尊重品行,但因循守旧 圣人为榜样 赢得人心	尽头的、极度的 争斗、力量 崇拜真理和新事物 棍子总是拿在手里 喜欢远去探险 尊重智力和超越 英雄为榜样 战胜对手

西方外向分析型思维讲究主观与客观、时间与空间、形式与内容、原因与结果等范畴和关系,形成了重逻辑、重分析的思维特点。在外向分析型思维的影响下,西方人视武技是一种单纯的征服他人的手段或工具,因此特别注重"尚武"的一面,"其崇尚一种力的强者哲学,征服对手、寻求刺激、追逐功利是西方武技的目的"。

六、美学躯体说

美学归属哲学的范畴,并反映哲学的发展。相对性、绝对性、形象性、感染性和社会性是美学的五大特征。

欧洲传统的美学理论注重物体外在形式的比例、对称、和谐,认为美存在于形式的和谐之中。

虽然西方搏斗术同样可以找到美学方面的特点,如姿势美、劲力美、攻防美等,但西方人并没有将其归入美学的研究范畴，很少以搏斗动作的美作为对观众的吸引力，而多是把斗士的身体美作为中心。而中国传统审美观和直觉整体感为主的思维方式是建立在"天人合一""情景交融"的基础之上的，对表现和判断艺术起主导作用的是心悟和非逻辑的直觉体验。中国传统美学中的"形神""韵""阴阳""气""趣""意境"等概念，在武术套路运动中都直接地体现出很高的艺术价值。武术中的内和外，意、气、力三者合一，阴阳、节奏等理论，都体现出中国人以整体为主的思维方式和艺术观。

人的身体是一个民族表现其文化的最直接、最重要、最根本的物质基础。在欧洲，从艺术、宗教、哲学等范畴的角度，注重裸体在艺术中的特殊地位是欧洲文化的一个重要特征。西方艺术认为，一个赤裸的身体以"形"（eidos/form）为根据，表现出一种"静止之美"。中国传统思维对形的要求可以描述为一种"飞动之美"。"形"是在不停地运动和不停地发展着的，就像宇宙间阴阳二气的运转变化一样。欧洲的传统艺术往往把躯体的外形及内在的解剖结构描述得淋漓尽致。与传统西方美学观念相一致，西方人同样认为人的形态在体育活动中是最重要、最基本、最直接、最明显的审美对象。所以在运动中不仅运动员十分注重形体美的自我表现，而且观众甚至裁判员也同样对运动者的人体美狂热地追求和崇尚。在西方的搏斗艺术中，人们审美的侧重点也往往是武士的身体外表是否雄壮、健美，动作是否清楚、有力和有效。在中国传统艺术中，身体的表现方法不是重视解剖学的结构，而是重视身体的气、意、神的表现方法。中国武术追求的是形神兼备、内外合一、阳刚阴柔、韵律意境等。这一点我们也可以从西方搏击运动员多裸体上场，而中国武术套路运动员的传统服装多长袖长裤上得到某些印证。

七、哲学、伦理道德说

哲学始终制约和渗透于人类所有的社会活动和科学的发展中。中国武术的传统理论体系几乎可以说是建立在传统哲学的基础之上的。可以推论，西方的哲学也必然对西方的武技产生了某些影响。

西方哲学的特征表现为：1. 在研究人与人和人与物的关系中，以研究人对物、人对自然的关系为主，并强调人与自然的对立；2. 在物质与精神的关系上，强调两者的对立与分裂；3. 注重思辨理性，逻辑学和分析学是西方人的重要方法；4. 在自然科学研究中注重实证与分析。

中国哲学的特征的表现为：1. 在对待人与人和人与物的关系中，突出的是人与人间的人际关系；2. 在物质与精神的关系上，中国传统哲学注重二者的统一性和一致性；3. 在思维方式上具有直观性；4. 在对事物研究的方法上，注重直感体验和整体和谐。

欧洲哲学研究的中心是真理、世界的真实及其论证的问题，怀疑论是其重要的哲学观。中国的哲学以阴阳、五行、八卦来解释世界万物的运行法则，坚持的是天人合一、整体和谐的哲学观。尊重传统的观念支持了保守和有延续性的思维方式，从而为武术文化的积淀和形成创造了条件。

欧洲文化由于哲学思想的革命性，在人与自然的关系中注重人对自然的征服，在人与人的关系中主张竞争中求生存。实际上，西方的搏斗术也反映了西方的辩证论思维。与古代中国相比，其文化缺乏时代的延续性，也是西方武技不能走中国武术发展之路的原因之一。

在伦理道德观方面，中国注重"私德"，人们通过人伦维系私人间的关系。儒家所强调的仁、义、中庸和谐、克己复礼、修身养性等德行，也正是为了维护这一伦理的实现。而中国武德所表现的仁、义、礼、智、信、勇，正与儒家关于伦理的主张相一致。传统的武术师徒关系不仅要求尊师爱徒，甚至要"事师如父，执役如仆""一日为师终身为父"。西方伦理道德观以实现人的幸福为目的，重视个人自由，并侧重于"公德"，以人本的理念来维系社会共同体内成员的相互关系，讲的是人的平等、人与人的互相同情和对个人权利的尊重。西方伦理道德观认为，为了最理想地发展自己的能力或个性[1]，寻找到自己认为的真理或事实，怀疑甚至反对上司、长辈或老师是合法的也是应该的，即所谓"吾爱吾师，吾更爱真理"。

八、结语

综上所述，中西武技在发展和形成的历史长河中，受到了各自文化因素的制约和影响。同时在中西武技的演进历程中，从文化人类学的角度，中西武技在一定程度上显现出了各自文化的特征，从而起到了文化载体的作用。

简而言之，中国是一种绵延文化，要传给子孙，就需要寻求一种定势、定法的技术模式（自由的搏击常常难以传承）。而将诸多总结的精华、招式编成一套，正可以传承下去。西方人喜欢自由，强调自我，如何搏击，不需要从先辈那里去寻找，对抗双方都是灵动的活体，"法无定法"，常常不需要套路的技术模式。

---

[1] 有意思的是，这种中西思维方式和对个人的重要性/不重要性，到今天为止在日常的生活当中还是可以看出。很简单的例子是：西方人在信封的开启时先写个人的名字，到最后写城市和国家，但中国人却与此相反。

试论六艺教育与中国武术体系*

一、序论

中国古代的官学主要是六艺，六艺教育可以说是周朝教育体系的标志。在西周时代，无论是国学、乡学，还是小学和大学，都给国子们讲授六艺的教育课程。从内容来看，六艺是统治者必需的、实用的且可以实践的内容。古文献中记载的六艺内容如下：

> 乡三物教万民而宾兴之……三曰六艺，礼乐射御书数。（《周礼·地官·司徒》）
>
> 保氏掌谏王恶，而养国子以道。乃教之六艺：一曰五礼，二曰六乐，三曰五射，四曰五驭，五曰六书，六曰九数。（《周礼·地官·保氏》）

以上内容可以看出，六艺是当时以统治阶层子弟为对象的非常重要的教育课程。礼是人格陶冶教育的思想基础，乐是用音乐和舞蹈培养情绪，射、御是通过武艺训练锻炼身体，书是培养文科能力，数是培养理科能力。现代学界也高度评价六艺教育是文武兼备的教育或全人教育，赋予教育意义。

六艺虽然是周朝时期官学的教育内容，但也被认为是儒学的原始教育课程，影响了后世很长时间。特别是对于以儒学为统治理念的国家或追随儒学的学者来说，六艺理所当然地被认为是理想的教育手段。从下面几个历史事实中可以看出其对后世的影响力。

从《小学·立教》篇原封不动地收录了《周礼》明示的六艺内容可以看出，包括朱子在内的宋代理学家们再次强调了古代的六艺教育。这种倾向也原封不动地传承给了元代的理学家。许衡（1209—1281 年）主管元初的教育制度，不仅创立了国子学，

---

* 作者简介：卢东镐（1971—），男，韩国人，博士，教授。2001—2004 年在上海体育学院跟随邱丕相教授攻读博士学位，完成学位论文《20 世纪民间创新拳学体系的研究》。现工作单位：韩国南部大学；主要研究方向：武术与健身气功的理论与方法。本文原稿发表于韩国《武艺研究》2021 年第 1 期，有部分内容修改。

还提出了自己的教育思想和方法,以六艺为核心内容教授蒙古人弟子。六艺对各个时代的影响在著名儒学家的文学作品或著作中都得到了很好的体现。例如,元代散曲作家马致远的《喜春来·六艺礼夙兴》六首。又如,明末清初的改革思想家颜元,他是17世纪具有影响力的改革派,主张六艺教育才是真正的实学。颜元每天以六艺为首,对兵农和古今进行论证,主张包括"举石、超赛、击拳"等身体锻炼在内的德智体全面教育。他主张,六艺教育是真正的学问之路,对国家和社会有益。

以上内容表明,六艺教育对中国传统教育和文化产生了很大的影响。尤其值得关注的是,在六艺教育中,与武术训练相关的乐、射、御的比重较大,可见六艺教育对中国武术体系的形成和发展也产生了相当大的影响。从这一点看,在古代六艺教育中寻找中国武术根源的探索将成为确认中国武术整体性的过程。

近现代化,中国武术试图通过改良和革新来实现发展,但至今仍处于混乱时期。"现代竞技和传统价值的矛盾、对套路武术的批评、实战验证等问题"至今仍是武术界争论的焦点。笔者认为,引发这些问题的原因是对中国武术本质特点的误解。着眼于此,本研究考察了六艺教育对中国武术体系形成的影响,试图从根本上探究中国武术的本质价值和特点。同时讨论中国武术的优缺点。这种尝试有助于全面认识中国武术传统的价值,同时克服不利的局面。另外,希望对受儒教文明或六艺教育影响的国家(地区)和社会形成的东方武艺的研究也能起到参考作用。

本研究以文献研究法为主,对《周礼》《礼记》《论语》等原著中有关六艺的内容进行分类,再从中国武术专著等摘录分析与六艺有关的内容,同时还参考了国内外发表的相关主题的著作和论文。

二、六艺教育与中国武术的关联性

(一)六艺"礼"教育与武术价值体系

1. "礼"与中国武术的道德修养

在六艺教育中,"礼"是一个独立的科目,也是与其他"乐射御书数"5个科目相融合的教育理念和思想基础。文献中记载的当时"礼"的概念如下:

> 以五礼防万民之伪,而教之中;以六乐防万民之情,而教之和。《周礼·地官·司徒》
>
> 是故圣人作,为礼以教人,使人以有礼,知自别于禽兽。(《礼记·曲礼》)
>
> 非礼勿视,非礼勿听,非礼勿言,非礼勿动。(《论语·颜渊》)

从以上内容可以看出，"礼"既是个人道德行动纲领，也是社会秩序和国家统治所必需的理念和手段。"礼"是儒教教育的根本理念，也是六艺教育的核心思想，当然会成为中国人最重要的品德和教育目标。中国传统文化之一的中国武术也自然而然地受到"礼"的影响，形成了武术教育的价值体系。

这个特点在中国武术严格的传授方式上表现得很明显。武术通常以师徒制方式传授，需要较高的道德素质。黄百家的《内家拳法》中有"五不可传"的内容："心险者、好斗者、狂酒者、轻露者、骨柔质钝者，"《昆吾剑·箴言》《少林短打十戒》《少林拳术秘诀》等拳谱都在择徒问题上提出了严格的要求。《苌家拳·初学条目》中也写道："学拳宜以德行为先，以涵养为本，不可轻泄于人，不可妄传于人。"

中国古代的武术家们非常重视武德，尽管传统武术有千门万派，每个门派都有自己的技法、功法，但是所有的门派都不约而同地把武德作为培养习武者的首要任务。武德已经成为中国传统武术的一个组成部分，是中华武术的灵魂。武术和"礼"教育的融合使武术从格斗升华为道德教育的手段。

武和礼相结合的发展模式在韩国和日本的武道上也能看到，可以说是受到儒教文明影响的东方武艺的共同特征。

另外，在武术中强调"礼"教育也会影响技法和运动形态的形成。随着暴力和杀戮功能的提炼，中国武术形成了以防御或修养为主的技法和功法，成了以"套路"或"形""功法"等为主的技术体系的契机。

2. "礼"教育的万物崇拜和中国武术的物我一体观

通过五礼之一的"吉礼"可以看出，古代中国重视周边的所有环境，也就是说，并不是单纯地把万物当作事物，而是认为万物中包含灵魂，重视万物和个人、万物和集体的关系。五礼中出现的"礼"教育不仅是道德教育，也是面向天地神明的祭礼等意识，体现了古代社会与周边万物形成和谐关系的努力。

中国武术模仿动物，模仿自然，通过与万物的交流，追求物我一体的境界。通过模仿禽兽的动作和特点，不仅形成了象形拳这一中国特有的武术体系，还将观察到的自然界的现象，积极引进了武术理论和技术内容中。这种特征与"五礼"将万物视为虔诚的对象，与崇拜意识相通，具有很强的关联性。

中国武术中自然仿生的例子不胜枚举，模仿山水的动作名称有"泰山压顶""顺水推舟"，模仿风云的动作名称有"来风复雨""浮云起落"，模仿日、月的动作名称有"日绕山尖""半月浸江"，模仿雪、浪的动作名称有"雪花盖顶""浪里摇船"等，还有大量技法上借形喻势的"动如涛、静如岳、站如松"等[1]。

---

[1] 郭志禹，武术文哲子集[M]，北京：现代教育出版社，2010：52.

(二) 六艺"乐"教育与武术套路的形成

六艺的"乐"教育是指音乐、舞蹈和诗歌,这看起来不是同类别分类的,而是歌曲和歌词舞相结合的艺术教育。

> 故乐行而伦清,耳目聪明,血气和平,移风易俗,天下皆宁。(《礼记·乐记》)

> 乐所以修内也,礼所以修外也。礼乐交错于中,发形于外。(《礼记·文王世子》)

可以看出古代儒家认为音乐是教化的手段,主要用于培养个人情绪和净化社会风俗。从孔子在《论语·泰伯》中所说的"兴于诗,立于礼,成于乐"可以看出古代社会对音乐教育的重视程度。另外,六艺的"乐"教育除了培养情感和社会教化的目的外,还带有武艺训练的性质。

西周时代的乐舞教育大致可分为两种。20岁以前的学生学小舞,先学文舞后学武舞。20岁以后学大舞。文舞是静谧、沉稳的抒情性质的舞蹈,而武舞和大舞则持矛和盾牌跳舞,是军事性质很强的一种武艺训练。

> 郑玄注:"春夏学干戈……干戈万舞象武也,用动作之时学之。"(《礼记·文王世子》)

> 成童舞象,学射御。(《礼记·内则》)

可见象舞实际就是进行单兵和队列教练的军事体操。当时武舞之名除象舞外,还有大武舞之名。大武舞亦是发扬蹈厉、以示勇的舞蹈,具有武术训练性质[1]。

从以上内容可以看出,六艺的"乐"教育具有陶冶性情和军事训练的文武两种功能。另外,武艺训练性质的武舞是由音乐的伴奏,严格的服装,节制、规范化的动作组成的舞蹈,被认为追求了武艺训练以上的价值。

武舞在先秦是军事训练的手段之一,而在汉代则完全成为宣扬武功的表演项目,它是按音乐节奏而行的武术表演,再现了战场上矫捷善战之姿,有发扬蹈厉、胜威天下的意思。这种武舞已与军事训练无关,而成为一种独立的活动形态。这种形态对后世武术表演活动的发展有相当大的影响[2]。

中国古代史书或文学作品中经常出现与武舞相关的记录。唐代诗人杜甫的作品《观公孙大娘弟子舞剑器行》生动地描写了剑舞演示的情况。据记载,宋朝时期瓦肆等专业演出场曾有武术套路表演。明朝时期出现了有图有谱有路线的武术专著,例如

---

[1] 林伯源,中国武术史[M]. 北京:北京体育大学出版社,1994,46-47.
[2] 同[1] 109.

《耕余剩技》《武备志》等。这些说明，六艺的武舞教育历经数朝，作为演技逐渐发展成了具有更完整形式的套路运动。武术套路是扎根于古代六艺礼乐的武舞教育而形成和发展起来的，是中国武术固有的运动形式。

（三）六艺"射"教育与武术技理

射艺是古代最重视的武艺及军事训练。周朝时期的射艺教育具有军事训练、道德礼仪教育、祭礼等多种功能。

> 成童舞象，学射御……秋合诸射，以考其艺而进退之。（《礼记·内则·燕义》）

可见当时孩子们到了 15 岁就开始学习武艺和射艺，训练一段时间后严格考试。

另外，射艺是古代选拔武官的主要手段，是武举制实行以后最重要的试取科目。唐朝武则天长安二年（702 年）首次引进的武举制度，直到清朝光绪二十七年（1901 年）废除为止，实行了约 1200 年。随着时代的变迁，试取标准也有所不同，但射艺一直是最重要的项目。

六艺的射艺除了军事功能外，还具有教育意义。孔子以后，随着私学教育的普及，射艺的修养功能和礼谢的意义更加突出。从以下文献可以看出这些特征。

> 射者，仁之道也。射求正诸己，己正而后发。发而不中，则不怨胜己者，反求诸己而已矣。（《礼记·射义》）
>
> 射，有似乎君子，失诸正鹄，反求诸其身。（《礼记·中庸》）

以上强调射艺是自身修养的功夫。在射艺较量中，劝告大家警惕过度的求胜欲望，努力自我反省。这表明射艺不是单纯的技艺，而是人格陶冶的手段。

> 射者，所以观盛德也。（《礼记·射义》）
> 君子无所争，必也射乎！揖让而升，下而饮。其争也君子。（《论语·八佾》）

以上内容说明在射艺比赛中，相比通过竞争取胜，古人更重视谦让和礼仪的修养。射艺作为六艺中重要的武艺科目和武举制的重要项目，可以推测武术是受着射艺教育的影响发展起来的。

从武术的名称与术语里也可以找到与射艺有关的内容。例如，太极拳、形意拳、意拳等的步法训练要求非丁非八、弓箭步、丁八步，与射艺的步法一致。另外，武术身法中三弓体、五弓体等理论是用弓箭和射艺的技理说明人体力量的作用原理。甚至还有以射箭理论为拳理创编的"弓力拳"这一武术流派，这是山西省赵莲（1657—

1748 年）所创的武术，其基本理论是"蓄力拉弓，发力射箭"。在武术动作名称中，杨式太极拳的弯弓射虎，八极拳的开弓式、拉弓式，八卦掌的马上开弓、开弓撒箭等，与射艺有关。这种现象也从一个侧面说明中国武术吸收了射箭的理论和技术。

（四）六艺"御"教育与中国马上武术的形成

"御"是指骑马的技术，是六艺的课程之一。周朝时期，战车在战争中占有重要地位。"御"教育有"鸣和鸾，逐水曲，过君表，舞交衢，逐禽左"五项内容，故称"五御"。可以解释为"响铃声、涉水、出入军营、绕道、打猎"等根据情况驾驶马车的技术要求。

在《论语·子罕》中，孔子说："吾何执？执御乎？执射乎？吾执御矣。"从孔子的话中可以推测，他善于驾驭，对"御"教育有相当的自信。在古代社会，驾驭马匹作为交通工具固然重要，但其在军事上也非常关键，因此其与弓、矛等武技相结合而发展成为马上武艺。

唐朝以前，马上武艺以骑射、马枪为主，唐朝以后出现了鞭锏、铁锤等马上短兵器，并发展出了多种形态的马上武艺。骑马武术是古代战场上最重要的手段，因此在中国历代武举试取中，骑射和马枪也是重要的考试项目。在废除武举制之前，马上武术作为主要的军营武艺之一，在中国武术中有着重要位置。

"御"教育，以历代军营为中心，进化成多种马上武艺体系。它虽然随着时代的变迁而消失在历史长河之中，但其技法在中国武术中仍有重要影响。

（五）六艺"书"教育与武术创作

周朝六艺的"书"教育是关于文字构成和写作的。《小学集注·立教》中朱熹称"书以见心画"，强调了六艺"书"教育的修养功能。

《周礼·地官·保氏》中首次出现六书，对六书的解释出现在西汉刘歆的《七略》中，即"象形、象事、会意、形声、转注、假借"是造字的根本，这是对六书的最初解释。但清代以后被通用的许慎的《说文解字》中的"象形、指事、会意、形声、转注、假借"，这是对汉字结构原理的学习。

汉字是以表意体系的文字模仿自然绘制的象形原理为基础制作的。汉字体现了中国人特有的思维方式——观察和模仿大自然的形态和现象，这种思维方式对中国文化的产生和发展起到了巨大影响。从汉字的象形这一点上可以看出，"象形"在中国文化中是多么重要。象形和格物致知的思维方式，对武术的形成和发展也起到了作用。中国武术的象形特征非常强烈，武术家们在选择某一形象为基础的创作中，常由于理解和想象的角度不同而千差万别。"搜求于象，心入于境，神会于物，同心而得"，象形拳的形成正是经由了这样的形象思维，才出现了千姿百态。[1] 细致地模仿一个形体或

---

[1] 邱丕相，杂谈象形拳 [Z]//武海泛舟．上海体育学院内部文稿，2000：87-88．

现象，在某些流派的套路创编中延续了很长时间，这样的事例数不胜数。"少林五形拳"，模仿龙、虎、豹、蛇、鹤制作而成；八卦掌把八卦形象化成 8 种动物，如乾卦狮形拳、坤卦麟形拳、坎卦蛇形拳等。

除此之外，还有模仿猴子的猴拳、虎鹤双形拳、螳螂拳、白鹤拳、鸭形拳、鹰爪拳、形意十二形拳、意拳四形等，其例子不计其数。在武术中，象形不仅适用于外在动作，还适用于内在的心象训练。在这种具有象意特征的拳种中，最具代表性的是意拳、形意拳、心意拳等。

在书法中也可以找到与中国武术技法的关联性。蔡邕在《篆势》中就用龟文、龙鳞、黍稷、虫蛇、波涛、鹰鸟、鸿鹄等大自然的物象来拟篆书。崔瑗在《草书势》中则用鸟兽、连珠、螳螂、山峰、腾蛇、浪涛来拟草书。纵横可象自然万物之美者，方得谓之书法艺术。而中国的拳术也是从自然的生命动态中，各种飞禽走兽的作态中取其形象[1]。

通过以上讨论可以看出，六艺"书"教育与中国武术的格物、象形、象意原理相通，对多种武术流派的形成和技法的发展产生了重要影响。

（六）六艺"数"教育和武术创作

据《周礼·地官·司徒》记载，西周六艺"数"教育的内容为九数。九数可以用于土地面积划分、事物的体积、算数的应用、八卦、五行、天文学等各个方面，在古代中国社会与"书"教育一样占有重要地位。

从《小学集注·立教》增注"……数以尽物变皆至理所寓，而日用不可缺者也。"可以看出，在六艺教育中，"数"教育的目的是唤醒天地万物变化的道理。基于中国人特有的数理概念，"太极五行八卦"的易理思想的思维方式与中国武术的创编和发展有着很深的关联。形意拳的重要技法五行拳是由劈、崩、钻、炮、横五拳组成，五拳符合水、火、木、金、土五行原理，与肾、心、肝、肺、脾五脏功能相连起作用。另外，五行相生相克的理论说明了五行拳的攻防技术变化和运用。除此之外，符合五行理论的还有太极拳中的"进、退、顾、盼、定"五步步法理论和戳脚中的五手五脚技法。

孙禄堂在著作《八卦拳学》的"序言"中阐明了自己基于易理创编了拳术。"易之为用，广大精微，上自内圣外王之学，下迨名物象数之繁，举莫能外。而于修身治己之术，尤为详尽。"[2] 他的八卦掌以无极、太极、两仪、四象、八卦、六十四卦的原理为理论依据，构成系统的技法。按照易理的顺序制作动作，创编了套路演武形式，努力用易理建立武术体系。

中华文明是以农耕文明为背景发展起来的，所以喜欢可预测的未来。中国人喜欢以数理与易理为根据来算命，这种倾向也体现在武术的攻防应用上。在实战之前，希

---

[1] 姚淦铭. 中国武术与书法艺术的比较研究 [M]//中国武术与传统文化. 北京：北京体育学院出版社，1990.
[2] 孙禄堂. 孙禄堂武学录 [M]. 北京：人民体育出版社，2001，120.

望预测对方攻防的技术，并按照预测构成动作。通过这种想象进行的工作对编创出很多套路，直至形成流派起到了重要作用。

六艺的"数"教育超越了算数的范畴，成为探索天地万物变化的易学。中国古代教育体系强调数理和易理，对中国武术在数理和易理理论基础上建立武术技法和理论体系产生了深远影响。

三、结论

六艺教育对中国武术的价值、拳理、运动形式、技法等整个体系的形成产生了深远的影响，特别是形成了比起结果更重视过程、比起竞争取胜更追求谦让和协调的武术的教育价值和着重审美艺术的技术体系。六艺六门科目与武术的关联性研究结果如下：

"礼"教育将武术的价值从技击升华为道德教育的手段，对攻防技术形成以功法为主的技法体系产生了影响。

"乐"教育影响了武术的审美、艺术方向发展，形成了观赏价值强的套路运动形式。

"射"教育强调谦让和礼仪的较量方式，影响了比武形式，延续了中国武术的传统。

"御"教育以军营为中心，影响了多种马上武艺的形成和发展。

"书"教育与武术的格物、象形、象意原理相通，影响了武术技法技理的创作。

"数"教育的数理和易理对武术拳理与技法的构成产生了影响。

从以上内容来看，中国武术是在古代儒学教育的影响下形成和发展的，蕴含着多种文化价值。

武学论谭

武功整复师：一个武术人新职业的构想*

当今体育院校毕业的武术与民族传统体育专业毕业生，大多从事武术教练或教师工作。由于武术教学困难的实际，很多中小学并没有开设武术相关课程，造成该专业毕业生毕业即失业或改行的窘境。为了拓宽该专业毕业生的就业渠道，笔者在研究了从前受尊敬的"三艺通备"武术人培养模式后，于21世纪初在上海体育学院进行"三艺通备"的教学改革，培养了初具该理念的人才。在此基础上，进而开设了"武功整复"课程，编写了教材《武功整复学》，培养了多名专业武功整复人才。这些人才不仅独立谋业，而且以其独特的身心调整功效在社会上备受称赞。本文基于人民健康的需求、武功整复的社会开展现状，对武功整复进行剖析，厘定武功整复的定义，为促进武功整复的良性发展及武医精神的继承与发展提供参考，从而达到复兴传统武医文化、继承传统外治手法、拓宽武术者就业道路的目的，并提出武功整复师这一武术人的新职业构想。

一、不同历史时期传统徒手疗法行业

泱泱中华，历史深厚，在数千年的文明记载中，徒手疗法有着诸多的名称辨析，如"按摩""按蹻""跻摸""案杌""拊引"等。当先人受到外伤时，会自我的抚摸，从而缓解疼痛。文字记载最早始于殷商甲骨文，当时对其取名为"拊"[1]，是一种身体的自我保护，久而久之积累经验成为一套系统的医疗方法。由于甲骨文中较少有药物的相关治疗描述，因此，"拊"是当时殷人的主要治疗手段。

先秦时期是徒手疗法的肇始时期，《史记·扁鹊仓公列传》记载"上古之时，医有俞跗，治病不以汤液……镵石挢引、案杌、毒熨。"其中"挢引""案杌"是当时徒手疗法的命名。

---

* 作者简介：王震（1972—），男，汉族，河南西平人，博士，教授。2001—2004年于上海体育学院跟随邱丕相教授攻读博士学位，学位论文《马王堆导引图养生技理研究》。现工作单位：上海体育学院；主要研究方向：传统体育与健康促进。本文是在2012年复旦大学出版社出版的《武功整复学》基础上的进一步思考，也是为在全国各地武功整复工作室从业人员纳入《中国职业大典》的呼吁。

[1] 王志林. 推拿学基础 [M]. 北京：人民军医出版社，2011.

秦汉、三国时代，据《汉书·艺文志·方技略》记载，当时已经出现手法干预治疗专著《黄帝岐伯按摩》十卷[1]，虽已失传，但《黄帝内经》十八卷一百六十二篇，其中有十四篇对"按摩""按跷"进行记载。东汉张仲景的《金匮要略》最早提出了"膏摩"一词[2]。

魏晋南北朝时期，出现了大量的"膏摩方"，是中医外治的发展时期，记载于《肘后备急方》《刘涓子鬼遗方》《养性延命录》等著作中。527年，印度的按摩手法流入中国，出现了不同的流派。

隋唐时期，徒手疗法已逐步成熟并进入快速发展时期，这个时期不但开设了按摩学科，并拥有按摩博士120人、按摩师120人、按摩生100人，按摩与医药、咒禁并列，拥有极高的地位。

唐代时期，徒手疗法开始走出国门向欧洲、日本等国流传。宋元时期，适用范围更加广泛，已适用于眼科、妇产科等，并有《太平圣惠方》《世医得效方》《十产论》等与手法治疗相关的医典书籍出现。

明清时期，继按摩科兴旺两百年后，医学机构修改，按摩科不复存在，但明代是"推拿"一词首次提出的时期。此时期虽然没有按摩科，但其在民间依旧流传，而小儿推拿、内妇推拿开始兴起。清代吴谦的《医宗金鉴》更是把"摸、接、端、提、推、拿、按、摩"列为伤科八法，这是对伤骨手法的首次科学总结。

民国时期，由于西方医学的冲击和政府对推拿的限制，推拿只能在民间流传，其发展受到了很大的干扰，但这一时期形成了一指禅推拿、滚法推拿、内功推拿、脏腑推拿等流派，且均以治疗骨伤科疾病为主。

中华人民共和国成立初期至改革开放前，推拿处于一个复苏发展的时期。改革开放后，推拿得到了蓬勃发展，相继出现了高等院校学科的建设、硕士博士的高学历人才培养、相关研究院的成立、国家职业资格推拿师的设立等，推拿的学术性、职业性、规范性取得了很大的进展。

在多元化的社会背景下，"按摩"一词被赋予一种娱乐含义，使得人们一旦提起按摩想起的并不仅是一种治疗方式，而是一种娱乐项目，让人感觉从业者档次很低。而"推拿"这一词汇仅归于中医院所特有。所谓"纸上得来终觉浅"，有些推拿从业者做一个简单的腰椎斜板都无从下手，难以完成，究其原因，是由于没有掌握劲力的发放，缺少身体的锤炼。讲及劲力的发放与控制，首当其选的传统项目便是武术，在日本有徒手疗法与柔道相结合的"柔道整复师"，在我国台湾国术馆有"传统整复术"，两者名称不同，但所治愈人群是大同小异的，以"跌打损伤，筋骨错缝"为主。我国拥有丰富的传统武术种类和中医外治手段，两者是同一文化的两个分支，在一定社会背景

---

[1] 李华东. 古代推拿文献研究[D]. 济南：山东中医药大学，2006.
[2] 王诗忠. 康复推拿学[M]. 北京：中国中医药出版社，2011：5.

下的结合将会是武功医学[1],因而我们将其命名为"武功整复"。

二、"武功整复"概念提出的时代性分析

概念是思维形式最基本的组成单位,是构成命题、推理的要素[2],因此,在对一项命题进行研究时必须首先明晰其概念,而明确一个概念首先要明确其内涵与外延。内涵反映概念的特征或本质,本文上述内容反映出武功整复的主要特征有两点:施治者和施治形式。施治者要求既是习武之人又是明晰传统徒手干预手段的交合者(图1)。施治形式以徒手施治为主要干预方法,以传统人体整体生命观为指导思想,通过中医外治的一些手法和各流派的徒手方式,将武功功法作为补充对人体进行干预(图2)。

概念的外延是指反映在概念中的一个个、一类类的事物[3]。武功整复包括两个内容:武功锻炼与筋骨整复。它以传统徒手疗法为主要施治手段,而徒手疗法所包含的内容繁多,不同的流派有其不同的特色和效果。施治者的习武形式也是多种多样的,如太极拳、八卦掌、武术套路等不同拳种流派,均可作为功法补充的形式。因此,可将武功整复定义为:以中国传统人体整体生命观为基础,由习武之人通过徒手调理方法帮助身体不适者整理复原,教授并指导身体不适者进行整体身体功能锻炼,从而恢复其身体功能、改善其健康状况的一门综合技能。

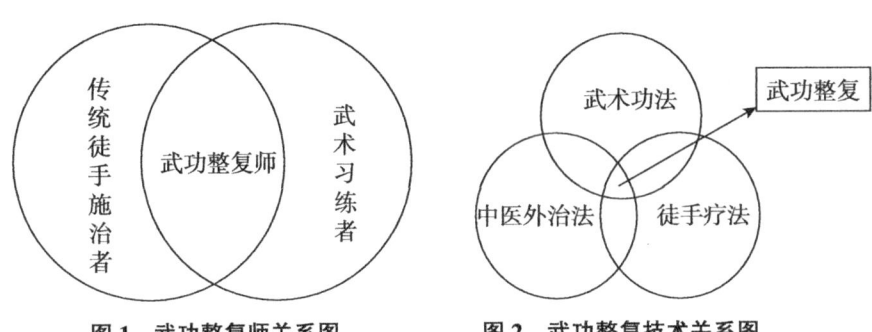

图1 武功整复师关系图　　图2 武功整复技术关系图

(一)社会需求的基石

根据"博思数据"对中国亚健康人口统计表明:有15%的人处在疾病状态中,70%的人处在"亚健康"状态[4],而亚健康状态持续下去便有可能会产生慢性疾病。2015年发布的"中国营养与慢性病状况的报告"显示,中国居民慢性病死亡人数占总

---

[1] 宋剑君,赵斌,杜小安. 从《黄帝内经》看中华武术与中医的相互影响和交融[J]. 成都体育学院学报,2006,32(2):101-104.
[2][3] 华东师范大学哲学系逻辑学教研室. 形式逻辑[M]. 上海:华东师范大学出版社,2016:11-13.
[4] 博思数据. 中国亚健康人群达70%各分类人群差异明显[EB/OL]. (2014-04-15)[2021-07-10]. http://www.bosidata.com/baojianshichang1404/C44775DR8R.html.

死亡人数的 86.6%，慢性病疾病负担占总疾病负担的比例超过 70%。由此可以看出，慢性病的死亡人数在总死亡人数中占有着极大的比重，因此，预防和祛除慢性病，保持生命健康刻不容缓。

2016 年中共中央、国务院印发《"健康中国 2030"规划纲要》（以下简称《纲要》），是为推进健康中国建设，提高人民健康水平，根据党的十八届五中全会战略部署制定的。关于如何提升民生健康问题的决策，《纲要》第六章第三节、第九章第二节分别提出："加强体医融合和非医疗健康干预。""鼓励社会力量举办规范的中医养生保健机构，加快养生保健服务发展。""武功整复"通过整合中国传统徒手疗法不同流派的技术优点及适用于不同人群的传统功法，解决并改善现代亚健康人群的健康问题，进而提高亚健康人群的生活质量及职场效能[1]，来达到调理身体、养生保养的目的。"武功整复"这一体医融合概念与技术，符合《纲要》所提出的政策，是一项具有我国民族传统特色的体医融合典范，是符合当代社会需求的一门技术。

（二）武术人就业的需要

"武术与民族传统体育专业"是体育学下的二级学科，随着一届又一届的武术与民族传统体育专业的学生毕业，其对社会工作岗位的需求增加，导致相关专业就业岗位饱和。颜彤丹对北方体育院校武术与民族体育专业学生的毕业后就业状况调查研究发现，该专业毕业生毕业即就业的比例较低，并且大多从事非体育专业工作[2]。对山东体院、哈尔滨体院、吉林体院、沈阳体院和河北体院 5 所开设有武术专业的高校调查研究发现，近年来武术专业的学生存在就业率下降、专业不对口、薪水不断降低等状况。近年来武术专业的不断扩招，会导致此问题越来越严重，而这种状况的主要原因是民族传统体育专业培养目标的单一性，毕业生仅仅接受了过窄的专业技术教育，无法满足社会对厚基础、宽口径、强能力、重创新的人才的需要。

高校在培养武术与民族传统体育专业的学生时注重武术套路技能的练习，而在其他文化修养方面相对较薄弱。社会需求的是"一专多能"的人才，武术专业学生的"一专"以套路技能为多，社会对于武术专业的"一专"需求较少，这也导致了武术与民族传统体育专业的学生就业较难。武术的套路技能在各个武校便可以培养出，高校若过于重视技能培养，在一定程度上便失去了培养的意义。武术是由传统哲学、技击、中医学、养生等多种文化融为一体的一门艺术，如何扩大武术与民族传统体育专业学生的"一专"，或许可以将部分武术与民族传统体育专业学生进入高校时的武术"一专"发展成为"多能"，在保持原有的专长基础上学习新的"一专"，使得武术技能的"一专"与新掌握的技能结合产生具有创新、高能的项目。

面对"健康产业"的日趋繁盛，健康产业的需求将会不断扩大，这与武术的就业

---

[1] 王震，李明志. 武功整复学 [M]. 上海：复旦大学出版社，2012：67.
[2] 颜彤丹. 北方体育院校武术与民族传统体育专业毕业生就业状况的跟踪调查 [J]. 冰雪运动，2014 (6)：23-27.

现状大相径庭。上海体育学院武术学院针对武术专业人才培养提出"三艺通备",其中三艺是指"武艺、医艺、书艺"[1],其中武艺与医艺的融合即为"武功整复"。武功整复师不但可以教授功法锻炼,还可以帮助因身体不适而无法直接锻炼的个体进行徒手调理,通过被动的机制将人体病灶点祛除,进而进行功法锻炼。"武功整复"作为武术人与健康业衔接的另一条纽带,使得武术人的就业路径更加宽广,满足武术人的就业需求。

(三) 弘扬传统文化的途径

自原始社会始,武术便与医术情同手足,唇齿相依。原始社会"巫、舞、武、医"之间是一种共生关系[2],且武术与医学有着许多共同的理论基础,武术界一直有这么一种说法——"拳起于易,理成于医"[3],在一定程度上概括了两者之间的关系。武术和中医都包含有精、气、神的内容,精气神学说是对中医和武术影响最大的中国古典哲学思想之一[4]。中医讲究固精、通气、养神从而达到养生健体的效果,而武术强调"外练筋骨皮,内练精气神"的内外兼修的思想,武术和医术在表现形式上虽为异枝,但在一定理论程度上却为同根。

放眼如今,武术习练者懂医术的甚少,从医者习练武术的凤毛麟角,武术和医术交融性减少,开始分离,这也导致了武医文化的流失及传承的消亡。"武功整复"再次将两者紧密融合,由武术人对身体不适者进行徒手调理,使其恢复正常人体功能,并传授武术功法锻炼处方,进而被调理者反过来传授功法与他人。其作为武术和医术的结合产物,直接性地复兴和发扬了传统武医文化,促进了武术与传统体育项目的传播与发展。因此,武功整复的构建与发扬成为弘扬多种传统文化的途径与载体。

三、武功整复师的执业要求

武功整复师是透过中国武术锻炼所产生的"劲道",及将"整体观念"运用在身体调整中,修正失衡的软组织及关节,使身体恢复正常的使用功能并激发自我康复机制的一种徒手疗法工作者。他们是具备武术运动技能的人才,以武养生、以医助人的现代武医实践者;是对武功整复学的理论、技能进行教学、训练的教育者;是具有体育领域科学研究能力,可以从实践中发现问题并研究探讨直至解决,并进而应用到实践中去的科研人才;是中华民族优秀传统文化的继承者与传播者;是既能开具运动处

---

[1] 张云崖,王震."三艺通备"理念下武术专业人才培养模式的构建与实践 [J]. 上海体育学院学报, 2008, 32 (3): 88-91.
[2] 唐芒果,蔡忠林. 先秦时期武术从业者群体研究 [J]. 上海体育学院学报, 2015, 39 (1): 72-76.
[3] 郑光路. 试论武术与医学的关系 [J]. 成都体育学院学报, 1987 (1): 28-33.
[4] 段廷进,林辉. 从中医学的角度看传统武术桩功的医学价值 [J]. 吉林体育学院学报, 2014, 30 (5): 105-108.

方,又能指导执行运动康复,还能进行手法调整的体医复合型人才。

(一) 功法锻炼是主体内容

明清时代的颜元是思想家、教育家,并且创立了儒学中具有进一步影响的颜李学派。他自幼习武,一生行医,并且据记载,颜元第一个老师吴持明(洞云),"精通数术,占验多奇中,又能骑射箭戟……以医隐"[1]。可见两者皆为武医兼修者。着眼近代,许多的武术宗师不仅在武术上有登峰造极的造诣,而且在医术上也拥有一定的研习。"神力千斤王"王子平先生,曾担任第一届中国武术协会副主席,不仅是近代弹腿名家,又是一位著名的伤科医生,撰《拳术二十法》,创编"祛病延年二十势"[2]。被后人尊称为"武医宗师"的郑怀贤教授,是国内著名的武术家,同时还是中医骨伤科专家。郑怀贤教授提出"少年练筋,中年壮骨,老年养气",认为中医学的"精、气、神"观点,形神合一、内外兼修,亦为武术修习的真谛[3]。他将武术和医术相结合,为郑氏伤科方药体系奠定了基础。再如黄飞鸿先生、马凤图先生、张鸿谋先生等,自古至今,无数的武术宗师皆懂医也。

王单一等通过研究发现:功法训练的与否及训练质量的高低直接影响着手法施治的效果,通过严格武术功法训练的推拿大夫在施治时手法灵巧而有力量,一旦临证,机触于外,巧生于内,手随心转,法从手出,法之所施[4]。同理,若一个具有武术训练基础者通过对相关人体、医学、推拿知识的系统学习,同样可以成为一名武医融合的施治者。因此,不论从历史流变还是施治效果角度看,武术与中医的融合都是一种良性结果,以武术习练者作为主体对于复兴传统"武医"文化及徒手疗法的发展与提高具有积极意义。

(二) 徒手调理是主要形式

武功整复的目的是对人体框架的不平衡进行调理,对其整理并复原,主要包含"整法"和"调法"两大类手法。其中整法主要作用于深层经筋、肌肉群的整理,通过按揉、压法、拿法、拨法等徒手形式对人体不通的经筋和肌肉群进行整理纾解,使其达到理筋疏络、减小肌肉对骨骼束缚力的目的,为骨骼、关节的调法奠定基础。"整法"要求力量发放如太极者,连绵不断,犹如缠丝,同时沉稳有力,渗透深层。而对关节、脊椎的"调法",则是采用特定的手法作用于脊柱及其相关组织,预防和治疗脊椎及其相关疾病的中医外治法[5]。脊椎由颈椎、胸椎、腰椎、尾椎四部分所构成,由

---

[1] 尤培建,戴国斌. 试论颜元的武医思想 [J]. 体育文化导刊,2015 (8).
[2] 吴诚德,乐秀珍. 练功与养生 [M]. 北京:人民体育出版社,1982:2-19.
[3] 张耀红,侯乐荣. 郑怀贤"武医结合"伤科学术思想的整理与思考 [J]. 成都体育学院学报,2016,42 (2):98-102.
[4] 王单一,王耐. 传统武术功法对中医推拿学科的促进作用 [J]. 中医学报,2007,22 (1):25-27.
[5] 赵毅,王诗忠. 推拿手法学 [M]. 上海:上海科学技术出版社,2009:107.

调理人员固定所调关节、椎体两端，沿着关节运动轴方向，在做到最大延展度时进行瞬间、快速的发力，使关节、椎体回归功能位。由于颈、胸、腰三段的结构并不相同，因此每处都有其特定的手法，例如颈部斜板法、胸背部扳法、腰椎斜扳法等。

徒手形式是自古流传下来的中医外治手段，经历过时间的洗礼与考验，是历史与时代的产物，相比西方医学，风险更小，是作为保守疗法的选择之一。但人体的感知与患者的描述毕竟是抽象的，这也使得徒手干预存在一定的障碍，而现代医学的检测诊断方法使得人体的功能、结构更加直观，使得中医外治法的功效和施治过程变得更加简明有效。

（三）身体感知是必要条件

武功整复以传统人体整体生命观为基础，通过长期的临床实践，总结出一套以望、问、触、调、整五个方面为主的调理步骤。①望：通过眼睛的观察来对人体进行初步的诊断。《素问·痿论》曰："宗筋主束骨而利机关也。"《说文》云："筋者，肉之力也。"由此可见，筋可以产生力量，从而使肢体进行活动，毫无疑问，这就是现代医学所指的骨骼肌[1]。由此可知，经筋附着在骨骼之上对其进行作用力，一旦身体某处经筋出现损伤或不适，便会牵连骨骼，导致体位原有的平衡被打破。因此，整复师以生命整体观为指导思想，以脊椎为中线、两侧经筋对称为标准，观察患者走路姿态或俯卧位身体两侧体态平衡来判断是否存在某处肌肉挛缩、紧张，从而作为身体诊断的一个参考。②问：通过语言的交流对患者进行一些身体情况的交流，比如生活习惯、身体不适处、骨骼经筋的历史病症等状况。中国传统医学经典《黄帝内经》中的《素问·三部九候论》篇："必审问其所始病，与今之所方病，而后各切循其脉。"《素问·疏五过论》："凡欲诊病者，必问饮食居处。"可知询问是诊断过程中不可或缺的一部分。武功整复的询问环节是通过患者对自身不适部位感知的表达来进一步确认身体病灶点的大致位置的。③触：以手作为整复师与患者身体的交流媒介，通过触来感受不适者身体的状况。"触"是武功整复师与患者身体直接交流的开始，通过触诊来感受"望、问"两环节所诊断的不适部位经筋是否存在痉挛、紧张、弹响等问题，进而对患者身体进行确认性诊断。④调：即为调理，通过开穴、点压、理筋等手法祛除经筋病灶点，中医认为"通则不痛，痛则不通"，身体产生疼痛的一部分原因是经脉、经筋的不通，因此武功整复师在感受患者经筋状况时，还需根据经筋走向以外界力量来疏通患者经筋、经脉的堵塞，达到解除经筋挛缩、肿胀、筋节等状况的目的。⑤整：以整复手法对人体关节、脊柱进行整理，达到复原的效果。当人体经筋出现病灶点时，会牵拉骨骼发生偏位，当四肢关节小幅度错位时便会影响运动功能，脊柱偏位则会触碰神经影响脏腑，导致内分泌失调、代谢紊乱等症状。对人体经筋梳理后降低了肌肉对

---

[1] 薛立功. 中国经筋学 [M]. 北京：中医古籍出版社，2009：14，37-41，39.

骨骼的束缚力，需要对存在偏位的脊椎、骨关节进行调整归位，使其达到原有的体态平衡，缓解椎体对神经、动脉的压迫。

诊断过程需要整复师拥有敏锐的肢体感知、信息感知、视觉感知等能力，来判断经筋的病灶点。施治过程需要整复师对自身力量具有极高的控制力，进而使力量具有渗透力可以达到经筋深层。不但如此，调理过程中整复师需进行瞬间、快速的发力，使关节、椎体回归功能位。发力过程中需要整复师拥有对人体骨骼位置的感知能力，通过触觉来调整延伸角度及骨骼纠正方向。因此，身体感知是调理师不可或缺的条件。

（四）劲力施治是关键技术

"夫太极拳者，千变万化，无往非劲。势虽不侔，而劲归于一。"[1] 此为劲，劲与力是两个不同的概念，力是劲的外在表现，而劲是力的一种类型，是一种高层次的力，是力的高度集中和概括[2]。劲力具有和谐性、高度集中性和整体性的特点，是武术人通过长久的动作演练而出现的一种力。

武功整复师在对人身体骨骼进行调理的过程中是需要劲力施治的，所谓骨骼调理并非是针对于骨折、脱臼等问题，而是针对"骨错缝"所导致的功能性障碍进行的调理，使得骨位得以纠正，从而解除身体不适。力的发放需要具有整体性，倘若力量的释放不连贯，出现断力，会导致被调理者身体不适、骨骼经筋受损；力的发放需要高度集中，将意念达到想要调理的位置，力的渗透性会更强，若思维散乱则会导致力量的渗透性降低，轻则调理不到需要调理的位置，重则导致骨骼周边的小肌群被撕裂；力的发放需要具有协调和谐性，整复师和被调理者需要呼吸同步，力量刚而不僵，柔而不软，若不然会导致被调理者身体受损、气韵不畅的状况，大大降低调理效果。

综上所述，武功整复当中的发力形式正是武术当中的劲力，它是对人体骨骼稳态调理的关键，是武功整复力量发放的核心，因此要求实施者具有武术功底，掌握劲力的释放，从而达到劲力施治的目的。

四、结语

首先，从整个世界潮流来看，21世纪是"身心整合"的世纪。西方国家发展出来的"身心学"即身体医疗与养生文化，同时吸收了中医学与武术的学理及技术，足以见得中国论的身体疗法具有深远的未来性。可惜的是，曾经是中医学主体的推拿、按摩与气功导引，现在却退居于后。因此，重新思考推拿、按摩、气功导引等传统的身体疗法，是当今"身心整合"的世界潮流中的价值所在。其次，从全球化的角度来看，以身心学为观念，武术运动为中心，来建构中国身体疗法，不但具有全球化的思维，

---

[1] 王宗岳，等. 太极拳谱 [M]. 北京：人民体育出版社，1991：245.
[2] 张国栋，郑国华. 对武术劲力的认识及其相关因素分析 [J]. 辽宁体育科技，2003，25（2）：34-35.

而且可以让国际人士透过身心学来理解中国人的身体疗法。此外，在全球追求"分工化、专业化"的理念之下，甚至应该让身体疗法从传统的医疗体系之中独立出来，通过更细致、更专业的训练，让更具有"控制、感知身体动作能力"的人来处理身体活动的问题。最后，就建立整体医疗系统而言，西医有护士、物理治疗师、呼吸治疗师、职能治疗师等相关医疗人员作为医师的协同工作者。而中国对于这样的整体医疗体制建立得比较晚。本研究所提倡的武功整复师，如果与中医师配合，其地位等同于西医的物理治疗师，可与中医师形成互补互利的关系。

武术人类学研究：概念、议题与展望*

1986年，谭华首发《体育与人类学》一文[1]；1990年，上海体育学院以学报名义约稿日本体育人类学家寒川恒夫[2]并邀他与另外两位日本专家来校讲学[3]；1999年，胡小明出版《体育人类学》第一本专著作为初步总结[4]。至此，人类学化研究逐步成为体育人文社会学和民族传统体育学的研究热潮，而民族传统体育学的人类学化研究也渐成为武术人类学研究进路[5]。新时期武术人类学研究需在此基础上，肩负起新的历史使命，以崭新的姿态思考武术人类学的定义，独辟蹊径地探索田野调查的方法，耐人寻味地书写武术人类学的民族志文本，并在"何谓武术"的新回答中设置核心议题、更新研究思路，于武术人类学研究的规范化、体系化、本土化迈开重要的一步。

一、武术人类学的定义、方法、文本

为武术人类学正名，求解"何谓武术人类学"的意义，不仅是武术人类学研究的元问题、新时期新作为的基础性工作，而且也事关每位研究者的研究理路与风格。当下武术人类学研究，可由人类学定义、方法及文本的反思夯实其基。

（一）以人类学定义作为反思的起点

人类学家关于"何谓人类学"的解答，撮其大要，言而为三。一是"人的研究"[6]，但该答值得反思的问题是，其"人的研究"如何区别其他人文社会学科的研

---

* 作者简介：戴国斌（1963—），男，汉族，江苏宝应人，博士，教授。2002—2005年师从邱丕相教授攻读民族传统体育学博士学位，博士论文《武术的文化研究》获上海市优秀博士论文。华东师范大学教育学博士后出站报告《武术的文化生产》获优秀评价。现工作单位：上海体育学院；主要研究方向：武术文化与社会。本文作为特稿刊发于《体育学研究》2021年第3期，第1-10页，现文有修改。

[1] 谭华. 体育与人类学 [J]. 成都体育学院学报，1986，12（2）：1-5.
[2] 寒川恒夫. 体育人类学 [J]. 上海体育学院学报，1990，14（3）：84-89.
[3] 倪依克，胡小明. 发展中的中国体育人类学——国际人类学与民族学联合会第16届世界大会体育人类学专题会议述评 [J]. 体育科学，2009，29（10）：66.
[4] 胡小明. 体育人类学 [M]. 广州：广东人民出版社，1999.
[5] 戴国斌. 武术人类学研究的若干思考 [J]. 民俗研究，2020，153（5）.
[6] 威廉·A. 哈维兰. 当代人类学 [M]. 王铭铭，译. 上海：上海人民出版社，1987：7.

究，如何认识生理学、心理学与运动人体科学的研究，在这些同为"人的研究"的学科中人类学具有哪些独到之处。二是"社会文化的研究"，这是人类学在19世纪的学科定位[1]，但同样让人深思的是，如何明确界定其独特的社会文化研究，如何在昔日以"传统"尺度与社会学区分之后再与历史学、文化学进行区别。三是"具有'包打天下'的雄心"[2]，采纳此说解释人类学研究的人类性时，还需进一步深究"人类学是如何包打天下""人类学包打的天下是什么"等问题。

（二）以理想研究状态界定武术人类学的定义

"何谓武术人类学"之解，需在人类学定义反思的基础上从其研究理想蓝图出发加以推进。综合"何谓人类学"三答之反思，构建武术人类学研究的理想状态——既要站在人类的高度，以不同层次的跨文化比较、古今中外的三重论证，体现武术人类学的普遍性、人类性，也要用具体的经验性研究反映其独特的认识与实践，体现武术人类学的特色性。由此，可界定其定义——以田野调查为手段，在参与师徒组成的武术门户文化实践中，观察其拳其派不同的身体活动方式、独特的运作方式与机制，揭示其身体技术、组织形式与文化传承的特征[3]，深描其不同于西方体育亦不同于中国其他文化实践独具个性的关于"人"的理解。

（三）从田野调查揣摩武术人类学研究的方法与视野

现行一些人类学化研究尚存"去田野，无调查"[4]之弊，需作方法学与学术视野的双重完善。

首先，方法学规范可从两方面加以完善。一方面，武术人类学研究的田野点选择，既可按照巴西人类学家佩雷诺"只要存在差异，存在与自己不同，那里就有人类学田野"[5]的"差异标准"确立，也可按照我国人类学家费孝通"人文世界，无处不是田野"[6]的"人文原则"[7]作拓展。另一方面，武术人类学的田野调查还可作系统性更新：一可将现行3个月左右的调查时间延长到1年及以上，并以此作为田野调查的"时间基础"，力争理解武术习练者的内心世界；二可以"学、练、看、谈"该门该派该拳的方式参与其中，在尊重该门该派该拳武术文化多样性、文化尊严、知识产权、

---

[1] 周大鸣. 关于人类学学科定位的思考 [J]. 广西民族大学学报（哲学社会科学版），2012, 34 (1): 79.
[2] 王铭铭. 人类学是什么 [M]. 北京：北京大学出版社，2002: 3.
[3] 戴国斌. 武术人类学研究的若干思考 [J]. 民俗研究，2020, 153 (5): 134.
[4] 王建民. 更为深入、细致的田野工作是中国人类学发展的立足点 [A]//高丙中，龚浩群. 中国人类学的定位与规范 [M]. 北京：北京大学出版社，2015.
[5] Peirano Mariza G. S. When anthropology is at home: the different contexts of a single discipline [J]. Annual Review of Anthropology, 1998, 27: 105-128.
[6] 费孝通. 继往开来：发展中国人类学 [A]//荣仕星，徐杰舜. 人类学本土化在中国. 南宁：广西人民出版社，1998: 12-14.
[7] 杨天宏. 人类学对历史学的方法启示 [J]. 近代史研究，2019 (6): 142.

武术传人人格与隐私的前提下，在征得被采访人的知情同意后，全面收集资料，慎重对待其实物性资料，养成既笔录日常事实也记录核心议题思考的手札习惯，以此作为完善田野调查的"举措保障"；三需由过客而成为一员地融入其中，入乡随俗地生活在某门户或拳场，力争与门户成员保持友好相处，实现研究者的"角色转变"[1]。

其次，为了"在个案研究中贯穿整体的、历史的、文化的综合分析"[2]，需在广度与深度上进行学术视野的双重突破。其广度表现为能从"广袤的平原"分析眼前的田野、能以"汪洋大海"透视当前的"滴水"，其深度体现在内具一双"火眼金睛"，能从眼前可见的文化展演中看出不可见的文化理想、文化意图、文化设计。只有以"在个案中透视整体、在现实中贯穿历史、在滴水中洞见大海、在田野中呈现广袤平原"为思考路线、思维状态、研究图景，其田野点选择方能具有典型性、代表性，其田野调查才能克服"去田野，无调查"之弊，其人类学研究方有可能呈现有独见与抱负且深描的民族志文本，体现"包打天下"的研究境界。

总之，如果没有方法规范与视野突破，其田野调查不仅在认识上可能会存有"只要去了田野点，就是做田野"的想法，在实践上可能会导致以"去田野"替代、掩盖"调查"的研究目的和行为，而且也终难体现田野调查"提出概念、概括和理论"的"发现的逻辑"[3]。

（四）从民族志推敲武术人类学研究的文本与境界

在"何谓人类学"的回答中，无论是"深描"之期待还是"'包打天下'雄心"之比喻，其意绝不仅是方法的规范，还有思路的新设计、文本的新探索、境界的新攀登等期望。体现人类学独见的武术民族志文本，可用中国禅宗话语加以理解与实践。

与格尔茨"我们在村落研究，但不是研究社区"之言一样[4]，中国禅宗有其著名的"指月"公案（《六祖坛经》）。在禅宗看来，武术人类学研究就像"指月"动作一样，我们所置田野、所见文化行动仅是"指月的手指"还不是"月亮"，人类学研究的"月亮"是要由眼前田野的文化实践进行人类文化实践的新思考，需"思接千载，视通万里"地发现远远超出该田野的文化意义。理想的武术人类学研究境界应在看似"见山只是山"的田野调查基础上，既要以"思接千载"的长时段、"视通万里"的广视野形成分析该田野的"广袤的平原"、透视田野"滴水"的"汪洋大海"，而于该田野洞见更为广阔的文化图景，将自己的思考进入"见山不是山"的"深描"之境，也要"大道至简"地抵达"见山还是山"的境地，终以该田野言说远胜于该田野的文化意义。

---

[1] 戴国斌. 武术人类学研究的若干思考 [J]. 民俗研究, 2020, 153 (5): 138.
[2] 王铭铭. 二十五年来中国的人类学研究：成就与问题 [J]. 江西社会科学, 2005, 25 (12): 7-13.
[3] 丹尼·L. 乔金森. 参与观察法 [M]. 龙筱红, 张小山, 译. 重庆：重庆大学出版社, 2009: 8.
[4] Clifford Geertz. The Interpretation of Cultures [M]. New York: Basic Books, 1973: 10.

鉴于研究均可界定为"起步于可见的观察而终于不可见的发现"，概括为"借助有形而对无形的说明"，故可将武术人类学研究视为如此活动——综合运用柳田国男所区分的"眼观的有形文化、耳闻的语言资料、心感的精神现象"三类材料[1]，以心之思而贯穿所视所听，由所见人群的武术文化行动而引发对更大群体文化实践的思考，并用多重证据、多元眼光的比较研究，最终形成民族志文本。

二、武术人类学研究核心议题的设置与展望

此前民族传统体育人类学化研究不乏突出成果，但就文化自觉的研究而言，其中不少研究还存有以下问题：一是未能在体育起源的"军事战争说""生产劳动说""宗教祭祀说"之外发现中国武术文化实践的意义；二是未能于西方人类学研究的视野之外考虑到中国武术文化实践形成与发展的人文环境；三是"去了田野而无调查"问题，反映其探索还处于方法学模仿的"方法中心"阶段，尚未进入运用田野调查进行创新研究的"结论中心"阶段。

由此可见，无论是避免成为"体育起源说"的翻版、"西方理论的注脚"，还是改善"去田野，无调查"的现状，推进由"方法中心"进入"结论中心"的发展新阶段，均需将开拓研究视野、更新研究思路作为重中之重，将新发现、新解释作为首要任务，并在武术既是中国历史文化的内在部分也是中国现代化事业的有机部分事实之中，以"武术文化'国之大事'的出身，武术形成与发展的中国土壤，武术文化'为人性'的目的"作为核心议题，用人类体育问题的"武术回答"及武术话语与实践讲述中国体育人类学的"故事"。

（一）"国之大事"：武术文化的缘起

武术的核心概念，无论是"武"字甲骨文"持戈（行军）"之解与楚庄王"止戈"之释，还是南北朝"偃闭武术"及其作为齐国军事制度的"技击"或孔子"一张一弛，文武之道"之语（《礼记·杂记下》），都体现了国家治理之法。而"功夫"概念，无论是文人"内圣外王"的"工夫论"，还是其词组背后所潜伏的"为国安宁操劳费心的伟丈夫"之意[2]，无一不与国事相关。可见，怀揣独见与雄心的武术人类学研究，需在寻认其"国之大事"的出身中，夯实其"自知之明"的地基，于多年"由戎而武"分析和"由祀而武"探索的基础上，以"国之大事"议题进行新的探索。

---

[1] 麻国庆. 社会与人民：中国人类学的学术风格[J]. 社会学研究，2020，35（4）：176.
[2] 戴国斌，刘祖辉，周延. "锻炼行道，练以成人"：中国求道传统的武术文化实践[J]. 体育科学，2020，40（3）：24-29.

1. "国之大事"的"由戎而武"研究

关于"由戎而武"的武术与军事关系辨析，既有"集体性与个体性"之别[1]、"动作效果的外向性与动作规范的内向性"之异的概括，也有"由野蛮而文明"武术文化发展方向的归纳[2]。新的研究需在继续凸显武术之于军事的创新性之际，补充以武术之于军事的继承性研究视角，强化两者之同的研究，深化武术与中国文化关系的分析。

如武德由"国之大事"而武术化的概念史衍变，经历了"武德之德由天子而个人、武德之武由军人而武人"的两重转化，形成了国与国军事行为"名正性、公开性、公平性、伦义性、节制性"的"五维一体"文化系统，创新性地继承为"见义勇为、为国为民的行为正当性，鄙视偷袭的比试公开性，轮流进攻的比试公平性，点到即止的比试伦义性，倒地判胜负的比试节制性"武术武德新系统，并作为武术文化的魂脉而贯穿于文化实践的始终[3]。

由此可见，"武德与技艺习练的关系，武德在主体成长不同阶段的要求与表现，武术行为的道德化赋义，武术动作训练的心理机制，武术人功夫梦与武德修为的复杂性交织"等问题的调查与观察，即应成为改变当下某些武德研究仅局限于文本性、话语性门规而缺乏主体性考量的新视野。

2. "国之大事"的"由祀而武"研究

"由祀而武"研究，涉及武术仪式结构与功能的分析。在成果颇丰的梅花拳拜师仪式研究中，拜师的本质是与"师祖敬拜"有关的信仰活动[4]，既有以"三师在位"整合同门、家庭、社会三方力量，实现武术伦理管理时空上全覆盖[5]的仪式结构与实践机制[6]，也有文场以"看香礼"确定师徒关系、以"接续连灯"为传道责任、以"结社行好"作为社会公德的神圣化运作机制[7]。但"由祀而武"的仪式研究远未被充分发掘，仍需进一步开掘。

首先，可在西方人类学对仪式的结构-功能分析之后作新的思考。一是范·根纳普眼中与入会相关、与原有状态"分离、过渡、融入"的通过仪式[8]，在武术文化实践

---

[1] 戴国斌，刘祖辉，周延."锻炼行道，练以成人"：中国求道传统的武术文化实践[J].体育科学，2020，40（3）：29.
[2] 戴国斌.武术：身体的文化[M].北京：人民体育出版社，2011：267-313.
[3] 同[1] 24-29.
[4] 周伟良.梅花拳信仰研究——兼论梅花拳的组织源流[J].北京体育大学学报，2006，29（6）：839-840，853.
[5] 同[2] 397-400.
[6] 张兴宇.从梅花拳"拜师礼"看近现代华北村落中的礼俗互动[J].文化遗产，2018，55（4）：113-121.
[7] 张士闪.民间武术的"礼治"传统及神圣运作——冀南广宗乡村地区梅花拳文场考察[J].民俗研究，2015，124（6）：42-43.
[8] 岳永逸.范·根纳普及其《通过仪礼》[J].民俗研究，2008，85（1）：5-12.

中是否只有一个拜师仪式？二是特纳眼中成人的阈限[1]是否仅仅存在于拜师环节？完成拜师仪式是否即谓武术人转型的完成？三是西方人类学仪式研究的核心成果是"作为社会构成方式的文化"[2]，那么，武术门户社会是否具有独特的构成方式、运作机制？

其次，可回武术文化传承的"现场"，以其千百年历史发展所形成的、或显或隐的"拜师之入门，百日筑基之换劲，小成—中成—大成进阶之过关，出师之成人"的阶段性，在具体的田野中反思武术对"由自然人而文化人""由社会人而武术人"过渡的认识与实践。同时，也可以武术文化不同类型仪式的构型、武术仪式的"多次性"或"长期性"而与西方仪式的"一次性"进行对话。

最后，既可以源于祖师的差序格局之结构，及其文化传承中一部分弟子以"形成自己的东西"作为"出师"理想目标的反结构，作为田野调查的新内容；也可以针对门户传承既以公开性剧本表演祖师崇拜又以隐形剧本呼唤主体天赋与创造性的文化实践，发掘并不完全等同于人类学仪式研究的中国文化意义。

3. "国之大事"的天下主义研究

天下主义由李慎之首先使用后在盛洪笔下得以发展[3]，进而成为研究的热点——如朱维铮夷夏之辨"区分指标的改变、平等眼光的形成"[4]，许纪霖以中原为中心的"差序格局"[5]——至赵汀阳抵达高峰，他视其为中国独特的世界观念而有助于人类命运共同体建设[6]。作为观念的"天下主义"，是文化主义而倡导非强制的道德教化[26]。作为制度的"天下"[7]，是传统中国用"文明与野蛮"的尺度而处理"国际关系"的世界观与方法论。在近代中国从天下而民族国家的发展中，探究武术田野所保留的天下主义之"礼"，可从三方面拓展其调查。

一可以天下主义"野蛮与文明"的区分，从其文明对象、将蛮力文明化的系统、武术人的体认等入手，细化田野武术文化实践的静态化分析。

二可以中国文化"对野蛮的文明化进程"，拓展与"国之大事"相关的武术文化实践的宏观视野，从田野武术的文化形态反映其"文明化进程"的哪一阶段，深化其历时性分析。

三可以中国文化"野蛮与文明"的尺度作为微观透视的"显微镜"，从田野中武术人的"以武会友"是格斗"比试会"还是套路"展演会"，抑或"击、舞"中间地

---

[1] 维克多·特纳. 仪式过程：结构与反结构 [M]. 黄剑波，柳博赟，译. 北京：中国人民大学出版社，2007：95.
[2] 王铭铭. 经验与心态——历史、世界想象与社会 [M]. 桂林：广西师范大学出版社，2007：235-270.
[3] 盛洪. 从民族主义到天下主义 [J]. 战略与管理，1996 (1)：14-19.
[4] 朱维铮. 历史三题 [J]. 复旦大学学报，2004 (3)：11.
[5] 许纪霖，刘擎. 新天下主义 [M]. 上海：上海人民出版社，2015：6, 26, 28-31.
[6] 赵汀阳. 天下体系：世界制度哲学导论 [M]. 北京：中国人民大学出版社，2011：阅读赵汀阳3.
[7] 赵汀阳. 天下体系：帝国与世界制度 [J]. 世界哲学，2003 (5)：2-33.

带的各种变形等问题的考察，丰富武术人生活史或武术文化交往史的理解。

(二) 中国：武术的生成土壤、发展背景

作为研究文化的武术人类学，毋庸置疑应植根中国。在"何谓中国"主题下，一批学者作出了重要性贡献。就考古学而言，中国文化是由"满天星斗"到"月明星稀""多元一体"的发展过程[1]；就源头与特征来看，在陈梦家眼中是发展于巫术、成熟于历史意识，在李泽厚概括为"巫史传统"，到赵汀阳总结为以变在理解存在之惯习[2]。据此，武术人类学研究可在中国社会"由传统而现代"流变、中国文化"由北而南"转移的历史背景中进行各自指向的田野调查，以此对接中国文化"礼失而求诸野"的传统。

1. 置身现代中国由传统而现代"变在"的武术人类学研究

费孝通开辟的中国人类学村落研究取向，其以"乡土"解释"中国"之理路，表面存在"一个'乡土'能否完全解释'中国'"之问，看似无法面对前轴心时代"以城建国、国野分治"的传统，其实质却与中国文化生产"礼失而求诸野"的历史传统相呼应。在以流传至今的拳理与拳术、目之所见的文化实践作为了解武术文化的"诸野"时，需关注三类问题，以此完善各自的研究思路。

一是人们进入"诸野"的研究思路出现了前后迥异的变化。近代以来，先是发现武术现代性的希望，接着是当下见其传统性的期待。武术人类学研究"求诸野"的"传统与现代"视野，既是找"过去"，是对"传统是什么"的认证；也是看"现在"，是对其"现代发展新状态"的辩证。唯有"传统与现代"两种视野的融合，方能在"过去与现在"的"时间隧道"中更好地理解"它从哪里来，为何是今天这样，以及未来走向"，提高武术人类学研究的解释力。

二是人们对待传统的态度发生了转向性变化。晚清的"智勇俱困，智穷勇丧"改变了18世纪中国的形象，影响了文明古国的总体性评价[3]。近代以来中国形象的变化，既关涉自我传统的认识，也涉及西方他者的认知，并像刘小枫所言中西"似"比较那样[4]，在初遇西方时所见图景是"西方体育是中国游艺的'遗意''余绪'"[5]，于"坚船利炮"中衍生"疑古"思潮，在当代出现由文化自省到文化自信的变换[6]。新时期武术人类学研究应"带着温情与敬意"重新审视"传统中国"与"中国传统"，谨慎对待中西文化交融的"刺激-反应"研究思路、"现代与传统断裂"观念，避免出

---

[1] 许宏. 最早的"中国"[N]. 社会科学报，2015-07-02 (5).
[2] 赵汀阳. 天下的当代性：世界秩序的实践与想象 [M]. 北京：中信出版集团，2016：137-138.
[3] 杨国强. 衰世与西法：晚晴中国的旧邦新命和社会脱榫 [M]. 北京：中华书局，2014：自序1-12.
[4] 刘小枫. 现代性社会理论绪论——现代性与现代中国 [M]. 上海：上海三联书店，1998：162.
[5] 国家体委文史工作委员会，全国体总文史资料编审委员会. 中国近代体育文选 [M]. 北京：人民体育出版社，1994：3.
[6] 高丙中. 中国非物质文化遗产保护与文化革命的终结 [J]. 开放时代，2013，251 (5)：143-152.

现"作为西方理论脚注"的现象。

三需重新认识武术的现代化。近代中西武技比较中形成的"传统武术无用论",其专业视野中套路与格斗不同功能的论证,深层次原因是西方专业性视野下中国"君子不器"理念所导致的"业余性"之果[1]。但值得深思的是,传统武术并没有如列文森预期的那样成为安放在博物馆的遗产,而是如埃里克·霍布斯鲍姆所言"民间音乐并没有衰落,而是在现代城市与工业文明的环境中坚持下来了"那般[2],顽强地扎根于民间、活跃在全民健身洪流、跻身于大学教育的专业与学科设置行列、化作中国小说和中国电影的一种类型。可见,武术现代化并非"西方中心"视野下"体操化"的"全盘西化",而是在采用西方体育求新时并未弃旧,在推进体育化转型时不仅难能可贵地保持其文化性生存的持续性探索,而且还顽强地坚守了传统武术的动作规范、身体训练方式、话语表达、理论解释。因此,在各自田野中深描武术于中国现代化洪流中如何安放自己、如何寻找时代发展的契合点、如何在百般探索后顽强生存的生命力与生存之道,应是武术人类学田野调查的重要内容。

2. 呼应中国文化中心由北而南"变在"的武术人类学研究

"求诸野"的武术人类学研究,不可忽视中国文化中心"由北而南"发展的历史。无论是孔子的"南方之强"(《中庸·第十章》),还是李泽厚眼中的"南中国"[3],该区域在唐以前称吴或三吴、唐称浙西、明清称江南[4],关系到中国文化中心"由北而南"的迁移[5],并作为东西交通的枢纽地位[6],而成为近年学界的热点。虽然,现有南拳研究和地域武术研究还无法肩负"发现南方武术之于武术文化的贡献,折射武术历史发展、文化特征与中国文化中心迁移的关系"的研究使命。但是,它们还是为南方武术的新研究奠定了基础。

一方面,以武术的南方贡献为例,鉴于武术历史发展存在的南北之异,既有名词概念上的"同物异名",如"南人称拳,北方人称锤或捶"(唐豪《内家拳》)等,也有文化形态上派分的"长江一带拳术,架势小而势紧促者为南拳或南派。以豫鲁一带拳术架势大而势宏敞者为北拳或北派"(徐震《国技论略》),武术人类学的新研究可将现有地域武术的九大板块区分[7]再度提纯为南北武术,并在南方文化"(北方化)汉化—南北均势—南方领先"的历史发展中[8],从福建南拳、浙江内家拳等"诸野"

---

[1] 约瑟夫·R. 列文森. 儒教中国及其现代命运 [M]. 郑大华,任菁,译. 北京:中国社会科学出版社,2000.
[2] 彼得·伯克. 什么是文化史 [M]. 蔡玉辉,译. 北京:北京大学出版社,2009:20.
[3] 李泽厚. 美的历程 [M]. 天津:天津社会科学出版社,2001:112.
[4] 李伯重. 简论"江南地区"的界定 [J]. 中国社会经济史研究,1991(1):100-105.
[5] 雷海宗. 中国的文化与中国的兵 [M]. 北京:商务印书馆,2001.
[6] 杨念群. 近代"岭南文化中心说"典型述论 [A]//杨念群. 杨念群自选集. 桂林:广西师范大学出版社,2000.
[7] 郭志禹. 中国地域武术文化现代阐释及其发展趋势研究 [M]. 北京:学苑出版社,2013.
[8] 倪士毅,徐吉军. 论中国文化重心南移的原因 [J]. 杭州大学学报,1989,19(2):127.

中爬梳南方武术因其地理、文化因素而将北方武术对腿的移动性要求转变为"不讲究灵活迅捷，重视下盘稳固"的稳定性期待，原先马步和弓步在南方武术中衍生为"不弓不马、不丁不八"的新步型、"开裆裹臀"的新规范，同时武术的腿部训练也由原先"步法+腿法"转变为"桩功+发力"的新组合、原先的腿法击打也开始转向腿部发力，深描武术由北而南发展后在身体技术与武术文化所出现的新变化，深入理解武术长期被称为"拳术"的缘由，梳理武术的南方脉络与贡献。

另一方面，以南方武术的中国性为例，既可在南北武术比较中深描南方武术的文化特征，也可在中西融合中厚写其现代化发展。首先，关于其文化特征，从听驼1938年"北方喜用腿，南方多练桩"[1]之语可见，南方武术对腿的功能进行了支撑性、发力性转向，也由腿部支撑之静开启内向型发展之趋势。对此，可以福建、浙江等地武术文化实践为田野，在其古今之变中深描中国武术文化的内倾性特征[2]，呼应刘子健所言两宋之际中国文化的内在转向[3]。其次，关于其现代发展，如1910年创立于上海的精武体育会，其武术组织的现代化转型中既有中国武术与西方体育的联姻，也有武术与传统文化的结盟，还有对省界、业界与阶级合群组织法的新探索[4]。因此，在古今中外融合中再认武术文化的开拓性与现代性，南方武术应是充满希望的田野。

（三）为人：武术文化的目的

费孝通将文化定义简化为"人为，为人"两个维度[5]。该界定不仅强化了以人为中心的文化观，使人类学研究得以深入人性层面、彰显人的价值导向，而且也将人类学的文化研究大致区分为"人为性"的文化结构研究和"为人性"的文化目的研究。鉴于大多研究更多聚焦于人为性，较少涉猎为人性分析，新时期武术人类学研究可由武术文化之于主体的"礼仪性特征"和"成人性价值"强化其文化目的研究。

1. 从"礼仪（礼义）之邦"文化特征调查武术文化的礼仪性

中国文化经历"由巫而史"的发展[6]，形成"巫史传统"[7]，表现为"礼仪性"特征。对此，司马迁有言道："缘人情而制礼，依人性而作仪"（《史记·礼书》）；王铭铭认为，中国礼仪以其"贵族意味"而不完全等同于人类学"仪式"的"原始风

---

[1] 听驼. 对于国术门类之检讨[J]. 体育月刊，1938，5（5）：1.
[2] 邱丕相. 试论武术的民族文化特性及其推向世界[A]//邱丕相. 中国武术文化散论. 上海：上海人民出版社，2007.
[3] 刘子健. 中国转向内在——两宋之际的文化内向[M]. 南京：江苏人民出版社，2002.
[4] 章清. 1920年代：思想界的分裂与中国社会的重组——对《新青年》同人"后五四时期"思想分化的追踪[J]. 近代史研究，2004，144（6）：122-160.
[5] 费孝通. 费孝通论文化与文化自觉[M]. 北京：群言出版社，2007.
[6] 陈梦家. 商代的神话与巫术[J]. 燕京学报，1936（20）：485-576.
[7] 李泽厚. 由巫到礼·释礼归仁[M]. 北京：三联书店，2015.

味"；张士闪视其为国家大政治制度设计与社会"微政治"运行的贯通[1]，科大卫将其称作地方社会为关联国家而着力营造的"礼仪标签"[2]。可见，"寻求中国文化礼仪"的武术人类学研究可由人情与人性、贵族意味、互动性三方面的参与观察推进其民族志的深描与厚写。

首先，与中国文化礼仪"缘人情、依人性"一样，武术文化的礼仪性也与人相关，具有"既反映对人情人性理解，也决定其对人情人性塑造"的双重性。一方面，武术文化以人"怒而握拳"的本能为基础，不仅将其礼仪化为"迎拳而动，避锋而为，迎避结合"，而且以此训练人之"胆气、运动谋略与智慧、谨慎心理与辩证思维"[3]。另一方面，武术又以与不同类型对手的仪式性文化实践[4]，既丰富对他人的认识，也深化对自我的理解，还反映武术礼仪性文化对人情人性的认识包括了他人与自我两个部分，存在着"由自我而他人"和"由他人而自我"两种认知路径。可见，武术动作方式与文化实践对人情人性、自我与他人的理解与实践存在着什么样的独特认识与塑造路径，应是进入田野需要深度解读的武术文化礼仪性特征。

其次，传统武术的礼仪性特征，滥觞于先秦时期国与国之间的贵族争战活动，成形于宋代以降的"礼下庶人"。宋之"礼下庶人"实践，不仅使中国"贵族意味"的礼仪性文化由国家移至地方，而且影响着武术文化的礼仪性发展——形成了"点到即止"礼仪化行为的期待、"以德服人"的价值导向、让对手"心服口服"的理想境界，以及借助作用物体转折表征行为者功夫深浅、依此换算彼此功夫高低的礼仪化行为方式，肩负起"对内承担起主体武术化与社会化双重教化之责，对外充当解决民众纠纷的'话事人'角色"的双重责任。由此可见，武术文化实践于个体保持"武德与功夫"的同步发展，于人际处理"以德服人"与"以武慑人"关系，于地方治理既以武力更以武德应对社会霸凌现象，所形成动作方式节制性、间接性、转折性等礼仪性技术文化特征，理应成为武术人类学"求诸野"的一张"认知地图"。

最后，在与国家、地方社会互动中形成与发展的武术文化，可从两个方面加以深度观察。一可以外部视角透视田野武术如何在与国家、地方社会主动或被动互动中而实现当代化、当地化发展的历程，深描其"社会化生存、体育化发展、文化性传承"[5]发展样式；二可详细分析武术人独特的社会关系与武术交往，深入透视武术师徒如何既与祖师保持关联，又与主体、地域、时代保持多维复杂互动的独特文化传承样态。

---

[1] 张士闪. 礼俗互动与中国社会研究 [J]. 民俗研究, 2016, 130 (6): 14-24, 157.
[2] 科大卫. 从礼仪标签到地方制度的比较 [A]//末成道男, 刘志伟, 麻国庆. 人类学与"历史"：第一届东亚人类学论坛报告集. 北京：社会科学文献出版社, 2014.
[3] 戴国斌, 李文博, 周延. 我国学校武术动作教育系统建构研究 [J]. 南京体育学院学报, 2019, 22 (4): 5.
[4] Dai G B, Lu A. Wushu: a culture of adversaries [J]. Journal of the Philosophy of Sport, 2019, 46 (2): 1-18.
[5] 花家涛, 戴国斌. 门户：中国武术社会治理的空间再生产 [J]. 广西民族大学学报（哲学社会科学版）, 2020, 42 (6): 83-92.

2. 从"人的未完成性"特征调查武术文化的"成人"价值

2018 年,北京"世界哲学大会"以"学以成人"主题表达中国文化理想、中国哲学价值[1]。中西对"成人"进行了各自的探索。在西方,其缘由是"人的非专门化、未确定性存在"所致,其方法是"借助文化学会生存、成为社会人"[2][3],其研究主要表现为人类学成人仪式的系统性探究。中国的"成人"之答,既有孔子开创的文本性、智识性的"学以成人",也有墨子探索的身体性、实践性的"练以成人"文化传统。"成人"研究,既涉及"成为什么人"对"人"的认识,而关注"成人"内容,也涉及"如何成为人"方法,而关注"成人"方式。

一方面,武术文化实践的"成人"调查可从授拳者收徒方式窥其理想人选之一斑。无论是拳场拜师的"徒访师",还是拳场外招生的"师访徒",贯穿其中的主线是门户与师父关于理想人选"伦理与体能"的双重衡量。其中,拳场收徒更多为伦理的考量,而拳场外收徒则更多为体能的肯定,如发现戴龙邦天才出众后,李政上门一现己技而收其为徒[4]。因此,师徒关系的建立是"徒访师"还是"师访徒"应成为重要的观察点。

另一方面,武术文化"成人"价值可从文化传承过程入手,条分缕析其理想人格的塑造。既可从武术"成人"的一体三面出发,剖析师徒传承中对"练养用"价值倾向与文化表现及其不同类型武术人的诞生;也可由武术文化传承中形成的"格拳致知"传统出发调查如何动用徒弟天性与天赋培养德才兼备新人的目标、过程、效果与特色;还可根据武术文化传承"练以成人"的功夫与武德主线,关注师徒之间如何认识与处理武德与功夫的轻重缓急、如何权衡与对待功夫优势者与武德优势者。

三、结语

从近代"睁眼看世界"到当下"走向世界舞台",武术研究面临的最大问题是"何谓武术",可借用的工具是人类学研究方法与思路。而作为文化自觉的一种知识生产方式,武术人类学研究应在辨析概念、完善方法的基础上,聚焦核心议题,吸收人类学跨文化比较的研究视野,继承"思接千载,视通万里"的中国学术传统,并以古今中外三重论证激发想象力,不断提升武术民族志文本的质量,逐渐构建具有中国特色的武术人类学理论话语系统,为推进中华民族伟大复兴和人类命运共同体建设作出应有的贡献。

---

[1] 谢地坤. 学以成人与哲学何为 [N]. 光明日报, 2018-08-13.
[2] 兰德曼. 哲学人类学 [M]. 阎嘉, 译. 贵阳: 贵州人民出版社, 2006.
[3] 王南湜. 从哲学何为看何为哲学——一项"学以成人"的思考 [J]. 哲学动态, 2019 (4): 16-25.
[4] 戴龙邦先生志略 [J]. 山西国术体育旬刊, 1934, 1 (7-8): 484-385.

我国学校武术教育现实困境与改革路径选择[*]

为了使我国中小学体育课真正服务"增强青少年体质"的当下发展目标,服务学生"具备体育运动技能而终身体育、养成健全的人格而成为一个健康的人"的未来发展目标,教育部重点选择了7个项目(田径、游泳、体操、篮球、排球、足球、武术),组建由体育学院牵头的全国性联盟,形成大学与中小学联动发展机制,率先推进中小学体育课改革。其中,中国武术已形成了丰富多彩的表现形式和千姿百态的拳种,积淀了中国人的文化创造和生存智慧,折射了中华民族精神[1],而成为中国人尤其是青少年强健体魄、学习中国文化、养成道德规范、培育和弘扬民族精神的载体[2]。对此,武术在传统社会成为中国培养"文武双全,乃文及乃武人才"的教育内容和手段,在近代中国成为"强国强种"的基础、"尚武精神"教育的内容,在当代中国成为"弘扬和培育民族精神"的载体。

作为中国文化符号的武术,凝聚了中国人对天地人关系的理解,体现了中国人和平、包容的心境和优雅、自制的情趣,反映了中华文化的强大凝聚力、生命力和延续力,蕴含着中华民族文化的内涵和气势,已成为我国展示文化软实力及国外认识中国文化的一个窗口。因而,无论是改善当下青少年的体质状态,还是在文化自觉语境中作为中国人的文化名片和我国青少年文化自信培养的载体,都需要我们进一步发掘武术教育的现代意义,完善学校武术教育系统,推进"武术进课堂"活动。基于此,教育部于2013年9月率先成立由上海体育学院牵头、26所高校组成的"全国学校体育武术项目联盟"。本文以此为契机,对我国学校武术教育的现实困境与改革路径进行探析。

一、我国学校武术教育的现实困境

基于"全国2/3以上的学校没有开设武术课,一些开设武术课的学校以其他内容

---

[*] 作者简介:赵光圣(1963—),男,汉族,安徽寿县人,博士,教授。2003—2005年在上海体育学院跟随邱丕相教授攻读博士学位,完成学位论文《散打运动赛前训练理论与实践研究》,现工作单位:上海市体育局;主要研究方向:武术教育与武术竞技。本文原稿发表于《上海体育学院学报》2014年第1期。

[1] 邱丕相,戴国斌.弘扬民族精神中的武术教育[J].哈尔滨体育学院学报,2005(4):1-3.
[2] 高小军.我国青少年武术教育的过去、现状和未来[J].中华武术研究,2012(6):4-5.

(如跆拳道等域外'武术')取代中国武术"[1]之现状，我们将其归因于认识和实践两方面的问题。

（一）认识上的问题

第一，在内容的选择上以套路为主体。自1956年《中小学体育教学大纲》将武术作为教学内容后，我国武术教育于1961年规定了学时数，1978年在高中阶段增加了攻防动作，1988年将攻防动作延伸至初一并增加了五禽戏与八段锦内容，但学生感兴趣的散打未能成为武术教学的内容[2]，教学内容未突出武术的本质属性[3]。这可能是教师、家长、社会对武术技击本质的误解所致[4]。

第二，多年来由于在理论上未能有效区分竞技武术与武术教育的差异、训练与教学的区别，多以武术训练代替了武术教学，并将基本功放在一个异常重要的位置上（将其视为学习武术的阶梯），而挫败了不少青少年学习武术的积极性[5]。

第三，由于在武术教育理念上未能形成"学生中心"，青少年在学校武术教育中见不到他们"心中的武术"，对武术的热情寄托于武打小说、武打片、动漫游戏，让渡给了跆拳道等外来"武术"[6]。

（二）实践上的问题

近年来，针对青少年"喜欢武术，不喜欢武术课"之现状，结合青少年对武术"强身健体、防身自卫"的理解及他们对武术学习"既难也繁"的体会，我国武术教育进行了两个方面改革：一方面，2004年教育部办公厅颁布的《普通高等学校体育教育本科专业各类主干课程教学指导纲要》，提出了选编内容要充分体现武术的攻防技击特点、简单实用和易学易练，教学要"淡化套路、突出方法、强调应用"等[7]；另一方面，国家体育总局武术运动管理中心将段位制作为"六进"（进院校、进社区、进机关、进企业、进营房、进乡镇）目标之一，推进了武术的社会化发展，促进了武术教育改革[8]。

"淡化套路、提倡攻防"的武术教育改革在提高青少年学习武术兴趣的同时，也削弱了作为武术文化的重要载体——套路的文化内涵及其教育意义。段位制从一段到六

---

[1] 国家体育总局武术研究院. 我国中小学武术教育改革与发展的研究 [M]. 北京：高等教育出版社，2008：17.
[2] 陈翠红. 学校教育中武术课程的演变与发展 [J]. 山西师大体育学院学报，2003（3）：83.
[3]《关于学校武术教育改革与发展的研究》课题组. 我国中小学武术教育状况调查研究 [J]. 体育科学，2009（3）：86.
[4] 陈美琴. 中小学武术教育步入窘境的思考 [J]. 运动，2011（3）：63.
[5] 邱丕相. "温总理，你会武术吗?"引发的思考 [J]. 武术科学，2004（2）：1.
[6] 戴国斌. 武术的文化生产 [R]. 上海：华东师范大学博士后研究报告，2008：2-3.
[7] 教育部. 普通高等学校本科体育专业主干课程教学指导纲要 [S]. 2004：1-3.
[8] 高小军. 解放思想，更新观念，努力开拓武术发展新局面 [R]. 西安：全国武术协会主席和秘书长联席会议，2012.

段，其各段不同套路的考评思路，将可能导致青少年对武术学习的"蜻蜓点水"之状及"多而不精"之果。另外，其将前套动作与后套动作配对的对练，不仅没有武术对练精彩，而且无法真正提高青少年的防身能力。

二、我国学校武术教育改革路径的选择

根据全国学校体育7个项目联盟"增强青少年体质，提高学生运动技能，养成健全人格"的宗旨，"全国学校体育武术项目联盟"构建了一个包含教改理念、操作思路、教学内容、教学模式、展演活动、教改目标的新体系。

（一）教改理念

鉴于青少年对武术"强身健体、防身自卫，锻炼意志、培养武德，体验文化、品尝武美"的理解[1]，根据武术历史发展"（套路）舞和（散打）击"的道路选择[2]、武术人习武"打练能力"的双重提高、技术与道德同步发展的实际进程[3][4]，结合2004年以来我国武术教育改革成果，在教育部体育卫生与艺术教育司指导下的"全国学校体育武术项目联盟"，确立了"强化套路、突出技击、保质求精、终身受益"的武术教育改革理念。

第一，"强化套路、突出技击"是由武术套路与散打两种文化所决定的，是武术人练习武术的实际历程及学生学习武术的心理指向（两者不应偏废）。

第二，"保质求精"是要实现"或能将套路演练得像模像样，或能实际格斗使用"的教育目标，这是青少年学习武术的目标。

第三，"终身受益"是要让学生在学习武术中找到他们的期待，发现学习武术的快乐，喜欢武术而终身锻炼。

（二）操作思路

根据青少年对武术的理解及武术的教育功能，确立"一校一拳、打练并进，术道融合、德艺兼修"的武术教育新思路。

第一，根据武术的地方特色和武术拳种流派的丰富性，武术人多以学练某一拳种为主的习武经历及"将套路演练得像模像样"的教学任务，指导各地各校确定其武

---

[1] 杜晓红，于佳. 中学生眼中的中国武术：基于学校武术内容构建视角的访谈分析[J]. 体育教学，2012（5）：28-29.
[2] 蔡龙云. 我对武术的看法[J]. 新体育，1952（2）：20-21.
[3] 温力. 试论武术运动的现状及发展：兼论武术套路练习和对抗性练习结合的可能[J]. 体育科学，1987（3）：13-16.
[4] 栗胜夫，寇建民，姚伟华. 武术在服务国策培育民族精神过程中的功能与作用[J]. 体育科学，2005（1）：63.

套路教学的拳种。

第二，将"打练并进"作为武术本真，以"武术套路、武术格斗"作为武术教育的内容，既保留武术文化"套路与散打"两种形态的全面性，又实现武术教育"套路演练与技击实战并进"，着力培养"能练能打"的武术人才。

第三，将"术道融合"作为武术教学原则，以"德艺兼修"作为武术教育宗旨，实施"以技术学练为中介、以礼仪和文化为两翼，以完善道德、体验文化为目标"的学校武术教育。

(三) 教学内容

根据武术运动项目特点和武术教育规律，将武术教学内容分为"武术礼仪和武德、武术文化教育、武术基本动作和基本功、武术套路、武术格斗"五类。武术教育的突破口定位于"简单实用"，力争某一学段的武术学习内容相对集中、学习目标相对一致，以切切实实地提高学生的"打练能力"。

第一，武术礼仪与武德。通过在武术教学比赛场合行抱拳礼，在其他场合对师长行鞠躬礼[1]，以及"站如松""坐如钟""行如风"身体仪态的养成[2]，实施武术礼仪教育。利用武术格斗练习的"悬而不击"和"击而寸止"行为规范，深化武德教育，实现"技艺提高与武德修养同行"的教育目标。

第二，武术文化教育。重构武术教育的理论研究[3]，挖掘武术与哲学、武术与艺术、武术与文学、武术与中医的联系，丰富武术教学的内涵。努力使武术教育的"术"之教学与"得道"相关联，将武术技术的学习变成"获得武术知识、丰富身体体验、增进武术情感、知晓历史人物、了解中国文化、增进民族文化自信"的教育过程，使民族精神"知情意行"共同发展。

第三，武术基本动作和基本功。通过"腾空飞脚、抢背、鲤鱼打挺、乌龙绞柱"等基本动作教学，"吻靴、下腰、劈叉"等基本功教学，提高青少年身体素质，奠定其学习武术的基础。

第四，武术套路。各地可在当下比较流行的"太极拳、南拳、形意拳、八卦拳、通背拳、八极拳、螳螂拳、翻子拳、劈挂拳、少林拳"等传统武术拳种中，结合各地特色选择某一武术拳种（如广东、福建可以南拳为主，山东可以螳螂拳为主，河南可以少林拳或太极拳为主，西北可以劈挂拳为主）[4]，再以该拳种的初级、中级、高级套路作为不同学段武术套路教学的内容，体验武术的身体文化。

第五，武术格斗。通过以踢打为主的武术攻防技术的练习，有条件地实战，提高

---

[1] 王国志，王岗，吴志强. 中国武术与韩国跆拳道的比较 [J]. 成都体育学院学报，2010 (1)：48-51.
[2] 孙惠柱. 广播体操能否更具"中国仪态"：兼谈文化遗产如何进入日常生活 [N]. 文汇报，2009-06-16 (5).
[3] 邱丕相，王国志. 当代武术教育改革的几点思考 [J]. 体育学刊，2006 (2)：78.
[4] 王岗，邱丕相. 重构中国武术教育体系的理论研究 [J]. 上海体育学院学报，2008 (3)：61-66.

防身自卫能力，培养武德。

（四）教学模式

第一，教与学角色的安排。不仅要从重教的教师中心转变为重学的学生中心，使教师之教真正成为服务学生学的教学活动，而且要由过去"先教后学"的单一模式变为"先教后学、先学后教"的共同发展。

第二，教学模式的建设。要改变过去"基本功—基本动作—套路—器械"的传统教学程序，探索学校武术的立体化教学新模式——趣味引导（以武术故事、典故、影视、游戏作为诱导教学）、套路与格斗随行（套路教学的拆招喂招的攻防教学，武术文化意义与审美意境的讲解，格斗教学的踢打攻防方法学习）、礼仪与武德贯穿（武术教学课内外"抱拳礼"和"鞠躬礼"的行为规范，"站如松""坐如钟""行如风"的身体仪表，"悬而不击"和"击而寸止"习惯的养成）、功力自修（以丰富的课外活动激发学生课后自锻武术技艺、自修武术文化、深化武术学习）、展演激励（将武术基本动作和基本功、套路与格斗的展演转变为学生"炫我才艺、秀我武魂"的舞台）。

（五）展演活动

竞赛活动和段位考评是武术教育的重要组成部分，可发挥展示、激励、示范作用。但是，学校武术竞赛活动绝非竞技武术竞赛的翻版，也难以照搬以社会武术为主线的段位制比赛，须进行教育化、青少年化改造，以"武术基本动作、武术基本功、武术套路、武术格斗"为展演内容，以"炫"为主题，在"炫学生才艺、秀武术魅力"的展演活动中，推进武术教育教学，丰富校园文化生活。

第一，学校武术展演内容与规程。既设立"武术基本功、武术套路、武术格斗"的单项展演，又设"武术基本功、武术套路、武术格斗"的综合性展演，其展演方式既可以是个人也可以是团体。

第二，学校武术基本动作和基本功展演规则。将武术基本功和基本动作改造成赛事，例如，既可比"腾空飞脚、抢背、鲤鱼打挺、乌龙绞柱"等基本动作和"吻靴、下腰、劈叉"等基本功的规范性，也可赛其组合的艺术性，以深化课堂教学、激励学生课外训练、奠定学习武术的基础。

第三，学校武术套路展演规则。在展演内容上，取消竞技武术的难度动作，保持"动作规范"（方法准确、力点清楚、拳种运动风格鲜明），增加"精神面貌"（在原先"运动节奏"评分基础上，增加"礼仪、仪态与精神状态"）等评分内容；在展演形式上，既可引入淘汰制，提高套路竞赛的竞争性[1]，也可以根据"秀选时代"之特征[2]，将学校武术的展演变成"阳光青年""学校武术形象代言人"的选拔，扩大青

---

[1] 赵光圣，郭玉成. 武术套路竞赛方法改革的新思路 [J]. 上海体育学院学报，2004（1）：29-32.
[2] 吴刚. "秀选"时代与大学的知识使命 [J]. 北京大学教育评论，2006（4）：9-17.

少年的参与度。

第四,学校武术散打展演规则。将现行散打竞赛进行教育化改造,禁止重击[1],提倡轻击、"悬而不击"和"击而寸止",增加武德评分(对武德不良者警告、扣分,对武德优良者加分,如"悬而不击"等)。拳法只能击打躯干部位,不准以拳击头,击中躯干得1分;腿法可以轻击头部,轻击1次得2分,旋转腿法得3分。

(六)教改目标

1. 课程目标

根据统一性和地方性结合的原则,在统一小学到大学格斗教学的同时,根据武术发展的地域特征,围绕校本课程的开发,努力建立我国学校武术"小学课程、初中课程、高中课程、大学课程"的4级课程体系,实现"一校一拳"的武术教育目标。

2. 教育目标

将学校武术教育目标界定为"爱武术、会武术、知武术、做德艺兼修的武术人",并根据学生的生理、心理特征确定各学段具体的教育目标。

第一,根据小学生生理、心理迅速变化的特点,将武术教育的目标确定为"发展武术兴趣,喜爱武术活动,身体体验武术文化"。第二,根据中学生处于青春发育期、生理技能日趋完善和心理素质趋向成熟的特点,将武术教育的目标分别确定为"身体体验武术文化,掌握武术基本技能"(初中)、"提高武术运动水平,智识武术文化"(高中)。第三,根据大学生理解能力强、文化知识丰富的特点,将武术教育的目标确定为"智识武术文化,选择终身武术内容"。

3. 教学目标

结合"三维健康观、体育自身的特点及国际课程发展"的趋势,将学校武术教学目标分为"运动参与、运动技能、身体健康、心理健康、社会适应"5个方面。

4. 教改目的

确立教改理念、操作思路后,在全国各方力量的共同努力下,在重构从小学到大学武术教育新体系的过程中,实现"强身健体、防身自卫、修身养性、立德树人"的武术教改目的。

三、结语

学校武术教育不仅事关青少年身体健康,而且事关我国文化软实力建设、青少年

---

[1] 朱瑞琪,高亮. 竞技散打,"轻体育"化改造:学校开展武术散打教学的理性思考[J]. 广州体育学院学报,2006(6):92-93.

文化自信的形成；不仅需要"全国学校体育武术项目联盟"从文化自觉的高度谋划武术教育改革，着力推进以"爱武术、会武术、知武术、做德艺兼修的武术人"为目标的教育改革，而且需要结合青少年对武术的理解及现有武术教改经验，以"强化套路，突出技击，保质求精，终身受益"为教改理念，以"一校一拳、打练并进、术道融合、德艺兼修"为教改思路，以"强身健体、自卫防身、修身养性、立德树人"为教改目标，以"武术礼仪和武德、武术文化教育、武术基本动作和基本功、武术套路、武术格斗"为教改内容，积极探索学校武术"趣味引导，套路与格斗随行，礼仪与武德始终，功力自修，展演激励"的立体化教学新模式，努力构建从小学到大学的学校武术教育新体系和4级课程体系。可见，学校武术教育改革是理念的更新，也是系统的建设，需要"全国学校体育武术项目联盟"集中全国力量，在教育部体育卫生与艺术教育司的指导下，构建新的工作系统：在工作理念上既立足体质健康又着眼文化自信，在人员的组成上既有各级行政部门负责人又有各类学校教师，在课程的设计上既有国家的统一性又有地方的选择性，在教育资源的运用上既有学校又有民间，在组织形式上既有课堂教学又有各种课外活动，在武术视角上既有套路又有格斗，在学生视角上既有规范性又有竞争性和趣味性，在教师视角上既有技术教学又有文化教育。

武术境界论*

武林人的理想究竟是什么？这个看似简单的问题，却使武林人迷惘了。从民国时期到现在，人们对武术"搏"的怀疑将武术推到尴尬的境地，"人们由于缺乏对武术原本的认识，以致造成对当今武术的'误解'"[1]。本文提出武术境界论题，试图阐明武林人的理想，使武林人对武术的觉解达到一种"自明"的状态。冯友兰先生认为，"人对于宇宙人生底觉解的程度，可有不同。因此，宇宙人生，对于人底意义，亦有不同……宇宙人生对于人所有底某种不同底意义，即构成人所有底某种境界"[2]。将此延伸到武术，武术境界即武术人生对武林人的意义，不同的觉解或者觉解程度的差异都将导致意义不同。人的觉解受"灵明"主控，当"灵明"成为自觉，觉解便达到一种"自明"。"'灵明'的特点就是能够超越在场，把在场者与背后千丝万缕的不在场的联系结合为一。"[3] 如果武林人不能自觉"灵明"为何，习武便处于一种混沌，从而很容易让武林人在修炼过程中产生不自信的心理状态。因此，启迪武术人生，就必须澄清习练武术所能达到的境界——意义世界。武术境界是武林人的心灵守护神，是从现实的武术人生中抽象出来的理想世界。武术境界不仅觉解武术人生，更重要的是能够提升武林人的觉解层次。

一、武术中的"然境"——从"无知"到"有知"的过渡

（一）"然境"本义——混沌

"然境"是"当前"的现实存在，看得清、摸得着，其客体（武术）对于主体（武林人）"没有"意义。冯友兰先生曾经谈到过人生自然境界，他认为在此种境界的

---

* 作者简介：马剑（1973—），男，汉族，河北唐山人，博士，教授，博士生导师。2003—2006年在上海体育学院跟随邱丕相教授攻读博士研究生，完成博士学位论文《武术的人文逻辑》，获得教育学博士学位。现工作单位：河北师范大学；主要研究方向：武术教育与中国传统文化传承传播、气功与中国传统体育养生。本文原载《体育学刊》2007年第5期。

[1] 马剑，邱丕相. 从科学和人文精神看武术的生存发展 [J]. 体育学刊，2004，11（5）：66-68.
[2] 陈来. 冯友兰语萃 [M]. 北京：华夏出版社，1993：147.
[3] 张世英. 哲学导论 [M]. 北京：北京大学出版社，2002：79.

人，其行为是顺才或者顺行的[1]。"然境"中人的习武过程如同这种顺才，只是顺其自然，他们对武术没有稳定的终极旨趣，或者其旨趣经常处于游离状态。从认识过程而言，"然境"中人并非完全不了解武术，因为"人具有自我意识，能自我反省，理智地评价自身的各种行为，以便更好地适应自然界与自然界建立良好的对象性关系"[2]。但是他们的认知是低层次的、模糊的，甚至是不正确的，其意义世界必然是不清晰的。在处理武术的过程中，武林人没有能动的创造性，只是机械模仿与复制，不能将武术作为媒介引领自身达到某种精神的追求。他们的活动是基于人的一种本能行为的、具有自我意识和反省的后本能活动，这种后本能的活动，由于极度缺乏创造性的理解与再创造，尚待"自明"。因此，"然境"中人对武术的觉解呈现出混沌状态。

（二）他者眼中"然境"的意义——武术境界的前奏

就"然境"本义而言，由于"然境"中人"不能"觉解武术，其意义也就难以言说。但在他者"灵明"的关照下，"然境"的意义随之浮现。

追求武术，但又对武术"无知"的人，"然境"是必经之"路"，只有踏入武术领域，才能对武术有所体悟。没有接触过武术的人，永远不会在武术中得到真谛。"然境"形同一口染缸，"无知"者犹如一条白纱，当"无知"者进入武术领域，"然境"便会对他进行着色。因此，"然境"是让"无知"者有知的一个过渡期，过渡时间的长、短相当于着色的深、浅，这由两种因素制约，其一为境中人的能动性，其二为境中人所处的外部环境。"高人"（拥有高级境界的人）对境中人影响越强，境中人所得到的启发也就越大，由此脱离"然境"进入更高级境界的时间越短，境中人的能动性越强亦如此。所以，"然境"是武术境界的序幕或者前奏，它为武林人进入更高级境界提供了必要的条件。"然境"是习武活动的第一阶梯，武林人别无选择，只能接受。"然"，是也[3]。

二、武术中的"术境"——探求攻防之"真"

（一）"术境"本义——人体攻防的"真"

"术境"是指，在由过去与未来构成的时间性场域中，始终围绕着人体间攻防的"真实"（部分内容是有条件限制的）而展开的世界。这个世界虽然空灵，但不虚构。空灵是由于境中人将身为社会意义的人"完全抛开"，进而构筑了一个能够攻防，具有血肉、神经反射的机器，不虚构则是由于这个"机器"实实在在地一直思考着本真的

---

[1] 黄克剑，吴小龙. 冯友兰集 [M]. 北京：群言出版社，1993：306.
[2] 张怡. 自然辩证法概论 [M]. 上海：上海教育出版社，2000：65.
[3] 《古汉语常用字字典》编写组. 古汉语常用字字典 [M]. 北京：商务印书馆，1979：206-207.

人体攻防。张世英认为，任何一个人，和任何一个物一样，都是宇宙间无穷的相互关联（相互联系、相互作用、相互影响）的网络中的一个聚焦点或交叉点。这个点不是实体，而是空灵的；但又不是虚构，它有点像几何学上所讲的点那样，无面积、无厚度，但又是真的[1]。因此，"术境"中人以"简单易用"为理念，将"全部"想象映射到真实的人体攻防情景与攻防动作之中。"术境"没有复杂的招法、没有多变的攻防回合，境中人的目标是攻防的胜利，关注的焦点是实用的招法与劲力。"术境"之中，任何一种复杂的招法都在无形地浪费时间，意味着速度、力量、时机的流失，劣势的潜存。因此，"术境"中人在简洁中构筑了一个内隐目标，即通过已有的攻防动作诱发对手产生本能反应，顺其本能反应，攻击其弱势，攻防的真谛之一就在于此。这种路径是武术原初的"实在"，内涵有极强的功利性，即通过规训身体，制胜他人。这种规训身体的过程可以从王广西[2]总结的形意拳三种境界窥其一斑：练精化气是武学第一境界，是"换力"的过程，即将浑身的拙力逐渐消去，而代之以刚猛的劲力；炼气化神是武学的第二个境界，习武者要完成易筋功夫，练出暗劲；练神还虚是武学的最高境界，要完成易髓功夫，练出化劲。由此看出，"术境"是攻防招法与攻防劲力的世界，攻防劲力是这个世界的灵魂，具有绝对的话语权，主宰着这个世界的运行。明劲、暗劲、化劲实质是武术"术境"中的3个阶段，表达了人体攻防"真"的一面。周伟良[3]认为统一的思维方式和价值取向，规定着各门派对习武目的的一致追求，因而在许多方面有着其共同点，体现出习武中的一些具有普遍规律性的东西，像习武练功的至上境界，以及达到这一境界过程中的几个不同阶段，就是其中的一个方面。"术境"中人"没有"情感可言，他们只有一个"机械世界"，他们的身体只被看作攻防对抗的工具，人伦在此无立锥之地。他们追求这种"术"的"纯洁"，他们的一切都是为"纯洁"之"术"而生，为"纯洁"之"术"而去。除此之外，境中人再也不能找到其他"可视"之物。

（二）"术境"意义——没有人间善与恶的纯洁"净土"

从意义而言，"术境"最能反映人体攻防的真实性，它是对人体攻防的"直白"世界，没有渲染与夸张的成分，只有最为透明的赤裸裸的人体攻防与劲力的对白。它能让武林人体察什么是攻防的"真"，什么是动作的朴实，什么是得机得时的残酷。正是这种带有机械式的反应，给武林人一种实在感、真实感、透明感，让武林人能够明白自身武功的真实价值，能让武林人坦荡荡地"生活"在武林世界。在这种透明的赤裸裸的攻防对白中，对抗双方暂时脱离了社会的肮脏，因为它是根本就没有"人性"的存在。在"术境"之中，武林人有一种共识——崇拜高手——人体攻防的"机器

---

[1] 张世英. 中国哲学 [M]. 北京：北京大学出版社，2002：79.
[2] 王广西. 功夫——中国武术文化 [M]. 台北：知书房出版社，2002：78-189.
[3] 周伟良. 传统武术训练理论论绎 [D]. 上海：上海体育学院，2000：43.

人"。因此,从"术境"之外,我们看到了这种境地的"纯洁",看到了这种境地的价值秩序井然。"术境"是一个原始蒙昧、具有朴素味道的世外桃源。只有身处此境,武林人才不考虑人间的善恶问题,暂时遗忘人的社会意义,产生一种超脱的感觉。在纷繁复杂的人世间,此种境地是不可多得的"净土",是对人文的一种补充。这对于人之为人而言,是不可或缺的。

三、武术中的"艺境"——探求攻防之"美"

(一)"艺境"本义——超越攻防真实的极致假想

"艺境"是指,武林人以人体攻防的真实情景为素材,通过对真实攻防动作的加工与处理,假想勾画出另一番似与真实很近的一种人体攻防运动。"艺境"具有一定的夸张性、艺术性,以及不切合人体攻防实际之真用的假想性。"艺境"不是对人体攻防对搏的真实再现与复制,而是对真实的超越和升华,进而达到想象中的"真实"。套路是对这种"真实"的典型表现,"套路对格斗"是"具象的抽象",呈现出审美和想象的特点[1]。由此看出,当"术境"追求简洁实用的打时,"艺境"则追求玄妙精彩的打法,以满足对人体攻防的玩味与审美。艺境没有遵循简单易用原则,它将"术境"的速度、力量、时机进行了艺术化的色彩描绘。具体而言,在真实的人体攻防对搏中,如果双方实力悬殊,对搏则没有回合可言,胜负在双方接触的刹那间便见分晓;如果双方势均力敌,那种接二连三的出招与应对,以及在三番五次的连续动作中准确地判断对方的来意而又以更快的速度接手,对于双方而言几乎是不能完成的任务。"艺境"恰恰将其做到了极致,它通过艺术化的方法,实现了在现实中往往无法实现的极其敏锐的时机"判断"。因此,"艺境"具有强烈的表现性、延展性。从景观而言,这是一种虚构的、"非真实"的存在。"术境"是为了人体攻防而存在,"艺境"却是为了表现人体攻防而存在。"艺境"的生是为他物的生,而不是为了攻防本身,但"艺境"又离不开攻防的"真实",失去了"真实"的"术境","艺境"如同失去了被照物,不能反映什么,不能表现什么。正如宗白华[2]所言,艺术境界"以宇宙人生的具体为对象,赏玩它的色相、秩序、节奏、和谐,借以窥见自我的最深心灵的反映;化实景而为虚境,创形象以为象征,是人类最高的心灵具体化、肉身化"。所以,"艺境"中的攻防是一种艺术,表达了对搏双方的一种意愿和旨趣,但它已远离了血腥的、残酷的对搏,是对尚武的"雅"的表现。

---

[1] 邱丕相.中国文化类型与传统武术[G]//上海体育学院民族传统体育理论研究中心.武术文论.北京:人民体育出版社,2005:44-45.
[2] 宗白华.美学散步[M].上海:上海人民出版社,1981:70.

（二）"艺境"意义——"武"之为"武"的"完美"践行

"术境"只是动作的世界，"没有人的存在"，它没有将动作移植到其他的领域。"艺境"则不然，它的旨趣正是要通过人体的动作来传达一种追求，它将人之为人的人性之美置于重要的视域，这正是"艺境"的灵魂所在。"艺境"之中的"灵明"能够将动作"情感化"、艺术化，使本已朴素的动作产生超越的状态。"艺境"将武林人带到它所能想象的最为理想的人体攻防情景之中。武林人可以任意发挥自己的想象，而不受真实攻防动作的速度、力量、时机等限制。武林人能够利用想象光滑地处理攻防的流畅度，使速度、力量、时机在另一想象的世界合法化，而且具有近似于真实情景之中的合理性。身处此境，武林人能够充分发挥武术之儒雅的一面，将远处的本已血腥、残忍不堪的裸露攻防动作转入一种圣洁的领域——艺术殿堂，从而表达一种极致的人体攻防。"艺境"通过理想的表现手法为武林人指明了终极的攻防图景。正是由于这种图景的极致，以及真实实践难以完成，从而形成似与不似之间。齐白石说："不似则欺世，太似则媚俗，似与不似之间，是之。"[1] 从"术"的真实性而言，"艺境"与"术境"之间的距离是遥远的。"艺境"的魅力就是能够实现武林人梦想的人体攻防，而"术境"不允许任何"想象"的存在，它只有"真实"与"裸露"。在"艺境"之中，正是这种梦幻般的人体攻防动作得到了极致的表现，慰藉了武林人的尚武心灵与尚武情怀，它是人文化成之后的文明人保留的"武"之尊严、"武"之地位、"武"之儒雅，它用人类的文明方式保留了具有人性的"野蛮"。作为文明的人没有被完全机械化、工程化；作为动物的人，它还依稀存有原初的"野蛮"本性。武林人要将"武"中的攻防做到极致，既不能让对手产生痛苦，又要体现自己的威严与高大，还要在过程中展现攻的美、防的妙，这是"武"之为"武"的"完美"境界。

四、武术中的"哲境"——探求武术人生之"善"

（一）"哲境"本义——"灵明"之原点

武术"哲境"是一种"哲思"世界，同时也是"空灵"的世界，指武林人通过武术"道路"，将自身引入极为深远的、孕育"灵名"的原世界。"哲境"中人已经不再关注武术实存的内容与形式，他们通过思考武术的内在本质与规律，进而达到追求人生的意义，追求对社会、对宇宙的觉解。在他们的思想深处，只有做到了"空""无"，他们才真正到达了"灵名"的原世界。形意拳理论中就有"拳无拳，意无意，

---

[1] 邱丕相. 武术套路运动的美学特征与艺术性 [G]//上海体育学院民族传统体育研究中心. 武术文论. 北京：人民体育出版社，2005：56.

无意之中是真意"[1]之说。如果"哲境"中有"真意",那么这种"真意"并不在于"术",而是超越了"术"的"思想"。"哲境"中人思考的不是人之为常人的思想,他们思想着人之为圣的"万物一体、民胞物与"的天人合一之境。为此,武术"哲境"不仅超越了人体的攻防,而且超越了人自身。"尚武者,古今中外难以数计。然而,绝大部分人仅仅是在肢体上大做文章……虽然辛苦一生,但是根本谈不上进入武术的大雅之堂。所以,拳谚有"谈招论式门外汉""有形有相皆是假,无形无相方为真"之说。武术的最高阶段及最高境界是练气修心,人天合一[2]。"哲境"中人通过"悟",将"武"的"气韵"与人、社会、世界结合为一,从而使自我的"灵名"进入原世界之中。由此可以看出,"哲境"功夫在武术之域,而修成之"果"在"功"之外的"心"域。"哲境"中人修炼的功夫实质不是武术,而是"天人合一"和"物我相融"的"哲思"。达到此境,人体动作已超越了人体物的"象",成为一种"心"的动作,即"心象"。人的那一点空灵之"灵名"即是"心象"汇聚而成,"心象"也就成了"灵名"的原点。

(二)"哲境"意义——"无欲则刚"的圣人与"万物一体"的和合

武术"哲境"给予武林人一种安详、宁静无为的状态。老子在《道德经》中所言甚为明了,"无名,万物之始也;有名,万物之母也。故恒无欲也,以观其眇;恒有欲也,以观其所徼。两者同出,异名同谓。玄之又玄,众眇之门。"哲境中人能够用人世间最纯朴、善良的心面对自己与周围的一切,达到"无欲则刚"的圣人,同时能用"和合"的思想与周围的万物融合为一体。因此,"哲境"通过对"空""无"的追求,而皈依于"善",达到真善美的统一。正如孔子评析《韶》时所言:"尽美矣,又尽善也。"(《论语·八佾》)"哲境"给予身在此境的武林人以善良的精神关怀和对世间万物的自明与觉解,形成"万物一体、民胞物与"的大同世界,任何邪恶、非良知的曲解在"哲境"中将不复存在。"哲境"既能给武林人带来一种"君子当自强不息"的奋发意念,还能带给武林人一种"君子坦荡荡"的一份正直和恬静。武林人的"善"是宇宙间的一种"理",即那种无形存在的"灵明"。"哲境"中的一切都依"理"而存在,形成了"万物一体、民胞物与"的天人合一状态。只有圣人才能达到此德行,人世间并无圣人,然而"哲境"可以培育武林人的理想与追求,使武林人的思想认识得到抽象性的培植与提高,同时能够拥有一个至极的境界用以留存超越的心灵。运行它将无时无刻地影响着武林人在人世间的言行,这种影响力是内隐的,不易觉察的,但对人的心灵却是生动的、深刻的。

---

[1] 曹志清. 形意拳理论研究 [M]. 北京:人民体育出版社,1993:67.
[2] 杨剑平. 武术的最高境界——太极拳精髓之我见 [J]. 武魂,1997(9):32.

五、"术境""艺境"与"哲境"的关系

(一) 三境的高下——"哲"为高,"艺"乃中,"术"为下

从人体攻防的角度,"术境"是人体攻防的"真",而"艺境"里的人体攻防与真实保持了一定的距离。"哲境"与人体攻防之间的距离更为遥远,它不仅超越了术,而且超越了人世间的庸俗,它是宇宙万物按照应该的"理"而运行的世界。冯友兰[1]认为人生境界中"自然境界、功利境界的人,是人现在就是的人;道德境界、天地境界的人,是人应该成为的人。前两者是自然的产物,后两者是精神的创造"。由此,武术中的"术境"更是接近于自然而存的世界,而"艺境"与"哲境"则更属于精神世界的创造。

从"武"出发,无论是"术境"中的真实对搏,还是"艺境"中的意象性"搏弈",都没有离开"武"。王国维[2]曾将境界分为两类:其一为有我之境,其二为无我之境。武术中的"术境"与"艺境"应当都是"有武之境",而"无武之境"则是"哲境"。"哲境"并非没有武术的参与,所谓"无武"是指武林人习练的内容虽然为武术,但他的旨趣发生了变化,欲要从武术本体中获得他物的顿悟。从这个意义上讲,"哲境"当属于冯友兰所言的"道德境界"和"天地境界"。

从真善美的角度,"术境"表达了现实中的"真","艺境"表达了艺术中的"美",而"哲境"更倾向于表达人间的"善"。此外,天地人之间的真与美也是"哲境"追求的必然,它是真善美的统一。因此,"哲境"比"术境""艺境"更为复杂,剖析问题更为全面深刻,也就更为高级。"艺境"与"术境",如同理想与现实,理想的事物是最美好的,而现实中的事物总会具有不能满足人们意愿的"瑕疵",故理想的境界比现实的境界要高。

(二) 境界转换自然而然

"人们的境界一旦形成之后,它便有相对稳定性,所谓'江山易改,本性难移',是有道理的。这里的'本性'可以理解为已经形成的,具有相对稳定性的某种境界。"由此看出,武术境界转换具有难度。境界形同一个人的观念或者思维方式,其惯性是巨大的,欲要扭转他们的运行相当困难,但并非不能转变,这是人们具有能动创造性的使然。另外,"不同类型的境间之所以有可能相互沟通,就是以万物各不相同而有相通的道理,以及'万物一体'论为其最根本的哲学本体论的根据。"为此,武林人依靠主观能动性,借助"万物一体"的思想与精神,逐渐地拓展意识范畴,提升意识深点。

---

[1] 冯友兰. 中国哲学简史 [M]. 北京: 北京大学出版社, 1996: 292.
[2] 王国维. 王国维经典文存 [M]. 上海: 上海大学出版社, 2003: 110.

在不断的磨炼与体悟中，随着不经意的思维范式转换，武林人已经自然地、让人毫无觉察地改变了原有的理想与价值。如果武林人刻意转换境界，结果只能徒劳无功。境界由"灵明"照亮，刻意并没有改变本真的冲动，即"灵明"没有变换，因此，他对欲求之境究竟为何尚无概念，境界转换也就无从谈起。因此，境界之间的转换必然是自然而然的结果，而这种自然的状态恰恰是"万物一体"的根本。

六、意义抉择武术境界

武术境界是武术对于武林人的总的意义世界，但由于总的意义的错综复杂，判断武术境界变得相对困难。"我们看一个人的境界如何，看一个人是怎样的一个人，就得了解他曾经如何，以及他对未来想些什么，其中包括他对自己的过去将要采取什么样的态度。"因此，判断武林人所处的境界可以将影响武术人生的主导价值取向作为衡量标准进行判断。武林人追求武术的原动机（灵明）将主导过去、现在及未来的价值取向，而这种原动机正是哲学家们判断境界之别的主体思路。当武林人走过混沌的"然境"，如果武林人的"灵明"照亮了人体攻防的直白，"术境"在即；如果武林人的"灵明"照亮了人体攻防的理想性、艺术性，"艺境"已成；如果武林人的"灵明"照亮了人生意义、社会、宇宙真理，"哲境"无他。

试论《纪效新书》的"长兵短用说"与"闯鸿门势"*

一支三米或者更长的长枪,也被称为大枪[1],它强大的、唯一的杀伤力来自枪刃尖端的戳刺,如果攻击目标避过枪头、抢入枪杆范围,那么这支长枪就丧失了杀伤力,这是长枪的本质,而它的实际应用是无法违背这个本质的。当我们完全理解并且同意这个本质后,就可以开始对"长兵短用说"与"闯鸿门势"进行探讨与研究了。

一、对"长兵短用说"的分析与理解

首先,我们来研读《纪效新书·长兵短用说篇第十》开头的总说明:"夫长器必短用,何则?长枪架手易老,若不知短用之法,一发不中,或中不在吃紧处,被他短兵一入,收退不及,便为长所误,即与赤手同矣。需是兼身步齐进。其单手一枪,此谓之孤注,此杨家枪之弊也,学者为所误甚多。其短用法,须手步俱要合一,一发不中,缓则用步法退出,急则用手法缩出枪杆,彼器不得交在我枪身内,彼自不敢轻进,我手中枪就退至一尺余,尚可戳人,与短兵功用同矣。此用长以短之秘也。……长则谓之势险,短则谓之节短,万殊一理。"对于这段文字记载的理解,可以从以下三个重点切入。

(一)问题的发生

基于前述长枪以枪刃戳敌,以及它在某些特定情况下会发生等同赤手的本质,"长兵短用说"用一个关键词"老"来描绘发生这个问题的原因:"一发不中,或中不在吃紧处,被他短兵一入,收退不及,便为长所误,即与赤手同矣。"这说明戳枪过于深入而没有戳中对方,或者未戳在致命的地方,让使用短兵的对手抢入自己的枪杆之内,

---

* 作者简介:郭肖波(1951—),男,汉族,四川省营山县人(生于台湾),博士,现已退休。2004—2007 年在上海体育学院跟随邱丕相教授攻读博士学位,完成学位论文《明代兵枪及其竞技运动化的研究》。主要研究方向:明朝大枪武艺、传统武术竞技、传统武术科学研究。本文为首次发表。
[1]古籍中称三米或更长的枪为长枪,也有称为大枪。近代把两米甚至更短的枪称为长枪,所以作者习惯使用"大枪"。但是本文讨论的是《纪效新书》的内容,所以按《纪效新书》使用"长枪"一词。

非但对手的安全无虑，同时双方的距离有利于短兵，而长枪则完全处于无用、挨打的态势。理解发生这个问题的原因以后，接下来考虑的必然是如何不让这个问题发生，以及问题发生之后要如何应对。

（二）避免问题发生的原则

在阵战之中，长枪手倾全力戳枪是个必然，戳不中对手或者没戳到要害也是常态，要想避免问题发生就必须在用枪"不老"这个方面去思考。那么，如何用枪才会不"老"呢？"长兵短用说"提出了"夫长器必短用"原则，短用的方法就是"需是兼身步齐进""须手步俱要合一"，即戳枪时步子要往前抢，用身体的前进来弥补戳枪过深可能产生的问题。

但是"长兵短用说"在这里特别提到"其单手一枪，此谓之孤注。此杨家之弊也，学者为所误甚多"。乍看之下，这里似乎是说"单手一枪"等同戳枪用"老"。其实，用单手戳枪的"孤注枪"又名"单杀手"，在《手臂录·卷二·戳法》对于单杀手有这样的描述："即青龙献爪势。练时十二分硬枪，一发透壁，则枪头、枪杆、戳手皆尽善矣。"《纪效新书·拳经捷要篇》里对青龙献爪势的解说则有："乃孤雁出群枪法。势势之中，着着之内，发枪札人不离是法。"这两本古籍都非常推崇单杀手，甚至说戳枪离不开它，"学者为所误甚多"的关键就在于前一句的"此杨家之弊也"。那么杨家枪的"弊"是什么？又与"长兵短用说"有什么关系呢？《手臂录·枪法微言》里对杨家枪的批评给了答案："杨家枪威势最动人，而一遇马家枪即败。以初学之时，马家枪步步进，于人枪头上夺得性命，故手脚紧密。杨家枪多半以退诱人，故粗疏。杨家枪破短枪用退，短枪破刀棍亦退。法固然也，莫咎杨家。但学者不当株守一杨家耳。"这段文字明白地指出"以退为用"是杨家枪的原则，它违背了"长兵短用说"强调的"身步齐进"，所以"长兵短用说"里批评的其实是"退步使用单手一枪"，而不是孤注枪。

事实上，戚家军在战场上很有可能经常使用"单手一枪"。《纪效新书·比较武艺赏罚篇》中讲道："比枪：先单枪试其手法、步法、身法、进退之法，复二枪对试，真正交锋。复以二十步内立木把一面，高五尺，阔八寸。上分目、喉、心、腰、足五孔，各安一寸木球在内。每一人执枪二十步外，听擂鼓，擎枪作势，飞身向前，戳去孔内圆木，悬于枪尖上。如此遍五孔，止。"这个戳木靶的训练是双手端枪快速冲锋二十步后，立即出手戳枪，这个戳枪用单手戳最为自然，而且戳枪有力。

（三）问题发生时的对应措施

至于被短兵杀进枪杆内应该如何应对？"长兵短用说"对此提出两个建议：一是"缓则用步法退出"，如果事态不是那么紧急，就用步法往回退，同时拉回长枪；二是"急则用手法缩出枪杆"，如果事态紧急或者没有后退的空间，就将枪杆往回缩，而且这个回缩可以达到"手中枪就退至一尺余"的极限。

这两个解决措施有一个共同的目的，就是要保持枪刃指着对手身前，将对手放置在自己的长枪攻击威胁之下，使得他"不敢轻进"。在这里，我们可以清楚地理解"缓则用步法退出"绝对不是"短用"，因为它违背了"身步齐进"；"急则用手法缩出枪杆"也不符合"短用"的原则，戚继光称这样缩短枪杆的应用为"用短"。如果我们再参照"长兵短用说"里对弓箭、火器的记载："至若弓箭、火器，皆长兵也。力可至百步者，五十步而后发；力可致五十步者，二十五步而后发。此亦长兵短用之法也。"于此，可以更加确定短用就是在兵器最大攻击范围之内，做攻击距离的取舍。

二、对"闯鸿门势"的分析与理解

在分析"长兵短用说"后，我们再来研究"闯鸿门势"。在《纪效新书·长兵短用说篇》里记载："闯鸿门势 乃抛梭枪法。身随枪进，闪坐剁拦，捉攻硬上。经曰六直，妙在其中。用长贵短，用短贵长，此艺中妙理。短而长用者，谓其可御彼长。长入短不中，则反为长所误。故用长以短，节节险嫩，就近身尺余，法便不老。彼见我长，安心欲使我进深无用，我忽节节短来，彼乃智屈心违，仓促使彼对我不及。此用长之妙诀。万古之秘论也。"在这一段文字里有几个关键的信息值得我们细细研究。

（一）"乃抛梭枪法"

"梭"指的是织布机上不停地往复来回的梭。我国传统的棍术里也有这样的穿梭棍法，所以这个往复不停就是闯鸿门势的外观特色。

（二）"身随枪进，闪坐剁拦，捉攻硬上，经曰六直，妙在其中"

"身随枪进"完全符合"长兵短用说"里强调的"需是兼身步齐进"。"闪坐剁拦，捉攻硬上"是戳枪后身体抢上前、枪回到身边以后可以做的攻防变化。那么关键的"六直"是什么呢？《手臂录·古论注》提道："见闯鸿门势，枪头、枪根、前肩、后肩、前脚、后脚皆直，为六直。"这说明"六直"基本是将枪头、枪根、前肩、后肩、前脚、后脚六个关键点连成一直线，而且直指着敌人。如果戳枪"老"而让对手抢进到枪杆内，那就不可能做到"六直"了。

（三）"用长贵短，用短贵长，此艺中妙理。短而长用者，谓其可御彼长"

这段话强调的是"用长贵短"及其相对的"用短贵长"。长兵固然有可能缩短其枪杆，但是短兵没有足够长的手柄可以放长，所以短兵要长用一定是要用身步法往前抢来增加攻击的距离。那么"用短贵长"就可以佐证"用长贵短"是用身步法往前抢以缩短攻击的相对深度。

(四)"故用长以短，节节险嫩，就近身尺余，法便不老"

这段文字给长枪的"短用"做了最关键的注解——"嫩"。相对于戳枪过深的"老"，"嫩"则是浅浅一扎、扎后立即抽回、再配合身体的跟进，步步紧逼而始终把对手笼罩在攻击威力之下，不给对手有抢进的机会。一次浅戳后立即上步抽枪回身的连贯动作就是"一节"，接连不断地重复这样的"节"就是"节节"，其中的"险"则是指其蓄而未发的杀伤力。"节节险嫩"完全符合"抛梭枪法"的本意。

短兵单刀技巧里有"藏刀势"，指身前、刀后引诱对手戳枪过深。"闯鸿门势"正是用来破解单刀的"藏刀势"，当枪头不断往复地浅扎而且不断地逼近，使得用单刀者不敢乱动而处于计不得逞、心慌意乱的被动状态，所以才会有"智屈心违"的挫折感。如果用长枪者不断地缩短其长枪，那么使用单刀者就可以安心等长枪被缩成短兵之后才出手攻击。

三、比较"长兵短用说"与"闯鸿门势"的异同

"闯鸿门势"作为古传的长枪手法，戚继光将军必然对其有深入的研究，而"长兵短用说"是戚继光将军针对战场需要的论述，作为士兵使用长枪的指导。那么两者之间有何异同之处？在身随枪进及戳枪不能"老"这些论述中，两者是完全无违的。两者的共同点综合起来是：长枪使用"短用"原则始终把对手笼罩在枪尖的攻击威胁之下，同时逐渐减少双方的距离，从而极大程度地压缩对手的反应时间。"闯鸿门势"只要求"险嫩"，但是没有提及出现问题以后的解决方法。而"长兵短用说"多了被抢进后的解决方法："缓则用步法退出，急则用手法缩出枪杆"。为了充分理解这个差异的来源，我们必须从阵战的角度来理解。

(一) 阵战的实际场景

在戚继光将军训练的抗倭军队中，步兵的基础架构是五名士兵组成的"伍"。这五名士兵配置的兵器分别是：第一名士兵使用藤牌与刀、第二名士兵使用狼筅、第三与第四名士兵配置长枪、第五名士兵使用棍或者刀类的短兵。士兵的布阵有两种方法。行军或者冲锋时使用"鸳鸯阵"，即两伍士兵左右平行直列。两军交锋的时刻多使用"三才阵"，配置藤牌刀的第一名士兵与拿着狼筅的第二名士兵分列左右，成为这个伍在接敌最前面的两个点，发挥堡垒的防御作用；拿长枪的第三名、第四名士兵分别在前两名士兵的侧方稍后的位置，随时见机发动攻击，而有"杀手"的美称；第五名士兵负责给两名大枪士兵提供紧急救护，在敌人冲破藤牌刀与狼筅的防御，攻进鸳鸯阵的中心时，对于两名持长枪的士兵来说前面第一名和第二名同伍提供的防护等同于无，自己又无法攻击，只能靠持短兵的第五名士兵赶上前来救护，这个场景在抗倭战争中

应该时有发生。

(二)"长兵短用说"的实战应用

在上述场景下,按照当时排阵列队的军事规定,一伍内的第一名和第二名士兵很难往回退、也不允许转身向后,所以无法给其他同伍士兵提供保护。一伍里领头的两名士兵不能回头相救,第三名和第四名长枪手又处于自救不暇的危急状态,只有第五名持短兵的才能发挥战力。五名士兵中只有一名能发挥战力,自然不合用兵的常理,所以戚继光将军对此提出了解决措施:两名长枪手在空间、时间许可的状态下可以立即退后,以让敌人再次处于枪刃之前的位置;如果没有适当的空间、足够的时间可以退后取得攻击距离的话,那么就必须立即抽回、缩短枪杆,让枪刃快速地对着敌人。这两个措施都能迅速地把一伍五名士兵的战力恢复到三名能战的程度。

那么阵战之时真的是如笔者前述的场景一般吗?真的是一伍前两名士兵不能回头相救吗?答案就在《纪效新书·纪效或问》里:"堂堂之阵,千百人列队而前,勇者不得先,怯者不得后,丛枪戳来,丛枪戳去,乱刀砍来,乱杀还他,只是一齐拥进,转手皆难,焉能容得左右动跳?一人回头,大众同疑,一人转移寸步,大众亦要夺心,焉能容得或进或退?"按照此段文字记载,笔者前述的战场场景应该非常贴切于阵战实际。

为何"闯鸿门势"不提被抢进后的解决方法呢?笔者认为"长枪二十四势"并不是阵战兵枪的专论,在一般长枪比试的场合可能从未或者极少发生前述的阵战场景。而"长兵短用说"则是针对阵战需要而提出来的,如果除去"长兵短用说"里这一段紧急状态的救急措施,将枪杆缩短的"用短"方法不是解读"长兵短用"与"闯鸿门势"的适当角度。

另外,有一个似同而实异的地方:"长兵短用说"中的"我手中枪就退至一尺余",与"闯鸿门势"里的"就近身尺余",看似相同。但是,如果前后文对照的话,"长兵短用说"中的"我手中枪就退至一尺余"讲的是缩短枪杆到只剩下身前一尺多的长度,而"闯鸿门势"里的"就近身尺余"指的是枪头离对手身前一尺多的距离,两者描绘的完全是两码事。

四、"用短"对于大枪竞赛运动的可能影响

前述内容中,笔者将浅扎的"短用"与缩短枪杆的"用短"做了区分。近十年来,在许多前辈们以及笔者的大力推广之下,大枪竞赛运动逐渐受到喜欢,有很多选手参加比赛。但是在这些比赛中,笔者看到一个让人非常担心的问题:有部分选手喜欢把大枪这个长兵当作"短兵"使用,在没有被对方抢进的状态下,突然地主动往对方的方向挤进,一边挤、一边缩短自己的大枪,致使双方的距离非常近,只能拿着小

半节大枪做对抗,而将一大截的枪杆留在身后不用。询问其理由,都说这就是《纪效新书》里"长兵短用说"的实践。

对于这个回答,除了本文前述的说明,也可以参考《纪效新书·纪效或问》:"又如长枪,近见浙江之习,皆学处州狼筅法,中分其半。官军所传之法,亦有回转,但大敌交锋,与平日场上相对比不同。千百之人,簇拥而去,丛如麻蓬,岂能舞丈余长竿,回转走跳?若此则一二丈仅可布一人而已,不知有此阵否耶?至于中分其半,则又后尾垂带,一为左右之挨挤,手中岂能出入?遂乃遇敌而败。不曰习艺之非,制器之误,乃曰枪不可恃。于枪何尤哉!"其中批评的"中分其半"就是手持在枪杆中间,只用枪杆长度的一半。大枪作为特殊的长兵,早有"一寸长、一寸强"的说法,如果主动缩短自己的枪杆,那何不直接用较短的枪呢?

关于比赛时往对手身前猛冲这个问题,笔者针对大枪攻防技巧最适合的距离,提出了"临界距离"的理论,在"临界距离"上双方都有足够的空间发挥大枪的所有技巧。如果双方距离短于临界距离,很多大枪的战术就无法发挥,如此一来大枪的技巧就被限制了。如果继续缩短其长枪,那么还能继续比赛大枪技巧吗?还是让双方丢下大枪而改为徒手对抗呢?所以"用短"会严重地影响大枪竞赛运动的发展。

五、"短用"在大枪竞赛运动的应用

既然在大枪竞赛运动中不适合"用短",那么"短用"可以在竞赛里发挥其作用吗?从笔者的比赛经验,在对付紧张型的对手时可以用"短用"来调动对手的过度反应,从而在对手防御的空门戳枪。相反,如果贸然全力戳枪,极有可能被对手猛力地打到枪杆而使自己的空门大开。《太极拳图画讲义》中云:"如不得已,浅尝带引,静以待动……转进如风,进至七分,疾速停顿,兵行诡计,严防后侵。……"[1] 其中"浅尝带引""进至七分,疾速停顿"都是"短用"的战术应用。

另外,双方距离远大于"临界距离"时贸然出手戳枪,会非常容易产生戳枪过"老"的问题,但是不戳枪、只用步法压进对手又怕对手突然出手戳枪。这种状态之下,使用"吞吐枪"配合步法前进非常符合"长兵短用说"与"闯鸿门势"的原则。总的来说,"短用"做为大枪竞赛的一个战术非常实用、好用。

六、结语

在讨论"长兵短用说"与"闯鸿门势"的细节后,其实"长兵短用说"还有一个本文尚未提及的结论:"长则谓之势险,短则谓之节短",简单地说就是"势险节短"。

---

[1] 陈鑫. 太极拳图画讲义 [M]. 太原:山西科学技术出版社,2018:65.

试论《纪效新书》的"长兵短用说"与"闯鸿门势"

"势"是一种蓄而未发的潜在的威力,长枪与具有百步、五十步杀伤力的火炮、弓箭一样,只要进入其攻击距离内就被笼罩在极大的威胁之下,这是"势险"。但是,如果在最远距离发动攻击,就容易给对手足够的反应时间,甚至产生"用老"的弊病,所以在实际发动攻击时必须遵守"节短"的原则。其中,"节"必须按照"闯鸿门势"的"节节险嫩"说的"节节"来看,它不是一次性的攻击,而是一节接着一节、接连不断地像一支织布的梭一样的连续攻击;"短"除了保存其"势险"的潜能且不犯"老",同时借着逐渐缩短双方的距离来压缩对手的反应时间,最终可以打得对手措手不及。

"势险节短"不仅是长枪武艺非常重要的原则,也是兵法的重要理论。在此笔者引用"势险节短"的原出处作为《孙子兵法·卷中·势篇》:"激水之疾,至于漂石者,势也;鸷鸟之疾,至于毁折者,节也。是故,善战者,其势险,其节短。势如彍弩,节如发机。"

蔡玉明五祖拳的文化传播*

南少林五祖拳简称"五祖拳",是19世纪中叶福建省闽南人蔡玉明(1853—1910年)所创[1],后经历代传人推广,盛行于福建闽南地区(漳、厦、泉)及东南亚一带[2],1986年被全国武术挖掘整理工作确认为福建8大传统拳术之一[3];1990年成立五祖拳国际联谊总会,流传于29个国家或地区(2006年),是中国武术发展最好的拳种之一。

蔡玉明自幼随安徽省"凤阳婆"和山东省"鹤(河)阳师"先后游学达20年,于29岁返回故乡。其"兼通五祖拳法(白鹤手、齐天指、太祖足、达尊身、罗汉步)"[4]的武术技能,得到了泉州武林的认同和推广。

一、五祖拳的社会生存

(一) 平息两社纷争,建立五祖拳生存的群众基础

清末,闽南地区在清政府的封建统治下,形成了以"反清"和"拥清"的两股社会势力(在晋江地区叫作"内外股",在龙溪地区叫作"包齐派"等),经常发生"村对村""社对社""宗族对宗族"的"社拼""封建械斗"。大浯塘村的蔡厝与邻村梧垵村邦尾社,虽皆为蔡姓,但渊源不同,参加了不同的"内外股"帮派。大浯塘村蔡厝的蔡氏属"青阳衍派",而梧垵村邦尾社的蔡氏是"济阳衍派"。两社隔着一条"梧垵溪"[5],小溪岸南是大浯塘村的蔡厝,岸北是梧垵村邦尾社。岸北有大浯塘村蔡厝的

---

* 翁信辉(1963—2017),男,汉族,福建厦门人,博士。2004—2007年在上海体育学院跟随邱丕相教授攻读博士学位,完成学位论文《南少林五祖拳的历史与文化——体育人类学的视角》,其后到日本早稻田大学做体育人类学方向的博士后。主要研究方向:日本武道、福建南拳、体育人类学、武术文化与教育。本文原稿发表于《体育学刊》2009年第4期。

[1] 翁信辉,文木.五祖拳拳名考——论"南少林五祖拳"名称及其实质[J].体育科学研究,2007,11(2):28-31.
[2] 福建省地方志编纂委员会.福建省志——体育志[M].福州:福建人民出版社,1993:7-9.
[3] 邱丕相.武术理论基础[M].北京:人民体育出版社,1997:30.
[4] 尤凤标.中华柔术大全[M].厦门:华洋印务书馆,1918.
[5] 晋江市地方志编纂委员会.晋江市志(上):梧垵溪[M].上海:上海三联书店,1994:70.

地瓜园，为了监管这些农田，大浯塘村蔡氏在北岸修建了一座3层高的"枪楼（土楼）"，有20多家住户，故又名"土楼村"。

蔡玉明从小外出学艺，重返故乡时，村民们并不知晓他的经历和身藏的武艺，但很快一场发生在两个蔡氏村庄之间的纷争给了他展露武艺和社会阅历的机会。那天，梧埯村蔡姓村民们手持农具、兵器，血性怒发地向土楼村围攻了过来，而土楼村的蔡氏村民一面严阵以待，一面从枪楼上向大浯塘村发出了险情讯号。危急之下，蔡玉明一马当先从大浯塘村赶了过来，随地捡起一把齐眉棍，冲到阵中，使出了五祖拳的"流浪槌"棍法，左挑右拨，接连挑开了数支兵器，震慑了众人。最后，蔡玉明晓之以理，动之以情，对双方进行了调解。

根据大浯塘村村庄老一辈介绍，平息械斗后，经了解事由，原来是梧埯村邦尾社蔡氏感到日常生活受到了大浯塘村蔡厝建在"梧埯溪"邦尾社北岸边"枪楼"的威胁，要求其拆除，而大浯塘村蔡氏坚决不同意，两方一时争执起来，于是蔡玉明提出将这座"枪楼"归他居住，并以"封闭底楼大门，改由二楼进出"的提案，得到了双方的认可。从而，既保住了强势一方的面子，又平息了蔡氏两社村民的纠纷。其"二楼进出"不仅限制了一般村民的进入，而且由此造成了对梧埯村邦尾社蔡氏村民的"视觉压迫"，还展示了身藏之武艺，上下楼全凭一身轻功纵跃。据说，当时经常进出枪楼的除蔡玉明还有其徒翁朝言、魏隐南等。蔡玉明因此取得了村民的信任，为五祖拳的发展奠定了坚实的社会基础。

（二）公开比武，赢得泉州武林的承认

戴国斌[1]认为，比武不单是武术界的事情，还是一个具有社会影响力的社会事件。蔡玉明公开比武的社会性，除了亮相泉州武林，赢得泉州武林的承认，还有"比武收徒"之效，以带艺拜师的名人效应扩大五祖拳的社会宣传。对蔡玉明而言，"比武收徒"可缩短人才培养的周期，缓解五祖拳传播初期人才培养机制不成熟的压力。

根据大浯塘村蔡厝青阳蔡氏族谱的记载："诒河，字玉明以光绪丙戌年科蒙提督学院陈、岁试取进晋江县学第十三名，官名谦。"其大弟子翁朝言（1868—1957年）取得了第2名，成为武秀才。根据大浯塘村村庄及家族传说，翁朝言18岁科场扬名后，泉州知府聘请蔡玉明到泉州知府衙门任武术教头，一边教习知府的二位公子，一边在"圣公会"（清代科举举子在未取得官位时聚集的会馆，也是退职告老还乡官员的聚集之所）开馆教徒。

在担任知府教头后，蔡玉明首先通过比武收了当时闻名闽南的"温陵五虎之一"的"翻天豹"——魏隐南（1864—1917年）和"温陵五虎之首"的"通城虎"——林九如（1862—1927年）为徒。至今，大浯塘村还流传着"林九如挑战府衙教头蔡玉

---

[1]戴国斌．武术的文化研究［D］．上海：上海体育学院，2005：108．

明,技不如人甘拜下风"的故事。林九如与魏隐南,在泉州武林素有"狗(九)手豹脚"美誉,将他们收入门下象征着赢得了泉州武林。

二、五祖拳的社会发展

(一)融入社会生活,实现五祖拳社会化

一方面,在村社里利用大浯塘村翁氏祖传"刣狮阵",传播五祖拳之艺,增强村社的凝聚力。大浯塘村翁氏是具有崇文善武传统的武术之乡,在清代闽南封建械斗中是"内股"的核心组织之一。在平息两个蔡氏村庄纷争后,经村庄翁族长老商议,蔡玉明应邀重振"大浯塘村"翁氏"五中,下水门"祖传的"刣狮阵"。蔡玉明采取的方法有:一是在"刣狮阵"尚保留的 8 套"刣狮"套路基础上,辅助传授"太祖拳",以充武术之实;二是提出"练拳头顾自己、练狮阵顾社稷"的新思想,将乡里村民原先备战械斗的狭隘的练功活动,升华为强种保国的高尚的武术行为;三是经常组织"刣狮阵"到闽南一带"六桂堂"(翁、汪、洪、方、江、龚 6 姓同宗的堂号,在闽南、东南亚及世界各地都有其宗亲组织)宗亲的村庄进行表演活动,利用宗亲的人脉扩大"大浯塘村"翁氏"刣狮阵"在闽南地区的影响力,在晋江一带至今仍然享有"青狮白眉,单支旗"盛誉("狮王"称号)。1983 年 7 月,翁奕水先生在访谈中提道,蔡玉明因此被后人奉为"大浯塘村"翁氏祖传"刣狮阵"的第四位祖师。对此,不仅"刣狮阵"拳谱有此记载,而且翁氏祠堂的"刣狮阵"神位也将蔡玉明作为祖师供奉。

另一方面,倡导与实施"武医兼备",在医治民众病痛过程中,扩大蔡玉明及五祖拳的社会影响,巩固蔡玉明及五祖拳的群众基础。"术德并重,武医兼备"是蔡玉明五祖拳的传播思想,在他看来,"学法学艺一气成,修身守性谦为本"。"医"除了提高武术人的生存技能,还是武术人深化武术理解的手段,也是扩大武术影响的途径。在蔡玉明的支持下,其大弟子翁朝言积极参加"同盟会"支持辛亥革命,并曾得到孙中山先生"松筠堂"(翁家的堂号,后成为正骨疯伤药酒的商号)、"赠医送药""弘扬太祖拳"等题词,提升了五祖拳的声誉。

(二)融入武林,实现五祖拳本地化

五祖拳早期传播时,蔡玉明自称所授为太祖拳,其早期学生翁朝言、林九如等也以"太祖拳"自称,如 1906 年孙中山给翁朝言的题字是"弘扬太祖拳"等。此后 1918 年尤祝三才在《中华柔术大全》中著"拳有五祖",以及"少林鹤阳门""少林玉明派"等对五祖拳进行阐释,以区分蔡玉明之拳不同于太祖拳。

在文化人类学家看来,文化传播也是文化借用的过程,在借用过程实现了文化的变迁。林顿认为,文化的借用占所有文化内容的 90%;马林诺夫斯基认为,借用其他

文化创新形式一样具有创造性[1]。蔡玉明借"太祖拳"之名传播五祖拳，除汲取了太祖拳之精髓创新五祖拳外，还降低了与当地流行拳种的敌对性，迎合了练武者心理，缓解了"挟艺入门"弟子背叛门户"负罪感"之效。当然，除了上述减少传播初期不必要的麻烦，借太祖拳之名传播五祖拳，也是五祖拳处于初创阶段、尚未形成自己拳理和拳法系统的反映。

三、五祖拳发展的社会网络

（一）利用酱油店网络，传播五祖拳

根据龙海县（现漳州市龙海区）角美食品厂蔡玉明祖师的宗亲蔡师傅（1982年）口述，清朝年间，大浯塘村翁、蔡俩氏人几乎垄断了当时闽南地区一带的酱油店行业，成为早期中国连锁店的经营模式。例如，大浯塘村蔡氏的"连锁店"就有泉州"怡泰"、安海"怡春"、石狮"怡星"、厦门"怡记"、漳州（北桥/天宝）"怡丰""怡盛"等，而翁氏的店铺则更多。这是传播五祖拳的自然人际网络，蔡玉明经常活动于闽南各地酱油工场，在酱油厂员工中传播五祖拳。

如根据翁金主（1913—1993年）介绍：他从小好武，一面在厦门翁泉成酱油厂当学徒，一面到厦门港太平桥街金振顺酱油厂练功。杨捷玉（1877—1936年）原名合仔，原为船夫（摆渡、舟代公），所以后来称其为"合舟代"或尊称为"合伯"，早期是翁朝言的门人，在太平桥街金振顺酱油厂当伙计，后经翁朝言推荐拜蔡玉明为师，成为蔡玉明的两个关门弟子之一。1986年，太平桥街金振顺酱油厂拆毁时，废墟中的两个石勇由厦门市图书馆杨水龙帮助搬运到厦门港料船头16号。当时，据一位蔡氏女员工介绍，厂里石勇有120磅、180磅、200磅3个规格；20世纪50年代公私合营前，员工的练武气氛很浓，她当年就能站马步提那个小石勇（120磅）40来次，练腿功及上卦力。这些石锁、石勇除了平常用来练武、练力外，在生产季节时还可用来压渍酱菜。

（二）开馆授徒专职传播五祖拳

1886年左右，蔡玉明在"圣公馆"授拳，他充分利用"圣公馆"空间的社会性，培养了像尤祝三（武举人，1918年著有《中华柔术大全》等书）、张云章（秀才，菲华文学校校长）这样的文武秀才。此外，在智收"通城虎"林九如之后，蔡玉明又在鲤城奎章巷内开设"龙会馆"，一馆一般为12人，一期3个月，其代表弟子有李九史等[2]。他面向庶民百姓，推进五祖拳的大众化，培养了三教九流的武术人。五祖拳流派中的名师有爽师、居师、养师、合舟代师等，其中爽师为油条小贩、居师为柴梳匠、

---

[1] 马广海. 文化人类学 [M]. 济南：山东大学出版社，2003：400.
[2] 周焜民. 五祖门研究 [M]. 北京：紫禁城出版社，1998：46.

养师为鸡贩、合舟代师为渔夫。五祖拳名人还有厨子（江子霖）、石匠（尤俊岸）、木偶戏人（林九如）者，皆为封建士大夫视为"下九流"之卑贱之人[1]；另有"钻天鹞"陈魁、"凤尾手"何海师、"青阳市"鸿钧师、"落地金蚊狐狸"的柯彩云师等。五祖拳传播对象的精英化和大众化，使五祖拳传播阵地由农村向城市转移。五祖拳的城市化不仅是五祖拳的传播空间的扩大，也是五祖拳社会影响力的扩大。桃李满天下的蔡玉明，在晚年享有"满路香"之誉，不仅弟子众多，而且富商争相以能邀请蔡玉明到家中来教馆为荣。

作为自幼游学他乡，青年艺成返乡的蔡玉明，通过建立群众基础，融入社会生活，实现五祖拳的社会化；通过赢得泉州武林的承认，实现五祖拳的地方化；并借助社会网络和专业空间，以及传播对象的精英化和大众化，推动五祖拳在泉州的发展。可见，武术的传播并不完全是武术技术系统是否完善的问题，很大程度上取决于传播者融入当地社会、当地武术社会的程度[2]。蔡玉明五祖拳文化传播的经验，对于中国武术的发展具有一定的借鉴意义。

---

[1] 曾谋尧. 儒侠春秋 [M]. 北京：中国文联出版社，2004：366.
[2] 秦子来，王林. 影响武术跨文化传播的障碍 [J]. 体育学刊，2008，15（4）：96-100.

武艺之"疯魔"*

戏曲界有一句话:

不疯魔不成活。

中国的书法、文学、绘画和武艺哪一样不是如此,都离不开那些疯魔的人,那一颗痴迷而燃烧的心。

唯有疯魔,方得靠近那武艺的真意,方能体悟那一招一式的玄妙与俯仰开合,方能把自己彻底融入那武艺和人生的契合之中,成就感动自己和感动世界的武艺人生。本文是一位疯魔武者的心语告白,一位武艺修行者的疯魔之语,一位痴心人的疯魔故事。

在西北的"四大名棍"中,有一种棍法叫"疯魔棍",是必须要以疯魔的状态来展示棍法还是棍法中有疯魔的招法?

其实,疯魔棍是一套融合古代枪法的棍法,体现了明代以来少林棍法"三分棍法,七分枪法""兼枪带棒"的特点,其内容丰富,气势磅礴,演练起来势如疯魔,因而得名。

泰戈尔说:世界上最遥远的距离,不是我站在你的面前你不却知道我爱你,而是爱到痴迷,却不能说我爱你。世界上最遥远的距离不是我不能说我爱你,而是想你痛彻心脾,却只能深埋心底。

仓央嘉措说:曾虑多情损梵行,入山又恐别倾城。世间安得两全法,不负如来不负卿。

李白说:古来圣贤皆寂寞,惟有饮者留其名。

本如法师说:你在,你是一切。你不在,一切是你。

本文为大家讲述一个疯魔武者的人生,是自己,是别人,是江湖上那些和自己一样沉默而深情的武者。

张国荣主演的电影《霸王别姬》,其中程蝶衣的那一句"不疯魔不成活"催人泪下,圈子里的朋友都称我为"疯魔武者"。那么,疯魔是什么,疯魔到底是一种什么样

---

* 作者简介:马文国(1970—),男,汉族,陕西乾县人,博士,副教授,硕士生导师。2004—2007年在上海体育学院跟随邱丕相教授攻读博士研究生,完成博士学位论文《文化全球化背景下的武术教育》,获得教育学博士学位。现工作单位:西安体育学院;主要研究方向:武术历史与文化,武术教育。本文原载《武魂》2022年第3期。

的状态?《霸王别姬》里的程蝶衣,注定是一个因戏而生,因戏而痴,因戏而死的人,因为戏就是他的生命,他的梦想,戏就是他全部的人生。这时,我们才会懂得疯魔其实是一种境界,一种忘我的投入和痴迷,一种把事情做到极致的固执。

记得三年前,我写了一篇关于"不疯魔不成活"的文章,我的表演师父、著名演员张立老师即刻发来了微信语音:马老师啊,看了你的文章,把我感动得一塌糊涂,演戏就是需要这样的状态。演员黑子在一次拍戏杀青后,待在片场久久不肯离去。他说:哥哥啊,我感觉到把自己完全交给这个角色了,被掏空了,啊,啊,受不了。其实,这就是一种疯魔的感觉和状态,演戏如此,文学如此,武艺亦是如此。

这些年,由于生活的沉静而对武艺和文学甚至表演都有了全然不同的感悟与进益,也许是所谓的"悟性"豁然里有了"惊鸿一瞥",偶尔会颇为"自得"一阵。在平抑的生命里,除了相伴的读书和演拳,也骤然增添了未曾想过的"演艺"元素,或朗诵,或评书,或模仿电视剧《打狗棍》里"那图鲁"片段。兄弟们常说,马哥啊,此刻如有二两酒更为佳绝,尤其在沉醉于《将进酒》的微醺奔放,在张扬跌撞中独具韵味,在"醉与不醉"的"度"上可谓驾轻就熟,游刃有余,比微醺或大醉多了一份飘逸和淡泊,或许有那来自心底的孑然与纯净,这是当年把酒豪饮时不曾有的。

目光曛然和凝视如雪中,突如其来的几许"醉意"和"融入"甚至"忘我"却如同演练别具一格的"醉剑",或一壶清茶,挥毫一纸"狂草",这便是那种令人感动得"一塌糊涂"的魔力,或者说让人如痴如醉、如疯如魔的那种震撼力和穿透力,让人拍案叫绝,欲罢不能。试问,武艺能够如此融入人的身心之中、人生之中、生命之中,靠的是什么样的魔力呢?还是一句话——不疯魔不成活。

十二年前,本人曾经写过《传统武艺之感悟——套路篇》,发表在《中华武术》杂志,对"武艺"中那令人神往的招法和劲力、神意,以及令武者终生探究不止、呕心沥血的"味儿",提到了我所熟知并敬仰的几位武艺大家的演练。这么多年过去了,再次翻阅当年的文章,依然会被自己感动,今天的文字或许更深刻、精辟,却没有当时的那份荡气回肠和意气风发。

本人对于武艺的感悟和研习从未懈怠,极少有过那尼采说过的"不曾起舞的日子",以至于对于武艺有了愈发执迷的认知而不肯有丝毫的慵懒来为自己中年的生命辩解。几日前,和几位朋友小聚,一位老兄看到我每日除了练拳还有两个小时的健身房力量训练,善意相告:习武是为了健身,你现在到了这把年纪,没有必要进行大运动量的训练,对身体是有害的。我笑答:习武是为了健身不假,但那是对于别人,对于我一个职业武者或者说把武艺融入生命的人,则不是为了"健身",而是为了"献身",用自己的身心去传承武艺、再现武艺、呵护武艺,如果连自己都要用武艺仅是为了追求"健身",那俯仰千年,激扬春秋的武艺靠谁去传承呢?想想自己作为一个武者,没有多么高尚,也没有必要去彰炳什么,但在几十年的武学阅历与体验中获得了一种疯魔的力量,无法舍弃,爱之弥深,便是一个让自己"虽千万人,吾往矣"的

武艺之"疯魔"

理由。

人常说,日有所思,夜有所梦,白天痴迷一天"独流通臂拳",斩拦横卡,劈撩提拽,凌晨三点顷刻翻身而起,在屋内走转起伏,顿挫昂扬,恣意挥洒。九点半,电告远在津门的张群炎老先生,老先生哈哈大笑,开心至极,说:文国啊,你得了我的神传啊。遂将此文收录于《独流通臂拳》书稿中。时时翻阅十余年间远赴津门的学艺笔记,诵读中会有"偶得",尤其是在苗刀和疯魔棍法上,体味老先生之精深讲授,与梁师传授和小董、建军两位师兄交流、比较,研习老先生在不同时期对于武艺的表达,渐渐懂得老先生常说自己在晚年方才"进步"的融会贯通和精妙独到。对于一个刀势的理解和表达,不仅是朝夕演习、体悟,参照古谱,心中亦有一种强烈而固执的"复古"情感,因而,无法接近和再现古人在刀势上的威力与神意,唯有做到在每日的虔诚与不舍中"一点点靠近"。一日,读到牛二伟师伯的文章,回忆他的父亲牛增华传授"低看刀"时的"讲究",可谓鞭辟入理、朴素真切,遂在"一路"中的"低看刀"演练上增加了"高低远近"的"看",反复揣摩,在"看"上极为传神、生动,如临大敌,持刀而御。怀着敬意观看恩师张克俭先生演练的"绨袍剑",在剑法的走转上更加任意而发、曲折多变,比我的顺畅多了几分剑法的彰显,或起落、或钻翻、或巧取、或直入,忽有感悟,立刻持剑而舞,体悟恩师张克俭先生66岁时在演练和击刺上对于剑法的表达。一位相伴二十多年的老师兄几乎是看着我的武艺一年年演变的,他说一年一个样,让人没法学。这也许就是武艺的疯魔之力,愈发执迷,必有体悟,融入了人生的阅历和人生的砥砺甚至如我一样生命的震荡,便让这武艺一生爱不释手,须臾难舍,也就有了我的心语对白——"癫狂半生,疯魔一世"。

全球化视野中传统武术发展策略研究*

全球化是当今世界最突出的特征。文化全球化是21世纪人类文化发展的总趋势，它强调文化在多元基础上对话和交流，突出文化的开放性。全球化与多元化辩证统一、同质化与异质化辩证统一是文化全球化的基本特征。

近代以来，西方强势文化为处于全球化背景下的世界各民族文化发展造成了严峻的危机，使世界各民族文化在全球化的发展进程中面临着挑战和抉择。作为中国优秀传统文化的传统武术，它的发展同样面临着严峻的挑战和抉择。西方奥林匹克体育在全球的一元发展使传统武术的推广和传播不论在国内还是国际都受到了强烈冲击。在全球化趋势不可逆转的形势下，传统武术如何发展，成为武术传承的重要问题。本文试从以下四个方面对传统武术的未来发展展开探讨，以期传统武术获得到更好的发展和传承。

一、"以人为本"是传统武术发展的立足点

一种民族文化形式能否与孕育产生自己的文化母体密切联系，是决定其盛衰的根本原因。传统武术作为中国传统文化的优秀文化，在新的时期，它如何发展才能既满足时代的需要，又能保持本身的民族性。对此，我们应当对时代精神和中国传统哲学的基本精神，有清楚的认识和深刻的了解。

21世纪是科学技术欣欣向荣的时代，人类显示出无穷的智慧和力量，但它同时又是一个工具理性盛行，价值理性被忽略的时代。追求经济增长的发展模式，造成了人的生存境况的恶化、人的生存意义的消失和人的失落。马尔库塞笔下的"单面的人"、胡塞尔笔下的"人的危机"、马克思笔下的被物所"异化"的人成了这个时代人的精神危机的缩影。哲学由本体论和认识论向生存论、生命哲学、人学的"哲学转向"，使人的问题凸显出来，正是当今时代精神的体现。关注人类自身成为人们的共识。

传统武术要想在当代取得较好的发展，必须与时俱进，符合时代精神的要求。传

---

* 作者简介：田学建（1974—），男，汉族，山东郯城人，博士，讲师。2004—2007年于上海体育学院跟随邱丕相教授攻读博士学位，完成学位论文《人学视野中传统武术价值思维方式研究》。现工作单位：山东师范大学；主要研究方向：武术人学、武术基础理论。本文原稿发表于《中国体育科技》2007年第5期。

统武术蕴涵着丰富的人文思想，符合时代精神的要求，将在弥补当代人们精神危机中发挥重要作用。传统武术的人文思想来自传统文化母体。传统武术之所以有强烈的魅力，根本的原因就在于它根植于有数千年历史的华夏文明的沃土之中，蕴含着深刻的东方哲学思想。近代著名太极拳家杨澄甫曾指出："中国拳术虽派别繁多，要知皆寓有哲理之技术。"(《太极拳之练习谈》)因此，认识中国武术必须从哲学的层次研究武术思想的渊源，才能从本质上认识武术的文化特征。

中国传统哲学的特质是人生哲学，它的内在根源在于人性和人的生活中，以人作为思考的出发点和终点，关注的是完善人的生命本性、开发生命的内在价值，讲求"悟道"，通过"道"的把握来表达人的超越性理想。它围绕的轴心、生发的基点就是人、人的本性、人的生存世界和人的生活意义，这一切都离不开人和人的生存活动。冯友兰先生提出："在中国传统哲学中，哲学是以研究人为中心的'人学'。"[1] 张岱年先生认为："人生论是中国哲学之中心部分——中国哲学所思所议，三分之二都是关于人生问题的。世界上关于人生哲学的思想，实以中国为最富，其所触及的问题既多，其所达到的境界亦深。"[2] "中国传统人生哲学是中国精神的核心内容，对中华民族悠久的历史文明和中国人的人生模式无疑产生了积极和重要的影响。"[3]

哲学是文化的核心和精髓。传统武术作为传统文化的一部分，必然受中国传统哲学精神的影响。在发展历程中，它的文化内涵不断丰富，贯注着传统哲学对人性、人生意义的理解。"中国武术的特色，即在于中国武术不仅仅是一种体育运动，而是与儒道释一样，自有其类似于儒道释的基于人性论的对人的终极关怀。"[4] 传统武术在中国人生哲学的浸润下充满了人生哲理。它体现着传统人生哲学关于人的本质、生活意义的看法及人生理想的追求，成为中国人生哲学的身体体验、践履。因为，在传统武术的文化脉搏里，至今演绎着气的大化流行，生生不息的"生"之精神；至今体现着对道的精神追求，对理想人格的向往；至今涌动着伦理道德精神的脉动。在传统武术的文化脉搏里完好地彰显着中国文化的精神，涌动着传统文化浓郁的血液，体现着中国传统文化的精髓。传统武术"承载着我们民族伟大、厚博而沉重的文化，它联系着我们民族古老、悠远而清晰的血脉，昭示着我们民族精进不屈和宽广的精神，它是我们灿烂文明无比有力的见证和无与伦比的荣誉之一，是这种见证和荣誉的活态保存"[5]。

在传统人生哲学的影响下，传统武术不再是好勇斗狠的手段，也不仅是一种健身、自卫和观赏的生存性活动，而是一种"求道"的手段。传统武术对道的追求体现为技艺的最高境界，更表现为通过习武练拳而获得的一种超越性生命体验和人生价值，以

---

[1] 冯友兰. 三松堂全集：第十卷 [M]. 郑州：河南人民出版社，2000：665.
[2] 张岱年. 中国哲学大纲 [M]. 北京：中国社会科学出版社，1982：165.
[3] 刘长林. 中国人生哲学的重建：陈独秀 胡适 梁漱溟人生哲学研究 [M]. 上海：华东师范大学出版社，2000：1.
[4] 乔凤杰. 对儒释道思想的武术人文考察 [J]. 上海体育学院学报，2003，27 (3)：23-27.
[5] 程大力. 体育文化历史论稿 [M]. 成都：四川大学出版社，2004.

及对天道自然、宇宙万物生化之理的体悟和体验。由此，传统武术在很大程度上是一种"哲学体育"，"是一种中国哲学具体化和人格生命化的修炼活动，它涵盖着远古华夏民族对宇宙万物的总认识"[1]。传统人生哲学决定了传统武术的内涵和基本精神。传统武术所谓蕴含的人文思想，将在化解时代精神危机中发挥其重要的作用。

"中国传统体育文化只有在化解、协调现代西方体育文化所面临的人文危机中，发挥出自己独特的巨大魅力和价值，才能获得世人的认同，才能真正走向世界和走向现代化。"[2] 传统武术所包含的丰富的人文思想正是它所具有的优势。传统武术具有的强身健体、修心养性功能，体现了东方传统的养生观和人生哲理，这在当今利欲膨胀、物欲横流、精神匮乏的时代，是其他体育项目和文化形式难以取代的。当我们对时代精神危机有所体认，对中国文化精神有较深入的了解时，就会对传统武术的发展充满使命感并充满信心。时代精神的需要为传统武术的国际化推广提供了巨大契机。

二、"以我为主"是传统武术发展的依据

面对当今的全球化背景，以经济、政治、文化的力量为驱动的全球化过程往往不可避免地呈现一种"单向性"，一种单向的"同质化"和"同步化"。对发展中国家和落后国家而言，走向"世界"（世界很大程度上就是支配世界主流经济、文化秩序的西方发达国家）意味着试图受到西方本位的世界主流经济、文化秩序的接收和肯定，其实质即是西方化。

由此，传统武术的国际化问题面临着保护主体性的问题。事实上，近代以来，随着西方列强的坚船利炮打开中国"闭关锁国"的大门，西方体育涌入中国大陆，中国传统体育就逐渐沦落到一种"失去主体性"的状态、一种"失语"状态。这表现在把西方体育思想的形式和范畴加在传统武术身上，通过对传统武术的"'简化''统一''外显'等实现了武术的'祛魅'"[3]，使武术发展成一个"东不成，西不就"（梁漱溟语）的尴尬局面。针对这一现象，"文化只有在保持尊严和特色的前提下，才能平等地交流。文化的交流是融合而不是征服"[4]。传统武术的发展一定要坚持民族性，保持自己的特性，不要盲目去迎合西方人的心理。同时，不应"使得有着悠久历史的民族传统体育项目在不断地异化过程中逐渐丧失民族文化汁味而被'竞技模式'化"。此外，"一些民族传统体育项目的表演技巧越来越高，已经不是民族情感的自然流露，而是为表现民族特色的一种表层的人为造设"[5]。这些都充分体现了传统武术主体性遗失这一事实。

---

[1] 李力研.野蛮的文明：体育的哲学宣言[M].北京：中国社会出版社，1998.
[2] 张小荣.论全球化时代中西体育文化价值冲突的形式及意蕴[J].体育与科学，2005，26（2）：60-69.
[3] 戴国斌.武术的文化研究[D].上海：上海体育学院，2005.
[4] 邱丕相，马文国.关于中国武术发展战略的几点思考[J].西安体育学院学报，2005，22（6）：25-29.
[5] 倪依克.论中华民族传统体育[M].北京：北京体育大学出版社，2005.

作为传统武术思想原理的中国哲学，自其学科创制之初就面临着"中国哲学合法性"问题。"中国哲学合法性"问题讨论的根本之处就在于"中国哲学主体性的丧失"。"对于'中国哲学合法性'问题的探讨及其他一系列的相关论说，都可以说是反省与检讨'如何建立中国哲学主体性'这一问题的不同层面与不同角度的表现。"[1]"中国哲学的合法性问题，是中国哲学的百年回顾，是中国哲学与西方哲学的历史挑战，是中国哲学真正走向世界的历史性大反思。"[2] 由此，我们看到重建民族文化的主体性与中国哲学的主体性成为中国哲学界最为重要的思想方向。

传统武术的国际化应在"主体性"思想的指导下健康进行。对于武术"主体性的遗失"，陈来先生认为：东亚近代思想史的显著特征是一方面轻视、否定自己的传统；另一方面既是对传统有所肯定，也是在西方现代性的意义下寻找、肯定传统中值得肯定的要素，如在文化上只注意传统文化中那些类似西方的因素可以有助于资本主义的长成或工具理性的发展[3]。显然，这一现象与中国近代历史积贫积弱的国情是分不开的，是由历史原因所造成的。但我们相信，随着历史的发展，中国文化主体性的回归已势不可当。

坚持民族文化主体性就是坚持中国文化的基本精神。民族精神是一个民族、一个国家赖以生存和发展的精神支柱，是维系本民族、本国人民生存发展的根基。民族精神体现着一个国家文化的主体性。成中英先生谈到中国哲学现代化问题时说："我们强调现代化，一方面须向内求深度，另一方面须向外求表达方式，内外须合一。"[4] 向内求深度就是对传统文化精神的继承，向外求表达方式就是吸收参照、融合出新。这里对"传统文化精神的继承"显然是坚持了中国文化的主体性精神。传统武术作为中国文化的一部分，它的国际化发展必须坚持中国文化的基本精神，"维系武术传统，维系中华民族体育文化的价值取向，应该成为武术国际化的重要前提和基础"[5]。只有这样，才能实现传统武术真正的国际化发展。

三、"创发性突破"是传统武术发展的措施

"创发性突破"是成中英先生对中国哲学现代化的创见，是使传统哲学在现代精神危机中发挥作用而提出的对策。"创发性突破"涵盖两方面的工作：一方面是深入中国历史的核心、根源，把中国的思想、经验、智慧挖掘出来；另一方面是必须把我们的哲学智慧和精神贯注到现代人的生活之中，实现解决现代人所面临的无根无向的困

---

[1] 彭国翔. 合法性、视域与主体性：当前中国哲学研究的反省与前瞻 [J]. 江汉论坛，2003（7）：39.
[2] 陈志良. 论当代中国哲学研究中的前沿问题 [J]. 中国人民大学学报，2003（3）：75.
[3] 陈来. 儒家思想与现代东亚世界 [G]//季羡林，等. 东西文化议论集（下）. 北京：经济日报出版社，1997.
[4] 成中英. 从中西互释中挺立：中国哲学与中国文化的新定位 [M]. 北京：中国人民大学出版社，2005：62.
[5] 王岗，邱丕相. 武术国际化的方略：维系传统与超越传统 [J]. 中国体育科技，2005，41（4）：17-20.

扰[1]。这无疑给传统武术的现代化发展问题提供了新思路。

"创发性突破"要求对中国哲学具有深刻的体验和了解,做到真正把握中国哲学的精神。对于传统武术,我们同样要对它进行深刻的体验和了解,从而能够掌握武术的真精神,使武术在未来的发展中能体现中国传统文化的基本精神。根据"创发性突破"的两方面工作,要想使传统武术得到较好的发展,首先必须把传统武术本身所蕴含的思想(尤其是人生哲学思想)展示出来,使人们正确认识传统武术的真正文化内涵,这需要武术科研工作者的共同努力。其次,中国传统人生哲学的智慧可以说是很实在的,它根基于对天、地、人的深刻反省,永远不脱离文化和时代。人们通过传统武术的练习,体会到这种人文思想,并在练习中受益,对中国传统人生哲理有切身的体会,使传统武术真正成为传统人生哲学在社会生活中落实的途径。传统武术是否能成为中国传统哲学现代化落实的途径呢?我们认为这是可行的,也是可能的。从以上论述,我们知道传统武术不同于西方体育,它是一种"哲学体育",是传统人生哲学的身体实践。传统武术的发展应充分吸收本土文化的养分,关注本土的社会人生,与中国人自己的生存状态和文化状态相连接,成为对人,首先是对中国人的生命、生存和心灵的关照、呵护和热爱。

"创发性突破"实质上体现了继承与发展的问题。"我们能真正继承多少,也就暗示着我们能真正为未来构想多少,创造多少"[2],这句话对我们审思武术的发展具有深刻的启示。只有在继承的基础上,才能有真正意义的创新。对于当前武术发展的现状,武术界的专家、学者都对传统武术的继承、发展予以高度重视,在此不再赘述。历史传统,只对那些因循守旧的人,才成为一种包袱;对于有创造力的民族来说,历史传统是永恒的财富。诚然,传统武术和所有的文化艺术一样,需要创新,也一定要创新,这是时代发展的必然要求,也是事物发展的根本需要。但文化有其自身的发展规律,任何人为的作用,都容易使它误入迷途。正如康戈武先生所说:"弘扬传统武术的关键,在于传统武术自身的发展。"[3] 发展不应违背事物发展的规律,传统武术创新需要顺应文化发展的规律,需要对中国文化精神具有精深的把握,绝非偶然所得,这是传统武术发展的关键所在。当前武术发展过分地追求竞技化创新,丢失了本属于自己的厚重的东西,降低了传统武术的意境格调。传统武术不仅是一种体育运动,更是一种文化传统。武术的继承和发展,一定要坚持中国文化的基本精神。传统武术的"创发性突破"是传统武术国际化发展中坚持中国文化精神的必要措施。

---

[1] 成中英. 从中西互释中挺立:中国哲学与中国文化的新定位 [M]. 北京:中国人民大学出版社,2005:52.
[2] 徐复观. 中国学术精神 [M]. 上海:华东师范大学出版社,2004.
[3] 康戈武. 以发展的眼光迎接传统武术的腾飞 [G]//上海体育学院民族传统体育理论研究中心. 武术文论. 北京:人民体育出版社,2005.

四、"经济实力"是传统武术发展的坚实后盾

从跆拳道和柔道进奥运谈起,韩国跆拳道和日本柔道作为东方体育项目,它们是东方体育运动中仅有的两个进入奥运会的项目。对于柔道、跆拳道在世界范围的普及及其成为奥运会项目,我们过多地去学习借鉴他们的成功推广措施,而忽略了更为重要的东西。我们或许更应认识到促使柔道、跆拳道进入奥运会的真正动力,是日本、韩国的经济实力。

回顾近代奥林匹克运动的发展,奥林匹克体育实际是西方体育的代名词。奥运会创立的初衷就是使战争得到和平的转移,但它始终贯穿着强者的信念及意识。奥运会是强者的游戏,游戏的规则是强者的规则。目前,奥运会的竞赛项目已达 300 余项,但这些项目绝大部分都是西方人的传统项目,很少有第三世界国家的民族体育,其他国家和民族只能抛弃其长期积淀而形成的传统文化的价值,在奥运会上享受西方创造的"文明"。特别是奥运会项目必须是在世界范围内普及程度很高的项目,这与一个国家的经济实力、国际地位声誉有很大的相关性。让一个第三世界的国家去推行本国的民族体育,在世界范围内达到普及几乎是不可能的。只有当一个国家富裕了、强大了,在世界人们心目中有了地位,人们才更愿意趋向它、学习它的文化等。

纵观现代社会,依然是强权政治盛行的社会。文化的推广必须有坚强的物质基础。日本、韩国虽然都是亚洲国家,但他们都进入了世界发达国家行列。它们的经济实力,使它们有能力把本国的拳术推广到世界范围。假如日本和韩国经济不是很发达,其状况则很可能是两个完全不同的结果,因此日本、韩国强大的经济实力和综合国力无疑是柔道、跆拳道进入奥运会的真正原因。

我国和日本、韩国有所不同,是一个人均收入较落后的国家。虽然近几十年,我国经济得到高速发展,取得了令世人瞩目的成就,国家地位和声誉在国际上有了质的提高,但在许多西方发达国家的人心目中,我国仍是一个发展中国家。显而易见,没有人愿意学一个经济相对落后于自己的国家的文化。

我们对传统武术的现代化发展应充满信心。随着我国经济的蓬勃发展,传统武术将会在世界范围内得到更好的发展,这种势头已见端倪。"随着中国经济的快速发展,越来越多的国际友人想了解中国文化,而作为中国文化载体的武术则能够满足他们的愿望。在武术项目中文化负载的多少将成为本项目在国际传播中生命力强弱的标志,文化负载的越多,则越利于国际传播。"[1] 越来越多的西方人来到我国,这正是国家逐渐富强所带来的结果。

---

[1] 邱丕相,郭玉成. 武术在国际传播的历史、现状与未来 [J]. 体育学刊,2002,9(6): 71-74.

五、结语

　　文化全球化是一个必然趋势，世界各民族文化的发展面临着机遇与挑战。在全球化背景下，传统武术如何发展，如何走向世界成为传统武术发展的重要问题。当人们在讨论武术走向世界实现国际化发展的时候，我们应当明确传统武术走向世界的目的是什么？如何才能做到真正的全球化发展？传统武术作为中国传统文化的优秀文化，蕴含着丰富的人文思想，体现着中国传统人生哲学的基本精神。它的国际化发展对于传播民族文化、弘扬民族精神和弥补当代人们精神危机具有的重要的意义和作用。因此，传统武术要实现真正意义上的走向国际化，必须符合时代精神的要求，做到以人为本；坚持中国文化主体精神，做到以自我为主，实现创发性突破；依靠雄厚的经济实力，这样传统武术国际化发展才能实现根本性的突破，在全球化趋势不可逆转的今天得到更好的继承和发展。

"一带一路"倡议背景下中国武术国际传播偏向与转向*

"文化是提高一国国际地位、改善国际形象的重要软实力,是对外交流和文化传播的重要媒介"[1],在当今复杂的国际竞争中发挥越来越重要的作用。文化走出去日益成为世界各国关注的焦点和热门话题,"中华文化走出去是提升我国文化实力的战略举措,是增强文化产业国际竞争力的现实需要,是树立中国和平发展、文明进步的文化大国形象的重要体现"。[2] 改革开放以来,经济的快速发展和综合国力的不断提升使我国充分认识到文化走出去的必要性、重要性和紧迫性。同时,党和国家高度重视文化走出去工作,出台了一系列政策。2000 年,《中共中央关于制定国民经济和社会发展第十个五年计划的建议》中提出"实施文化走出去战略"。2005 年 10 月 11 日,《中共中央关于制定国民经济和社会发展第十一个五年规划的建议》中提出:"广泛深入开展民间外交,做好文化交流,加强对外宣传工作,增进同世界各国人民的相互了解和友谊。"2011 年 10 月 18 日,《中共中央关于深化文化体制改革 推动社会主义文化大发展大繁荣若干重大问题的决定》中指出:"实施文化走出去工程,完善支持文化产品和服务走出去政策措施……开拓国际文化市场。"2017 年中共中央办公厅、国务院办公厅印发的《关于实施中华优秀传统文化传承发展工程的意见》指出:"推动中外文化交流互鉴。加强对外文化交流合作,创新人文交流方式,丰富文化交流内容,不断提高文化交流水平……支持……中华武术……等中华传统文化代表性项目走出去。"一系列政策表明国家对文化走出去的重视,因此文化走出去势在必行。2017 年,中共中央办公厅、国务院办公厅联合印发了《关于加强和改进中外人文交流工作的若干意见》,要求"重点支持汉语、中医药、武术、美食、节日民俗以及其他非物质文化遗产等代表性项目走出去"。为什么武术位列其中?因为它"集中了中华文明的特点,承载了中国文化的

---

* 作者简介:王国志(1975—),男,汉族,江苏丰县人,博士,教授,博士生导师。2004—2007 年在上海体育学院跟随邱丕相教授攻读博士学位,完成学位论文《社会学视野中的大众武术研究》。其后到东南大学艺术学博士后流动站做博士后。现工作单位:苏州大学;主要研究方向:武术文化、武术国际化传播、武术艺术化发展。本文原稿发表于《武汉体育学院学报》2018 年第 7 期。
[1] 马晓代. 中国文化"走出去"的战略思考 [J]. 人民论坛,2017(2):130-131.
[2] 邱丕相,曾天雪,刘树军. 武术发展的国际化方略 [J]. 上海体育学院学报,2010,34(4):50-53,57.

精神，是我们与全世界对话交流、沟通情感、融合文明的合适介质"。[1] "从符号学的意义上说，因为武术在技术、训练、礼仪、道德、服饰等方面都有很完整的符号系统。人们通过学习体验、实践感悟，可以深刻领会这一传统文化符号系统所蕴含的世界观、价值观。"[2] 中国武术走出去，进行国际化传播是国家需要，也是中国武术自身发展的需要，是大势所趋。

近年来，中国武术的国际化传播取得了可喜成绩，彰显出强劲的发展势头。从2004年雅典奥运会到2008年北京奥运会再到G20峰会，都留下了中国武术的足迹，给世界各国展现出了一个不一样的中国，塑造了国家形象。亚运会、世界武术锦标赛、世界青少年武术锦标赛、世界传统武术锦标赛、世界太极拳健康大会、世界大学生运动会等国际大赛中都有中国武术的身影。此外，武术课程进入全球众多的孔子学院、孔子课堂。尽管成绩可喜可贺，但成绩的背后还存在许多问题，需要我们武术人思考。"一带一路"倡议的提出为中国武术的国际化传播提供了交流和发展平台。国家体育总局武术运动管理中心制定了《中国武术发展五年规划（2016—2020年）》，明确提出以"一带一路"倡议为契机，全面部署多项具体工作，为中国武术的国际化传播开启了新航程，提供了新思路。本文在"一带一路"倡议背景下，剖析了中国武术国际传播的战略环境、机遇、挑战，提出了中国武术国际化传播的对策和路径。

一、"一带一路"：中国武术国际化传播的战略环境分析

"一带一路"是国家主席习近平在2013年9—10月访问哈萨克斯坦和印度尼西亚时提出的共同建设"丝绸之路经济带"和"21世纪海上丝绸之路"的重大倡议（图1），它是当代中国为创建"人类命运共同体"所贡献的"中国智慧"与"中国方案"。"一带一路"是沿线各国人民"互联互通"交流的平台。我们应借这个平台，推动中国武术的国际传播，推进与沿线各国的文化交流，增强文化软实力，塑造中国的全球形象。"一带一路"倡议为中国武术的国际传播带来了历史性机遇，同时营造了复杂的国际环境。

---

[1] 李思辉. 让更多传统文化代表走出去 [N]. 光明日报, 2018-01-08 (2).
[2] 邱丕相, 曾天雪, 刘树军. 武术发展的国际化方略 [J]. 上海体育学院学报, 2010, 34 (4): 50-53, 57.

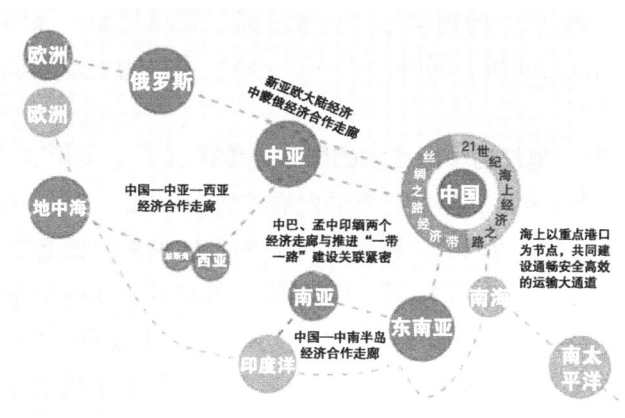

图1 "一带一路"倡议路线

(一)"一带一路"倡议促使国际政治新格局形成

随着全球化的不断发展,当今世界格局正在发生变化。美国独大的格局被打破,欧洲一体化、金砖五国经济体、非洲联盟等组织相继成立,世界朝着多极化的方向纵深发展。在此背景下,习近平主席提出了"一带一路"发展构想。"一带一路"是大国崛起的倡议,它秉承"设施联通、贸易畅通、资金融通、政策沟通和民心相通"[1]的发展原则,以开放包容的理念加强与周边国家的交流对话,实现我国与周边国家的共同发展。"一带一路"倡议的提出加快了全球化的步伐,促进了世界新格局的形成,为中国武术的国际化传播创造了新环境。

(二)"一带一路"国家战略促进全球各国之间文化的交流互融

建设"一带一路",民心相通,文化先行,打造人类命运共同体。创建人类命运共同体,是解决世界各种难题、消弭全球各种乱象的"中国钥匙"。通过"一带一路"建设,推动世界各国之间的文化交流、文化互融,增强文化互信,打造各国文化交流的新平台,促进各国的文化发展,实现更大范围、更广领域的交流合作,推动世界的和平与发展。中国武术蕴含深厚的文化底蕴,彰显着中华民族的精神,是文化交流的载体,其国际化传播是国家的需要,也是武术自身发展的需要。"一带一路"倡议为中国武术的国际化传播提供了更加广阔的交流平台和发展路径。

(三)"一带一路"倡议为中国武术的国际传播提供了新机遇

武术是中国传统文化的典型代表,蕴含丰富的文化内涵和深厚的人生哲理,其

---

[1] 林川,杨柏,陈伟. 论与"一带一路"倡议对接的六大金融支持 [J]. 西部论坛,2016 (1): 19-26.

"强而不霸""和谐共赢"[1]的理念与"一带一路"倡议思想不谋而合,有利于推进国家"一带一路"倡议的实施。同时,"一带一路"倡议为中国武术的国际化传播提供了新平台和新机遇。

首先,"一带一路"倡议为中国武术的国际化传播打下坚实基础。"一带一路"倡议形成了起于中国、止于欧洲,辐射世界的发展路线。中国武术可以依托"一带一路"的发展路线,沿着先亚洲,再欧洲,进而全世界的发展思路,最终实现与世界各国文化、文明的深度交流与融合。目前,中国武术在世界已拥有146个会员单位,形成了庞大的体系。但从传播的成效来看,普及化程度还需进一步加强。"一带一路"为中国武术的国际化传播拓宽了传播区域,夯实了传播根基,提供了新的发展机遇,让这项"源于中国,属于世界"的独特的身体文化驶向国际发展的快车道,从而实现在世界各国的普及与发展。

其次,"一带一路"倡议有利于发挥中国武术自身的优势进行国际传播。"一带一路"沿线国家处于不同的文化圈,拥有伊斯兰教、基督教、印度教、佛教、儒教等不同教派,生活在不同文化环境中的人们对外来文化的认识也不尽相同。作为重要传播载体的中国武术,其受儒、道、释等不同传统文化的影响,形成了内容丰富,风格各异的不同拳种流派,能够满足沿线各国的不同文化需求。中东、伊朗、沙特阿拉伯等国信仰伊斯兰教,对八极拳、查拳等情有独钟;而在泰国、印度等东南亚国家佛教文化盛行,少林拳或许更符合这些国家受众的文化心理;在亚洲的另一些国家,如越南、朝鲜、日本,深受儒家文化的影响,选择武术中的形意、太极、八卦等项目则更具亲和力;在工业化最早的一些欧洲国家,人们更易于接受一些慢节奏的武术项目,如养生和太极拳等。因此,中国武术的国际化传播在"一带一路"倡议背景下,能够彰显自身突出的国际传播优势,根据沿线各国受众的不同文化需求,因地制宜,选择合适的武术内容进行国际化传播,充分发挥自身的优势,提高沿线各国的文化认同,巩固中国武术的国际传播根基。

最后,"一带一路"倡议有利于拓宽武术国际传播渠道。"中国武术承载着中华民族的文化基因,既是中国文化的全息影像,也是走向世界的中国文化名片。在'一带一路'倡议背景下,武术要扮演好中国文化使者的角色,充分发挥文化名片的作用,通过武术的推广与普及,增强沿线国家人民对中国文化的认同感,为'一带一路'倡议的实施夯实民心基础,这是当下武术国际推广的重要文化使命。"[2]"'一带一路'倡议强调文化交流与合作,推动与沿线国家之间互办文化年、艺术节、电影节、电视周、图书展、旅游推广周和宣传月等活动,扩大相互间留学生规模并广泛开展文化交

---

[1]洪浩."一带一路":武术国际推广新机遇[J].武术研究,2017,2(2):2.
[2]洪浩."一带一路":武术国际推广新机遇[J].武术研究,2017,2(2):2.

流、学术往来、人才交流合作,这有利于消除文化隔阂与文化误读。"[1] 在 2016 年 12 月 11 日召开的"孔子学院与'一带一路'建设工作座谈会"上,教育部副部长郝平强调,今后将进一步完善孔子学院的整体布局,力争在"一带一路"国家实现全面覆盖。推动"一带一路"倡议的这些举措,为中国武术的国际化传播增加了新的传播途径,拓宽了传播渠道。

二、"一带一路"倡议背景下中国武术国际传播的偏向

中国武术走出去,进行国际化传播是一项长期系统工程。中国武术要被"一带一路"沿线国家或地区的受众接受和喜爱,将面临一系列问题和挑战。

(一)中国武术的国际化传播没有把自身的优势转化为文化交往的优势

中国武术历史悠久、内容丰富、门派众多,"源流有序、拳理明晰、风格独特、自成体系"的拳种达 129 个[2]。但从目前中国武术国际传播的状况来看,中国武术不善于推销自己,没有把自身丰富的优势资源转化为他国人民喜闻乐见的、高质量的各种武术文化产品,进而形成对他国人民的吸引力。

1. 中国武术的国际化传播重现代武术、轻传统武术

中国武术在国际化传播中,存在重现代、轻传统的偏向。中国武术的发展离不开传统武术和现代武术的互鉴互融,全面发展。在中国武术国际传播过程中,我们片面地强调现代武术,片面地"崇新",导致中国武术国际化传播中现代武术占比过高,对传统武术的推崇较少,对中国传统文化的传播存在"缺位"和"失语"现象,[3] 从而影响了中国传统文化精髓的展现,给世界各国受众带来了认识偏颇。

2. 中国武术的国际化传播重同一性、轻差异性

在 2014 年 10 月召开的文艺工作座谈会上,习近平总书记指出,"国际社会对中国的关注度越来越高,他们想了解中国,想知道中国人的世界观、人生观、价值观,想知道中国人对自然、对世界、对历史、对未来的看法,想知道中国人的喜怒哀乐,想知道中国历史传承、风俗习惯、民族特性等"。作为一种民族文化形式,中国武术拳种的庞杂性、技术的参差性、功能的多元性、风格的迥异性特点,可以满足不同国家、不同地区、不同受众的需要,可以展现中华民族绚丽多姿、丰富多样的武术文化。但

---

[1] 李玫姬."一带一路"倡议背景下中医药文化国际传播的机遇、挑战与对策[J]. 学术论坛,2016,39(4):130-133,180.
[2] 邱丕相. 中国武术教程(上)[M]. 北京:人民体育出版社,2004:501.
[3] 谢伦灿,杨勇."一带一路"背景下中国文化走出去的对策研究[J]. 现代传播(中国传媒大学学报),2017,39(12):111-114.

在中国武术的国际传播过程中，往往只选取少数拳种，"技术的同质化，单一性趋向愈发明显"[1]，造成国外受众对中国武术的认知偏颇，影响了中国武术在"一带一路"沿线各国的传播推广。"美国一位社会学家说过，全球化把世界的每一个国家变成了一个车站，在这些车站中间穿梭着全球化的列车，你要想人们在你的车站下车，则你的车站必须要有足够吸引力，即你的车站要有特色，这个特色就是民族文化的独特性和差异性，如果民族文化都同一了，那么你的车站和别人的一样就没有吸引力可言。"[2]因此，面对世界各国丰富多样的文化需求，作为中国文化典型代表的中国武术在国际传播过程中必须改变千人一面、千篇一律的现状，提供给各国丰富多样的武术文化产品，才能吸引更多的国际受众。

3. 中国武术的国际化传播重外在形式、轻内在实质

20世纪90年代，王沪宁指出"文化的世界性传播不是一种猎奇式的爱好，而是对一种文化的内在精神和基本价值的体认"[3]。从中国武术的国际传播实践来看，中国呈献给世界各国的武术资源大多只注重外在的形式，并没有把这些拳种背后所蕴含的深层次文化内涵展现给世界各国受众，从而影响了中国武术的国际化传播，削弱了受众对中国文化的内在精神和基本价值的认知，进而影响了中国文化的海外传播和中国的国际形象。

（二）中国武术的国际传播能力不足制约了国际传播的进程

改革开放给中国带来了翻天覆地的变化，中国经济跃居世界第二，国际影响力不断提升。但从国际传播能力来看，与其发展不相匹配。"中国威胁论""中国崩溃论"等负面新闻损害了中国的国家形象，严重影响了中国文化的国际传播。在此背景下，作为中国文化符号的中国武术，其国际化传播受到了一定影响。

1. 中国武术国际传播理念落后，缺乏沟通性

西方受众对宣传和说教极度反感。[4] 美国著名公共外交研究专家尼古拉斯·卡尔（Nicholas J. Cull）教授指出，"公共外交的黄金法则不在于你说了什么而在于你做了什么"[5]。中国武术在"一带一路"沿线国家或地区传播过程中，擅长使用"宣传"模式，而不是"传播"模式，传播理念落后，比较重视目的性和倾向性，而忽视了沿线国家受众的真实需求，没有把中国武术的国际传播当作一次很好的文化公共外交活动，没有与沿线各国进行深入的交流与沟通。

---

[1] 杨建营. 武术拳种的历史形成及体系化传承研究 [J]. 体育科学, 2018, 38 (1): 34-41.
[2] 郑国华, 丁世勇. 北京奥运会对中国文化产业的影响 [J]. 天津体育学院学报, 2006, 21 (5): 397-400.
[3] 王沪宁. 作为国家实力的文化：软权力 [J]. 复旦学报（社会科学版）, 1993 (3): 91-97.
[4] 吴友富. 中国国家形象的塑造和传播 [M]. 上海：复旦大学出版社, 2009: 81.
[5] 尼古拉斯·卡尔, 钟新, 陆佳怡. 公共外交：以史为鉴的七条法则 [J]. 国际新闻界, 2010: 6-10.

2. 中国武术国际传播方式单一，缺乏灵活性

"中国已同世界145个国家上千个境外文化组织建立密切的合作关系。"[1] 但实践证明，由于不同的国情和传播体制，仅从国家层面来推动中国武术的国际传播，有时候收效甚微。在美国纽约时代广场播放中国形象宣传片就是典型案例，调查显示，此形象片的播出，"对中国持好感的美国人从29%上升至36%，上升了7%；而对中国持有负面看法的美国人则上升了10%，达到了51%"。[2] 因此，中国武术的国际化传播需要政府主导下的灵活多样传播方式，才能收到最大化的传播效果。

3. 中国武术国际传播渠道单一，缺乏多元化

"当今时代，谁的传播手段先进、传播能力强大，谁的思想文化和价观念就能更广泛地流传，谁就能更有力地影响世界。"[3] 中国武术的国际化传播"由于受我国现有体制的限制，官方传播一直扮演着重要角色。但随着传播方式和传播渠道的多元化、受众需求的多样化以及差异化，官方传播的局限性日益凸显"。[4] 在媒介融合时代，中国武术国际传播"需要政府、非政府组织、企业、媒体等多元化的传播力量参与其中，这样既可以使中国武术得到全方位、立体化、多元化的国际传播"，[5] 又可以消除国外受众对中国武术国际传播的担心和焦虑。

4. 中国武术国际传播语言单一，缺乏多样性

中国武术是一种身体文化，在其国际传播过程中需要身体表达和语言表达双轨并进、相伴而行。语言表述不清的地方，可以用身体演示来补充，身体表达不到的地方，可以用语言来引导习练者去体悟。[6] 语言是话语，失去语言，就等于失去话语权。"一套话语作为一系列规则而存在，这些规则决定了真理的标准是什么，或隐性或显性地规约了事物发展的向度"[7]，由此可见语言的重要性。据统计资料显示，世界上有200多个国家或地区，有5000多种语言，在中国武术国际化传播过程中，仅以英语等语言进行交流，制约了武术的国际化传播和推广，语言问题不容忽视。

（三）中国文化产品的国际竞争力偏弱，制约了中国武术的国际传播

中国是文化产品出口大国，但与发达国家相比，还存在许多问题，导致国际竞争

---

[1] 我国已同145个国家签订政府间文化合作协定 [N]. 人民日报，2012-05-14（11）.
[2] 聂洲. 评析"中国形象"的广告传播 [J]. 时代金融，2012（11）：152-155.
[3] 鲍义. 阅报栏户外媒体市场化经营的思考 [J]. 辽宁经济，2011（5）：88-89.
[4] 郭玉成，范铜钢. 国家形象构建视域下的武术文化传播策略 [J]. 上海体育学院学报，2013，37（4）：83-87.
[5] 谢伦灿，杨勇. "一带一路"背景下中国文化走出去的对策研究 [J]. 现代传播（中国传媒大学学报），2017，39（12）：111-114.
[6] 卢安，蒋传银. 中国武术国际化传播的语言原则与手段 [J]. 现代传播，2017（5）：159.
[7] Foucault, M. Power/Knowledge: Selected Interviews and Other Writings 1972-1977 [M]. New York: Cornell University Press，1963：164.

力偏弱,束缚了中国武术的国际传播。这些问题突出表现在:中国文化传媒企业在国际文化贸易中处于"大而不强"的状态,文化产品在国际文化贸易价值链中处于低位,缺乏创新能力和品牌意识,影视媒介、出版物、表演艺术等核心文化产品占比较小。从国际传播格局来看,西方国际传播强国在国际文化贸易中仍然占有明显优势。

受其影响,中国武术的国际传播方面的不足表现在:"其一,开发武术文化资源利用的政策、法规尚不完备。其二,缺少国际民众普遍认可的武术品牌。尽管目前已经开发出了不少的武术国际赛事及以武术为主体的舞台剧等武术文化产品,但与国际受众普遍认可的品牌相比仍有一定差距。其三,复合型武术国际文化人才欠缺。其四,以武术文化为主体的产业规模较小,创新不足。"[1] 以美国电影《功夫熊猫》和《花木兰》为例,这两部电影都选用了中国武术作为主要元素,经过创新性设计和包装,通过好莱坞的平台走向世界,创造了可观的经济效益,产生了巨大的国际影响,这给中国武术的国际化传播带来重要启示。

三、"一带一路"倡议背景下推动中国武术国际传播的策略和路径

中国武术在"一带一路"倡议背景下,要抓住机遇,迎接挑战,克服在国际传播过程中的发展偏向,实现新的转向,补齐"短板",共同发力,发挥中国武术的国际传播优势,加强同"一带一路"沿线国家或地区人民的文化交流和合作,推动中国文化走出去,提高中国文化的软实力,塑造中国的国际形象。

(一) 克服传播偏向,向立体、丰富、多元的传播格局转向

1. 从重现代武术、轻传统武术向传统和现代并举转向

习近平总书记在党的十九大报告中指出,"推动中华优秀传统文化创造性转化、创新性发展,继承革命文化,发展社会主义先进文化,不忘本来、吸收外来、面向未来,更好构筑中国精神、中国价值、中国力量"。在中国武术国际传播过程中,我们要优化传播内容,遵循"不忘本来、吸收外来、面向未来"这一重要观点,既要继承中华传统文化,又要学习和借鉴一切外来的优秀文明成果,做到兼容并包,传统和现代并举,全面、立体地传播中国文化。中国武术的国际传播存在重现代武术、轻传统武术的不足,导致许多国家受众对中国武术的认识偏颇。现代武术和传统武术是中国武术的两翼,共同构成了历史悠久、内容丰富、博大精深的中国武术。现代武术是由传统武术发展而来,它吸收了世界文化的有益成果,是中国武术的重要组成部分,但它不是中国武术的全部。现代武术作为新生事物,创新性更足,符合世界文化发展潮流。而传统武术蕴含深厚文化底蕴,易于彰显中国文化优势,促进中国文化同"一带一路"沿

---

[1] 邱丕相,曾天雪,刘树军. 武术发展的国际化方略 [J]. 上海体育学院学报,2010,34 (4):50-53,57.

线国家或地区人民的文化交流和合作。

2. 从重同一性、轻差异性向"一体"和"多元"共彰转向

"一带一路"沿线国家或地区具有不同地理环境、气候条件、风土人情、思维方式、价值观念。在中国武术的国际传播过程中，应充分考虑沿线各国之间的差异性，根据各国不同的文化背景，充分考虑受众的多样性，注重与受众的沟通与交流，精心挑选合适的武术项目。要打破"一带一路"沿线国家或地区传播内容同质化的现状，增强传播内容的地域代表性和多元化，加快中国武术在"一带一路"沿线国家或地区国际化传播的进程。中国历史悠久，地大物博，塑造了不同的地域文化，创造了不同的拳种流派，构成了博大精深的武术文化，能够满足"一带一路"沿线国家或地区的不同文化需求，向世界传播真实多元的中国。

3. 从重外在形式、轻内在实质向文武兼备转向

中国武术的国际化传播不仅是武术技术方面的传播，更应是武术文化的传播。仅凭传播武术技术、传播外在的形，无法形成国际社会对中国文化精神实质的认知和理解。"中国武术的真正传播是建立在对中国武术所内涵深层文化接受和认同上。"[1] 长期以来，中国武术的国际传播存在重外在形式、轻内在实质的问题，重技术传授，忽略文化传播，不利于受众全面了解武术、全方位认识武术、认同武术、接受武术。"一带一路"背景下中国武术国际传播，必须摈弃原来的武术传播窠臼，强化民族精神实质，注重文化内涵，文武兼备，谋求多元文化的交流和沟通，增进"一带一路"沿线国家或地区人民的互信和理解，让中国优秀的民族文化在世界和平与发展中发挥积极作用。这不仅是中国发展的需求，同时也是国际社会的文化诉求和心理表达。

（二）加强中国武术国际传播能力建设，推动中国武术的国际化传播

在"一带一路"的国际传播背景下，中国要加强武术国际传播能力建设，为中国武术走出去创造良好的传播条件。为此，中国需要革新武术传播理念，改进武术传播方式，拓展武术传播渠道，丰富武术传播语言。

1. 传播理念从"自说自话"向"交流对话"转向

中国武术的国际传播要根据不同地域、不同国家、不同人民的文化心理，构建符合"一带一路"沿线国家或地区的双向文化交流模式，摈弃灌输式模式，更新传播理念，摆脱"宣传"模式的束缚，从"传播本位"走向"受众本位"，从"单向传播"走向"双向沟通"，从"自说自话"走向"交流对话"。[2] 讲好中国故事，传播好中

---

[1] 孙鸿志，王岗. 中国武术国际化传播的核心问题：理念的缺失 [J]. 中国体育科技，2011，47（3）：80-83，88.
[2] 谢伦灿，杨勇. "一带一路"背景下中国文化走出去的对策研究 [J]. 现代传播（中国传媒大学学报），2017，39（12）：111-114.

国声音,借助"一带一路"国际交流和传播平台,进行精准化、策略性的传播,赢得中国武术国际话语权,推动中国武术走向世界。

2. 传播策略从"硬宣传"向"软传播"转向

根据关世杰关于国际民众对11类27项中国文化符号认知度的调查,中国武术作为一种文化符号,知名度为88%,喜爱度为52.3%。由此看来,中国武术在国际上认可度很高,但喜爱度很低。要改变中国武术的现状,降低部分国家和地区对中国武术国际传播活动的抵触心理,需要我们认真思考传播策略,打造贴近国际受众文化消费心理和文化诉求的武术文化产品,构建类型多样的国际化的文化传播机制和效果评估机制,改变以官方为主的传播格局,从"硬宣传"向"软传播"转向,实现向"一带一路"沿线国家和地区的"精准"传播,增强中国武术的国际竞争力和亲和力。

3. 传播渠道从"一元"向"多元"转向

中国武术的国际化传播一方面要继续加强以官方为主导的国际传播渠道建设,培育具有国际竞争力的强大传媒企业,为中国武术的国际传播提供渠道保障;另一方面还要拓展海外文化中心、孔子学院、孔子课堂、欢乐春节、文化嘉年华、公共外交、中国旅游年、民营媒体、智库机构、文化交流年等多元化的传播渠道,充分发挥华裔在中国武术国际传播中的二级传播作用,充分运用Facebook、Twitter等国外社交媒体作为播放平台和宣传工具,拓展中国武术国际传播的广度和深度。

4. 传播语言从"单一"向"多样"转向

语言,即思想之舟楫,文化之桥梁,是"一带一路"建设的先前队和助推器。语言交流是文化交流的第一步,曼德拉曾说:用理解之语沟通,印入脑海;用乡音之语交流,刻在心田。语言是了解一个国家最好的钥匙,是"一带一路"朋友圈获得理解、有效沟通、扩大交流的纽带。[1] 如果语言不通那么文化难以相通,文化不通则很难民心相连。我们要打破"单一"语言的窠臼,向"多样化"语言转向。"善于运用灵活多样的对外宣传和交往方式,尽量使用国际社会听得懂、易理解的语言和喜闻乐见的方式进行交流,增强宣传的有效性,努力引导各方面客观理性地看待中国的发展和国际作用,营造友善的国际舆论环境。"[2] 多样化的语言是"一带一路"背景下中国武术国际传播的助推器。

(三)提高中国武术文化产品的国际竞争力,推动中国武术国际化传播

中国武术文化产品要在激烈竞争的国际市场占据优势,赢得国际受众的认可,需

---

[1] 架设通向沿线国家民众内心的语言之桥——"一带一路"光明谈之语情研究[EB/OL]. [2017-8-1]. http://theory.gmw.cn/2017-04/27/content_24318576.htm.
[2] 温家宝. 关于社会主义初级阶段的历史任务和我国对外政策的几个问题[N]. 光明日报,2007-02-27(3).

要在武术文化产品方面下功夫。①加强武术资源开发的政策、法规建设,为武术文化产品开发、生产提供保障。武术产品由生产型向服务型转向,增加服务要素投入,注重设计、研发。②增强武术文化产品的创新能力和品牌意识,可以与国际上比较成熟的文化传媒集团合作,对武术文化产品进行精心设计和包装,打造一批具有传播价值和市场价值的武术文化品牌,如"中、加、英、美四国强强联手,为《功夫传奇》具备了进入国际一流演艺产品的推介模式"[1]。只有树立一流的创新思维和品牌意识,中国武术文化产品才能在国际市场占有一席之地,提高国际影响力和传播力。③加大复合型武术人才的培养力度,与国际、国内著名高校通力合作。④借鉴国际一流文化企业经验,大力开展武术对外贸易,加强外向型武术文化企业的培育,生产出以武术为主体的多样性文化产品参与国际市场竞争。

四、结语

中国武术的国际化传播是中国文化走出去的重要窗口。适逢"一带一路"发展倡议的提出,为中国武术的国际化发展提供了机遇和挑战。中国武术应借助"一带一路"发展平台,扭转偏向,构建传统和现代并举、"一体"和"多元"共彰、文武兼备的立体、丰富、多元的传播格局;加强武术国际传播能力建设,传播理念从"自说自话"向"交流对话"转向、传播策略从"硬宣传"向"软传播"转向、传播渠道从"一元"向"多元"转向、传播语言从"单一"向"多样"转向;增强中国武术文化产品的国际竞争力,推动中国武术国际化传播,弘扬中国文化,提高文化软实力和国际影响力,建设文化强国,塑造"和平崛起"的大国形象。

---

[1] 杨欣欣.《功夫传奇》闯伦敦 没有赞助收入全靠票房 [EB/OL]. [2017-7-22]. http://ent.sina.com.cn/j/2009-07-22/00052619626.shtml.

重构中国武术教育体系的理论研究*

"中国武术教育问题"的研究不是一个崭新的命题,但"重构中国武术教育体系"无疑是一项新的命题。"重构"不是对"已有"的否定,而是对"已有"的思考与反思。

一、重构中国武术教育体系的缘由

之所以要重构,是因为过去构建得有缺陷,或者不够完整,有待深入。或者说过去构建的中国武术教育体系对中国武术精神过程的关注程度还不够自觉。从20世纪初开始的"土洋体育论争",到徐一冰等人上书国民政府将中国武术设列为"学校体育课程开始",一个世纪以来的中国武术教育的发展始终捆绑在西方体育教育的巨轮上,长期作为一个特殊的"怪胎"处于"寄生于西方体育"状态下生存。这样的"捆绑"和"寄生",导致了中国武术教育的众多问题。

其一,长期以来对于中国武术教育问题,我们忽视了它作为身体文化教育的中国本土产生的问题,机械地将西方体育教育的种种要义,在中国武术教育的实施过程中,全部实施了"拿来主义"的指导思想。

其二,中国武术教育问题的评价,长期以来我们更多地重视它的表层功能即身体锻炼的属性,而未能很好地挖掘它的大教育功能、大文化功能,机械地将西方的自然科学、量化的评价作为中国武术教育效果评价的唯一标准,基本忽视了它的人文社会科学属性。

其三,长期以来的中国武术教育相当程度上忽视了它的雅俗共享性,过度地关注新武术,冷落了传统武术的存在和武术的传统,将不断翻新的新武术作为教育推广的重要的甚至是唯一的教育内容。

---

* 王岗(1965年—),山西运城人,2005—2008年入上海体育学院民族传统体育学科攻读博士学位,师从邱丕相教授,2008年毕业并获得博士学位,博士论文为《中国武术核心竞争力研究》。现为武汉体育学院教授,博士生导师,博士后流动站合作导师。曾被评聘为苏州大学东吴学者,武汉体育学院东湖学者,现为湖北省"楚天学者特聘教授"。主要研究方向:中国武术文化与发展。本文是在导师指导下与邱丕相老师合作完成的一篇关于中国学校武术改革方面的论文,原文刊发在《上海体育学院学报》。

其四，长期以来我们始终没有给中国武术教育一个准确的学科定位，忽视了它的博大精深和源远流长，始终将其锁定在一个运动项目的狭小空间，肢解着中国武术的宏大和深厚。

百年的中国武术教育，既偏重于技术的中国武术教育，又往往侧重于体育形态的中国武术价值。所以，我们有必要深入地反省这100年来的中国武术教育的问题，在总结前人的经验和智慧的基础上，弥补他们的缺陷，尤其是要弥补那些作为一个现代民族国家，要建立弘扬自身的文化等诸方面存在的缺陷。同时，有必要对中国武术的完整性进行重新归位处置，以新视野、新角度、新方法通解中国武术，进而形成多元共构、与时俱进的中国武术教育新体系。这需要我们建立一种核心的话语和解释体系，因此本书提出了"重构中国武术教育体系"命题。

二、中国武术教育新体系的建立呼唤强化"国家意识"

对于中国武术教育问题，尽管党和政府对武术在学校教育中的重要性一直给予高度的关注和重视，并三令五申地指出"在各级各类学校加强武术教育"，使武术成为学校教育的重要内容，但时至今日，学校武术教育的发展现状却令人担忧，学校武术教育在一个全面西化的身体教育场域里"惨淡经营"。"在学校教育层面上，武术教育还没有真正在学校实现普及……尽管武术作为体育项目已列入学校教育当中，但武术教育却没有从根本上在学校扎根。"[1]

回眸一个世纪以来的我国学校身体文化教育，我们始终在走一条西方身体教育之路。今天的学校身体文化教育几乎全面地被西方身体文化所垄断，不论是教育教学理念的形成，还是教育教学内容的选择，传统的民族文化在其中所占的份额越来越少，越来越弱化。武术作为中华民族身体文化的代表，不论是小学，还是初中、高中的教材体系中，仅处于一个众多"身体运动"项目中的一个项目，一个不同学年段的在校生，所接受的武术教育的时间往往只有几个小时甚至更少。当下的体育教师，所拥有的一切身体文化的知识、技能储备已经是完全西方体育化的程式。因为，他们在接受教育教师所学知识的4年教育过程中，普修课只有短短的54或72个学时，专修课大都是竞技武术，用来学习、体悟"博大精深，源远流长"的中国武术的时间不足。学校武术"学生喜欢但无人愿意学""教师愿意教但无人可以教、教不好"的现状仍在持续。

当下的中国武术教育现状的形成，其缘由一方面来自体育概念的深入人心，体育价值的单极化根深蒂固；另一方面来自繁杂的大众体育文化或域外体育文化的冲击，进而导致中国武术教育的单调和苍白。这种单调和苍白，使它在一个体育极度开放的时代根本无优势可言。而更为重要的因素是来自我们对中国武术教育的"国家意识"

---

[1] 邱丕相. 中国武术文化散论 [M]. 上海：上海人民出版社，2007：123-124，128-131.

的强化程度不够。

没有优势可言的中国武术教育，必然导致中国传统文化的流失。然而，武术是历史的，是文化的，更是民族的。"在今天的社会发展中，经济的发展不是唯一的社会进步指标，在一个国家综合国力的衡量上，民族的传统文化是不允许缺失的。社会是由历史中无数个点连接而运动起来的，并在运动中将优秀的文化加以保存和积淀。不断地发展，形成这个社会巨大的精神财富。因此，社会的进步不应该是断裂的，文化的历史是不能够中断的，传统文化需要延续，这已经不是人们是否感兴趣的问题，而是人们必须面对的一种抉择，与传统文化割裂的民族是没有前途的。"[1] 所以，在中国武术教育新体系构建的过程中，要彻底改变中国武术教育的劣势地位，强化"国家意识"是我们必须树立的一种决心。

构建新的中国武术教育体系，强化武术教育的"国家意识"，就是要明确学校教育必须要有武术教育；就是要明确学校教育过程中必须开设武术课，学校教师人员组成上必须要有专业武术教师，学校教育必须考核中国武术教育。

当下，夹杂在体育教育中的中国武术被运动化，夹杂在体育教育中的中国武术被边缘化，夹杂在体育课中的中国武术教育被弱化，夹杂在体育课中的中国武术教育被软化。强化国家意识，就是要使中国武术教育地位得到提升；强化国家意识，就是要使中国武术教育承担民族文化传承的责任；强化国家意识，就是要使中国武术教育成为面向所有受教育者的一种不可或缺的教育内容。因为，"无论从文化视角、战略视角还是教育的视角，都必须把武术教育提高到一个重要的战略高度来认识，武术教育任重而道远"。

三、中国武术教育新体系建立需要具有"国学意识"

武术的发展需要一个大的空间。对于当今武术教育发展中的种种问题的形成，笔者认为是我们始终没有摆脱"体育"武术的视野，将博大精深的中国武术框定在"体育"的范畴，将武术教育锁定在"体育课"之内，将武术专业依附在"体育学"之下，将武术的文化建立在"西方体育理论"之中，将国学的中国武术仅作为"身体运动"来考量，极大地缩小了武术文化的生存空间。诚如文化学者余秋雨指出的"大文明是需要大空间来承载的。空间小了，原来的大文明也会由大变小，如果不变小，就会被撞碎，或者被放逐"一样，武术在历史的形成过程中，它的文化内涵本身应该是多种文化的集合体，武术技术的存在只是他的外在表现形式而已，而对武术称为中国武术的核心要义则是技术之外的文化。中国武术应该是在大空间形成的，并且只有在大空间中存活，它才更具生命力。中国武术回归国学的寻根，应该是武术作为中国文化的必然结果。

对于中国武术的再认识，有一段话值得我们深思："100多年前，当我们刚接触到

---

[1] 马雅丽. 传统文化京剧文化与大学生教育 [M]. 合肥：合肥工业大学出版社，2006：8.

西方文化，对于西方文化和中国文化是一个什么样的关系问题还了解不深的时候，当时一些人认为中西文化的差别就是时代的差别，而没有认识到中西文化的差别实际上是一个类型的差别。而这种类型的差别，恰恰使不同文化之间得以交流和互补有了可能。那个时候，基于中西文化差别是时代差别的认识，提出中国哲学合法性等疑问，那是情有可原，而现在100多年过去了，我们如果还停留在这个层面上，我想我们是落后了。"[1] 武术的发展如同中国哲学在100年前被人们疑问他的合法性一样，从20世纪20年代起，就被人们作为一个附着产品依附于西方体育的躯体上。武术的"体育旅程"也许就是在这样的心态下催生出的产物。

回眸近一个世纪的武术体育化的历程，我们能够明晰地发现，武术体育化的根本因素来自我们极端的功利行为。"土洋"体育争论时，在选择一种身体文化与舶来的西方体育抗衡时，我们选择了武术作为中国独特的身体文化；1949年，在体育事业刚刚起步时，我们选择了西方体育的发展模式（苏联模式），当我们需要在"体育"大概念下找到中国人的身体文化时，我们仍旧选择了作为身体文化的中国武术；在改革开放时，当我们选择一个民族体育项目走向世界成为中华民族身体文化名片时，我们仍旧选择了中国武术。尽管如此，武术在过去的一个世纪中，却始终没有走进自己真正的生存空间，没有走进一个本应存在于"艺术的""文化的""身体的"甚至是"哲学的"多元空间，而仅仅存活在一个狭小的"体育"空间。正因如此，中国武术就在这样的一个需要的过程中被肢解、被撞碎、被放逐，进而使博大精深的中国武术成为由国学的中国武术变成西方体育学的武术；由中国人的武术走进了一个体育人的武术；由面向大众的武术走进了一个"体育精英的武术；由一个存在于俗文化阶层的武术变为上层建筑的武术。

我们选择了博大精深的中国武术发展的体育之路是无可厚非的，但我们的确不应只追求体育化武术的发展，而需要更多地关注它的民族性价值，挖掘其社会、文化、教育、艺术等价值。体育的武术使中国武术变得简单，使其远离传统和文化，变得异化。所以，放宽视域，从国学的立场出发，开展中国武术教育，才可能还中国武术一个真实的、宽松的教育空间。

四、中国武术教育新体系的构建需要树立"学科意识"

中国武术当代发展的一个根本性提升要素取决于它在教育领域中的地位。长期以来，附着在"体育学科"中的武术教育，很难使中国武术得到全面的继承和发展。树立中国武术教育的"学科意识"，是重构中国武术教育新体系的关键所在。

我国体育教育领域引进苏联的体育教育体系后，作为具有身体教育特性的中国武

---

[1] 楼宇烈. 唤醒"自然合理"的中国文化主体意识 [J]. 中国社会科学学报，2007（2）：66-69.

术教育就一刻没有摆脱西方体育教育的牵引和主宰，中国武术教育一直处于体育教育的下位概念。本就是两种科学理念的身体教育体系，一直在遵循一种隶属关系，即中国武术隶属于西方体育。博大精深的中国武术只简单地被看作一个运动项目。中国武术在国家的各级各类学校中的开展始终被"画地为牢"在体育课中，而这个"地"是西方体育的"地"，这个"牢"也是西方体育的"牢"。

尽管作为身体教育价值的中国武术和西方体育在外显特征上有着很多相同之处，但我们的确不能忽视他们在文化内涵、科学理念上所具有的明显的，甚至是本质上的差异。我们将各级各类的"学校武术教育"夹在"体育课"中进行传播，将"专业武术教育"规划在"体育学"下发展，就必然会导致"西方体育"所具有的文化、科学理念对中国武术所具有的文化、科学理念的绝对挤压和弱化。所以，"体育学"下的"专业武术教育"与"体育课"中的"学校武术教育"很难拥有话语权。

尽管中国武术是传统的，但几乎无人从传统出发认识和理解中国武术。目前，只有西方体育文化作为坐标的认识和评价体系的存在和实施，我们已经基本看不到所谓的传统风格的推崇和尊敬，所看到的是花样不断翻新的没有内涵的"体育化武术"，看到的是追求惟妙惟肖的西方体育的模仿，并在一定程度上这些模仿是理直气壮、不卑不亢的。

我们太轻易地忘掉中国武术的文化核心要素，忘记那些先前和大师。我们忽视了他们发明和创造的根本所在，更改了他们发明和创造的规则，根本没有进入他们创造和发明的境界中。我们忽视了先贤和大师的精神，遗弃了他们的沉醉。哲学要义没有了，道德教化没有了，传统审美没有了……只留下了羞涩的名称和外壳。

武术的发展，正是由于早在一个世纪以前就走进了西方体育的语境中，而绝对的西方体育话语权的形成和当代的霸主地位，已经主宰了一大批中国武术的从业人员，进而形成了一个显著的中国武术悖论，即"用西方体育文化来品评中国武术"。因为，中国武术所隶属的课程和学科是"体育课"与"体育学"。

中国武术、中国武术教育陷入困境的直接原因，是武术工作的决策者和广大的武术从业人员只承认武术的体育属性，只开发武术的竞技体育属性。他们总拿"体育"来说事，总拿"体育"标准评价中国武术，往往认为"体育"应该是中国武术的最终归宿，不承认中国武术与西方体育存在着本质不同，而应该有自己发展道路的另一种身体文化形态。武术与体育应该是一个相对的概念，中国武术有自己的更深层的含义。

武术有自己的产生、发展路径，以及优劣评价标准，不懂中国武术的这个含义，根本无法理解武术。流派纷呈，形式多样是它横向的写照；博大精深、源远流长是它纵向的写照。它原本就不是一种形式的，根本没有标准化的身体运动要求；它原本就是中国文化的集合体，根本不是单一文化的组成；它的很多要义原本就是一个整体的概念，根本不可以用分化的理论来诠释；它不量化、不规范甚至不"科学"，但它在某种程度上常常强调和追求"自然合理"。"自然合理"是中国文化、科学、哲学的理念，即凡是合理的必然是自然的，凡是自然的必然是合理的。而我们在接受西方体育之后，在很多人的头脑里往往形成了只有量化的、规范的才是科学合理的"身体文化"理念。并且，在形成这种理念之后，不断地运用这种理念来取舍、更改"自然合理"的中国武术。因此，导致中国武术在一个世纪的发展过程中走上了西方体育复制、模仿的不归路。

"文化的接受是要有一个过程的，有一个宣传和为之培养人才的艰苦过程。但就中国武术文化的教育现状来看，我们恰恰忽视了这样的一个过程。"[1] 这里的过程不是我们没有，而是我们在中国武术教育实施过程中出现了偏差。武术就是武术，它不需要西方体育化，也不需要体育学科化。它本身就应该是一门学科，就应该成为一门课程。确认中国武术与西方体育是两种身体文化的类型，它有自己完整的理论体系，有丰富的内涵，学术上应该是平等的。用西方体育理论支配中国武术或改造中国武术，是不符合科学发展规律的。因此，中国武术教育新体系的构建，必须树立学科意识，而且强化学科意识就是要保持中国武术稳定性机制的存在。

五、中国武术教育新体系的建立需要树立"文化意识"

"中国武术是民族文化的大载体，融摄了许多中国传统文化的精髓，文化性是武术的灵魂。"对于中国武术是用生命的全部激情去拥抱它，还是用简单的、体育的肢体语言来反映它，其所展示的、追求的效果往往是完全不同的。前者是用武术作为生命旅途的伴侣来享受和挚爱，它是生命的组成部分；后者则是为了一种简单的价值表现它，它是作为一种工具存在着的。前者是与生命、生活等相融通的，成为武术家的追求；后者则是在展示运动量、运动强度、获得技击技法的练习，是体育锻炼者、体育人的追求，甚至是具有施暴倾向者的追求。中国武术与哲学、兵学、伦理学、美学等相契合，与中国人的内心素养与精神境界相联系，实际上在其形成和发展的历程中早已完全脱离了单纯的技术而成为一种文化。

中国武术一直是中国人引以为豪的文化品牌，是中国人区别于异族人的一种标识。中国人会中国武术应该是天经地义的事情，因为中国武术是构成身体文化的中国式表达，如同日本的空手道、柔道，韩国的跆拳道，美国的橄榄球和篮球一样。中国武术是构成中国传统文化不可缺少的一部分，从某种程度上说，其反映了中国人的文化价值观念。

中国武术，在作为武技的古代或者是近代，在追求"技击"实用价值的时期，不可能作为纯粹的艺术而存在。因为，它不能脱离其存在的基础文化而独立存在。因为它是功利的、实用的，甚至是血腥的。只有当它远离真实之后，才成为一种艺术，才开始有了一种最高境界，这种最高境界是它成为习武之人的一种精神锻炼上的方式，或者说是"人格修行的表现"。技术是很好实现的，只要在体力上具有足够的付出，在

---

[1] 王岗. 对学校武术教育问题的思考 [J]. 搏击·武术科学, 2007 (10): 80-84.

时间上有足够的保障，且先天没有缺憾，技术的掌握是很容易达到的。但如果要将一个掌握技术者称为武术家是非常难的，甚至是耗尽毕生精力都无法实现的。因为，它不是技术的。诚如，"如果让一个小学生描红或临帖，她很可能在很短时间里写得很像，可以在很短时间把'颜柳欧赵'写出模样。但要想让她在很短时间成为一名书法家谈何容易，有的人就是耗尽毕生精力也成不了书法家"。

作为"技击"的武术人，在古代人才辈出。它是生存最基本的保障手段之一，战争需要"武技"，保家护院需要"武技"等，所以掌握"武技"的古代人、近代人的确普遍。并且，他们对"技击"技术娴熟的掌握，恐怕比今天一些颇具名气的武术家还要好得多。但在先贤眼里，这些拥有很高技击技术的武术人，往往只被认可为"练家子"，被视为"小道"。真正称得上中国武术"大道"的，往往表现在一种文化意义上。"大道"不单指"技术"，还是一种文化形态，因此说中国武术是一个文化概念。

今天的中国武术发展现状，使我们感到"文化的武术"已经走进"技术武术的乌托邦"世界。中国武术的近现代改良速度让人震惊，其中最让人感触的是中国武术的不断体育技术化，并且体育技术化后的成果正在垄断着武术全部内容。它的技术翻新速度（编排套路）、翻新领域（所有拳种）和规模（各种形态）的巨大超过了人们的想象，每每对其进行思考时都会让人"震撼"和"发抖"。这样的技术对于西方人来说越来越感到乏味，因为体育技术的能量越来越多，中国武术的灵魂却越来越少。本来中国武术就是一个很有文化内涵的身体文化，但如今看来好像我们在力图摆脱自己的过去，传统的东西一直在丢失、毁坏，留下来的文化东西越来越少。

没有文化个性的中国武术改良让世界没有新奇感。尽管技术的体育化可以改变武术的发展路径，可以支持、拓展武术的生存空间和意义，但我们还应该认识到技术的体育化不能取代中国武术的进步，更不能满足文化武术带给人们的情感追求、思想教化等，至于希望技术的体育化带来中国武术的世界化、奥林匹克化那更是虚妄。对技术乌托邦保持高度警惕，应是中国武术教育新体系建立的前提。

文化是武技成为中国武术的"魂魄"，也是武术人成为社会有用之才的"根基"。文化是武术成为艺术的审美情趣，也是中国武术区别于西方体育的"根骨"。所以，强化武术的文化意识，倡导武术文化教育高于武术技术教育，才可建立中国武术教育合理的、科学的结构。因为，"如果我们站在民族的乃至全人类的角度来传播武术文化，而不把它简单地作为一种技术，那将是大手笔、大气势，那才是真正意义上对中国武术的继承和弘扬"。[1]

六、中国武术教育新体系的技术传承需要"拳种意识"

倡导"文化意识"，就必须强化中国武术教育新体系中技术传承的"拳种意识"。

---

[1] 邱丕相. 中国武术文化散论 [M]. 上海：上海人民出版社，2007：123-124，128-131.

今天，对于中国武术的传承问题，"大多数中国人、中国体育人、武术人都不会承认传统武术在一个世纪以来的流失已经到了一个非常严重的地步"[1]。因为，我们的武术教育一直在实施和开展着，甚至可以说非常繁荣。但我们的确忽视了一个非常重要的武术发展问题，即武术传承的目的和意义应该是什么？的确，"如果从文化学的视角出发来评价现今武术发展的成就，也许我们对武术今天的发展状况就会做出否定的结论"[2]，这一点在关乎文化传承的中国武术教育中尤为凸显。"长期以来，我们的武术教学……整个模式和专业少体校没有多少区别，要求很高，学好很难，教学内容以竞技武术为主，传统武术中的大量资源、素材没有被好好利用。"[3] "学校武术不论是在南方还是在北方，不论是繁华的闹市，还是乡村和小镇；不论是大学，还是在小学和中学，人们看到的学校武术已被统一的少年长拳 12 式、形神拳、三路初级长拳、24 式太极拳等内容所一色化。甚至在专门培养武术专业教育人才的高等学校，单一化、标准化、统一化的'国际武术竞赛套路（国家规定套路）'已全面地垄断着人才培养的教学内容。"[4] 我们过多地选择了作为体育形态的新武术作为中国武术教育的重要内容。所以，"我们成就了武术的西化，但丢弃了武术存在的根基。传统成为另类，现代成为精英。"身体教育成为核心，文化、思想、精神教育在这样的过程中渐行渐远。以至于我们在发问：武术教育如何传承传统文化？如何弘扬民族精神？

技术是武术传承的重要甚至是决定性的方式，但只追求体育化后的中国武术技术的传承显然是肤浅的。西化后的体育武术技术的传承很难找到中国武术内涵的历史、文化、思想和精神所在。选择体育的武术来作为教育的内容，显然只选择了武术的体育价值，也就必然会弱化武术的文化和精神价值。因为，体育的武术没有历史可追溯，也没有故事可讲述，更没有精神可挖掘。中国武术教育新体系的建立，其核心任务就是要实现传统文化的传播和民族精神的弘扬。而要实现这样的目的和任务，重视武术"拳种流派"就显得非常有价值和意义。因为，拳种是历史的产物，拳种有自己的文化个性、自己的故事，以及自己内化的精神。

拳种不是单一的技术，而是一个身体文化多元集合体。它有徒手的，有器械的，也有对练的；它有技术的，也有文化的；它有情感的，也有精神的。

拳种是中国武术价值体现的核心资源。拳种是构成中国源远流长、博大精深的中国武术的基础和保障，也是优秀文化的重要载体和集中展示。在特定群体的文化观念中，拳种是区别其他武术拳种的最核心要素，这种区分并不是仅凭意识上的认定，而是通过各种各样的郑重仪式和传承方式体现出来的。这些仪式活动和传承方式往往展演着不同的文化方式，蕴涵着大量的不同文化信息。拳种还是一种具有个性化的标志

---

[1] 王岗. 从历史中走来的传统武术现代武术竞技武术 [J]. 中华武术, 2005（12）: 26-27.
[2] 王岗. 从历史中走来的传统武术现代武术竞技武术 [J]. 中华武术, 2005（12）: 26-27.
[3] 王岗. 民族传统体育与文化自尊 [M]. 北京：北京体育大学出版社, 2007: 176-177.
[4] 邱丕相. 中国武术文化散论 [M]. 上海：上海人民出版社, 2007: 123-124, 128-131.

性文化，能够显著体现不同的文化特色，强烈影响着其他习武者对自身习练拳种文化的关注和认识。拳种就像一幅从历史中保护起来的"中国画"，告诉人们的不单是一幅画的本身，而是反映这幅画产生的时代背景、师承关系等。尽管从某种意义上说，它是一个人创造的、创作的，但在文化学意义上来讲，它的确反映的是一个团队，一个族群，一个延续和流淌着的文化、思想和精神等。

回眸拳种的历史，就等于翻开了中华民族的历史，保护好拳种有助于扩大武术对人们的影响力。拳种维系着我们和祖先之间的某种联系。"我们从哪里来？到哪里去？"这是个永恒的问题，我们须时时自问、时时解答，不然，心灵很容易失衡。我们需要知道武术从哪里来，我们才可能找到武术到哪里去的正确方向和归宿。拳种就像时间隧道，连通古今，连通着过去、现在和未来。它是历史的积淀，一旦放弃，就不可能复得，其损失难以估量。放弃拳种，就是丢掉历史。拳种不应该是武术教育中的累赘，而应是中国武术教育体系中的核心。传统拳种是民族先人创造的历史实录，是民族历史大树上的文化年轮，是民族凝聚力、团结力和认同感，是民族性格和民族精神的体现，是民族价值观和审美理想的反映，是民族情感的载体，是习武之人与自己历史对话的手段，是习练拳种这一族群的文化基因，是"我们感"的根本所在。总之，拳种是代表民族整体的感情气质、心理素质、民族精神和民族本原文化的活化石。

拳种也是一种精神。保护和传授就是保护民族悠久的文明特征，就是维系创拳者的文化血脉，同时也是维系中华民族的千年血脉，是弘扬创拳者的精神，乃至中华民族的伟大精神。

现代武术教育体系中的武术传承，往往是一种体育化的武术教育，它没有历史、缺少文化，更无从谈及精神和情感，只追求外在的身体语言表述。所以，中国武术教育新体系的建立，只有强化拳种意识，未来的中国武术教育才会有血有肉，才会生机盎然，才会实现传承民族文化，弘扬民族精神的目的。

七、结语

教育是文化得以传承和发展的重要手段之一。今天的中国武术发展种种问题的出现，很大的诱因来自中国武术教育的问题。作为优秀中华民族传统文化经典的中国武术，无疑在这样的历史进程中承担着不可推卸的历史责任和义务。改变中国武术教育的现状，实现真正意义上的中国武术继承、弘扬和发展，必须强化中国武术教育在教育的整个过程中的"必须性"，牢牢树立武术教育的"国家意识""国学意识""学科意识""文化意识""拳种意识"。唯其如此，"重视中华优秀传统文化教育和传统经典、技艺的传承"的文化发展目标才可实现。

武术的主体性思维及表达*

思维方式是一个民族审视、思考、认识和理解他们生存于世界的习惯方法、定式和特定的倾向,是影响一个民族发展的心理深层结构。思维方式是人类文化现象的深层本质,通过思维方式能够说明文化现象的许多内在联系。因此,民族文化影响不同,表达方式也不同。就体育的表现形式来讲,西方体育表现为体操、田径、球类,中国体育则表现为气功、武术、导引。西方体育文化对竞赛和教育思想理解为"竞争,是强者文化,强者得胜,强者得利,强者才能够飞黄腾达;培养运动员怎样取得胜利,怎样赢得对手,只要能够拿到冠军可以不惜使用一切手段,道德教育不在体育教育的内容里"。中国传统体育文化则将其理解为"参加竞赛不是为了输赢、争当冠军、强者,而是通过竞赛锻炼身体,交流技艺,完成礼仪规定的要求。竞赛只是手段,不是目的。体育教育是德、智、体全面发展,更加注意道德品质的培养"[1]。从以上对体育的不同理解可以看出,西方体育比较注重工具思维,而中国则更加注重主体性思维。代表中国民族传统体育的典型项目武术,无论是创拳、练拳,还是拳理、拳法的表达方式具有明显的主体性特征。

一、思维方式解读

(一) 思维方式的概念

"思维方式,即人们在思维过程中所运用的各种思维模式、样式的总和。它是在人类认识和改造客观世界的实践活动中形成和发展起来的,是人的认识成果的内化。"[2]从哲学上理解,"思维方式是指在一定社会发展阶段上的实践主体按照自身的需要、目

---

* 作者简介:闫民 (1970—),男,汉族,山东梁山人,博士,教授,博士生导师。2005—2008 年在上海体育学院跟随邱丕相教授攻读博士研究生,完成博士学位论文《武术的象形文化研究》,获得教育学博士学位。现工作单位:济南大学;主要研究方向:武术文化思想、武术技术与教学理论。本文原载于《体育与科学》2015 年第 2 期。

[1] 崔怀猛. 古代中西体育文化 [M]. 北京:北京体育大学出版社,2010:5.
[2] 尹星凡,王斌. 论思维方式的四种基本历史形态 [J]. 南昌大学学报 (人文社会科学版),2003 (1):15-19.

的和可能,使用思维工具,反映、理解和把握客体的思维活动样式"[1]。思维方式是人的活动方式的内化和理性积淀,是主体掌握世界的特有方式,它不仅是观念再现出来的主体改造客体的过程,而且是主体在观念中改造客体的过程,这种改造活动具有能动性和独立性。正如张岱年、成中英等所说:"思维方式是指在民族文化行为中,那些长久地稳定地普遍地起作用的思维方法、思维习惯,对待事物的审视趋向和众所公认的观点。"[2] 每个民族都有自己的思维习惯和偏向,进而形成本民族的思维类型。

(二) 偏重主体性思维是中西方体育差异的原因

西方哲学史上,从亚里士多德提出"存在之存在"作为研究的第一原理,奠定了哲学思维方式的基础。"存在"是超越现象的绝对本体,作为认识"对象",可以而且必须像科学一样,用逻辑范畴去把握,由逻辑思维所获得哲学便是知识性的形而上学。思维追求理性与逻辑,只有符合逻辑规则的思想才是真的思想,才符合真理。

在中国哲学中,具有本体论意义的道、理、太极、气并不独立于现象之外,中国哲人立足于现象世界无限流变的过程本身来说明本体的存在及其作用,在他们眼中"一切本体都是现象,一切现象都是本体",本体与现象无法以思辨的逻辑范畴给予分割和解剖,主张主客体的统一,在这样的统一中,人是占主导地位的,它要解决人的问题,而不是客观对象的问题,关于人的认识,有关自然界和客体的问题,最后都要落到人的存在和人生意义的问题上来,带有典型的主体性特征。

与西方的分析哲学相比,中国哲学倾向于对认识对象的整体思维和直观把握,追求某种非逻辑、非纯思辨、非形式分析所能得到的真理和直觉,表现出典型的主体性特征。而"文化问题体现在每一个人的生活中就是思维方式的问题,不同的文明形态其实就是不同的思维方式的凝结。"[3] 受民族文化的影响,西方人把握主客的方式偏主客体的分离和对立,而中国人把握客观事物的方式偏向主客体的统一或合一。在这样的统一中,人是占主导地位的,换句话说,它要解决人的问题,而不是客观对象的问题。所以,西方人对体育技术的认识就是无限制地追求高、难、新,而中国传统体育对技术的追求更注重动作的和谐,强调动作的气、力、意的统一。

二、主体性思维与武术的表达

中国武术是较为完整的拳学体系,博大精深,门派繁多,拳种套路更是数不胜数,正是因为武术受传统主体性思维方式的影响较深,才形成了以套路为主要形式的特色项目。就太极拳来说,虽形成较晚,发展速度却是最快的,而且国际化传播更是迅猛,

---

[1] 慧基兴. 中国哲学精神 [M]. 广州:广州人民出版社,2007:13.
[2] 张岱年,成中英,等. 中国思维的偏向 [M]. 北京:北京大学出版社,1991:2.
[3] 干春松. 中国人思维方式的五大主题 [J]. 新东方,2010 (2):12-15.

不少国家相继成立太极拳研究中心，从生理学、生物力学和生物化学等科学视角来解读太极拳的科学依据。太极拳运动使人的身心处于一种积极的健康状态之中，彰显"养乎吾生，乐乎吾心"的健康理念。不少文化学家、社会学家、哲学家从不同侧面对太极拳的文化、哲学特征进行详细的阐释，将被称为"哲拳""文化拳"的太极拳推向体育研究的前沿，透过太极拳的拳理、拳法透视未来体育的发展理念。武术的思维方式本身就是从深层次揭示古人如何理解生命和运动、如何把握人与自然界、社会及人自身的问题。武术人就是通过对自然界、社会的把握，来理解人自身若干问题，将从劳动实践中获取的生存技能，逐渐演变为使用的技击方法，进而形成程式化的套路，依据不同历史阶段的需要呈现不同的形态，始终防身、健身和娱乐为一体，不但具有体育的价值，更具有教育价值和艺术价值。

（一）先民的主体性思维与表达

1. 先民的"天人合一"思维

不同质的文化传统中，群体思维方式表现出不同的主体性取向。中国的史前先民练就了敏锐的感知器官，他们能够洞察各种物象之间的细微联系，在对物象的多样性、变化性、具体性和对立性特征的感知过程中获得对事物整体的认识。中国传统思维方式侧重点是道德理性，思维关注的是政治、伦理和人生；西方主体性思维侧重点是自然理性，思维关注的是自然知识。思维的过程一定意义上与主体的认知取向有必然的关系，不同的认知取向，往往决定不同的思维方式，从而影响不同的人之结果。从认识论角度看，"主客二分"是"天人合一"思想的应有之义，"'天人合一'内在地包含了'主客二分'，但是这种直观和浅显的'主客二分'只是认识的前提和基础，而不是归宿，'主客合一'才是'天人合一'的最终归宿。从某种意义上讲，这种在对立中把握统一的思维方式也包含着朴素的辩证思维因素，同样，'天人合一'思想以整体性思维方式和以运动、变化、发展的方式来观察世界和解释世界，也包含着朴素的辩证思维因素，只不过由于某种缺陷的制约，中国古代'天人合一'思想的这种辩证思维没有进一步发展起来"[1]。因此，偏重"天人合一"思维的结果，导致主体性思维的发达，而工具思维相对退化。

2. 先民的思维表达

受"天人合一"思想的影响，尤为重视人的主观感受和自身体验，利用合理外推和取象比类，由人及物，去阐释自然现象，带有主体性强烈的主观意识。思维广度上，涉猎自然、人文、社会、技术、意识、建筑、医学、艺术等领域；思维方法上，强调

---

[1] 马传谊. "天人合一"思想的三围解读、影响及现代价值——以思维方式为视角 [J]. 重庆邮电大学学报（社会科学版），2013（6）：56.

使用，重视技艺，迷恋经验方法；就思维结果而言，观天文、察人文，远取诸物，近取诸身，其思维涵盖万事万物中。经常自我反思、反求诸己、穷理尽性、察己以知、躬行践履并加以感情体验，形成主体性思维。"直觉与体悟的思维方式贯穿于中国传统思维始终。直觉是主体自身通过潜意识的活动，对知识经验进行加工，并跃过严格逻辑证明而产生的突发式直接把握客体对象的思维过程。"[1]

（二）主体性思维下武术的表达

1. 武术价值表达

"一个民族的价值不是它创造了文化，而是创造了独特的生存和发展智慧，以及它的智慧对于其他民族、人类的贡献。"[2] 中国武术是中华民族在改造自己的生存环境中，在满足自身需要的生产实践和生活实践中创造的生存和发展的民族智慧。作为一种实践智慧的文化，中国武术的价值指向是"内圣外王"，强调内在的道德精神的修养修炼乃成人（仁）之道。凸显智慧的中国武术将生态思维拓展到生态智慧的新的理念，体现了中国武术"生态精神"的人类终极追求。从需求上讲："中国人希冀从体育活动中找寻到心灵的慰藉，西方则通过体育活动来表现人格意识的欢乐。"[3] 中国武术强调"天人合一""天人和谐"，注重人与自然的统一；强调习练过程中把人体的活动规律与自然界的变化规律对应起来，注意与自然环境的交流，忘却自我，与自然融为一体，和谐自如，身心兼修。正是武术习练过程中的这种修为，使人的人生观念、处世态度、社会道德等得到提升，在内修外炼的体悟中身心与自然万物和谐相应，回归自然，消除人的紧张和压力，彰显中国武术生态精神与和谐意蕴。

2. 武术"劲"和"方法"的表达

"武术长期积淀产生的武术格斗技艺，将演变成一种智慧，成了'两两相当'，却没有一点伤，人们在玩'劲'和用'法'中回味祖先留给我们的智慧财富。人们在兴致的演练与对抗的玩味中体验武术的延年益寿之功效。"[4] 中国武术技术、技法的内涵，常需反复体悟方得其要领和真谛。武术技法劲力是靠以意领气、以气催力来实现的。手、眼、身、步的形体动势是内在精、气、神的反映，形与神是相互联系的统一整体。内劲、内气、内在意境令人体味不尽、玩味无穷，成为习武者体悟不止的智慧追求。即使在比武中，也由原来纯粹的血腥嗜血的格斗进化为一种力量、速度、智慧的较量，"较艺"超越"较技"，通过彼此演练或"试手""拆招"的交流来显示彼此的功力、道德和智慧。

---

[1] 陈江风. 天人合一观念与华夏文化传统 [M]. 北京：三联书店，1996：14-15.
[2] 桂翔. 文化交往论 [M]. 北京：人民出版社，2011：240.
[3] 熊志冲. 心灵的慰藉与人格意识的欢乐——中西古代体育文化的比较研究 [J]. 体育科学，1985（5）：20.
[4] 邱丕相. 中国武术文化散论 [M]. 上海：上海人民出版社，2007：116.

3. 武术套路动作的表达

武术套路通过假想、假设各种攻防的形态变化出无穷无尽的招数和凸显神通的劲力，以巧制胜，以奇制胜，显示出人类在攻防能力上的卓越智慧。正是通过人类智慧对招法劲力的钻研磨砺，中国武术带给人们一种人生无尽追求的乐趣和享受，这种精神上的满足和身心修炼体现了中国武术生态精神的人生追求。恰像戴国斌博士认为："中国武术是文明化的产物，体现了人类格斗由野蛮到文明的转化；中国武术是伦理化的产物，由制人到制己，讲究'仁'和'礼'；中国武术是理想化的产物，它以种种假设创造出奇妙多变的攻防技艺，表现了中华民族灵便的智慧。"[1] 武术本身的内倾性体现了中华民族重内、重意、重合、重直觉的文化心态，使中国武术更加注重文明的格斗，在规则约束下避免伤害对手。因此，生态文明的未来社会必然要求中国武术要摆脱工业文明时代激烈竞争的搏斗格杀，追求一种充满艺术、情境和意境的艺术化格斗去表现人类的格斗生活。通过对武术技击的抽象与概括，艺术性的展现具有武术特色的人类技击本原的能力，这是人类生态文明时代对武术提出的主流要求。

三、武术主体性思维方式

武术主体性思维方式指的是武术人在生产实践中对于身体攻防动作的认识和把握，包括武术技术本身，也包括人自身的主观认识。在传统主体性思维的影响下，表现为意象思维、主观思维、整体思维和诗性思维。

（一）武术的意象思维

"'象'就是人凭感官可以直接捕捉到的客观事物的外在形象或现象。'象思维'是对中国传统思维方式基本内涵和特征的概括，中国传统'象思维'方式的形成是由中国特定的文化生态及生产方式决定的。这种'以象表意'的思维方式强调思维中的表象作用，表现为在认识过程以表象代替概念进行类比推理，不以概念割弃事物的整体，而是对物象做整体直观，发现相似性和相关性。"[2] 中国哲学及与此相适应的文化心理，一直很重视人的情感因素，主体的情感需要、评价和态度在思维中起着至关重要的作用，这一点很大程度上决定了传统思维的类型和特点。按照心理学的说法，人的精神活动或心理活动，包括知、情、意三个方面。西方哲学从一开始就是"爱知"的，属于理智型思维，并且形成一种传统。中国哲学则不然，它没有把知、情、意严格区分开来，并不重视知性的发展，却很重视情感体验与情感需要的满足，就思维方式来讲，它将知、情、意三者结合起来，在三者的统一中追求某种智慧。所以，中国

---

[1] 戴国斌. 武术：身体的文化 [M]. 北京：人民体育出版社，2011：序3.
[2] 朱浩芳. 中国传统"象思维"的审美属性 [D]. 郑州：郑州大学，2007：18.

人习惯于用体验的方式直接把握事物的意义，善于从具体感受中抽象出一般原则，而不讲求概念的形式化与公理化，带有浓厚的情感色彩。观察和理解自然现象时，很自然地把主观情感投射到自然界，使自然界具有人的特点，因此形成的儒家和道家两大哲学派系，都是从情感体验出发，遵守"天人合一"，在人和自然、主体和客体的统一中，求得内心的平衡与安宁，得到情感上的满足。"保留物象的直观性、整体性、辩证性、全息性等显示出人类思维在理性思维之外的另一种可能性，它凭借表象、想象、构象来反映事物的运动规律，同样达到对事物的本质特征和内在联系的认识，这种思维注重事物诸象之间的关系，具有天然的审美属性，它不是指向对诸物之'象'的科学分类和客观冷静的认识，而是用一种巫术式的移情将自然人化，使万物皆着我色。"[1]

武术人在对身体动作的理解上很大程度上渗透了情感因素，近取诸身、远取诸物，通过观察客观世界，模拟具体事物而获得象，借以此象即意象概念和符号概念作为对象世界的象征意义，来表达身体动作的能量，进行类比和联想，这种思维方式成为"意象思维"。通过意象思维来创编的太极拳动作，不像西方体育那样具有完整的分解和动作属性，是发挥了主观能性的身体符号动作，蕴含丰富的攻防含义和信息内容，就某一太极拳动作来讲，不同的武术家有不同的解释和理解，功夫不同，对动作的理解和解释也会不同。

(二) 武术的直觉思维

在我国古代，"人们还把某些天象的变化与人事的变动联系起来，认为后者是由前者造成的。所有这些都说明，当时人们的认识主要是以感官的直接感知为基础的，在此基础上他们借助于思维的猜测和想象来构造世界的图景，推知事物运动变化"[2]。"中国的儒家道家文化都以直觉思维为主导，这就是主体在充分的思想准备前提下，未经有意识的逻辑思维而直接获得某种知识的能力，突然发生认识上的质变与飞跃。直觉思维的特点是从整体上把握事物，因此，中国文化比较强调整体，忽视个体，强调义务责任，忽视个体权力。"[3]中国人对感官能力的直觉特征和经验特征的重视，是与史前时代的采集和观察活动分不开的，它必须由认识主体亲自体验和感知，用一个成语来说，就是"事必躬亲"，即它强调认知者直接面对被认知和感知的对象，任何间接的描述或转述都不能代替这种面对面的认知形式；它讲求反复磨炼感知器官，最终形成对物象之间关系的直觉把握；它不排除认知主体在感知对象时产生的情感和想象，许多时候，认知主体投入对象中去，在情感上不分主体和客体；它是对物象的具体的和整体的感知，而不是对事物的解剖和分析；最重要的在于，它用事物的形象或象进

---

[1] 朱浩芳. 中国传统"象思维"的审美属性 [D]. 郑州：郑州大学，2007：26.
[2] 尹星凡, 王斌. 论思维方式的四种基本历史形态 [J]. 南昌大学学报（人文社会科学版），2003（1）：15-19.
[3] 谢亚平. 中西方文化差异与思维表达方式 [J]. 天津成人高等学校联合学报，2003（2）：84-85.

行思维，通过诸象之间的辩证关系直接把握和认识事物。

(三) 武术的整体思维

整体性思维是中国传统哲学思维方式的明显特征，古人习惯于从整体把握事物，将人、自然界和社会看作一个不可分割的统一体，以主客体统一为基础，把世界看作两种对立的事物（阴阳）构成的统一体，并由这两种对立的事物的矛盾运动推动事物的发生发展。武术人利用整体思维方式，追求练功与自然的统一，练功时间因自然四季和昼夜的变化而变化，如"春天练拳应注重内气、内劲的焕发，走势宜悠，发劲宜柔，使筋骨渐渐舒伸开展；夏季应注意发放劲，练习的强度可以大；秋季少发暴力，应内收劲力；冬季深藏劲力，不可急发力。这些都是顺应春生、夏长、秋收、冬藏的季节变化规律的。同时，追求练形和练神的统一，形指的是肌肉、筋骨、脉络、腑脏及血液；神是指内，是人的精神思维活动。此外，武术人在练筋骨皮时，重在精气神的修炼。追求技术提高的同时，人的武德修养并进。在整个修炼过程中充斥着整体性思维方式。

受中国哲学的影响，武术人通过"象征"表达宇宙人生的根本原理，通过想象、联想、比拟来沟通感性符号或概念和对象世界的联系。虽然这种形象性的概念符号是对外在对象的抽象概括，更重要的是对客体的直观模拟。用有形之物表达无形之理，达到"立象以尽意""托象以明义""因小以喻大""事显而理微"的目的。这就是武术思维中的意象思维。武术人运用与具体形象不同的抽象形象把握认知对象，又使用与抽象概念不同的与形象相关的概念把握认知对象，它不像纯逻辑思维那样完全依靠明晰的概念进行分析、判断和推理，它是对认识对象的整体性、综合性直观把握，这就是直觉思维；武术在思维过程中通过一系列对立统一范畴来把握处于普遍联系中的、运动着的对象整体的思维方式，这就是辩证思维，主要表现出整体思维。

"天人合一"思想，渗透在武术的各个方面，丰富了武术的理论和内容，主要表现在习武者重视人与自然的统一，把顺应自然、遵循自然规律，作为学武的原则，作为拳道之理。中国武术因地域不同而形成众多拳种和流派，此为重要原因之一。因师法自然，从大自然生态中吸收营养，模拟自然界各种动物的动作、姿势、神情，结合人体运动的规律和技击方法的要求，创造了许多以动物名称命名的拳种，丰富了武术的内容和表现形式。"天人合一"重和谐、重整体的思维特点，启迪了武术追求动作的"合"。"合"指动作和谐、协调，典型的为"内外三合"，即心与意合，意与气合，气与力合；肩与胯合，肘与膝合，手与足合，要求由内在的心、意、气到外在的四肢、身体的各个部位达到相互协调。"合"成为武术特有的技术要求和独具特色的理论。

自古习武者都非常注意在练习的过程中使人体与四时、气候、地理等外在的自然环境相协调，因时因地采用不同的训练内容和手段，选择优美清静的自然环境作为练功修身养性的场所，从而充分发挥人的创造力，使个人的身心皆融于大自然之中，若逆天时地利而动，则不利于健康。

（四）武术的诗性思维

中国古老的文明、文化、思维一脉相承。具有原始思维特征的中国传统思维，受原始灵魂观的影响，呈现出强烈的形象思维能力。这种以想象、象征为特征的形象思维，被18世纪意大利思想家称为"诗性的思维"。"人面临着一个世界，或者说，人生活在一个客观的、现实世界之中，当然不应当只是像动物那样机械地顺应自然的因果律而存在，也不应当只是一味地盘剥和利用自然，把整个世界作为一个工场、一个贸易所。人应当把自己的灵性彰显出来，使其广被世界接受，让整个生活世界笼罩上一个虔敬的、富有柔情的、充满韵味的光环。"[1]这是潜在人类本性中的思维特征——诗化性。武术先人在传承武术的拳谱、歌诀时，大量使用修辞的方法来记录表达武术文化，既形象又便于记忆，如比喻、比拟、借代、夸张、摹绘、通感、排列等。武术象形套路及动作练习时，演练者往往会通过肢体把内在的情感通过动作的演练表现出来，而这种情感的表现往往又是含蓄的。例如，太极拳所追求的"内宜鼓荡，外示安逸"体现了一种既重"形"又重"神"的思想，这与中国先贤所追求的"诗言志""诗缘情""情动于中而形于外"的思想是一致的。古人说"书如其人""文如其人"，同样"拳也如其人"，这和中国哲学的"诗性化"是分不开的，是"诗性智慧"的思维产物。

四、在武术理论中主体性思维的表达实践

（一）动作名称命名上

武术中的八式"猫窜、狗闪、兔滚、鹰翻、鸡伸、龟缩、鼠钻、蛇缠"正是通过模仿动物的本能来开创的。在武术中，尤其是象形武术中的描述，如龙之深、虎之威、猴智巧、鹰之力、鹤之精、蛇之柔、鸭之趣、螳螂之猛等，充分反映了我国传统思维的主体性思想。例如，猴拳通过出洞、窥望、藏桃、惊窜、入洞等一系列动作，表现了猴子般的机敏和灵巧；鹰爪拳中的展翅、伺机、捕食、卧沙等，表现了鹰一般的机警和勇猛；蛇拳中的陆起、吐信、绕树、磐石等，表现了蛇的刚柔相济；"醉八仙""太白醉酒""鲁智深醉打山门""武松醉酒""燕青醉跌"等，则将神话、历史故事中的众多形象，栩栩如生地展现在人们面前。武术人巧妙运用主体性思维，将自然界中的万事万物的形态和生活习性移情到身体的攻防动作中，使动作的命名具有浓厚的意象思维、直观思维、诗性思维的特征。

---

[1]刘小枫．诗化哲学[M]．上海：华东师范大学出版社，1998：44．

（二）动作劲力的运用上

通过意象思维和整体思维的结合，武术动作的劲力特点是以气催力，以意导气，力、气、意的整体配合，身体多杠杆的协调配合，起于根，顺于腰，形于手指。西方讲究肌肉的物理性原理和骨骼杠杆的力学原理，运用运动学和动力学原理来阐释体育动作的发力。

八卦掌运动起来要求行如游龙、动转若猴、虎坐鹰翻、狮子滚球，走圈时"周身拧成一根绳"。劈挂拳要求以腰为轴，全身螺旋拧裹。太极拳要求"静如山岳，动若江河""如长江大海滔滔不绝""形如搏兔之鹘，神似扑鼠之猫""蓄劲如开弓，发劲如放箭""运动如抽丝，迈步如猫行"等。虎形拳则是仿效猛虎扑食、跳跃、奔串等动作结合武术中的技击攻防创编而成，其特点是以形为拳，以意为神，以气催力，发劲时怒目强项，虎视眈眈，有怒虎出林，两爪拔山之势。

鱼，要求"摇头和摆尾"，以加强头、肩、肘、胯、膝的撞击力量，主要讲究"摇与撞"。摇，是柔化之意，即化法：人来随他来，人去随他去，见力化力、见力得力，像钢球一样圆溜溜的，但又极其坚硬。撞，指的是在技击时用身体各关节部位撞击对手。

蟹，要求"钳与抹"。"钳"，指的是手指功，即在技击中，出手擒住对方的某一部位时，手指要像蟹的两只大脚钳住猎物那样刚强有力使其无法脱身。"抹"是福州一带的方言，它指的是蟹在水中吃食时的动作，有柔化之意。

虾，主要是"退"。"退如虾"为步法，南拳里有"虾退狗宗身"的说法。虾法是仿效虾在水中后退时的动作，运动迅速而左顾右盼，退中有守，退守之中又可兼进攻。

鳖，是腿法的应用。腿法要像鳖脚一样灵活多变，它要求在技击时腿法要灵活多变，使对手感觉我方步法如鳖脚一样多而变化莫测。

（三）动作方法的解释上

武术人依靠阴阳、动静、刚柔、虚实、开合等相生相克的辩证思维，通过直觉和意象来判断对手攻防，同时做出相应的反应，其中攻防的解释、运用依靠自身主体性思维来做出判断，重点是过程，而不是追求结果。西方攻防讲究结果，不偏重过程。讲方法，轻竞争，尤其是象形取义在武术中表现普遍。

螳螂拳、鹰爪拳、鹤拳、蛇拳、虎拳、豹拳、狗拳、鸭拳等各类象形拳，都是由学习各类动物的本能，通过象形取意而形成的，充分发挥了人的主观能动性。形意拳的十二形则是模仿鸡、燕、鹞、鸵、鹤、蛇、马、龙、虎、猴、鹰、熊十二种动物形成的十二个单势组合练习。以其中的虎拳为例，虎拳正是仿效老虎扑食、跳跃、奔窜和怒吼等动作编成，是南拳流派之一，其风格特点为：刚劲迅猛，威武有力，步法沉稳，手法多变，灵活有神，以声助力，气势凛然。虎不动，目光炯炯；虎一动，气势汹汹；猛虎下山，虎视眈眈；饿虎扑食，虎爪逞威；虎啸回林，百兽惊恐；虎有撞山跳涧之威，飞跃进击之勇。通过模拟老虎的这些动作，人体可以最大限度地得到伸展，起到回归自然的目的。螳螂拳的精妙无比，关键在于其不仅仿效了螳螂之形，同时也兼蓄了其他物之行来丰富和发展自身。正如"虽各有心，终不若一时神悟之有得。居数月，郎亦远游，见一猿双手撼树，旋急退。左右旋转，凡数十次，式样如一。郎窥伺久，乃欣然。若螳螂有拳无步，猿有步无拳，合斯二者，便自成家。于是本其心得以研练者又数年，螳螂拳于以大成……"这段记述充分说明了螳螂拳巧妙地吸收了猿猴的步法。螳螂拳的后期，基本模拟了所有昆虫的长处，要求"端正如蜻蜓；雄健如蟋蟀，吞吐如黄蜂，列阵如蜘蛛"。再如"动如山、站如钉"，"起如猿、立如鸡"，"转如轮、快如风"，"势如龙驹扭丝僵"等。除此之外，梅花螳螂拳因其步法变化灵活，恰似朵朵梅花绽开而得名。所有这些方法，均来自武术人的主体性思维。

（四）健身理念上

早期儒家就提出养心和养身两方面的理论，将健身与养心结合起来，修身养性、内外兼修。同时，提出"中庸"原则，要保持心态平衡；掌握"无怨"原则，培养宽广的胸怀；强调"三戒"，将养身与养心的关系有机结合起来。受儒家养生思想影响，《黄帝内经》延续"过犹不及"的中庸思想，创造性地提出养生辨证理念，提倡在养心基础上进行多层次的身体保健，认为人与自然是一个有机的整体，适应自然界气候变化进行养生，就可以长寿，就能更好地驾驭自然。武术同样汲取传统养生思想，张扬"内外兼修""动静相生""刚柔相补""快慢相间"的健身思想。西方的健身则更偏重身体形态的运动，虽身心并养，但更重外在形态的锻炼。

（五）传承原则上

受传统思维方式，以及儒家道德哲学的影响，中国武术讲究"为武师，须教礼，德不贤，不可传""学艺先学礼，立木顶千斤""人品不端者不传"。师徒制单一传承，集体传授。"中国武术不是纯体育，不是纯运动，也不是纯技术。中国武术是建立在技击的表象上，通过体现技击内涵，追求超越外在理想化的技击艺术。"[1] 所以"武术传统传承不仅是一种教化，更是思维方式的培养过程"[2]，更加注重"价值观的延续"[3]。

（六）功夫境界上

受整体性思维的影响，武术功夫的境界可以用"没有最好，只有更好"来形容，功夫境界追求成了武术人的一种精神信仰，追求"内外兼修、形神共养"与"修身养

---

[1] 王海鸥，闫民. 哲学视角下武术传统与现代传承的反思 [J]. 天津体育学院学报，2013（3）：221.
[2] 王海鸥，闫民. 哲学视角下武术传统与现代传承的反思 [J]. 天津体育学院学报，2013（3）：220.
[3] 王海鸥，闫民. 哲学视角下武术传统与现代传承的反思 [J]. 天津体育学院学报，2013（3）：221.

性、尚武崇德"的理念。整体性思维在把握自然界、社会及个人的问题上，坚守"形神共养，性命双修"，最终目的还是要回到人生的价值和意义上来，讲究"精气神"的高度统一。中国武术和其他传统文化形式（书法、艺术、中医、古建筑等）一样，不是用西方的客观标准（高度、长度、力量、旋转的度数等）来衡量，而是以主观的感觉、体验为标准，重视"内外合一"的精神境界。

五、未来中西思维融合互补下武术发展的空间

全球化给中西思维带来交锋、交流与交融的平台，同时带来中西文化相互渗透，相互吸收，相互整合的机会。"现代社会的生态文明严格意义上讲不是从'天人合一'开始的。"[1] 由于不同的文化孕育，思维方式走向不同的轨迹，"中国人早在五千年前便把它提炼浓缩为两个最简单的元素的组合，其大智大慧，令人拍案叫绝。《易经》是一个有机统一的整体和谐系统，也是一个有严谨数理逻辑的精细的分析系统，它显示人类文化包括科学技术文学艺术等从整体走向分析，从分析再走向整体的不断往复前进的历史进程和历史必然。"[2] 彰显"以人生为主题的思想志趣，圆融生命的思维方式，完善人性的生命精神，是中华文化未来传承的灵魂"[3]。起源于农耕文明的主体性思维方式，延续五千年的文明，造就了中国传统思维方式的不间断性，更造就了中国文化优秀的一面。同时，不适合现代社会的因子的存在，使主体性思维和西方现代工具思维相互借鉴、相互融合发展成为未来社会的发展趋势。

六、结语

21世纪给中国文化的发展带来了更为激烈的挑战，受传统思维方式影响和文化多元化发展诉求，武术的传承和发扬面临瓶颈问题和尴尬境遇。西方体育文化传入中国后，应怎样对待？武术传入西方后，又该怎样传播和发扬？始终是武术国际化和国内创新的文化命题。从思维方式的角度，积极汲取西方科学思维（工具思维）的优点，加快进行武术标准化进程，制定科学的国际化传播策略。同时，尽快将传统武术整理和归类，以学校和全民健身为平台，将武术普及和提高形成制度机制和教育机制，以发扬传统武术主体性思维的优势，积极融合西方现代思维的优势，完成传统武术的现代化。没有民族文化也就没有世界化，民族文化越是得到充分发展，世界范围内的文化交流才能得以实现，保持体育文化多样性和多元化，符合文化发展的法则，是武术发展需要遵守的法则。

---

[1] 张辉，侯翠瑛. 现代视角下"天人合一"哲学思想 [J]. 前沿，2010（12）：47-49.
[2] 赵伶俐. 《易经》：人类科学思维和审美思维方式的精典阐释 [J]. 心理科学，1999（3）：237-240，287.
[3] 赵伶俐. 《易经》：人类科学思维和审美思维方式的精典阐释 [J]. 心理科学，1999（3）：237-240，287.

学校武术教育的发展审视*

党的十八大以来，习近平总书记多次强调要传承和弘扬中华优秀传统文化，要求把优秀传统文化融入学校立德树人的教育实践。武术作为传统文化的重要内容，传承武术文化成为当前学校教育的重要文化责任。2015 年，教育部将武术确定为"七大校园教育运动项目"之一，对于促进武术文化传承而言既是机遇又是挑战。反观近年来武术教育的发展状况，似乎已经陷入停滞不前的境地，表面繁华景象中却遮蔽着"名存实亡"，甚至到了"自身难保"的地步[1]。尽管学者们一再呼吁，政府与学校也不断采取各种措施与手段加强武术教育，但仍收效甚微。因此，在中华民族伟大复兴中国梦的时代背景下，重新审视学校教育传承武术文化的意义价值，梳理学校武术教育的传承机制，以及弘扬中华武术文化具有重大意义。

本研究基于文化教育学视角对新时代学校武术教育存在的问题进行深入研究，查阅学校武术与教育领域的书籍 20 余本，并以"学校""教育"与"武术"为检索关键词，在中国知网（CNKI）查阅近 10 年来有关学校武术教育的相关文献。在对检索的每篇文献进行研读的基础上，排除不相关和重复记录后，共得到有关学校武术教育学术期刊论文 115 篇、博士学位论文 4 篇、硕士学位论文 16 篇、会议论文 12 篇，重要报纸 1 份，合计 148 篇。同时，借助参加武术学术会议和武术竞赛的机会与国内体育院校专家学者进行访谈，对当前我国学校武术教育领域中存在的困惑与困境进行深入交流，为本研究的开展提供理论指导与思路启发。在此基础上，对华中地区部分大学和中小学的武术教育教学情况进行实地调查，分析目前学校武术教育过程中出现的普遍问题，并提出促进新时代学校武术教育健康有序发展的对策。

一、新时代学校教育传承武术文化的责任与使命

武术在其发展过程中形成了有着丰富精神内涵与精湛技术体系的文化系统，将中

---

* 彭鹏（1964—），男，汉族，湖北安陆人，博士，教授，博士生导师。2006—2009 年在上海体育学院跟随邱丕相教授攻读博士学位，完成学位论文《竞技武术套路异化研究》。现工作单位：武汉体育学院武当山国际武术学院；主要研究方向：武术套路教学与实践、学校武术、武当武术文化与实践。本文原稿发表于《武汉体育学院学报》2019 年第 12 期。

[1] 李卓嘉, 雷学会, 王岗. 学校武术教育务实推进的路径选择 [J]. 北京体育大学学报, 2016, 39 (9): 91-96.

华民族的思维方式、价值观念、情感体验、审美情趣、文化认同与身体运动有机地结合在一起[1]。作为一种以技术为载体的文化形态,中国武术所追求的不是单纯的身体技艺,而更为重要的是展示和体认一种精神[2]。因此,理应把武术作为一种弘扬民族精神的文化资源,作为一种思想道德建设的教育资源和手段[3]。武术教育所担负的文化责任在某种意义上已超越了单纯的武术技能学习与身体锻炼的功能,承担着培育民族自信、弘扬民族精神、构建与延续文化认同、传承与创新传统文化,以及为国家的可持续发展提供精神动力的崇高责任和神圣使命。

学校教育所具有传授知识与培养人才的系统性、集中性、目的性、组织性、计划性、普及性、大众性、广泛性等特点及优势,使得学校参与传承武术文化成为一种强烈的时代诉求。学校教育因其独具鲜明的先导性、开放性、批判性及创新性,理应对武术文化的传承与发展起到引领作用,在发掘与提炼武术文化所蕴含的民族精神气质与审美取向、重构武术文化生态环境等方面肩负起重要的社会责任。武术学者与广大社会有识之士呼吁重视学校武术教育,政府与教育部门在有关文件中要求"适当开设和加强武术课、增加武术的内容和武术课的比重",期冀通过融入制度化的学校教育以扭转武术文化传承的颓势。武术文化的教育传承要实现最优化必须借助融入主流教育,使之成为中华传统文化的优秀代表,从而获得教育发展空间的最大化。武术文化的现代教育传承是要科学、有目的地进行传承,需要在保持自我特征的前提下"取其精华、去其糟粕",并在与西方体育文化的交流与接触中做出自主选择,吸取有益的文化成果,以实现武术文化的现代发展与传承。因此,武术文化的教育传承肩负着解决"守旧"与"革新"的双重任务,以促使武术走向规范化、科学化与普及化的传承发展道路。学校武术教育肩负着武术文化传承的使命,其成功与否不仅决定着武术文化的兴衰,也在一定程度上影响着保护传统文化基因的文化安全。

二、当前学校教育传承武术文化的困境

学校教育传承武术文化的必要性和重要性毋庸置疑,但目前武术还未在学校实现真正普及,中小学武术教育状态令人堪忧,已经到了一个积重难返的境地[4]。笔者通过对武术教育开展状况的调研发现,武术教育的"高原现象"逐渐显现,学校教育在传承武术文化上依然存在一定的局限性。

---

[1] 彭鹏. 武术在当代教育中的文化责任 [J]. 上海体育学院学报, 2009, 43 (5): 54-60.
[2] 明磊, 王岗. 中国武术的文化使命与责任担当 [J]. 北京体育大学学报, 2017, 40 (9): 123-129.
[3] 邱丕相, 王国志. 当代武术教育改革的几点思考 [J]. 体育学刊, 2006, 13 (2): 76-78.
[4] 王晓晨, 赵光圣. 回归原点的反思: 中小学武术教育务实推进研究 [J]. 天津体育学院学报, 2014, 29 (3): 197-202.

(一) 武术文化内涵的淡化

一个多世纪以来,学校武术沿着体育化道路发展,逐渐侧重表现"难、美"技能的武术套路运动,学习者偏重演练水平的提高,只讲技术不见功夫。武术的操化反映出武术在接受竞技体育模式改良过程中丧失自身特色与本质,并不断沦为"武术操"的尴尬境地。武术注重技术教育,忽视文化教育的现象普遍存在,使得承载丰富文化的武术开始走向单一的"操化表演"和"肢体运动",由"博大精深"向"薄小俗浅"方向转变[1]。

套路和散打作为学校武术最主要的运动项目,目前面临着与传统武术"打练结合"模式相背离的困境。武术不是以套路、散打、功法等单个项目形式存在,而是以多种活动形式综合存在的一个有机体[2]。但在武术教学实践中,通常过分强调套路或散打的独立性,而忽略彼此间的相互联系。与此同时,对武术教学内容、方法和评价都是借鉴现代体育的标准进行评判,进而消解了武术文化内涵。

"中国武术是民族文化的大载体,融摄了许多中国传统文化哲学思想的精髓,渗透了佛、道、儒家学说,蕴涵了中国传统美学、文学、伦理学、中医学、艺术学以及宗教等文化内容,文化性是武术的灵魂"[3]。学校武术教育只有通过言传身教使青少年体悟传统武术文化博大精深的魅力,使其意识到肩上所担负的武术文化传承责任,方能对武术文化的传承与发展做出贡献。

(二) 武术教育功能的弱化

武术功能逐渐从具有浓厚技击与军事价值而承载强国保种、救亡图存与振兴中华的教育功能逐渐趋向多元化发展,蕴含强健体魄、塑造习武之德、传承文化精义与厚德载物的民族精神[4]。然而,在学校武术教育中,只剩下体育语境下的强身健体功能。

武术教育功能的弱化既有社会变迁的原因,也受时代需求的影响与制约。学生过于关注成绩、追求升学与就业的功利性需求,使得武术注重内外兼修、修身养性的需要不被青睐。同时,学生最关注的武术"防身自卫"功能,也无法在仅有的武术课上实现。

武术注重强身健体功能遵从体育化发展的逻辑,使得武术适应了学校教育需要,但无法满足学生的技击需求。一旦在武术教育中忽略武术技击的本质,武术的道德教化、艺术欣赏、文化素养等教育功能无载体后便会成为空中楼阁。理想的武术教育是

---

[1] 常华. 论现代武术教育中民族传统文化元素的流失与保护 [J]. 体育与科学, 2011, 32 (6): 115-117.
[2] 郎勇春. 当代学校武术教育的失范与矫治 [J]. 上海体育学院学报, 2011, 35 (3): 48-52.
[3] 郎勇春. 当代学校武术教育的失范与矫治 [J]. 上海体育学院学报, 2011, 35 (3): 48-52.
[4] 杨旭峰. 基于功能嬗变的角度论我国当代学校武术教育 [J]. 山东体育学院学报, 2011, 27 (4): 93-96.

集防身、健身、修身于一体的身体文化形式,对培养和提高青少年自强意识、健康意识及文化素养等整体价值具有不可替代的重要地位。

(三) 武术教育地位的边缘化

在我国主流教育中,对武术文化内容的选取上存在明显不足,要么内容浅显、要么范围狭窄,导致武术已逐渐沦为学校体育的装饰,仅作为一项运动课程资源。多年来,关于弘扬与传承民族传统文化或发展武术教育的政策时有出台,各部门不断寻找更加合适的路径突破,但由于客观条件的约束,学校普遍缺乏专业武术教师,教育评价机制并不完善,学生家长只关注成绩与升学等,各类学校在执行政策时往往缺乏主动性和创新性,形成大多数学校以应付的态度开展武术教育传承活动。

学校教育的功利性造成武术文化传承地位的边缘化,武术教育地位的边缘化导致传承目的敷衍化与传承过程形式化等恶性循环。目前,很多中小学很难开足国家规定的体育课程,体育课往往被所谓的"语数外"等主课挤占,再去考虑开设武术课就更难,对武术的教育传承更是心有余而力不足。对于条件较好的高校,由于缺乏专业武术教师,很多学校规定大一普修武术课由其他项目教师代授。武术在学校的实际地位凸显了武术文化传承的局限性,武术教育地位边缘化的一个重要后果可能导致武术文化终将由于受到冷落而逐渐淡出历史舞台。

(四) 武术教育内容的标准化

当前,学校武术的教学内容主要源于竞技武术,而竞技武术最大的特点是采用标准化模式评比。标准化的武术教学过程中技术性太强,武术文化内涵涉及太少。学生在机械化的身体动作之中难以领悟武术所蕴含的"技道双修""天人合一"和"忠恕"之道等传统文化的思想精髓。学生"喜欢武术,而不喜欢武术课",反映了标准化的武术没能满足他们期望了解更多武术传统文化知识的愿望。

纵观我国各级各类学校,武术课与武术教材大都是五步拳、初级长拳与简化二十四式太极拳,这些标准化套路可以从小学反复教到大学。学校武术表现出技术层面的碎片化和选择性传承,导致武术本身所蕴藏的传统文化被无意识地忽略。这种碎片化的传统武术教育不仅阻碍了武术文化有效传承,还破坏了传统武术的完整性。笔者在湘中某"武术之乡"考察传统武术的学校发展情况时,发现地方拳种在大部分学校都有传授,却只涉及某些武术动作,仅从该拳种中采摘一招半式,生硬地从原有文化体系中剥离出来,并以标准化方式在学校开展。同时,该地几所较高名气的武术馆校所教授的内容和岗位培训基本上都是以国家规定套路和散打为主。其可能的原因在于,该类武术馆教学培养目标是希望学生通过参加体育院校民族传统体育"单招"考试进入大学学习。标准化的武术追求规范化与普及化,却牺牲了武术的多样性,影响了武术教育的民族性与实效性。

三、学校教育传承武术文化困境的原因探析

通过上述分析,我们认识到学校教育在传承武术文化的功能与作用的有限性。传统武术教育是沿袭农耕时期师徒传承的原生态教育,而当今的武术教育是在西方制度化的教育语境中逐渐发展起来的,这与武术文化传统的发展逻辑存在差异,尤其在西方体育文化的强势挤压下,武术文化的教育传承进入瓶颈期。

(一)学校教育传承武术文化的选择性

学校是在积淀和创造深厚文化底蕴的基础上融合、研究、传承和创新文化的教育场所,在传统文化传承上表现出选择性,一方面为了适应社会需要;另一方面依据教育活动自身规律和特性,形成一个选择、权衡和认同的过程。武术要想在学校教育体系立足或取得话语权,应批判性地选取适合社会发展和人才培养需要的合理内容,对良莠不齐的文化进行选择、过滤和加工,取其精华、去其糟粕,实现真正意义上的文化传承。

若想对凝结人类智慧结晶的传统文化进行有效传承,需要对各类文化进行系统梳理,使之形成专门化的学科知识体系。中国武术文化博大精深、武术门派繁多,技术体系与文化内涵丰富且各有特色,通过对武术文化的价值判断,保留适合人类发展需要的要素与内容,剔除不合时宜与个体发展需要的内容,实现武术文化的教育选择。当前学校武术教育在技术上没有明确的目标定位,技术动作太复杂,简化不当,难学难练,致使学生难以体验成功的喜悦[1]。从目前我国学校武术推广的项目来说,长拳与太极拳无疑是学校武术的代表,各级各类学校武术教材与内容基本上以规定长拳与简化太极拳为主,具有其独特的技术风格与文化内涵。本研究暂不讨论长拳与太极拳作为中华武术120多个流传有序的拳种代表在学校开展是否合理。但学校武术教育的"马太效应"日渐显现,其他武术拳种进入学校教育体系愈发困难,尽管各种民间武术致力于进入地方性学校,却依然要面临选择与改造的困境。从民间武术开展状况来看,技术教学以经验为主,对武术深厚的文化底蕴挖掘不充分,训练体系缺乏系统性和科学性。因此,如何充分发掘传统武术文化资源,使之适应当代学校教育的发展,又能实现自身有效传承,以此完成武术文化教育价值功能的最大化是当前武术教育研究的重要任务。

(二)学校武术教育时空的有限性

武术是中华民族在特定时间和空间下形成的文化形态。从时间维度上分析,武术

---

[1]杨建英,杨建营,等.学校武术教育的发展轨迹探析[J].北京体育大学学报,2017,40(7):125-130.

是在中国几千年的历史长河中存续下来的文化瑰宝；从空间维度上分析，武术的创造、传承与传播是受自然场所的制约形成的不同地域与门派。传统武术赖以生存的环境是传统社会相应的时空背景，传统的价值观念、社会需要、节令民俗始终是传统武术传承与发展的沃土[1]。随着时代的变迁，学校武术教育的时空有限性与传统武术文化的丰富多样性存在巨大的矛盾，武术的传承缺乏足够的时间。在当前学校教育体制下，学校以考试为本，疲于应付升学，开设武术课时间自然难以保证。笔者综合考察几所体育院校关于武术专业学生的培养方案后发现，我国体育院校中武术专业学生课时逐渐减少，武术专业课时平均为448学时，而其他专业学生的武术普修课一般只开设一年，共64学时。俗话说"功到自然成"，武术也叫功夫，没有一定的时间积累是难以见功夫的。学校武术教育的时间受限影响着武术文化传承的系统性，零散而碎片化的武术教学难免会造成武术文化传承的走样或异化。

学校教育的空间同样非常有限。学校武术教育空间与传统武术文化的生活空间具有明显的不同，现代教育的空间设计偏向于课堂性与集体性学习方式的实现，而传统武术文化的传承是在生活空间的自然状态下进行的。在家族、村落、庙会等传统文化空间里，武术很自然地与民众的日常生活起居融合在一切，并形成了一定的文化价值认同。在学校武术教育空间下，武术教育与生活空间的脱离造成了武术文化教育传承的实践性不足。有观点认为，在学校教育场域中仅存武术传播，传统武术落入学校教育空间，其技术样式、文化仪式和文化内涵就会失真和走样[2]。多年来，学校武术教育是在有限空间里开展武术传承活动的片段，是在学校时空下的表面传承，其传承效果无法得到充分保证。

（三）学校武术教育传承主体的有限性

武术文化是华夏民族集体智慧的结晶，源于人们社会生产生活的实践需要，具有非常广泛的群众基础。在传统的村落和家族中，武术文化的传承看似不够集中，计划性与目的性较弱，但武术与广大群众日常生活自然、和谐地联系在一起，具有很强的群众性。学校武术教育的发展空间不足，武术文化的影响力不够，缺少真正的参与者，导致传承效果并不显著。

在学校教育领域，武术文化的传承主体主要是老师和学生，与传统武术的师徒制明显不同。师徒制是在传统社会结构和文化传统下，以"师父"为中心，由众多弟子组成的具有高度凝聚性的武术技艺传承方式[3]，表现出自发性的民间习武团体，通过模拟血缘关系为基础，采用"一对一"的精英化模式传授没有统一标准的拳术。而武

---

[1] 王智慧. 社会变迁下的民族传统体育文化记忆与传承研究[J]. 中国体育科技, 2015, 51(1): 81-96.
[2] 吉灿忠, 邱丕相. 传统武术"文化空间"委顿与雄起[J]. 武汉体育学院学报, 2011, 45(9): 50-54.
[3] 李凤成. 从师徒关系到契约关系: 武术文化传承机制演变的价值审视[J]. 体育与科学, 2017, 38(3): 32-37.

术在学校传承中采取现代班级制"一对多"的教学模式传授规定性的武术内容，弱化了传统武术的传承方式[1]。学生在受教过程中，既受到教育环境的影响，也受到个人遗传与主观因素的影响。

在传统武术的师徒制传承模式下，"师者"一般是某种拳术的资深习练者，或者技艺高超者，他们深谙拳技与拳理，是影响武术传承与发展的重要传承主体。而在学校领域中，武术教师作为传承主体，因受自身技能、知识结构及各种主客观条件的约束，教师的施教总是有限的。在当前的学校教育体系中，专职武术师资不足，使得学校武术的教学质量得不到保障。师徒模式可以在漫长且系统性的习练过程中达到最佳传承效果。在学校教育场域中，学生与教师作为传承武术文化实践的主体性受到限制，在一定程度上影响了武术文化在学校教育中的传承。

（四）学校武术教育效果的迟滞性

学校教育的主要功能在于促进人类社会文明成果的有效传递，而程序性与系统性的科学知识保证了学生学习的时效性。武术与一般的知识性学科不同，它非常注重体验性与实践性，且文化内涵丰富，在发展方式上依旧保持传统惯性。因此，武术文化的传承自然不会像其他文化知识那样立竿见影。

武术的每个动作都包含着方向路线、架势结构、速度力量、停歇顿挫、意气神法等要素，对"手眼身步法"等基本功要求较高。尽管学校武术的技击功能正在不断地消解，但"神形兼备"的要求却没有变。武术的"内修"既包括内在修养与精神的化育，也包括"内圣外王"的武德伦理要求，以及注重"精气神"的艺术审美体验。在武术习练过程中，对于技术动作和心志活动相结合的理解与掌握需要坚持不懈地努力，这在学校武术教学实践中，其效果无法直接体现出来，学生往往是浅尝辄止。

武术的教育功能具有很强的内隐性。除了外在的肢体性运动技能外，武术还蕴藏着很多不易被觉察的成分，而在学校教育中很难将这些内隐的部分传递给学生，如太极拳中的"听劲"只有通过切身地体验与实践才能学会。除此之外，还有些"只可意会不可言传"的内容，只有通过"拳打千遍，才能其义自见"。武术注重体验与内化，武术所具有的整体性与内隐性等文化特征使得武术在教学效果中不易显现，需要练习者在日常的锻炼中潜移默化地完成自我升华，形成一个循序渐进的过程，从而实现从"量变"到"质变"。由此可见，学校课堂教学方式难以达到习练传统武术的效果。同时，武术教育效果的迟滞性限制了学校教育传承武术文化功能的发挥。

---

[1]王岗，刘帅兵.中国武术师徒传承与学院教育的差异性比较[J].武汉体育学院学报，2013，47（4）：55-61.

四、新时代学校教育传承武术文化的破题思路

在社会变迁与文化全球化的时代背景下,学校教育在拓展武术文化现代传承场域、突破自身传承困境等方面具有一定的优势与先进性。对于中国武术而言,最为理想的目标便是既能最大限度地融入学校主流教育,又能有效地实现自身的文化传承与创新。在当前党和国家大力推动"继承和弘扬中华优秀传统文化"的历史契机下,应正视学校武术教育传承的有限性,尽力弥合武术文化与学校教育制度之间的抵牾,为学校教育有效传承武术文化寻找发展对策。

(一)提升武术文化价值意蕴,重构武术教育体系

武术文化博大精深,影响深远,但广大学生对武术文化的核心价值及其基本精神的认知还极为有限,需要通过学校教育宣传武术文化的价值与功用,使广大学生都能认同并自觉地传承武术文化。"武术属于体育,但高于一般的体育。"[1] 武术教育定位于单一的学校体育课程,过度的体育化追求致使武术教育价值严重缺失[2]。如何改变当前武术的教育地位与其自身的文化身份极不相称的尴尬处境,需要重新审视武术文化与学校教育的关系,提高其体育价值、修身价值、修行价值、武德价值,真正做到武术文化成为学校教育的首选,贯彻学生发展的全过程。

协调武术文化与学校教育的关系,需要发挥学校武术课程的核心导向作用,重构武术文化教育体系。在课程目标上,应充分挖掘武术教育的价值意蕴与文化内涵,将武术文化传承的具体要求逐级内化到教育目的、培养目标、课程目标和教学目标中。在课程设计上,应该充分考虑武术文化传承在知识与技能、过程与方法、情感态度与价值观等方面的具体要求。在课程结构上,应调整并增加武术文化的课时比例,改善当前武术教学过程中偏重技术教学,而忽视文化教育的状况。在课程类型上,对武术文化的知识与技能进行整理、研究与分类,分层次、分学段建设武术教育课程体系。在课程内容上,应依据教育目标充分发掘武术文化的优秀教育资源,扩充和加深武术文化教育内容的广度和深度。编写教材应根据教育对象的生长与发育特点,采用不同的编制形式,确保不同阶段的武术教材编制上能有所不同。在课外活动上,开展丰富多彩的武术文化实践活动,增加武术文化的教育体验和增强武术文化的认同与传承自觉,实现文化传承与文化育人的双重目的。

(二)整合传统武术文化精髓,更新武术教育内容

对传统武术的文化精髓进行集中分类整理和创新研究,化解武术教育以往对西方

---

[1] 康戈武.从全球化视角探讨武术教育的生存与发展[J].体育文化导刊,2006(10):13-19.
[2] 王明建.武术教育价值的重审与再释[J].成都体育学院学报,2010,36(12):43-45.

体育文化的过度模仿，以更符合学校教育发展需求和学生需求，使之成为广大学生真正喜欢的文化教育项目。首先，以弘扬民族精神的教育内容为主。中国武术以它独特的身份承载着中华民族悠久的历史积淀，凝聚着中华民族的情结，述说着炎黄子孙的剑胆琴心[1]。武术所表现出来的文化品格与中国"自强不息、厚德载物"的文化精神相印合。学校武术教育理应把这种刚健有为的文化理念传授给学生。其次，注重修养的身体教育内容的选取。王登峰认为，学校武术教育应将运动技术知识和健康教育作为重要内容，加大技术教学和健康教育的工作力度，在武术动作技术教学中进一步加强健身、防身、养生三方面知识的传授[2]。武术具有很强的防身与健身价值，注重身心修炼，通过"外练筋骨皮、内练精气神"达到修身养性的功效。学校教育应积极吸纳统摄身体修养与精神教化的武术文化内容。再次，选取武德伦理的教育内容。武德是武术文化的一个特殊层面上的内容，古语云"未曾习武先习德"，可见古人对传统武德的重视程度。武德从表面看是一些"门规"与"戒律"，但实质上却是对习武者内在的制约机制。在武德的规范制约下，将武术从"克敌"之术升华为"克己"的崇高精神境界。学校教育应将优秀的武德思想转化为青少年思想道德教育的重要内容。此外，还可选取武术审美艺术的教育内容。武术体现了中国古典艺术的审美要求，武术的艺术性体现在"形式美"与"意蕴美"的统一，表现了"形神兼备、内外合一"的审美情趣。武术所表现的技击也有艺术化的追求，武术在攻防的演练与展示形式也体现了"崇尚和谐"的内在审美形象[3]。武术教育需要继承与创新武术文化的艺术性，通过武术独特的美来感染、熏陶学生。

在武术文化内容的选择方面，需要特别强化资源整合过程中的连贯性和系统性。我国传统武术流派与拳种繁多，各自都有自身的魅力与特点，需要尝试将不同传统武术进行分类梳理和有效整合，融合各类武术文化资源成为优质的学校武术教育内容。

（三）把握传统武术转型特点，构建长效教育传承机制

武术文化的传承与发展尤其要注意教育的特殊作用，要努力构建武术文化传承的长效教育机制。武术文化传承的长效机制主要是一种特定性的有效联系，它贯彻武术教育的全过程，通过武术教育的各个相关要素相互制约、相互作用以达到整个机制的教育目的。为此，要建立武术文化的社会因素沟通与互动机制。这要求打破长期以来形成的封闭性的学校武术教育体系，逐渐建立一种多元的、开放的武术教育体系，即由大众武术、学校武术和竞技武术构成的完整的、和谐的教育系统。大众武术是学校武术的基础，在我国许多地区，还存在着各种固有的武术传承活动。竞技武术在一定程度影响着学校武术的发展，尤其在推动学校武术的体育化发展过程中承担着向导作

---

[1] 王岗，邱丕相，李建威. 重构学校武术教育体系必须强化"文化意识"[J]. 体育学刊，2009，16（12）：83-86.
[2] 王登峰. 以学校武术教育助力国运昌盛与国脉传承[J]. 上海体育学院学报，2017，41（2）：71-74.
[3] 李源，梁勤超，姜南. "打"与"不打"：武术形象的二元认知[J]. 北京体育大学学报，2018，41（7）：126-132.

用。学校武术应加强与大众武术、竞技武术的整合,提高学校传承武术文化的能力和水平。由于学校传承武术文化的师资水平和条件有限,学校应加强与大众武术与竞技武术的交流合作,共同致力于武术文化的传承。因此,要进一步建立科学、有效、长期的传承机制,整合多元教育模式传承武术文化,加强学校教育与大众武术、竞技武术的整合,拓展武术文化传承的场域。

五、结语

学校武术教育的发展是近代武术转型的一个重要领域,武术文化传承与学校教育的关系仍是一个值得不断探索和深入思考的现实问题。学校教育传承武术文化具有无与伦比的优势,却又难以摆脱武术文化传承有限性的桎梏。当前我国武术文化传承整体式微,面临诸多问题。在学校场域中,因其传承语境、传承主体、传承手段、传承路径以及传承相关的要素都发生了变化,学校教育不能保证传承武术文化的完整性。必须承认,学校教育在传承武术文化的作用是有限的,其所承担的责任也应该是有限的。新时代背景下,学校教育对武术文化的传承还处于探索发展阶段,必须遵循武术文化与学校教育之间的内在逻辑关系,切实提升武术文化的教育传承效果。传承武术文化是一个不懈的追求,学校将随着教育改革的深化与武术教育研究的深入而成为传承武术文化的重要场域。

模块与认知图式：武术动作套路演进的再认识*

一直以来，在中华民族多元化的地域与社会结构中，武术表现为单纯的"打""讲技巧的打""以套路为表现形式的中国民族传统体育"，以竞技武术为主的"套路就是表现性的""对抗性的只有散打"的多元认识[1]。随着信息时代的到来，中国武术优秀传统文化在推广中略感不适。在全国人民向健康、美好生活进发，积极传承优秀中国传统文化，努力挖掘红色文化基因，整理当代优秀文化因子的同时，加强对武术的再认识，有利于缓解偏见，推动武术进校园计划顺利实现。

本文希冀通过串联"集成模块"，梳理中西认知程式，逐步展开对中国各门类的对比，激发武术"一胆二力三功夫"的协调机制，推动武术体育化、大众化、国际化的认知与发展，为人类命运共同体的建构添砖加瓦。

一、关于模块化认知的渊源、特点与研究进展

（一）缘起

从 G. W. A. Dummer 提出集成电路概念与预言，到苏联发射第一颗人造卫星，再到美国开始研发小型电子电路，直至 J. 基尔比获得美国第一个电子电路专利，科学界公认了"整体性大量元件在小基质"上形成和互联进行特种任务的集成电路的现实性[2]。20 世纪 80 年代，集成电路发展到小型化、平面化、薄膜化、功能化，至此，汽车、计算机、航空、心理学、认知理论等领域的相关研究渐成热点话题，各行各业、各个学科，开启了功能模块化的研究与转化。

---

* 作者简介：付文生（1967—），男，汉族，山西中阳人，博士，讲师。2006—2009 年在上海体育学院攻读博士学位，导师邱丕相教授，学位论文《武术之现象学论绎》。现工作单位：山西财经大学；主要研究方向：武术文化与教育、武术现象与现象学、武术健身理论与方法。本文为研究之阶段性成果，首次发表。
[1] 杨建营，程丽平. 大武术观统领下广义武术概念的确立［J］. 上海体育学院学报，2013，37（4）：88-93.
[2] 阎康年. 关于集成电路的发明与发明权争论的历史考察——纪念集成电路发明 40 年［J］. 自然辩证法通讯，1999（2）：60-68.

(二) 成型

乔姆斯基在经验论的基础上,提出:"语言模块是一套构成认知能力的、内在地得到表征的领域专门化知识,即心理表征系统。"[1] 平克则认为语言是有特定的神经连接与之对应的"专门性适应机制",是一个独立的"领域特殊性"技能[2]。福多引入认知模块性的观念,提出功能主义的理论[3]。他认为,只有那些构成输入加工的最后结果的表征,才能自由地通达中枢系统,并被中枢认知加工所利用,即输入系统的中枢通路是有限的(Limited Central Access)。

由此,模块成为进化了的心理机制,它被称为人类用于加工相应信息并将这些信息经决策规则转换成输出的一系列程序[4][5]。对成年人而言,语义编码是人类获取信息的很有用的策略,因为意义层次能携带更多有用信息[6]。信息处理模块也似乎是表达心理建构的合适框架。

(三) 理据

语言学领域的研究发现,语言模块、语音模块处于不同的皮层部位,且具有一定的区域性地域和先天特征;输入和输出信息模块处于不同的皮层。而且,语言、语音、拼写、阅读这些功能模块之间互相区分,间有联系[7]。与此同时,行为主义的刺激-反应机制、精神分析的潜意识反应机制、第一代认知科学的信息加工机制、第二代认知科学的具身性特征为言语、语音、拼写与阅读能力的提高提供了必要的理论依据,(各种能力)各自的发展与相应的提高,都有助于整体能力的发展,更能促进单独的各种能力的跃进[8]。

(四) 层阶

模块心理学的研究发现,"输入分析机制,无法接触到心理中上层的信念、利益和愿望"[9]。这说明,心理中一些"直觉"的"模块效应",会优先心中社会意识的"道德、愿望"等的高级认知过程,一些简单的或者说比较低级的、朴素的"物理模块、生物模块、心理模块"在与比较高级的"知觉、语义等心理模块"的联系上是"互相封装"并比较迟缓的,需要展开"后羿射日"前的(单动作)专门性训练,以

---

[1] 叶朝成,王纯.心理语言学中的心理模块和语言模块的综述 [J].考试周刊,2012 (24):21-22.
[2] 叶朝成,王纯.心理语言学中的心理模块和语言模块的综述 [J].考试周刊,2012 (24):21-22.
[3] 李康.福多的"心理模块性"理论 [J].沧桑,2009 (6):157-159.
[4] 熊哲宏."模块心理学"的理论建构论纲 [J].心理科学,2005 (3):741-743.
[5] 熊哲宏,李其维."达尔文模块"与认知的"瑞士军刀"模型.心理科学,2002 (2):163-166.
[6] 伯纳德·巴尔斯.在意识的剧院中——心灵的工作空间 [M].陈玉翠,译.北京:高等教育出版社,2002.
[7] 福多.心理模块性 [M].李丽,译.王甦,审校.上海:华东师范大学出版社,2002:103.
[8] 蒋柯.为什么需要模块心理学 [J].西南民族大学学报(人文社会科学版),2011,32 (6):83-88.
[9] 李康.福多的"心理模块性"理论 [J].沧桑,2009 (6):157-159.

提高其"直觉推理"或"知觉推理"能力和效率(动力定型)。生活中的"筷子效应"又告诉我们,伸入水面下的筷子"违背了生活常识的弯直规律",即"有一些背景知识并不能通达知觉机制"[1]。或者说,"知觉的理性机制"和"知识的理性机制"之间,是封装并存在着一定的距离的,他们的协调与牵制并不是那么的"通达"和"顺畅",这一段距离需要长久的"刺激"来训练协调和联系。

(五)启发

人类从野性到理性的距离,就像"眨眼反射"与"水中筷子"中两种观念的转换,并不是"说一说"或者"练一练"就能够达到预期效果的,是一个"由招熟而渐悟懂劲,由懂劲而阶及神明"的"一种追求过程的文化"[2]。这种过程,即是加强大脑皮层各平面模块之间、各层阶模块之间、各网格模块之间的链接、反馈、协调程式与路径,以减少时间、空间、能量等的消耗与浪费。这为武术"一日练一日功,一日不练十日空""不离日用常行内,直到先天未化时"提供了必要的科学依据。

二、武术的演化特点与知识集合

(一)名实展示

百年来,武术获得了"身体活动方法"(1932)、"体育活动"(1960)、"民族形式的体育运动"(1978)、"中国传统体育项目"(1988、1991)、"传统体育"(2009)、"体育项目"(教育部2020)[3][4]等不同的称谓。其内容经历了"拳术、器械套路"(1960)、"套路和有关锻炼方法"(1961、1978)、"套路和格斗形式"(1983、1988、1991)、"套路、格斗、功法为主要运动形式"(2009)、"徒手或手持器械"[5][6][7]、运动技术[8][9][10][11]等多种演变。武术在中华民族多元化的地域与社会结构中,表现为单纯的"打",符合"技击之道"(规律)的"巧打","以套路为主要表现形式的中国民族传统体育",以竞技武术为主的"表现性的套路""对抗性的散打"等认

---

[1] 李康. 福多的"心理模块性"理论[J]. 沧桑, 2009(6): 157-159.
[2] 王岗. 中国武术: 一种追求过程的文化[J]. 体育文化导刊, 2007(4): 22-25.
[3] 王岗, 郭海州. 传统武术文化在武术现代化中的价值取向[J]. 广州体育学院学报, 2006, 26(3): 75-78.
[4] 杨建营, 程丽平. 大武术观统领下广义武术概念的确立[J]. 上海体育学院学报, 2013, 37(4): 88-93.
[5] 杨建营, 程丽平. 大武术观统领下广义武术概念的确立[J]. 上海体育学院学报, 2013, 37(4): 88-93.
[6] 蔡龙云, 王菊蓉, 邱丕相. 武术[M]. 上海: 上海教育出版社, 1978: 1.
[7] 邱丕相. 武术初阶[M]. 上海: 上海教育出版社, 2012: 3.
[8] 王岗, 郭海州. 传统武术文化在武术现代化中的价值取向[J]. 广州体育学院学报, 2006, 26(3): 75-78.
[9] 杨建营, 程丽平. 大武术观统领下广义武术概念的确立[J]. 上海体育学院学报, 2013, 37(4): 88-93.
[10] 蔡龙云, 王菊蓉, 邱丕相. 武术[M]. 上海: 上海教育出版社, 1978: 1.
[11] 邱丕相. 武术初阶[M]. 上海: 上海教育出版社, 2012: 3.

识[1]。这些从部分武术研究者认为"成人""向善"[2][3]"求道"及"行道"[4]的武术，到"武术是以具有技击含义的动作为主要内容，以徒手和持械为运动形式，有中华民族创造的人体运动文化"[5]，再到"技能的、体育的、文化的武术"[6]等，我们都能发现一个规律：武术是具有层阶关系的，面向普及与大众的为简单、直接、触手可及；面对精英追求的，就应高级、繁杂、映射、多思。

（二）逻辑编码

一般意义上，套路即是武术，它是由武术基本技术连续起来组成的。但武术套路的结构并不是武术基本动作的简单总合，它有一定的编排原则和方法，并蕴含着深厚的传统文化内涵[7]。而且，套路、格斗、功法的分类方法只适用于竞技武术；蔡龙云先生关于"徒手或器械"[8]，邱丕相教授关于"徒手或手持武器用于搏杀格斗的方法技艺"[9]更合乎常规。或者说，戴国斌教授所认为的套路和散打是"两种不同的运动形态"，"形成了两个不同的编码和解码系统"[10]，以及温力教授认为的武术是"从基本功、套路到拆手、喂手、对抗性练习、实战的武术传统训练体系"[11]更加接近于全球价值链的供需理论。

（三）化繁为简

从历史轴来观察，远古之时，兽多人少，文字未成，人类与自然搏斗和互相适应的过程与知识，只能以动作语言进行演示，故有角抵（觝、牴）、角力之戏，以及各种武舞出现。随着人类对自然认知的深入，"与自然环境相互作用的动态演化过程的片段，在历史的进化中，在主体与环境的自我学习、自我适应中，成功与发展的适应越加增多"[12]，技击知识等便积累得越来越多。再加上前人世代相传所积累下来的实践经验，因流传时间较长，累积得逐渐增多。人们为了获取知识方便，便按照一定的规

---

[1] 杨建营，程丽平. 大武术观统领下广义武术概念的的确立[J]. 上海体育学院学报，2013，37（4）：88-93.
[2] 王岗，侯连奎，姜丽敏. 中国武术：一门"成人"的学问[J]. 武汉体育学院学报，2019，53（11）：57-63，100.
[3] 王岗，满现维. 中国武术是一门"向善"的学问[J]. 中华武术（研究），2015，4（Z1）：11-18.
[4] 戴国斌，刘祖辉，周延. "锻炼行道，练以成人"：中国求道传统的武术文化实践[J]. 体育科学，2020，40（2）：24-31.
[5] 杨建营，程丽平. 大武术观统领下广义武术概念的确立[J]. 上海体育学院学报，2013，37（4）：88-93.
[6] 邱丕相，杨建营. 武术概念研究的新视野[J]. 上海体育学院学报，2009，33（6）：1-5，29.
[7] 王树田，习云太. 武术套路的编排原则和方法[J]. 成都体育学院学报，1960（2）：66-68.
[8] 蔡龙云，王菊蓉，邱丕相. 武术[M]. 上海：上海教育出版社，1978：1.
[9] 邱丕相. 武术初阶[M]. 上海：上海教育出版社，2012：3.
[10] 戴国斌，刘祖辉，周延. "锻炼行道，练以成人"：中国求道传统的武术文化实践[J]. 体育科学，2020，40（2）：24-31.
[11] 温力. 武术传统技术体系和训练体系的形成[J]. 武汉体育学院学报，1997，121（2）：13-17.
[12] 李其维. "认知革命"与"第二代认知科学"刍议[J]. 心理学报，2008，40（12）：1306-1327.

则把这些客观知识进行编码，从而促成既强调过程又要求结果的"一个个动态演化片段、一个个片段的组合、一个个知识的集合"[1]。这些片段、组合、集合有赖于人类身体之生理的、神经的结构和活动形式，在使用符号"指称"外部世界时获得了"符号和世界的事态之间的抽象关系——心智所构成的意义"，并在指称的过程中，建立起由外（外物与符号的关系）及内（符号使用者的心理表征）的某种确定的，同时也是单向的映射，而完全不顾及符号之起源、理解、使用和解释的"意义的内在关联"[2]。并因此在不同的区域形成不胜枚举的拳种（武术知识生产的产业间分工）、流派（武术知识生产的产业内分工）。这些五花八门的门派，均系前人在实践中（逐渐）发展起来的（知识集合、意象组织、法象模块）[3]。

（四）万流归海

从现实的世界来回顾：①国家意义上的武术及拳种门派收集整理所留存的招式、套路、功法、理论等，与社会中零散存在的招式、套路、功法、谚语等是有着相互重复或者等同者的知识集合；②通常拳种、流派留存的招式、套路、功法、理论等是一个真实的知识集合，同时又是一个有序的知识集合，而社会中留存的零散招式、套路等即或是一个真实的知识集合，也不可能是一个完善的有序集；③知识组织者与消费者的关切点主要集中于"知识集合的质量、功用、影响力"，以及其对于不同消费者的满足度（适众性）等[4]。现代竞技武术则可以理解为国际化下的产品内分工，即每个动作招式在各拳种流派中的体现回归于个性的绽放。

人们在与自然搏斗和相互适应的过程中积累技击经验，并与其当时所处的外部环境相结合，在历史的洗礼下留存了现今流传的不同拳种与门派。从武术百年以来经历的称谓、内容及表现形式上的变化可以发现：一般来说，套路即武术，但又不仅如此，武术是由基本技术连续起来组成且蕴含传统文化内涵的集合体，它的完整动作包括身型、步型、手型、肘型、身法、步法、手法、眼法和呼吸、腿法及跳跃、平衡和跌仆滚翻动作等的运用[5]。

三、中西认知图式与武术的形名归源

（一）理想化认知

这种归一的程式与模块化过程，是当主体意识到，在人们的社会活动和交往中，

---

[1] 王子舟. 知识集合初论——对图书馆学研究对象的探索 [J]. 中国图书馆学报, 2000, 26 (4): 7-12.
[2] 21世纪初科学技术发展趋势编写组. 21世纪初科学技术发展趋势 [M]. 北京: 科学技术出版社, 1996: 18-23.
[3] 刘玉华. 略论武术运动的派别 [J]. 武汉体育学院学报, 1962 (4): 21-23.
[4] 王子舟. 知识集合初论——对图书馆学研究对象的探索 [J]. 中国图书馆学报, 2000, 26 (4): 7-12.
[5] 王树田, 习云太. 武术套路的编排原则和方法 [J]. 成都体育学院学报, 1960 (2): 66-68.

事物、事态内部或相互间的某一方面的某种联系（自发秩序即习俗[1]）所呈现出来的诸多"原子事态"中的同一性[2]生产关系时，经过"简单判断性命题—心里习惯性意象图式解释—映射性隐喻—替代性转喻—语言符号联系"[3]的心理加工，将其抽象为一种认知图式、框架、模型突现而表征（ICM）出来，并加以程式化、规范化、概念化为积累知识的常态过程。图式背景之引导、预测、探索功能[4]，知识表征之个人角度的形成与再现、社会性的本质与产生[5]，都说明模块是一种计算机制[6]。这种机制下的脑神经大环境，存在着分布式功能脑区，层阶式信息加工识别，网格式精准连接投射[7]，类似于对信息进行编码、解析、分类、整合、变换乃至赋予意义等操作的超级计算机[8]，即便是意识或非意识下的加工都具有不同的时间尺度。而且，脑区视觉在选择性、可靠性、同步性及反应性等方面都具有可塑性现象，信息加工存在着网格链接的相对独立性[9]。

（二）形名归源

中国传统武术，正是在不同地域文化（集体意识/社会理性）的熏陶下，由物的象到人的形，由人的形到集体的约定，由集体的约定再到社会的成俗，绘制出一幅象形取意的民族认知图式。正如孙彩燕所说，要探究任何理论、思想及学说产生的来源，都不能否定其是人类社会不断发展的产物这一基本事实[10]。而要将复杂的人类行动做合理性阐释，必须使社会学的想象力穿梭个体内部与外部环境之间，将思维致力于文化、制度的整体框架中[11]。

武术同其他诸多理论、思想和学说一样，是在社会大环境的整体影响下形成的，其文化内涵与基本功用亦在环境的影响下应运而生。其基本功用即是对"崇尚英雄才会产生英雄，争做英雄才会英雄辈出"[12]的有力阐释。从功能性的观点看，武术招势、套路模块是一个能执行特定功能的单元，它是对功能进行一种相对独立的"层级化的

---

[1] 韦森. 习俗的本质与生发机制探源 [J]. 中国社会科学，2000（5）：39-50, 204.
[2] 李勇忠，李春华. 框架转换与意义建构 [J]. 外语学刊，2004（3）：24-29.
[3] 王文斌. 论理想化认知模型的本质结构类型及其内在关系 [J]. 外语教学理论与实践，2014（3）：9-15, 94.
[4] 刘艳. 图式理论指导下的跨文化思辨能力培养策略探究 [J]. 牡丹江教育学院学报，2020, 211（4）：100-102.
[5] 管云波. 知识表征的研究：从个体认知到社会呈现 [D]. 太原：山西大学，2016.
[6] 熊哲宏. 论性爱情与婚姻的功能独立性——关于柏拉图《会饮》的模块心理学解读 [J]. 心理研究，2008, 1（1）：20-27.
[7] 焦秋生. 认知结构的表征与建构 [J]. 山东师范大学学报（人文社会科学版），2004（6）：108-112.
[8] 鲍敏，黄昌兵，王莉，等. 视觉信息加工及其脑机制 [J]. 科技导报，2017, 35（19）：15-20.
[9] 周丽丽，姚欣茹，汤征宇，等. 触觉信息处理及其脑机制 [J]. 科技导报，2017, 35（19）：37-43.
[10] 孙彩燕. 马克思恩格斯意识形态理论形成发展探究 [J]. 经济研究导刊，2020, 448（26）：3-4, 29.
[11] 杨金东. 理性的嵌入性与选择的文化性 [J]. 内蒙古社会科学（汉文版），2012, 33（6）：143-146.
[12] 习近平向国家勋章和国家荣誉称号获得者颁授勋章奖章并发表重要讲话 [N]. 人民日报，2019-09-30（1）.

组织"假定而分解的产物[1]。武术动作与套路形名中所赋予的榜样即是"看得见的哲理,人格化的价值观"[2]。

(三) 程式与模块

武术技术技法的技击性"规范"和"标准"等封装模块,构成了中国武术的独立"程式",武术套路便成了一种高度"程式化"集成模块的表现形式。通过艺术的表现方法和表达方式,武术家们对武术技术技法和武术套路进行进一步"程式化"的组合、集成、模块化提升等操作,实现了对中国武术的艺术化处理,赋予了社会化的特征即语义加成[3]。不管是认知心理模块的功能分析,还是语言、语音模块的心理表征,或者说动作技术计算模块的结构组合与功能集成,其中介的东西只能是中国传统意义上的离物、脱形的"象"、神形兼备的兴象、语义共享的言说,以及天人合一的"虚实之象"。

总之,武术在经过武术家对其传统意义上"象"的转化,即对其技术技法和武术套路的规范、标准性质的"程式化"处理,逐渐呈现出了艺术化的特征。程式与模块化过程是人类在社会生活中发现事物之间关系的时,对事物进行心理加工后进一步规范的过程。其实,脑神经对于意识或非意识下信息的处理和加工都具有一定程式化与相对独立性。

四、武术动作、套路演化规律与社会意识理性

古代武术最基本的社会功能是用于技击[4],于此,武术的发展便离不开"技击"[5]。近代以来,"一变致用之志,而以武术为卫生之方"[6],武术就成为一种健身和学习技击的东西[7],而技击反映在舞中也便成了武术表演艺术的套路[8]。因此,武术套路既是技击动作的艺术化[9],也是讲求艺术的体育项目[10],更是表现攻防技击的艺术体育[11]。随之,竞技武术既是武术体育化、竞技化的产物[12],也是一种理

---

[1] 熊哲宏. 心理模块概念辨析——兼评 J. Fodor 经典模块概念的几个构成标准 [J]. 南京师大学报(社会科学版),2002(6):88-94.
[2] 柳礼泉,刘佳. 新中国70年榜样文化建构的演进图式及其启示 [J]. 伦理学研究,2020,108(4):16-21.
[3] 吴松,蔡利敏,王岗. "程式化":中国武术艺术特征之研究 [J]. 北京体育大学学报,2017,40(3):134-138.
[4] 温力. 武术传统技术体系和训练体系的形成 [J]. 武汉体育学院学报,1997,121(2):13-17.
[5] 徐哲东. 略论武术的性质 [J]. 新体育,1957(13):32-34.
[6] 中国近代体育史编写组. 中国近代体育史 [M]. 北京:北京体育学院出版社,1989:137,142.
[7] 吴高明. 武术是锻炼身体的方法 [J]. 新体育,1957(4):16-18.
[8] 蔡龙云. 我对武术的看法 [J]. 新体育,1957(2):20-21.
[9] 郑文生,闭锦源. 浅谈武术套路运动与表演艺术的关系 [J]. 湖北体育科技,1990(4):67-70.
[10] 刘占鲁,苏长来. 武术套路是技击的艺术化 [J]. 体育学刊,2003(2):63-65.
[11] 邱丕相,初学琳. 武术套路商业化的发展 [J]. 体育学刊,2001(3):49-51.
[12] 林小美,余沁芸. 新中国成立以来竞技武术发展回顾与思考 [J]. 体育科学,2020,40(5):3-13,59.

想化的技击艺术[1]和对技击的理想化与想象中的武术乌托邦[2]。

中国武术由古代武艺的技击功能逐渐衍化出近代的健身与搏击功能，又为适应社会的需求在原有功能上异化出表演艺术性。而武术在现代发展中所演变的传统武术、竞技武术和国际化武术三个大的类别中，在不同方面呈现了以下不同的特点：

传统武术讲究含胸、拔背、松腰、吸裆、敛臀，以减小受击打面积，连接四肢成就"一身备五弓"，力求"宗身"之力；竞技武术讲究挺胸、直腰、竖颈，以直观、外放的精、气、神吸引观众，力求放长击远，造就视觉效应；现代国际化武术讲究高难美新，推进黄金分割等西式美学效应，难度高企，内涵稀缺，追求视觉盛宴。武术发展至今，已经不仅是技术问题，还是思想问题、精神问题，如果没有这种精神，就是练过能打的功夫，也不一定敢亮剑。即便没有这个能力，起码得有智慧，这是武术人必须要做到的[3]。

五、武术模块与体育思维

（一）造业在心

中国传统武术在历史发展进程中，依据当时所处的经济、文化、地域及风俗的不同，形成了风格相异的门派与拳种[4]。其中，动作素材是创编武术套路的基础和前提，它是通过长期积累而获得的。动作素材可以是单个动作、动作组合，也可以是不同特点、流派的套路[5]。武术各种运动模式中，动作规格讲型、法[6][7]（静有型，动讲法），技击含义证因、式（因势用招，因人变法，式式应法，约定俗成），文化原理释势、理（习惯成自然，习俗约规范，标准成制度，文化窥势理）。

竞技武术是中国技击术向世界体育技术的靠拢，是在生存技能—军事技能—健身技能—竞技技能之间的一次功能游历，是规范化—标准化—机械化—科学化的一种格式归化，是现代西方认识论—心理学—生理学—社会学—现象学的学究式拷问，是习惯—习俗—制度—文化之间的梯度递进，是套路—招势—招式—动作的分离式（去功能）解构，是西方次生文明对中国原生文明及技术的一种震荡，一种新的组织、渗透

---

[1] 王岗，吴松. 中国武术：一种理想化的技击艺术 [J]. 体育文化导刊，2007（2）：21-23.
[2] 戴国斌. 乌托邦：武术技击的理想 [J]. 体育与科学，2005，26（3）：10-14.
[3] 邱丕相，初学琳. 武术套路商业化的发展 [J]. 体育学刊，2001（3）：49-51.
[4] 李龙. 传统武术多元化的历史与现实 [J]. 武术研究，2020，5（10）：1-4，10.
[5] 李传国，王成. 关于武术套路技术内容单调、雷同倾向之研究 [J]. 成都体育学院学报，2001（6）：85-88.
[6] 曾帅，田梦瑶，曾于久，等. 对武术套路继承与发展的研究 [J]. 广州体育学院学报，2020，40（2）：82-86.
[7] 刘文武，戴国斌. 武术"型、法合一"的当代意义审视 [J]. 西安体育学院学报，2019，36（3）：322-326，332.

和裂变[1],是对原生技术结构的一种重新的解构与建构[2],是破坏,更是创新。

(二) 贵在庖丁

依据体育动作的特点,武术动作除了演练的"挺胸与含胸、塌腰与松腰、提臀与敛臀、收腹与吸裆"等要求,还应该符合现代体育科学之要求,如"标枪的满弓引臂""跳高动作的提腿"[3]"击剑动作反应越快准确性越高"[4]等要义,或者,身体其他动作应该服务最后用力动作的"蓄力以为一击",并保证最后用力动作"得机得势,蓄力一击"的顺利进行。甚至大脑皮层的动力定型应该包括"有关肌肉兴奋与抑制的排列组合、动作结构的定型、肌肉骨骼间协调性,以及内脏器官机能的顺应性等"[5]。

基于此,每一个武术动作模块所表现出的"起、承、转、折"的变化,有着"四击、八法、十二型"的规定。而且,既可以由一个武术招式构成,也可以由几个武术招式组合而成,还可以是几个武术招式集成招势形成的运动过程;它可以是动物的一次猎捕活动的影印图式,也可以是人的一次搏斗过程的图式再现,甚至可以是一次简单的战争推演模式。由此可以发现,它既有引诱过程,也有防守反击,还有聚力一击,是一次兵法的演练。

故每个武术动作都展现了武术的技击要求、特点和变化,是集"起承转合"于一体的运动表现,更是对习、练、拟、用的精细化训练模式。

六、传统思维下的模块武术

(一) 中医组方原理与武术

武术套路与招势是人类在长久的生产活动过程中形成的一种身体语言。作为一种语言系统,他也有着自己固有的秩序(索绪尔)。正如荀子的"名符其实",这是人与人达成的一种"契约",应该是"辞达而已矣"(《论语·卫灵公》),抑或是"有德者必有言"(《论语·宪问》)之所谓"德,是通过(身体)语言固定下来,并传达开来的"。

传统的套路或招势型"模块"是在运用"单一"或"简单"的招式动作的基础上发展而来的,一般依据"理、法、势、式"的组合原则,围绕可以"积蓄聚力"以加强作用效果的"假人说因,审因见法,因法得势,依势选式"而成。

正所谓中医组方中的"君臣佐使"原理[6],君者直接棚架为佳,臣者委婉走动为

---

[1] 温力. 论武术套路的综合创造和武术套路进入奥运会 [J]. 武汉体育学院学报, 2000 (6): 1-6.
[2]《运动训练学》编写组. 运动训练学 [M]. 北京: 人民体育出版社, 2000: 5.
[3] 叶绍明. 贯彻"少而精"必须注意的几个问题(摘要)[J]. 武汉体育学院学报, 1961 (4): 21-22.
[4] 郑用文. 对如何提高轻剑运动员进攻准确性的初步探讨 [J]. 武汉体育学院学报, 1960 (2): 24-26.
[5] 杨汀南. 我对中学(包括一般大、专学校)体育课任务的看法 [J]. 武汉体育学院学报, 1961 (4): 22-23.
[6] 张枢明. 用药如用兵论新诠 [J]. 中医药文化, 2017, 12 (6): 23-32.

上，佐者帮助身法使然，使者连接更为枢纽。武术动作招势的"起于脚，继于腿，发于手，腰为枢纽"，可谓长蛇阵之"击首则尾应，击尾则首应，击中间则两头相应"，表现为一种因应模式的连通"模块化"机制。而且，招式的速度、力量、运行节奏、移动方向、组合韵律、身体各部位链接与协调规律等的变化，也使得其结果在作用调理及组合功能与效果上就起了很大的变化[1]。实际运用中，在技击规律及其组合原则指导下，主要招势因大势所趋而转换拳种招势（招式）运用等。

（二）法象思维与武术

中国古代的法象思维与结构现实主义的思想相似，都强调世界结构的关系，但法象思维更加倾向于人心性意义的生成。也即对形象与概念的抽象系统之间的效法，其表现形式主要有综合整体论、象思维、意象思维、关联性思维、类比思维、取象比类等，其基层单元是各要素都处于之上的意义链，即在一定的范围内，由相邻或相关的意义链之间相互指涉，构成意义域。

在非同步化、多层次的社会结构的影响下，中国武术形成了多类型、多元的不同拳种门派。武术模块既是对武术动作与招式的集合，也是其技击功能的展现，如传统武术套路模块就是依据"理、法、势、式"的原则对两个或多个招式的组合。武术模块是武术动作、招式的组合体，武术技击的功能集成体。武术技击知识的集合体，是以"法象"的形式呈现为虚实共生的"关系链"，如形意之劈大至开天辟地德被天下，下为力劈华山至孝撑起和睦家庭，或有劈柴势温饱绵延一家香火，更有斩金切玉窃喜于一时富贵，正所谓"穷则独善其身，达则兼济天下"。八卦之横，上则拨云见日双手撕帛，下则老叟披衣两臂轻分，中则横少千军假借腰力，再则玉树盘根伏地旋风[2]。正如中国文学中的意象、心象、物象、形象、兴象、气象等一系列意象理论，以"似淡而实美"的极高境界，为其发展与壮大提供了动力。武者象形而取意，以心性之大义而得意忘形，树无上使命而轻生死，正所谓"铁肩担道义，板荡识诚臣"是也。

（三）兵家有备无患思想与武术

兵法云，好战必亡。是故，武之修，以除暴，不得已而为之。一个处置方计（招势模块）即是一个战术，循六合八方传变之道，断敌之必经是为上策。故呼吸吐纳，熊经鸟伸，象物以体认千百招，健身养生呵护正气，先修前知以至邪不可犯，诸如"圣人不治已病，治未病"，或如习武振备以避免"渴而穿井，斗而铸锤"。也恰如望梅止渴，有备而无患。因应"人食五谷，则身有百病，勤学而去之，以绝敌之内应，所谓攘外必先安内"。而后，用侦察、先手、探手、喂手、递手，刺拳等"辨经络而无泛用之药"，假动作等向导之师，必有应手相对。以达至"千招会不如一招熟"的

---

[1] 张介眉，吴家顺. 用药如用兵论今释（一）[J]. 湖北中医杂志，2003（1）：34-35.
[2] 贾永雄，王抒. "言""象""意"：中国古代语言观管窥[J]. 宁波大学学报（人文科学版），1996（4）：28-33.

"兵不在多，贵在精"之境[1]。恰如圣人孔子谓子路曰："君子，以心导耳目，立义以为勇；小人，以耳目导心，不逊以为勇。故曰，退之而不怨，先之斯可从已"（《孔子家语·好生》）；或如，先秦之兵学因象而取意，慎于言，纳于形，先于意，连于象，这正是武术模块的充分表现。

七、结语

　　武术知识、技术、理论的模块化再认识，是之于信息不对称、初心异质化、使命异质化的一种抉择，是西式基于科学理性认识论下的逐步推进，也是中式认识论下"形、意、象、言、道"的一种多维"中介"式"名实相符"。通过模块化整合，希冀武术能够在技击之道上，清晰易变通达之"习手足，便器械，积机关，以求制胜之道"；在体育之路上，能习惯于蓄养无害，无争短长，互证相长；在创新之路上，能够恪守本心，知其所然而不失本分，坚守"德者有言"的古训。如此，武术便可以理解为：武术是基于传统文化思维的技击性多功能集成模块，是中国优秀传统文化的可信载体。

---

[1] 张法. 言—象—意：中国文化与美学中的独特话语[J]. 文艺理论研究，2018，38（6）：6-13.

中国武术终极价值之研究*

一、导论

（一）研究背景

近代中西文化的融合及全球化影响造成武术生态的剧烈变迁，武术发展何去何从令人忧心。面对上述问题，武术研究者除了寻求解决之道，更应探索现象背后的哲学问题。研究背景从全球化与地域化的视野切入，探讨现代化对于当代武术的影响，以生态文明系统的观点来了解武术对全球文化生态的重要性，再以现今武术各种价值发展现象作为总结。

（二）研究目的与意义

1. 研究目的

现今武术发展面临着各种挑战，可外在冲突现象必有背后因果关联，借由终极价值的探讨，确认武术当代发展的价值定位，以解决武术发展问题。

2. 研究意义

武术的初始功能源于生存需求，其价值亦随着文明演进而有各种变化，但中华武术的内涵却不只是为了满足当下社会发展的需求而产生，在每个时代总有人前仆后继地追寻武术之道，到底是何种魅力让人心生向往，本研究正是探讨这个意义。

（三）研究假设

假设武术具有终极价值并与人类文化发展终极价值相通，亦是武术进化的动力，

---

* 作者简介：卢裕山（1977—），男，汉族，台湾彰化人，云林科技大学讲师、云武子武术教学国际创办人。2006—2011 年在上海体育学院跟随邱丕相教授攻读博士学位，完成博士学位论文《武术终极价值之研究》，获得教育学博士学位。主要研究方向：武术教育推广、武术教学训练研究。本文为其博士论文节选。

能为武术之未来提出发展方向。

(四) 研究创新点

探讨中国武术的终极价值，此终极价值对外可与人类终极价值相通，具备普世价值之特性；对内能统合武术全部价值，有序调和武术各种价值之间的对立冲突现象，对武术未来发展提供更多元的思考空间。

二、价值理论基础研究

为探索武术终极价值先前的基础研究，将针对价值与相关价值的资料进行检索与分析，以此明确终极价值理论、武术价值，以及名词释意。

(一) 终极价值理论研究

从中国传统文化哲理、宗教思想两大方向去检索武术终极价值的立论基础。

1. 中国传统文化中的终极价值观点

中华文明在文化发展中一直存有终极价值的思维，中华文化以人为本，以内外兼修之法，要求和谐一统的状态，追求天人合一的境界，这些思维为人带来了生命的追寻。

从儒释道的追求目标来论，人可以成就圣贤，以背后意义来看，皆是认同人之原始本性，本性有二元兼容相对关系，是好坏、对错、美丑，在这种认知上，中国人再去追寻完美。因此，先哲讲不贰过，知错能改，善莫大焉。

人并非天生毫无缺陷，但不似西方基督教的"原罪"思维，中华文化强调借由修养去完善己身，以致趋于至善。所以中国文化是在不完美中追求完美，在相对之中寻求绝对，它让人落实现实，又能完善自我，具有趋于完美的价值意义。

2. 终极价值之源——宗教

综观全球文化现象，宗教最具备终极价值的意义。宗教两字，如中文所示，是由宗与教所组成，宗是其归宿，教是其轨道（包含理论、方法），因此宗教两字，可以说是依宗起教，以教定宗。

宗教的终极价值可从两方面来论，一是人道精神，其阐发人性的价值，是极致发挥人性道德良善之态度的价值；二是终极关怀，这代表着超越性，宗教具有超越性特质，"宗教是对超自然东西的信仰，'超自然'就是不服从物质世界的规律，与人间的、现实的事物相对立的东西，换言之，超越性是宗教的基本特征"[1]。这两种面向是宗

---

[1] 范明生，陈超南. 东西方文化比较研究 [M]. 上海：上海教育出版社，2006：341.

教对于人类文明的价值贡献。

(二) 武术价值研究

诸多学者已对武术各种价值进行研究分析，概分十二项，分别为政治、军事、修身、社会伦理、医学、竞技、经济、哲学文化、教育、审美娱乐、技击、健身，由此可推论武术价值具有多元性。现今武术价值研究多以现实层面为主，武术本体深具文化哲理，如何能将思想的上高度与实际的发展结合是诸位有志之士必须前进的方向。

(三) 名词释意

"在终极价值观中，一般都有一个具有统摄作用的最高目标，它是不能超越的，或者说，所有的超越都是为了接近和达到这一点。"[1] 它让人类不会停滞在满足生物欲望的基本价值层次里，更让人思索人之为人的价值，显扬人类之"自由个性"，充分发挥人生在世的价值。总结上述，在此定义：终极价值是永续完善生命之价值，可统合武术所有价值之价值。

三、武术终极价值之理论建构

武术终极价值为"永续完善生命之价值"，可统合武术所有价值之价值。武术终极价值并具"和谐"与"自我无限超越"及"螺旋进化"三种特性。武术价值发展结构图如图1所示。

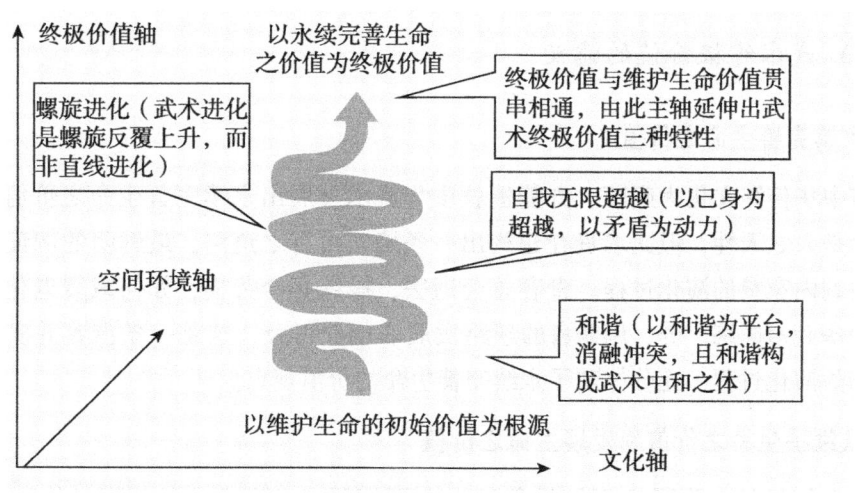

图1 武术价值发展结构

---

[1] 萧萐父，吴根友. 传统价值：鲲化鹏飞 [M]. 武汉：武汉出版社，2001：85.

(一) 武术之需求、价值、功能概念之厘清

探讨武术终极价值，需先认清武术需求、价值、功能的意义及其之间的关连，在探讨武术需求、价值、功能等概念之前，更应先了解、厘清武术之本质。

1. 武术之本质

武术的本质是"攻防"行为，攻防源于生物之本能，乃生命之常态，武术因为历史文化的递演，而产生了多元活动与价值，这些都围绕着武术的攻防本质，以此角度来看武术本质，可看出：①以排他性来看，武术技击功能是它者所没有之功能；②从决定性来看，武术没有技击功能，则无法防卫生命，武术将不被成立。

2. 技击不是价值，是功能

武术需要被实践，可实践之引发是因背后的自觉思维，为了维护生命而起心动念所产生，因此技击是武术之"必需"功能，而非武术之"价值"。

3. 生命价值必须加上"维护"两字

以往武术价值研究惯于将武术价值定位在生命价值，本研究将生命价值之前加上"维护"两字，一是为了强调武术的实际功能；二是为了与其他生命价值做一区隔，避免定义上的混淆。

由上总结，"武术的基础价值是维护生命，武术基本功能是技击，其基础需求在于以攻防技术为手段来悍卫生命"。这简明分出了武术需求、功能、价值之间的差异与顺序。

(二) 武术终极价值的意义

1. 永续完善生命之价值

因有中华传统文化为底蕴，方能造就中华武术发展出永续完善生命之价值，永续完善生命是人之天性，但武术贵在建构出一条确实可行之道路，最鲜明的例证就是外家拳发展到内家拳的演化过程。青春总会逝去，操练必会劳损，如何减缓老化？如何康复？中华武术向练、养、用兼备的理路发展非朝夕可及，这是一条借鉴并实践传统文化精髓的演化过程，充分体现了永续完善生命的价值观点。

2. 从维护生命之价值到发展生命之价值

人与动物相较，除了富于思维创造，人更懂得"生活"，而动物只停留在"生存"。"生存"仅止于生命的存活与生命之延续，此乃一切生命个体共通之天性。在物质文明的积累中，以及思维文化的传递下，人类跨入"生活"阶段，在此基础之上，人更拥有智慧深入思维如何创造生命价值意义的深层意蕴。

武术在永续完善生命之价值与离苦得乐的生物本能驱策下，不断往上攀升，从量变到质变，从技术汇聚成理论，从保护生命到延长生命提高至健康生命，无一不是武术终极价值的追寻过程，这个价值引领着武术不断茁壮成长。

3. 注重过程之价值

价值是在事物之间产生效益，武术终极价值并非最终会获得的价值结果，重点是在过程之间的价值感受，它将人们的视野从目标结果的追求转移到过程当中的体验。因此，凡能在中华武术有所成就者，鲜少没有经过数十载的洗炼沉淀才能有所成就，数十载的岁月不只是技艺的增长，更是人格的涵养、文化的积累。

（三）武术终极价值突显了"人"之价值

在一切价值之中，"人"的价值无疑是最重要且最复杂之价值。我们可以说，一切价值思维都是在探讨"人"的价值问题，由此，各种价值都贯穿着"人"的价值。"人"的价值可略分为自我价值与社会价值两种层面。一位习武之人，对社会，他可以保持着"穷则独善其身，达则兼善天下"的积极入世态度，成就一位习得惊人艺，货卖帝王家的文武雄才；对己身，他具有五车书、三尺剑、一炉香的悠逸人生，是一份从容自在、闲云野鹤的生命态度，相较于现代的功利主义视野下的人之价值更是鲜明的对比。

四、武术终极价值需以和谐为平台

（一）和谐

中华武术处处充满着和谐思想，子曰："君子无所争，必也射乎！揖让而升，下而饮，其争也君子。"（《论语·八佾篇》）中国传统文化强调"兵刃之举，圣人不得已而为之"。武术以一种基础的攻防格斗为发展动力，旨在维护生命。在维护生命的基础下，通过传统文化之薰陶，进而产生"己所不欲，勿施于人"的关怀态度，在"己所欲，施于人"的合谐共生观点下，中华武术才有延续发展的成长空间。

（二）和谐必得中和

"文武""圣王""天人"都是相对矛盾的事物，但先人在相对之间看到绝对，运用智慧将其整合为一。三种思维之间存有一种共性，那就是"和"，同时允许不同，尊重差异，在差异之间寻求融洽一体，因此称为"中和"。有中才有和，如同翘翘板一样，和谐是为了使个体与群体、个体与自身产生平衡，要达到平衡，就有赖"中和"的调节，武术的"中和"姿态继而影响其精神态度，产生了自他不二的慈悲关怀。

武术充满着"中和"观点，如"三合身带手、六合手带身"。内三合与外三合代表身心的高度整合，亦或者是"手起身随，步随身转"等协调活动观点，这些整合的概念，皆仰赖于立身中正、虚领顶劲、中正安舒、头顶项领的中和结构。由上可知，武术终极价值如没以和谐为基底，则武术价值将充满冲突，更遑论终极价值之产生，而和谐强调异中求同，且以"中和"思维为平衡点。

五、武术终极价值之自我无限超越

（一）自我无限超越

和谐是孕育武术终极价值的基础平台，但生成终极价值的动力则是自我无限超越，凡有情众生皆向往离苦趋乐，这就形成一种超越本能，而无限超越代表着超越的无限性。

人类文明在持续进行的过程中，普遍出现向外扩张侵略的现象，到处都见冲突，到处都有缺憾，许多事物发展呈现断裂切割的状态，无法永续发展，这种超越必然破坏了整体和谐，可文明势必前进，但前进不应只有人类独一前进，而是必须心怀众生、胸怀万物，以整体生态发展为考量下发展，带领芸芸众生一同前进的胸襟才能谈到向前超越。

武术终极价值的无限超越有其范畴，先贤将视野回归到己身，将对外之开发转为成自身之开发，以修身为本，却也有齐家、立国、平天下的远大志向，但也因有内圣外王的内省性，才能兼顾向外发展与自我成长的双赢路线，这种重视自我涵养的思维态度，促成了中华文化在发展的过程中与外在事物呈现一种平衡状态。先掌握了自立自强的立定志向，方能有永续的自强不息，自我无限超越凸显了人的能动性，是一种本体不断自省、从己身探索的身心超越，而非向外思考，对外撷取扩张的物质性超越。

（二）突显了人自身的能动性

自我无限超越凸显了人的能动性，有此思维，乃因中国传统文化有别于西方文化的外向性超越精神，中华传统文化另辟道路，朝内向性超越之精神迈进。佛家言：芸芸众生皆有佛性。儒家言：天人合一。传统文化注重人的自主性，强调人的能动性，以自身为场域，从自身下功夫，其理想是先成就己身，进而自他不二，得以广渡众生。

（三）矛盾-自我无限超越之动力

矛盾是客观的物理现象，但先人更将其灌注到文化思维中。武术家不仅认为一切事物具有共同的物质根源，还认为一切事物皆非一成不变。各个事物都不是孤立存在的，而是相互联系、相互制约的。相互制约指事物之间的对立统一，如果失去攻守能力就会被兼并、吞没。对立斗争的矛盾结果，必然引起矛盾的转化，进而产生新的矛盾平衡，武术终极价值就在这种流变中不断蜕变成长。

六、武术终极价值之螺旋进化

螺旋进化是武术终极价值的演化历程,是解释武术终极价值之历史形成的方式。螺旋进化环绕着终极价值,使武术呈现立体三度空间之格局,此三度是由历史传承、空间环境与时空交织所产生的文化所构成,其意为阐述武术文化是由多种元素、变项所构成,非单一因素所决定,也因为其意寓深远,才能促使武术形成一门学问,成就出终极价值之高度。

(一)螺旋进化之理念

武术螺旋进化除了筑积于中华文化的肥沃黄土上,更有一个重要特性,那正是举一反三、起于大通。文化的共通性促成了武术得以举一反三、起于大通的复合演变。举一反三对于武术,不单是外在形体上的模仿统合,更是身体、精神上的内在统合,以及个体与文化,乃致于个体与天地之间的统合。

中华文化的淀积堆积出中华武术的高度,武术得以进入学理之门,始有终极价值之萌生。中华武学立足于生命维护的基础上,去发挥个人的极致,超越个人的潜能。唯有不断从自身寻求矛盾,再由"中和"之体去扩大两边的矛盾,如此不断地反覆螺旋上升,乃能进化到出神入化之境界。这种发展过程实如中国传统三教之要义,儒家讲中庸,即"中和"之体;道家讲阴阳,正是矛盾对立;佛家认为法性皆空。武术的最高境界正是追求化境,使其达到空灵玄妙之境地。

(二)螺旋进化之历程

螺旋进化的历程是内与外、质与量的交互揉合,内代表武术的内在文化思维,外代表武术之外在活动现象,质是指导外在活动之内在文化思想的转变,量是依循内在思维而变化的外在形体活动现象。用此种内外、质量交互影响的观点来切入看待武术终极价值,可以更全面、更清楚地看到武术终极价值在螺旋进化历程中指导武术发展的脉络迹象。

七、武术终极价值之贡献

中国武术终极价值的贡献分为三方面,对武术本体而言,确立了中国武术的生命泉源;对现代社会而言,武术终极价值提供当代社会一种反思,并提供人类未来发展方向;对文化教育而言,确立了文武合一教育思维的必要性,了解到武术的教育定位,解释武术身传口授的必需性。

(一) 武术终极价值是中国武术的生命泉源

同等进入中国传统文化之道统，面对中华文化瀚海，武术虽小技易近于道矣！武术文化源于中华传统文化，前人文化水平不高却能变化气质，就在于习武可以开启智慧，这智慧不止于智识的建构，更是身心的高度感悟启发。武术走出一条独特的道途，以身体修炼入道，将武术的修炼融入日常生活，使生活处处见功夫，看似平凡无奇，却是无处而不自觉的觉醒状态，它源自生命的维护，更是提升生命的泉源。

(二) 武术终极价值提供当代社会一种反思

当代社会在功利主义影响下，极易让人产生迷失感。人的价值化成一串数字，而数字增减代表一个人毕生的成就，是利？是弊？这已不是单一的是非题，唯有仰赖人的自觉、自信才能解决，但要如何可以产生自觉、自信？解铃还须系铃人，人的问题就得要人自身去解决，正如功夫不假外求，全凭自身下功夫，可功夫为何？何为功夫？没有深厚的武术底蕴与实践将无从探求。

武术终极价值的统合性让武术功能趋于完善，武术多元功能让习武者步向一条个人修身之道，传统武术在练功时，讲求练、养、用皆备，提醒习练者在追求功力时，需要有更全面的思考，避免以偏概全，想强化却加速了老化，追求成就却丢失了健康。

立足于终极价值的视野下看待武术，可更清楚、明晰地思考自身的定位，能认清当前发展问题，如传统武术以追求练、养、用于一体，跟竞技武术追求成绩挂帅恰是鲜明对比，两者背景不同，内在动因不同，产生的结果必然不同，一个是服从体制既定方向前进，一个是社会群众对于文化认同所产生的自发运动，目的不同，训练方式自然不同，而当接受过专项训练的格斗专业者挑战民间传武爱好者时，在两个调性不同的状态下交手，双方未打就可知其后果，从中亦发现武术爱好者如没有往武术终极价值的方向前进，便会越练越茫然，功夫不到终是迷。

(三) 中华文化中不可偏废之武术教育

武术作为认识中华传统文化的教育管道，它让人借由身体的实践操作去体会传统文化之哲理思想。以现代教育观点来看，武术不只为学校体育教育的一部份课程，更可以作为现代终身全人教育的发展主轴。

文化必须以人为载体，如果没有人的传承，中华文化将只剩下一个虚浮的外壳。武术绝对需要师徒之间的传授，没有这种传承方式，武术将只剩下大众化、格式化的形式体操。武术诸多传授非笔墨能形容，越是精细形微的神气、意念、方寸拿捏，越是需要师傅手把手地教授，如孔夫子言："人能弘道，非道弘人。"《论语·卫灵公篇》武术是让人达成平凡中之不平凡的一条捷径，是中国文武教育不可或缺的部分。

(四) 武术终极价值提供人类未来发展方向

邱丕相指出，未来武术在人类生态文明社会中是否可以有以下三种型态，分别是自然的武术、智慧的武术、艺术的武术。自然、智慧、艺术三者皆离不开人类文明，中华文化在自然、智慧、艺术方面都有其独到之处，更内含着武术终极价值的和谐、自我无限超越、螺旋进化等思维[1]。

可持续发展在于能创造继起之生命，这可以用两种方向来看待，一是武术为众志成城之文化，是代代交替的文化，这是生命不断递演下来的成果；二是对于个体，能让我们在有生之涯，无论是生理抑或是心灵，皆能不断借由武术的锻炼去完善升华自我之生命，在此种不断完备自我的状态中，个人才能推己及人，达天地、通古今，成就天人合一之境界。武术终极价值承得以创造继其之生命，在于承载中华传统教育的核心，没有进入这种核心思维去看待武术，武术仅是一门技术，无法凸显其价值。

文化的积累堆叠出武术终极价值的高度，而历史的递演使武术文化越来越深厚，站在前人的肩膀上，我们才能不断前进与创新，世代交替之下，武术生命生生不息，生命的意义不仅在于扩展个人的成就，更在于关怀他人，服务群众，如张载所提："为天地立心，为生民立命，为往圣继绝学，为万事开太平。"（《横渠语录》）就是这种推己及人，以国家兴亡为己任的态度，武术的格局才得以展开，文化生命才得以延续。武术终极价值立足于现实生活中，又让人得以永无止尽地追寻与遨游，个体得以从中永续不断地完善自我，使人看到生命的意义，看到人生在世的价值意义。

八、结语

本研究结论共分以下五点：

第一，武术价值研究偏向于应用价值研究，没有深入武术终极价值研究，乃因其为形而上的哲学思维，并非现实应用价值一样容易被发现。此外，现今武术发展流于功利化、武术发展面临困境，种种危机都反映出武术处于迷失困惑中，没有一个高度精神来引领众人前行。当人们还处于武术要如何发展的思维中，我们应该深切反省武术到底要发展什么，而武术终极价值就在于解决这个问题。

第二，武术研究对于价值、功能、需求之认知有所分歧，产生了模棱两可、莫衷一是的现象，在此进行三者之间的界定。研究结论为：武术的基础价值是维护生命，武术基础功能是技击，其基本需求在于以人类采攻防技术为手段来护卫生命。三者之间的关系如下：人之所以创造武术，乃源于保命需求，有了需求才有武术功能之研发，当功能满足了需求，就会产生价值，价值发生于主体与客体之间。

---

[1] 邱丕相. 中国武术文化散论 [M]. 上海：上海人民出版社，2007：155.

第三，中华文化的深厚底蕴及能服务与广大群众的普世性，使得中国武术必定拥有终极价值之高度，其以永续完善生命之价值为主轴，让中国武术从维护生命之基础价值步入延续生命之价值，继而升华到超越生命之价值，这是一个懂得鉴赏，需要高度品味，以及长时琢磨的过程，所以终极价值是一个强调过程实践之价值。

第四，中国武术能产生终极价值，在于具备三种特点，即和谐、自我无限超越、螺旋进化。和谐调和武术发展过程中的冲突与对立，集多元矛盾于一体；自我无限超越使武术家不假外求，将中华文化之精粹吸收融入于己身，以身体展现中华文化之高度；螺旋进化使武术在历史长河中反覆螺旋上升，三者的揉合使武术走过无数个寒暑，走过兵荒马乱、汉唐盛事。在永续完善生命之信念引领中，武术不断在过程中总结提炼，堆砌了中华武学的博大精深。

第五，中国武术终极价值的贡献分为三方面，对武术本体而言：确立了中国武术的生命泉源，强化了武术与中国传统文化之连结；对现代社会而言：武术终极价值提供当代社会一种反思，并提供人类本体未来发展方向，寻找到如何让生命本体不断成长的方向；对文化教育而言：确立了文武合一教育思维的必要性，了解到武术的教育定位，解释武术身传口授的必需性。

文化强国建设目标下我国学校武术传承体系研究*

一、研究的缘起

进入21世纪以来,学校武术存在的问题日渐凸显。在各级普通学校体育课中开设的武术教学内容(以下简称"学校武术普及教育")存在的问题首先引起了专家、学者,以及武术管理层的关注,"喜欢武术,却不喜欢武术课"[1]、武术在校园里"渐行渐远"[2]、"武术在中小学,已名存实亡"[3]。体育专业院校的武术教学内容(以下简称"学校武术专业教育")也引起质疑,武术专业教育"脱离了中国武术历史发展的内在逻辑规律"[4],存在"忽视拳种、偏视套路、弱视应用、轻视文化"[5][6]的问题,教学内容"忽视了武术的文化属性",仅"发展了其形,而丢掉了其魂","空有其表而无其神",致使"传统武术的技术技能过度缺失"[7][8],导致"传统武术自生自灭"却成为一种"合法性危机"[9],更严重的是,新一代武术专业工作者出现了对传统认识的"集体失忆",进而在面对社会各界的质疑时又出现了"集体失语",最后

---

* 作者简介:杨建营(1972—),男,汉族,山东宁津人,博士,教授。2007—2010年在上海体育学院跟随邱丕相教授攻读博士学位,完成学位论文《生态文明视域下的武术发展研究》。现工作单位:华东师范大学,主要研究方向:武术文化教育、武术传承发展、武术基础理论、太极类运动文化。本文是对曾发表在《体育科学》2020年第11期《基于民族复兴目标的学校武术传承体系研究》一文的缩减,同时,也是2019年在南京举办的第十一届全国体育科学大会的专题报告论文。

[1] 蔡仲林,施鲜丽.学校武术教学改革的指导思想——淡化套路、突出方法、强调应用[J].上海体育学院学报,2007,31(1):62-64.
[2] 杨凰.校园里,那渐行渐远的武术[N].中国体育报,2009-02-26(7).
[3] 《关于武术教育改革和发展的研究》课题组.改革学校武术教育弘扬中华民族精神[J].中华武术,2005(7):4-5.
[4] 王飞.民族传统体育武术专业课程理论基础研究[D].武汉:武汉体育学院,2007:1.
[5] 武冬.体育教育专业武术课程教学内容和方法改革的研究[D].北京:北京体育大学,2006:1.
[6] 武冬,吕韶钧.高等学校武术课程体系改革研究[J].北京体育大学学报,2013,36(3):92-98.
[7] 孙永武.从竞技武术到传统武术——民族传统体育专业武术教育发展简论[J].中华武术研究,2012,1(8-10):205-207.
[8] 孙永武,于翠兰,徐诚堂.民族传统体育专业传统武术特色课程开发研究[J].中州体育·少林与太极,2012(11):10-12.
[9] 丁丽萍,戴有祥.学院走向民间:传统武术发展谫论[J].搏击·武术科学,2006(3):3-5.

走上"自我怀疑乃至自我否定之路"[1]。如何解决问题，牵系着整个武术的发展，关系着整个武术发展命运。改革武术教育，势在必行。

围绕学校武术教育改革这个主题，10 余年来涌现大量研究成果，其中先后被教育部、国家体育总局、全国学校体育联盟应用于教学实践的典型改革思想有 3 种："淡化套路、突出方法、强调应用"[2] "整合拳种、优化套路、强调应用、弘扬文化"[3] "强化套路、突出技击、保质求精、终身受益"[4]。然而，由于三者之间尚存一定矛盾，致使全国不同地区的改革实践处于各自为政的状态，难以取得实质性进展。这表明，武术文化教育研究仍需继续深入，而"如何深入"成为问题之关键。

国家民族的发展层面已经把"建设文化强国"上升到国家战略，从党的十八大到党的十九大都突出了文化强国建设。根据主流学界的研究，文化强国建设的首要目标是"中华民族的伟大复兴"[5]，其中"弘扬中华优秀传统文化"是一个重要方面，具有"固本培元"的作用[6]。2017 年中共中央办公厅、国务院办公厅又联合发文《关于实施中华优秀传统文化传承发展工程的意见》，提出"到 2025 年，中华优秀传统文化传承发展体系基本形成"的"总体目标"。在这种时代背景下，着眼于文化强国建设的最高目标"实现中华民族的伟大复兴"，立足于具有"固本培元"作用的"弘扬中华优秀传统文化"，研究如何解决武术教育存在的诸多问题，以学校为主阵地，建立起中华优秀传统武术文化的传承体系，是武术文化教育研究应有的顶层设计。

二、文化强国建设目标下学校武术传承体系的整体构思

实现中华民族的伟大复兴是文化强国建设的最高目标，弘扬中华优秀传统文化是其中的重要内容。着眼于总目标，对中华优秀传统文化可从两个层面剖析，其一是处于核心层面的文化精神，其二是整体层面围绕文化精神这个核心而展开的中华优秀传统文化的传承体系。习近平多次强调"要从弘扬优秀传统文化中寻找精气神"，这里的"精气神"正是处于核心层面的文化精神，对此，可用《周易》中所言的"刚健""自强"概括。凝结着中国优秀传统文化之"精气神"的"刚健自强"精神，是影响中华民族伟大复兴的最终决定性因素。

作为具体实践途径的中华武术，其学校教育中的普及教育、专业教育分别与上述

---

[1] 王飞. 民族传统体育武术专业课程理论基础研究 [D]. 武汉：武汉体育学院，2007：1.
[2] 教育部办公厅. 普通高等学校体育教育本科专业各类主干课程教学指导纲要 [Z]. 教体艺厅〔2004〕9 号，2004-9-29.
[3] 武冬，吕韶钧. 高等学校武术课程体系改革研究 [J]. 北京体育大学学报，2013，36 (3)：92-98.
[4] 赵光圣，戴国斌. 我国学校武术教育现实困境与改革路径选择——写在"全国学校体育武术项目联盟"成立之际 [J]. 上海体育学院学报，2014，38 (1)：84-88.
[5] 尹汉宁. 谈谈文化的内涵与文化强国目标 [N]. 学习时报，2017-07-26 (A4).
[6] 张国祚. 习近平文化强国战略大思路 [J]. 人民论坛，2014 (9 上)：72-75.

两方面对接。学校武术普及教育的立足点是"育人"。首先，与体育课中开展的其他诸多运动项目一样，承担着"增强体质，增进健康"的"育人"任务；其次，作为中华优秀传统文化的载体，还承担着"培育民族精神"的特殊任务，具体而言，承担着"培育'刚健自强'的民族精神，凝聚中华民族'精气神'"的特殊"育人"任务。学校武术专业教育的立足点是"传承发展中华优秀传统武术文化"。首先，把历史形成的以拳种为单位传统武术技术体系，以及以之为核心的武术文化通过高层次人才传承下去，发展起来；其次，培养能够传播中华优秀传统武术文化的人才。

然而，目前学校武术专业教育和学校武术普及教育都没有承担起各自应当承担的主体任务。长期以来，学校武术专业教育教学内容的主体是竞技武术套路和竞技武术散打，不仅没有承担起传承中华优秀传统武术文化的任务（至今没有一个传统武术拳种以完整技术体系的形式进入高等专业院校），而且也没有承担起培养传播中华优秀传统武术文化人才的任务（无论是各级普通学校，还是社会各界，对竞技武术技术内容的需求量极低，正因此该专业的毕业生普遍找不到对口工作。）[1] 而学校武术普及教育早已发展成学校体育课中"枯燥无味"的代名词，这种武术课正是学校体育课程研究专家季浏教授所批评的"无运动负荷""无战术""无比赛"的"三无"体育课[2]，以表现型套路为主的教学内容正是他批评的"碎片化知识和技能"[3]，完全不成体系。其教学效果连最基本的"增强体质，增进健康"的"育人"目标都难以完成，就更不用说处于更高层面的培育"刚健自强"的民族精神了。

根据新时代国家层面建设文化强国的目标，学校武术教育必须改革。具体改革规划如图1所示。

---

[1] 邱丕相，杨建营. 民族传统体育专业存在的主要问题及解决对策 [J]. 体育学刊，2008，15（12）：1-5.
[2] 季浏. 我国《普通高中体育与健康课程标准（2017年版）》解读 [J]. 体育科学，2018，38（2）：3-20.
[3] 季浏. 我国《普通高中体育与健康课程标准（2017年版）》解读 [J]. 体育科学，2018，38（2）：3-20.

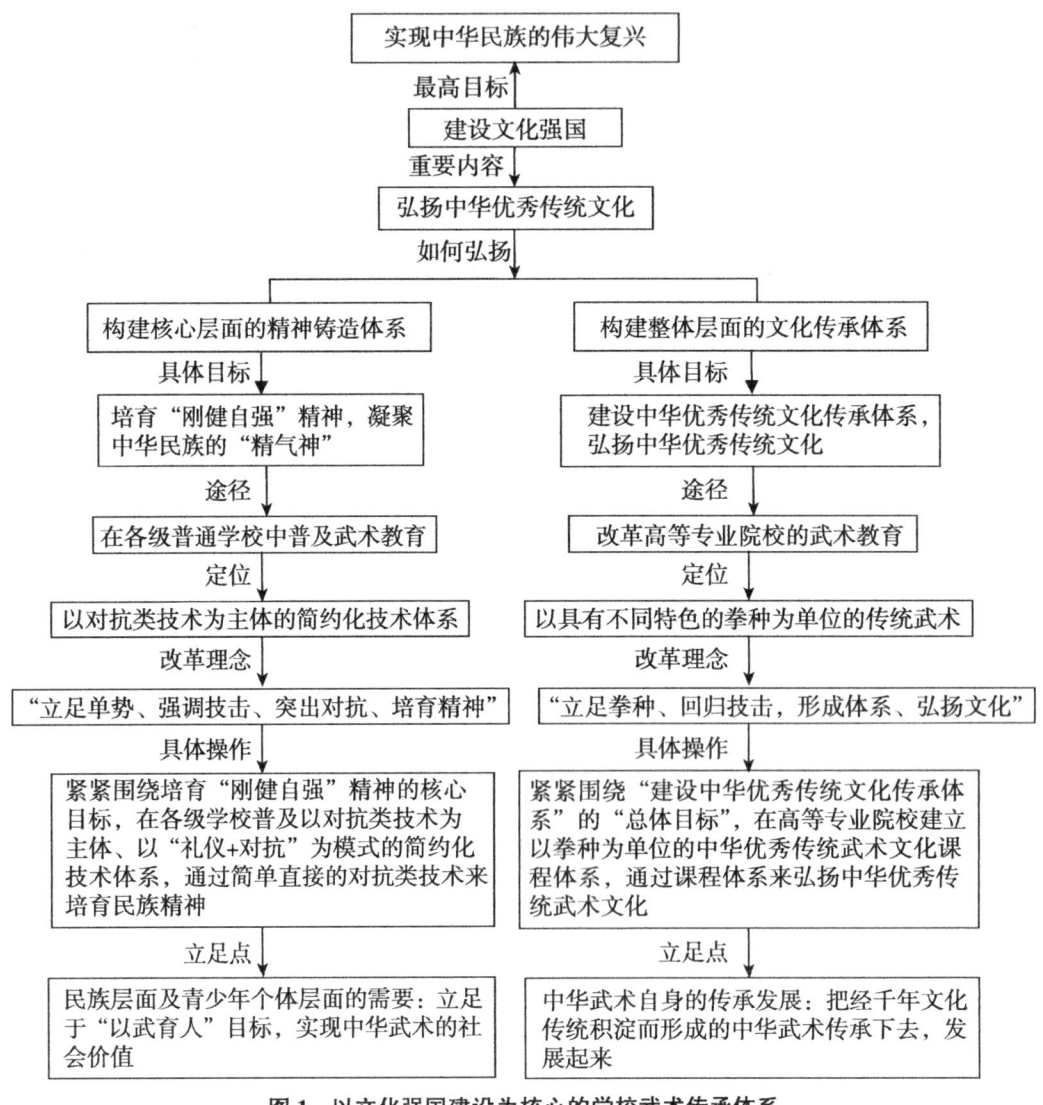

图 1　以文化强国建设为核心的学校武术传承体系

图中的核心是文化强国建设,"实现中华民族的伟大复兴"是其最高目标,弘扬中华优秀传统文化是其重要内容,具体实践途径之一是大力开展学校武术教育。其中,学校武术专业教育承担的主要任务是中华优秀传统武术文化的整体传承,所对应的国家层面的具体目标是"建设中华优秀传统文化传承体系";学校武术普及教育承担的主要任务培育民族精神,所对应的国家层面的具体目标是"培育'刚健自强'精神,凝聚中华民族的'精气神'"。学校武术专业教育的立足点更多的是中华武术自身的传承发展,即如何把经千年文化传统积淀而形成的中华武术传承下去,发展起来,可以将其定位于中华武术整体层面的文化传承体系;学校武术普及教育的立足点不是自身技法的传承发展,而更多的是社会需要,即如何根据武术"育人"的主体目标,发挥中华武术最主要的社会服务功能,可以将其定位于中华武术核心层面的精神铸造体系。

两个体系分别发挥着中华武术的文化传承价值和精神教育价值。

三、学校武术专业教育改革具体规划

学校武术专业教育是整个学校武术教育发动的核心，是"推动武术发展的主力军"[1]，因此，对整个武术文化的传承发展至关重要。高等院校的武术专业教育改革的立足点在于武术自身发展，主要任务是将博大精深的武术技术体系及由此反映的深邃文化内涵传承下去，发展起来。

与国外各种类型的武打技术相比，经千年文化传统积淀而形成的中华武术具有独树一帜的特色。其一，中华武术形成了由多种具有不同侧重的技法组成的风格各异的拳种，每个拳种都是由核心技法向外逐层展开的技术体系。这种技术体系的层次性按照由先到后、由核心到外围的顺序可归纳如下：最简单、最直接、最有效、最实用的处于核心层的常规攻防技法→在一定的场景中或一定的条件下才能够应用、体现"具体问题具体分析"的辩证思想的各类非常规技击招法→具有逆向思维特点、追求"以巧斗力"的"技击之道"的特色技法→从技击术领域质变到艺术领域和健身术领域的"虚拟"技击技法。这些不同层次的技法构成了武术的分层技术体系，武术专业教育应该把这种能够集中体现中华武术之博大精深的技术体系作为主体教学内容，实现全方位的文化传承。其二，中华武术在长期发展过程中形成了独特的发力方式。人类武打技术在长期发展过程中主要形成了两种完全不同的发力方式：第一类是"起于根，顺于中，达于梢"的以根节为起点由下而上节节贯穿式发力方式；第二类是"以命门、丹田为核心向四梢发放"的以中节为起点的发力方式。第一类发力方式是包括中华武术在内的世界各种武打技术普遍具有的发力方式，第二类发力方式是独具特色的发力方式。与各类武打技术都较为普遍地训练肌肉力量不同的是，中华武术更突出对骨骼的弹性势能训练和对由腹内气压变化而形成的膨胀力训练。所谓"一身备五弓"，正是突出强调对以脊柱的伸缩为核心的弹性势能的训练；所谓"提、托、聚、沉"正是强调技击训练时什么时候提气，什么时候将气悬托住，什么时候气沉丹田。这两种训练方式所产生的力量与单纯地训练肌肉而获得力量是完全不同的，这正是中华武术在发力方式上的独特之处。其三，中华武术的精神内核是中国传统文化的基本精神"自强不息，厚德载物"，这种文化精神与西方竞技体育所突出强调的"竞争"有很大区别。其中的"自强"精神更关注与以前的自己进行纵向对比，更侧重通过自身生生不息的努力而变强，不侧重于与其他人横向比较。习武者更关注与以前的自己相比，技击水平提高了多少，技击境界提升到了什么程度，而不是把关注点放在"与人竞争""勇争第一"方面。其中的"厚德"更强调通过发自内心的内在制约机制来限制习武者对自

---

[1] 王飞. 民族传统体育武术专业课程理论基础研究[D]. 武汉：武汉体育学院，2007：2.

身所掌握技术的运用，通过武德来约束自己，并由此升华，提升人生境界。

中华武术独特的分层技术体系、独特的发力方式、独特的精神内核，都需要通过武术专业教育传承下去，发扬光大。武术专业教育应该把这种能够集中体现中华武术之博大精深的技术体系作为主体教学内容，实现全方位的文化传承；把独具特色的发力方式作为特色教学内容，实现特色传承；把中华武术的精神内核作为文化精神传承的重点，列为以武术弘扬中华优秀传统文化的核心。

然而，受各种因素影响，学校武术专业教育忽视了传统武术拳种，忽视了传统武术拳种比较系统的技术体系，忽视了中华武术独特的发力方式，忽视了以中国文化的基本精神为内核的文化精神的传承，而是把以西方文化的基本精神"竞争"为精神内核的竞技武术技术作为教学内容之主体，一直以竞技武术为指针运转。在竞技武术一统天下的格局中，全国各地的学校武术专业教育几乎都采用以竞技武术规定套路和竞技武术散打为主的教学内容，从而造成了不同地区武术专业教学内容千篇一律，造成了中华武术发展的同质化，使武术教育不仅失去了中国传统文化特色，而且失去了各自的地方特色。

武术专业教育存在的问题可归纳为以下几点：①没有主动承担起传承和发展优秀传统武术拳种的重任；②没有从整体上继承传统武术完整的技术体系，没有把传统武术拳种的独特之处发扬光大；③没有把传统武术最深层的文化精神挖掘出来，没有起到弘扬中华优秀传统文化的作用。学校武术专业教育改革应针对这3个主要问题来展开，改变"传统武术拳种只能在民间自生自灭，不能登入高等教育殿堂"的现状，把继承各具地方特色的武术拳种放在首位，在充分继承的前提下，再兼顾发展创新。由民国时期的"培育武术师资"到中华人民共和国成立后的"现代竞技武术技术体系的培训基地"再到"中华优秀传统武术文化的传承发展中心"的变化，应该是武术专业教育从过去通过现在指向未来的发展历程。武术专业教育内容由目前的竞技武术技术体系转向拳种武术技术体系，通过课程体系弘扬中华优秀武术文化，是今后改革的大方向。

学校武术专业教育改革的大方向是定位于优秀传统武术拳种，形成以不同特色的拳种为单位的优秀传统武术传承体系。具体改革可按照"立足拳种、回归技击，形成体系、弘扬文化"的理念而展开。这种改革绝非仅引入传统武术拳种的套路形式，也不是将传统武术拳种直接搬进课堂，而是首先从技术本源入手，明晰每个拳种对技击的不同侧重点，弄清每个拳种中各种技术的来龙去脉，理顺拳种技术的不同内容之间的关系，构建各拳种的技术体系，然后形成训练体系、理论体系，乃至最适宜的考试形式、竞赛形式、其他交流形式。

四、学校武术普及教育改革具体规划

不同于武术专业教育改革将关注点主要放在中华武术自身的传承发展方面，学校武术普及教育更关注于如何发挥中华武术的社会服务功能，服务于国家民族的发展和当代青少年的成长。以往一些研究存在的主要问题是把学校武术专业教育和学校武术普及教育混在一起，一并而论，并提出"学校武术开展一定不能失去武术最主要的文化特色，一定不能舍弃武术最主要的套路运动形式，否则就不是武术了"的观点，这实际上还是以武术自身的发展为出发点，让学校武术普及教育来承担学校武术专业教育应该承担的传承武术文化的任务，从而越俎代庖，顾此失彼，在很大程度上影响了学校武术本来应该发挥的社会服务作用。故此，必须首先澄清在学校体育课中增设武术的主要目的到底是立足于武术自身的传承发展，通过武术课来传承优秀武术文化，把技术精微奥妙、博大精深的武术传承下去，还是立足于广大青少年具体实际和国家民族层面的实际需要，以武术"育人"，通过武术课强身健体、培育精神。当然，在学校武术普及教育中"传承武术"和"以武育人"肯定是同时存在的，这里所讨论的问题之关键是把哪一方面作为第一性、把哪一方面摆在第一位的问题。很显然，在各级学校体育课中开展武术教学内容与开展其他运动项目一样，是为了充分发挥这些运动项目的"育人"功能，因此，学校武术普及教育应该把"育人"摆在第一位，这是与学校武术专业教育最大的不同之处。基于这种认识，应该到广博的武术技术中选取最适宜的内容，来实现中华武术最主要的社会价值，而不是考虑武术自身的文化特色、自身的技术传承。不可否认的是，把"以武育人"摆在第一位，其中也包含传承，除了传承部分技法外，更重要的是传承武术精神，以武术为载体传承中国文化的基本精神，特别是其中的"刚健自强"精神，这既是中华民族伟大复兴的实际需要，也是当代青少年健康成长的实际需要。

在明确了开展武术普及教育的立足点不在于武术自身，而在于它的服务对象——社会（包括宏观层面的国家民族和具体层面的广大青少年）之后，就应该进一步思考当代青少年最缺乏什么，国家民族发展最需要什么，学校武术普及教育应该如何以此为依据确立最适宜的教学内容。回顾历史，20世纪前期之所以把武术纳入学校教育，主要因为中国文化出现了严重问题——"文"化和"武"化教育完全失衡，文化固化柔静化，缺乏应有的生机和活力，从而导致整个中华民族软弱可欺。学校教育中开设武术的初衷即拯救文化，进而拯救民族，以武术激发民族精神，因此，当时开展了以对抗类技术为主的教学内容，特别是张之江成立的中央国术馆，更是特别强调武术的对抗性。20世纪后半叶对武术的定位转移到了身体层面的"锻炼身体的实用价值和树立优美的形象"，因此，仅开展了表演型的武术套路和缓慢柔和型的健身养生套路。21世纪初，文化精神领域又出现了问题，"坚持弘扬和培育民族精神"（2002年党的十六大报告）又被提上日程，但武术教学内容并没有随之做相应的调整，虽然有武术教育专家呼吁改革，但成效甚微，绝大多数学校仍然采用20世纪50年代创编的老套路，以及与之一脉相承的表现型套路。对比20世纪初和21世纪初的状况可得出结论：学校武术发展必将经过一个"否定之否定"的发展过程，从最初的"拯救文化，激发精神"，经过"锻炼身体，树立优美形象"的曲折之后，再回归到"培育精神"正路，这种回归不应该是简单地循环往复，而应该完成从实用技术到精神教育途径的跨越。

现行以表演型套路与缓慢柔和型套路为主的教学内容存在的问题如下：①与一般人对武术的认识形成错位；②属于封闭性运动，不易激发学生的学习兴趣；③动作太复杂，简化不当，难学难练；④技术上没有明显的目标定位，致使学习者缺乏明显的目的性，难以体验成功的喜悦；⑤不具备培育中华民族发展急需的"刚健自强"的民族精神的价值。而对近邻日本、韩国在学校里开展的武道教育进行总结，可以发现，主要有两方面经验值得借鉴：①以简单实用的对抗类技术为主设置教学内容；②充分挖掘武打类技术的教育价值。这对我国学校武术教育改革有3点启示：①学校武术的教学内容应该以两两对抗为主，而非个人演练为主；②每个武术拳种都可以提炼出几个可直接用于对抗的简单组合，在广大青少年中进行大面积推广普及；③应该将改革的立意确立为更高层面的培育精神、涵养道德，而非仅是技术层面的防身自卫、强身健体。

通过10余年普通高校武术选项课教学内容改革的实践，也得出完全一致的结论：①武术套路不宜作为主要教学内容；②应该采用简单直接、便于应用的技术，并将开放型的两两对抗作为课堂主要练习形式；③能否培养学生某方面能力，是检验课程改革成功与否的关键。通过对抗性练习，不仅能够培养灵活反应能力、准确判断能力、时机把握能力、防身自卫能力，而且还能够培育敢于面对、迎难而上、坚韧不拔、刚健自强的精神，这与学生通过武术套路课学习的最大收获——仅能够"比划"动作相比，教学效果截然不同。能否培养能力是检验武术课改革成功与否的最重要判别标准。

在以上理论剖析、对比参照和改革实践基础上，提出学校武术普及教育应定位于"培育精神"，选取以文化精神引领、紧紧立足于武术的本质属性技击而展开的对抗类技术。具体改革理念是"立足单势、强调技击、突出对抗、培育精神"，由此建立起以简单直接的对抗类技术为主体的课程体系，通过"礼仪+对抗"的模式培育"刚健自强"的民族精神。

建设适合北美消费者的武术产品及品牌*

一、北美武术品牌现状

武术在北美有品牌吗？答案是肯定的。首先，功夫就是一个品牌，而且是个非常响亮的品牌，是家喻户晓的品牌。武术与功夫一样，也是品牌。太极拳是品牌，少林拳、咏春拳、八卦掌、洪拳、蔡李佛、螳螂拳、散手、散打、24式太极拳等都是品牌。李小龙是品牌，代表中国功夫的品牌；李连杰是品牌，成龙也是品牌，郑曼青、杨振铎、陈正雷、陈小旺、杨俊敏、梁守渝、李德印都是品牌。这些品牌中，有的是产品分类品牌，如功夫和武术，属于体育健身中的产品分类。有的是系统品牌，如太极拳、少林拳等。有的是名人品牌，有的是名人、产品结合的细分系统品牌。除了上述在全北美比较广泛被认知的知名品牌外，还有很多地方区域范围内的知名品牌，在各地有一定的影响力。

武术品牌信息不稳定，譬如功夫所代表的形象繁多且互相矛盾，功夫可以代表"正义""忍让""复仇""功力""绝招""健康""高尚""神秘""暴力""土气""复古""时尚""廉价""体育""休闲"等，造成这种现象的主要原因在于我们对于"术"的过分强调和追求，将"术"赋予了某种（些）社会意义，而不是将"术"与消费者的利益联系在一起，这是典型的非产业化的"术"的形象。武术这一名称也有类似的品牌信息不稳定现象，除了继承功夫的形象外，武术在北美的形象还有"功夫的新解释""漂亮的功夫""中看不中用""花架子""高难技术""舞蹈""没有内涵的功夫"等。名人的品牌也是在注重这些名人的水平有多高、家世渊源有多深、人品有多好等。在漫长的发展过程中，武术与文学艺术紧密相连，文学艺术作品对功夫和武术的渲染也造成其形象繁多化和矛盾化，武侠小说与武侠影视节目对武术的传播是一柄双刃剑。一方面对武术的大众宣传方面有积极的影响，使武术更加广泛地被认知，另一方面对武术的形象也有不真实的渲染，造成对武术认识的偏差。武术传播者大都是注重"术"的习练者，同时也受到文学艺术作品的影响，其传播系统带有多种不同

---

* 作者简介：严志钢（1959—），男，汉族，黑龙江省鹤岗人，博士，教授。2008—2011年在上海体育学院跟随邱丕相教授攻读博士学位，完成学位论文《论武术的国际传播》。主要研究方向：武术国际传播、太极拳和通背拳的现代化发展和传播。本文为其学位论文节选。

的形象。品牌信息不稳定不利于品牌建立,尤其是当一个产品具有繁多而且相互矛盾的信息时,消费者无从选择。

随着武术传播者品牌意识的增强,他们越来越注重品牌建设,在产品质量和品牌形象方面有了很大的改进,但是在品牌建设的过程中,其侧重点始终建立在产品和产品提供者方面,以本身系统为中心,而不是以消费者利益为中心,这种现象并不单体现在武术品牌建设中,在主流市场也非常常见。从消费者行为分析的角度看,消费者与品牌的关系和产品本身关系不大,产品本身和产品提供者本身不是使消费者做出购买决定的根本因素,而产品和产品提供者是否可以满足消费者利益才是根本因素。譬如,"漂亮母鸡生的蛋"和"健康母鸡生的蛋"对消费者来说前者是关于产品和产品提供者,而后者则是关于消费者利益的,消费者将会如何做出选择不言而喻。

北美武术品牌的建设目前还处于雷声大、雨点小的状况,有关武术方面的媒体报道很多有渲染之嫌,有些武术活动,从字面上看似乎是一件大事,实际上只是寥寥数人参加的小活动而已。广告中夸大其词的宣传也比较普遍,除了对武术产品的宣传比较夸张,对产品提供者的宣传也比较夸张。当然,这种弊病不仅在武术的营销中有所发生,在当代其他市场营销中也一直是比较普遍的现象。夸大其词的媒体宣传和广告会给消费者一个不切合实际的期望,其结果只能让消费者产生购后失望,就像宣传"吃了漂亮母鸡生的蛋可以美容"一样,消费者购后一定会失望。跟其他行业的品牌建设一样,武术品牌建设者也在宣传广告中脱离了消费者的利益、期望和满足这三个要素。在北美,各种健身器材、系统充斥市场,大部分向消费者宣传可以不费力、不费事、不吃苦、不受累,每星期3次,1次20分钟即可取得健身效果,而且广告中还郑重其事地显示使用前和使用后的照片和数据比较,一般消费者的使用经验根本无法与广告中的许诺成正比。还有诸如武术宣传广告中,时有一弱女子掀翻一个巨无霸的照片,在现实生活中是不可能的。在北美,武术品牌的另一个特点是宣传武术产品的多功能性,这种万金油的现象对武术的品牌建设具有很强的负效应,人们对万金油的产品总是持怀疑态度的。

北美武术品牌缺少整合的武术品牌效应,虽然国际武联下属的机构试图协调武术的整体品牌建设,但是目前,由于各种原因,还基本处于各自为政的状况,而且互相排挤的现象时有发生。北美绝大多数武术传播者属于业余传播者,即使是原来专业的武术运动员和教练员,在北美这个市场环境中,也大都以业余的形式经营武术产业,很多人有另一份固定工作,传播武术只是爱好或贴补家用,图的是投资小见效快。因此,人们对武术产业的经济效益期望值不高,也不重视发现如何可以建立良好品牌,以期得到良好的经济效益。

北美武术现有的品牌基本在其他品牌的市场运作中,玩别人的游戏,很少有人在体育健身这个市场中开辟出自己的细分市场,即创造自己的产品分类。分析市场分割可以看出,一般在一个细分市场中只有少数领袖产品占据市场的绝大多数分配,其他很多小品牌以其特殊的产品性能或销售形式占有剩余的市场分配，在别人已经开创的市场中营销武术产品，只能是拾取那个市场的剩余部分，不能壮大自己的品牌。

二、开辟武术市场

从历史角度看，一个细分市场分类中一般有 2~3 个品牌占据 80% 左右的市场分割，成功的品牌大都是其市场分类中的第一个或第二个品牌，虽然有后来居上的例子，但为少数。一个品牌的产生具有偶然性和必然性两个方面。哪一品牌会成为成功品牌？偶然性的成分很大，譬如在北美的常用说法："恰当的人，恰当的时间，恰当的地点（The right person at the right time and right place）。"某一恰当的产品品牌，在恰当的时间和地点迎合了消费者的需求，成为成功品牌，是偶然机遇所致。譬如，肆虐一时的沙士、禽流感、猪流感等虐疫，在北美民众中引起极大恐慌，政府卫生组织呼吁民众多洗手以减少传染的机会，虽然北美公共设施条件较好，但也不是随时都可以找到洗手间，而且即使有洗手间也是要与人接触。一种一次性的有消毒功能的纸巾应运而生，而带领这个产品系列进入这个市场分类的 Purrel 就成为最成功的品牌。但是这个偶然机遇是一系列必然条件造成的，首先是虐疫促成消费者需要，在这种需要不能被现有的产品满足的时候，就会产生对新产品的需求，这种需求是必然的。在这种需求没有被满足的时候，哪一个产品首先满足了这种需求，就很可能成为这个市场的品牌，这是偶然的，哪一个企业，什么牌子的产品不是必然的。这种机遇是可遇不可求的。科学地研究品牌建设，研究对象是品牌建设的必然性，即没有被满足的消费者需要，也就是时机。需要回答的问题是：消费者有什么需要（包括已知的、未知的）？什么时候需要？需要量有多大？消费者认为什么产品或服务可以满足这种需要？他们愿意支付什么样的费用来满足这种需要？消费者的需要时时刻刻存在，而且时时刻刻都在变化，营销概念之下的需要必须具有足够量的潜力，目标消费者也具有足够的消费能力，这种需要才能称之为有效的需要，譬如，武术特技训练有没有人需要？答案是肯定的，但是这种需要没有量的潜力，不适合作为普及类市场营销的目标，而只适合提供专门特殊服务的教练或学校作为专营项目。营销的关键在于善于在恰当的时间发现有效需要，并在需要没有被满足的时候领先进入市场。

"最近的一项研究发现，当消费者对一些品牌了解不多时，有顺序地呈现这些品牌的信息会产生不同程度的学习，学习程度取决于信息接受的顺序。在商品种类中后来加入的商品属性，尽管和最初的商品属性相比是新奇的、容易引起注意的，但对后来进入者好像是多余的、乏味的。这就解释了为什么在一个新商品种类中第一个品牌容易保持最大的市场份额。"[1]

---

[1]冯丽云．消费者行为学 [M]．北京：经济管理出版社，2004：87．

打造武术品牌也一样，如果只跟随"二战"后开始盛行的空手道、柔道、2000年进入奥运会的跆拳道、近年盛行的综合格斗术等后面，拾人牙慧，复制某市场运作风格和经营运作形式，那么要想打造武术品牌会难上加难。武术在北美的传播需要独辟蹊径，武术传播者需要了解北美社会，了解主流消费者的需求，也就是了解市场走向的必然性，开辟新市场，必须明确谁是你的客户，谁不是你的客户，"老幼咸宜""适合各消费人群"的品牌是不存在的。然后，根据其必然性设计武术产品，建设武术品牌。

三、武术市场在哪里？

谁是武术的客户？按消费者行为学的原则来分析，消费者可以从年龄、性别、社会阶层、收入、生活方式各个方面分成不同的群体，每个消费者的需要又分成不同种类。年龄群体分类法对武术的消费者群体研究意义最大，武术属于体育项目，人们在参加体育活动时，最常见的选择标准就是，这个项目是否适合自己的年龄。大众体育在性别方面没有太大区别，男性在身体接触、竞技型、剧烈体力运动项目中所占比例稍大，女性在非身体接触、非竞技型、心灵型体育项目中所占比例稍大，但是差别甚微。社会阶层、收入和生活方式主要决定消费水平，分高、中、低三个消费档次，武术产品现状基本属于低档水平，中档产品很少，偶有高档。本研究的目的是试图根据北美消费者群体的体育、健身、文化消费需求，尤其是占比最大的中档需求，找出武术品牌有关的目标客户。

表1是笔者在加拿大生活时总结出的北美大众对武术或类似武术的体育健身需求。信息来源有的是在与目标客户面谈的时候通过事先设计的问卷得到的，有的是在市场测试过程中得到的，有的是与人日常交谈时得到的，有的是与经营武术馆校的武术教练交谈中得到的，虽不能代表全部，但属于比较普遍的看法。

表1　消费群体与消费需求情况

群体	生理需求				心理需求		
	健身	减压	防身	社交	身份	喜好	自我实现
少儿	√			√	√		
青年			√	√		√	
壮年		√				√	√
中年	√	√			√	√	√
老年	√			√			

少儿群体的需求：少儿的健身需求主要是学生家长的考虑，北美的儿童缺少身体

锻炼，少儿肥胖症普遍，据新闻媒体报道，有25%的儿童体重超标，随着社会健康意识的提高，人们开始注重体育锻炼。少儿的社交需求从表面上看好像比较奇怪，但是这的确是一个非常重要的需求，北美社会虽然社会治安比较好，但是由于媒体的负面宣传，儿童课外的户外自由活动很少，有组织的体育活动可以有效地提供儿童成长过程中亟须的社会环境，这一点西方传统竞技集体体育活动已经走在了前面，但是武术也有竞技体育活动没有的优势，那就是全家可以一起训练。另外，监护服务是少儿体育活动的特色，学生家长把孩子送到学校，自己可以利用这段时间做其他的事情，孩子既可以学习知识，也可以锻炼身体，最重要的一点，这还是廉价监护服务。身份需求是孩子的心理方面的需要，"我会功夫！"是少年儿童可以引以为荣的身份，"我会空手道！""我是空手道黑带！"也是身份象征，所以武术段位制也是满足身份需求的一个方面。身份的另一个方面是文化归属感，一些华人家长希望自己的孩子可以学习一些中国传统文化，武术作为文化的重要载体，可以满足这一需要。但是武术（功夫）还不是多数家长的首选，主要原因是武术（功夫）在很多华人的印象中有一定的负面形象，如打架斗殴、江湖义气等。在过去二十几年里，武术（功夫）的形象有所改变，档次稍有提高。少儿消费群体是一个比较大的群体，而且有可能从低档消费（每月50美元）水平提高到中档（每月70美元）的水平。北美高档体育消费水平在每月100美元以上，冰球、花样滑冰、游泳、体操等项目还要高。

青壮年群体的需求：青年和壮年目前在武术产品消费方面人数比较少，他们热衷于社会性较强的体育活动或户外体育活动。青年人的收入不高，但是因为没有负担，可支配收入很高，他们对身份的追求是时尚，武术暂时还不算是时尚的体育。他们对武术的防身功能有兴趣，但是又不喜欢枯燥的训练，所以很多年轻人选择凶狠的综合格斗术、泰拳、巴西技击术等。壮年群体收入不低，但是负担重，买车买房，养育儿女，所以可支配收入不高，他们在自己身上花销不大，很多人选择比较便宜的健身房或免费户外运动。他们中有一小批人热衷防身，但是大多数都肥胖，所以，减肥是他们更关心的内容。

中年群体的需求：中年人事业有成，但是身体状况下降，他们经过了用健康换钱的过程，步入中年，健康开始出现问题，所以需要用钱买回健康。这个群体的人选择健身房的很多，一是因为方便，健身房分店多、营业时间长，二是不需要特殊的指导，跑步机、哑铃、杠铃可以自由使用。但是武术对这个群体也有一定的吸引力，他们工作压力大，中国武术内外兼修的特性，对减少精神压力有显著的效果，武术的减压功能对他们有一定的吸引力。如果突出武术品牌的文化特征，以武术品牌的文化份量作为社会身份的象征，对这些事业有成但是又没有很高可支配收入的人来说，是一种可以廉价购买的社会身份。他们中有些人儿时对武术（功夫）感兴趣，但由于种种原因没有学成，这时正好可以圆儿时的一个梦。需要注意的是，由于年龄和文化观念的原因，这个群体比较保守，对外族文化的接受能力差，所以可吸引的人数不多，不一定有乐观的潜在市场。

老年群体的需求：老年群体是一个不可忽视的群体，尤其是如太极拳这类以柔缓为特色的运动方式，颇受老年人青睐。老年人收入固定，虽然不高，但是因为其他方面开支小，所以用来健身的费用可以负担得起，目前老年人在武术方面的消费水平属于超低标准，主要是因为很多社区活动中心提供非常廉价的太极拳等健身班，这种廉价的健身班一方面截断了私营武馆的生意，另一方面有些健身班所提供的太极拳教学水平不高，教学效果不好，甚至造成运动损伤，留下不好的名声。如很多人练太极拳因为没有遵循正确的方法练习，造成膝关节疼痛，得出了练太极拳可能伤害膝关节的结论。作为专业武术教练，在这一方面是爱莫能助，如果以同样的价格开班，如25～100美元/年（有些社区活动中心的价格），那么招生越多，赔得越多，只能属于公益性项目。如果能够改变这种超低消费的现状，老年人群体可能成为武术的消费群体。老年人群体的一个潜求需要是较高强度的武术训练，如少林拳、陈式太极拳二路炮捶、谭腿等传统套路。北美目前开始兴起老年人健美，效果不错，很多医学研究也显示老年人进行力量训练可以延缓衰老过程。社交活动是老年人十分重视的需求，在社交方面的需要与健身方面的需求基本相当，设计针对老年人的课程，要考虑他们的社交需要。

市场调查是了解市场的必由之路，武术运动属于体育健身市场，在武术产品建设和品牌建设开始之前，首先要了解这个市场。在北美，健身市场极其庞大，每年在健身体育活动、用品、服装的消费上达几十亿美元，而且呈上升态势。在体育健身这个市场中，武术属于技击系统分类中的一个子分类。然而武术本身也是非常庞大的系统，如果要建设适合消费者"欲望水平"的武术品牌，就必须在这个子系统中找到可以满足消费者"欲望水平"的单一利益，将品牌建立在这个单一的利益上，所以武术品牌统一化是一个重要的环节。武术运动也属于文化产业市场，很多人学习武术是为了靠近中国文化，这就需要了解这个市场的消费者的需求是什么，根据这些消费者的"欲望水平"来建设品牌，设计产品。"武术源于中国，属于世界"这一人们共识的口号要体现在开辟武术市场的实践当中。

游离于"文化"与"体育"间的武术发展新论*

影响人类发展的不是既得利益,而是思想或思潮。百年来中华大地时经两次轰轰烈烈的东西文化论争,为中华文明在与异己思想交流、回旋中注入了生机和活力。每当国人面对繁讼纷纭的文化物种竞争时,文化民族主义思想油然而生并不断凸显。近代,那场自上而下举国倡扬的"国术救国"运动未能如愿改变和拯救民族命运,却完成了技术体系、训练方法、认知棱镜、生存空间、显示场所等方面的转型,其"搏杀""立命"等生命学功能日渐式微,而"治身""休闲"等社会学意义日滋月益。

当今,在各国文化交流过程中,文化交流的不平等日益凸显。针对不平等的交流,要依据文化享用者合理地倡扬文化功能,不宜若过多地强调自身文化的优越性,否则会被扣上"文化侵略"的标识。在历史敏感时期,如何应对人们对武术的质疑和挑战亦迫在眉睫。相比近代,当下时代变迁赋予了传统武术新命题,又一次为中华民族的伟大复兴彰显出强大的文化能量,经过数代尚武人士的努力,武术的国际化进程初现美好前景。然而,在一片"美好图景"的交织过程中却有一种暗流涌动——武术随"中国威胁"论而被贴上"文化侵略"的标签。长此以往,其势必对武术的现代化进程至于隐形束缚和不良影响,故必须予以纠正。

一、当下中国武术文化的面面观

文化是一种维系民族和国家团结的精神纽带,在某些紧要关头可以唤醒人们的内心意识。"任何民族的文化都绝不是民族、语言、宗教、社会心理、传统道德、生活方式和思维特征等的简单相加,而是受某种地理环境的影响或是约束下,各种要素有机、系统结合而形成的一种独特的文化复合体"[1],并受组成因子、构成结构和结构有序化的影响,会在特定时代呈现出不一样的文化事象。中国武术同样如此,会呈现出林林总总的文化事象,并突显不一样的功能。

---

* 作者简介:吉灿忠(1970—),男,汉族,河南洛阳人,博士,教授。2008—2011年在上海体育学院跟随邱丕相教授攻读博士学位,完成学位论文《武术文化空间论绎》。现工作单位:南京师范大学;主要研究方向:武术文化、武术历史。本文原稿发表于《南京体育学院学报》2020年第5期。
[1] 王会昌. 中国文化地理[M]. 武汉:华中师范大学出版社,1992:12.

(一) 竞技武术的强力推介

随着国力强盛,中华传统文化复兴和走出去已成为必然。自主管部门将体育工作确定于竞技、健身和产业三大任务之时,"武术进奥"成为中国武术人的终极诉求。武术管理主导部门坚持竞技武术能"为引领和推动武术事业的全面发展,发挥了重要作用"[1]。在武术赛制改革、项目内容设置、专业队伍建设、专业人才培养、技术体系细化、训练方法运用等领域予以了巨大探索和践行。自 1992 年国家体委武术运动管理中心提出"力争为奥林匹克运动会贡献一个中国项目"迄今已 30 个年头了,纵然 2013 年的"黑色五月"第三次为竞技武术蒙上一层雾霾,但至今拥有着 142 个武术成员国,以及国际武术联合会、世界武术锦标赛等国际间武术交流,还是让世人亲目了武术的强大。

(二) 传统武术的默默渗透

民间武术传承人将武术的健康价值和休闲理念发挥到了极致,特别是以太极拳为代表的优秀拳种将"长寿花"插栽到了大洋彼岸,成了各国孔子学院、中国文化年、中国文化中心等涉外教育机构的常客,走进了国外院校、社区、会所、官邸,甚至是联合国总部。传统武术所隐喻的"合和"健身观念和"仁爱"人文理念成为构建人类命运共同体的理论来源。顺应人类健康需求的太极拳的强势西渐,却让长期浸染于西方体育的人感受到了浓浓的技术危机。

(三) 演艺武术的艺术感染

"功夫舞台剧却能完美地借助舞台传颂着打斗情节、侠义之风、道德观念和哲学思想,是至今能将舞台人物、场景、剧情、音乐和主题思想高度融合,并通过主体人的身体舞动和艺术手法来体现的最好的艺术形式。"[2] 经过声、光、电现代科技处理和包装后的《音乐大典》《太极拳传奇》《功夫诗》等演艺武术以鲜活演职者的现场会演给人们奉上一套饕餮盛宴,将舞蹈与武术、现代元素与传统故事、世界流行艺术与地域文化,以及舞美、灯光、音效等手段完美结合起来,用崭新舞台表现演绎中国功夫,阐释好中国故事。其使"少林功夫""太极拳"等文化符号荣登《时代周刊》,让世界人民记住了中国功夫。

(四) 武术学界的高调宣传

武术命运倍受学界关注,"要不断'强化中国武术文化'走出去'进程中的'文

---

[1] 张秋平. 不忘初心 凝神聚力 奋力开启新时代武术事业发展新征程——在第八次全国武术工作会议暨第十一届中国武术协会换届大会上的工作报告 [J]. 中华武术 (研究), 2019, 8 (3) 6-13.
[2] 韩源. 国家文化安全论: 全球化背景下的中国战略 [M]. 北京: 社会科学文献出版社, 2013: 18.

化意识'"[1]"汉字、中医、中餐和武术这些中国元素是人文版的四大发明"[2]"国粹武术作为中国国家形象的重要组成部分,在国际传播中应围绕中国国家形象的核心定位,担负起塑造良好中国国家形象的重任"[3]"要根据文化战略在目的上的隐蔽性、在效果上的渗透性、在范围上的广泛性,形成这样的自觉性:把武术的竞技行为、体育行为等纳入文化战略的视野中来思考"[4]等,有关武术力量的学术热潮此起彼伏。以武术重塑民族形象、提升文化软实力等成果屡现报端,种种武术声音振聋发聩。如此高调宣言固然让世人看到了武术的文化力量,但似乎正在打破欧风美雨式的世界体育格局,不免为域外民众理解"武术文化"带来了意识偏差。

二、由武术文化面面观所引起的文化偏见

全球正发生着一场全方位、多层次的社会变革,影响力已在各个领域蔓延,诸多不确定性造成了结果的多向性[5]。木秀于林,风必摧之。随着国力强盛,中国文化界和学界高调倡扬传统文化的提升民族形象和国家软实力之功,这诱导了域外民众开始改变对东方大国的认知传统。当他们面对中华民族文化的"西进""挑战"时,不免对中华优秀传统文化"危言耸听",甚至产生了"应战"兴趣。接连发出的中国声音令美国为首的西方国家惶恐不安。芒罗的《正在觉醒的巨龙:亚洲真正的威胁来自中国》、亨廷顿的《文明的冲突与世界秩序的重建》和鲍尔森的《与中国打交道》等频频抛出"中国威胁论"。哈克特更是认为,中国将成为继苏联后新的邪恶帝国。2012年爆发的美国"17号公告"驱逐孔子学院教师事件已将西方国家遏制中国崛起之行径暴露无遗。

近年来,武术这一典型的东方文化和传统技术也随势冲出了西方体育"单向透支"的危厄,部分程度上完成了人性的现代性转型,让异己民族产生强烈"文化赤字"感,将中国武术与"文化侵略"捆绑在一起,甚至"谈武色变"。上述四种文化事象让异己民族无法适从,对自己文化传统缺乏应有的自信和判断,甚至感受到了本民族文化遭遇的逼厌。于是,他们以异样文化视角开始肢解武术的文化意义,诋毁武术对人类的健康价值,忽略武术在构建人类命运共同体力量。这种文化认知偏差成了中国武术国际化进程中的拦路虎。

---

[1]吉灿忠.演艺性武术的文化力量及其当代路径[J].西安体育学院学报,2013,30(6):707-711.
[2]转引自:冉学东,王岗.对中国武术文化"走出去"战略的重新思考[J].体育科学,2012,32(1):71-76.
[3]郭玉成,李守培.武术构建中国国家形象的定位研究[J].北京体育大学学报,2013,36(9):9-18.
[4]康戈武,邱丕相,戴国斌.从文化好奇到文化战略[J].体育文化导刊,2004,6:12-13.
[5]陈静.中国还有人文版"四大发明":陈炎教授访谈录[N].中国社会科学院报,2009-09-17(2).

三、中国武术现代化进程中的理性"降温"

文化像是一种神奇的黏合剂,可以动员民众、组织国力,也是民族国家的"合法性"来源[1]。中华传统文化要想实现伟大复兴就必须率先形成文化自信。文化自信不仅是对文化内涵与表现进行自主性阐释,更需要文化的创造性转化和创新性发展。在对武术认知过程中,我们不可过重地强调本文化的优越性,要打破异己民族的文化排斥力,要依据武术发展大计和享用者的价值取向做出理性判断,唯其如此,方能真正实现武术文化的自信和伟大复兴。

(一)在国内宜强调"文化"属性,大力推进武术的"文化遗产"传承和保护

"任何族群离开文化都不能存在,族群认同总是通过一系列的文化要素表现出来,族群认同是以文化认同为基础,因此,这些文化要素基本上等同于族群构成过程中的客观要素。"[2] 文化是决定一个民族性格的重要标识,任何社会历史的演进都可视为文化的演进,文化演进首先是基于自身的传统。

1. 突出本真传承,纠正武术文化传承中的不平衡

党的十九大报告指出,"深入挖掘中华优秀传统文化蕴含的思想观念、人文精神、道德规范,结合时代要求继承创新,让中华文化展现出永久魅力和时代风采。"为树立民族文化自信,深入阐释传统文化历史渊源、发展脉络、基本走向等任务,为传统文化技术和理论传承、主体和空间保护、内涵与职能筑建等工作树起标尺。武术文化遗产传承是系统工程,然而传统武术更多倾注的是技术传承,即文化主体的传承与保护,而疏忽了传承主体、传承制度和传承形式等方面有效保护。

武术在某时期、某场所总会随外部环境的鼎新而做出适宜调适,但终究会沿着既有坚定技术取向迈出高昂的武步。一群群恪守技术和理论核心的"活态"尚武者墨守成规传承旧技,革故鼎新衍生新派,殚精竭虑地在历时性与时代性的交集下赋予拳派新内涵。他们以"亮拳"或"耍拳"的形式标榜出拳派秉性,会苦心孤诣地效仿先人的身态、动作、方法、精神、气质、神韵信息,以宣泄着自己的技术认同和文化追崇。这些传承不再是一般性的陈列,而是全息性的衔接、张扬和复制,更是彰显出传承主体在技术和理论创造性转化、创新性发展过程中的"活体"作用和"活态"价值。

套路是对打斗动作的虚拟描绘、意相刻画和符号记忆。它是要通过人才能表现出来的"活"技术。武术的众多精湛打斗技术借助套路演练承袭下来,确保了拳技的神

---

[1] 厄内斯特·盖尔纳. 民族与民族主义 [M]. 韩红, 译. 北京:中央编译出版社, 2002:183.
[2] 石奕龙, 郭志超. 文化理论与族群研究 [M]. 合肥:黄山书社, 2004.

秘性，比文字、图谱更贴切、更真实。在技术代际递接过程中，传承主体以零距离言传身教、耳提面命完成技术接传延续和创新生产，其重要性不言而喻。然而，《中华人民共和国非物质文化遗产法》规定：非物质文化遗产代表性项目的代表性"传承人应履行下列义务：开展传承活动，培养后继人才；妥善保存相关的实物、资料；配合文化主管部门和其他有关部门进行非物质文化遗产调查；参与非物质文化遗产公益性宣传。"通篇对传承主体人的具体事象之规定付之阙如。研究证明，对拳师的活态保护可从自传、口述史、技术拍摄和数据存储等手段解决。

传承机制是对文化演进始末的历史记忆。武术传承机制往往是通过族亲或师徒表现出来的。无论是族亲还是师徒都是一个相对封闭的社会系统，其中昭示着传承系统内各组织和组织间构成要素之结构，每个组成员和成员间的关系与心理品质。而所有这些又是诉诸家庭、村落、拳堂、庙会等文化空间得以显现。不同传承场又昭示出不同的组成结构及结构组成因素间的逻辑关系，隐含着众多武术叙事、主体人的心理特征、价值取向和精神品质。"蔡李佛拳堂"（广东新会）、"梅花拳堂"（河南清丰）、"杨露禅学拳处"（温县陈家沟）和"演武堂"（少林寺）无不传载着一段又一段精妙绝伦的感人故事，一个又一个脍炙人口的武林传奇。这些都是对先民"坚毅""博爱"品行的接力，是对武术教育价值现代转化的具体践行，是对剀切博大馥郁的武术文化体系的非凡意义。

2. 加强拳种教育，确保武术文化性传承的最佳时态

从形成机理看，四大不同的地域环境里生产出水系、草原系、高山系、丘陵系四大风格不一的武术拳派，"南拳北腿""西棍东枪"之说由此而来。如受社会环境和生活习惯影响形成的螳螂拳、武松脱铐、蒙古拳等拳派；受人文思想影响形成的子路白拳、岳家拳、关公拳、太祖拳、杨家枪、燕青拳等拳派；受哲学思想影响形成的太极拳、八卦掌、伏羲八卦拳、形意拳、两仪拳、圣门莲花拳等拳派；受文化信仰影响形成的少林拳、查拳、七势拳、回回十八肘、字拳等拳派。每个拳派都是拳家们对生产方式、生活习性和人文思想等方面的神明体悟，亦是对某种特定人文知识图谱的绝妙彩绘。陈享的抗日义举、李炳霄创螳螂拳、鲁孝创罗汉拳、崇苍和尚创月山八极拳、郭延道创杨掌……不一而足。拳种传承已不再只是技术承袭，而是对某种人文精神、宗教信仰和人文思想的承接、赓续。

拳种是武术文化体系的基本单位，展示着技术结构、组成要素和理论特质，能折射出某一族群内或族群间的社会关系、组织机制、价值准则，凝聚着中华传统文化基因。民国时期，大中小学极其重视拳种教育。华北国术促进会编纂的《大中小学校国术教材标准》（1935）规定，小学开设岳氏连环、太极拳和少林拳；中学开设少林拳、形意拳、八卦拳、五形拳、连环拳，以及刀、棍、枪单练和双刀、对棍、对刀等对练；大学及专门学校开设太极拳、少林拳、通臂拳、劈挂拳，以及剑、长兵枪、戟、鞭术、锏术。而北京特别市国术馆编撰的《大中小学国术课程标准》（1938）则规定，小学开设八段锦、少林十二式、岳氏拳、形意拳；初中生开设罗汉行功法、弹腿、少林拳、查拳、捷拳、信拳、六合拳，以及六合刀、捷刀、梅花刀，少林棍、夜叉棍、六合棍；高中开设太极拳、唐拳、七星拳，通背拳，以及双刀、封棍、对刀、六合枪、战身枪；大学开设形意拳、唐拳、信拳、二郎拳和劈挂拳，以对枪（对八枪、黑白鹞枪）、戟术、鞭术和铜术[1]，都凸显了在各级各类学校中拳种教育的重要意义。

学校，是系统传承和传播知识、技术和文化的组织机构。在学校里学科齐全、研究方法多样。拳种走入学校，是拳种技术和理论体系的研究，传统武术本真传承的必然之路。拳种教育能有效承袭武术文化全貌，使传统武术更加鲜活、多元、立体和生动，可增加文化感染力和凝聚力，保障技术体系的丰富多样。

3. 开拓演艺武术，重现传统文化的理想途径

演艺武术是指"在特定的文学、剧本、影视和舞台中通过文字描绘、行为表演来叙事武术文化的场景或作品。"[2]它跨越于艺术、武术、科技等领域，是一种别样的武术样式，往往要借助情节叙事把创拳过程、人文思想、哲学观念、心理精神全方位地呈现在观众面前，能恰如其分地展现出族群气质与个性，迎合了"讲好中国故事"的时代诉求。

既往的传统武术传承，过度地强调练习方法、场地器具、服装器械等内容，忽略了组织方法、教授方式、礼仪规范、比赛方式，以及民族性格、精神生活、情感价值传承，使武术传承失去了全面和系统。而演艺武术，可在方寸之地和屈屈数小时内立体地诠释演绎人与器械，鲜活地刻画出人与人的心理，全面地释读人与社会之关系，恰当地抒展出习武者的内心世界和精神追求。此三者在其他武术技术样式中也只是有所侧重，偏于一隅，但可借助演艺场景、故事和情节将一个族群的丰富的人文思想、哲学观念、价值取向、民族气节、心理精神层面一览无遗地呈现出来，全方位地还原或接近事物真相，真实地让"大武术文化"跃入观众眼帘。

演艺武术最具大众性、普及性，不受时空间局限，打破了其他武术样式传递过程中的语言障碍，所表达的内容和赋予的信息最全面，受众范围较广。虽然演艺武术很难带来武术技术的原创性与创造性生产，但通过创作团队的智慧和演职人员的投入能有效对技术复制和创新带来辅料。

（二）对国外宜强调"体育"属性，规避域外民众"文化赤字感"

新时期，民族交流突破了时空障碍变得更加流畅，"MADE IN CHINA"遍布全球，让西方国家增加了有色眼镜的"色度"，为中国文化贴上"侵略"的标签。"我们还要

---

[1] 吉灿忠，孙庆祝. 民国时期《大中小学国术课程标准》及其当代启示 [J]. 上海体育学院学报，2016，40（2）：46-50.
[2] 吉灿忠. 武术文化空间绎论 [M]. 北京：人民体育出版社，2017：233.

善于把文化传统与时代精神结合起来,把发扬我国的传统文化与吸收借鉴外国的先进文明结合起来,使祖国文化再展辉煌。"[1] 武术为步入奥运殿堂做出巨大努力和牺牲,但似乎有一种无法消解的文化暗流抵制着武术的国际化进程,其缘于域外民族对武术所产生了深深的文化误读。笔者认为,对域外民族宣传武术要讲智慧,避免大肆宣扬武术在提升"民族文化""民族精神""民族形象"方面的功效,而是多宣传武术的"体育功能"。

1. 突显竞技性武术的功能,大力挺进奥林匹克舞台

北京2008年奥运会被认为是武术入奥的"历史性最佳机遇",国家体育总局为此成立"武术争取进入奥运领导小组",然而最大的希冀却成了最大的梦魇。经历"四年申奥路、七载征奥途"的武术最终以表演赛的身份"秀"了一把,向世人上演了一部极具视觉冲击的"中国大片"。有人认为,武术进奥未必是好事,高、难、新、美、奇的技术体系并非中国武术的所有,未必是最好的归宿。殊不知,武术太需要这块宣扬和彰显文化张力的竞技场了。这可以使他国领略到中华民族的文化魅力和文化传统。多年来,武术入奥受到了政治"场"的直接制约,是赖于单边性和强制性的行政手段,拥有强大话语权,虽然排斥了民众倾向和民众参与,体现出他律的存在和作用力,但很大程度上会诱发传统武术、学校武术和武术文化的跟进。所以"武术入奥"之"体育功能"不可丢!

然而,"武术入奥"至今仍无乐观可言。其重要一点在于,武术技术在传承和创新方面出了问题。"每个社会都必然会有一种文化霸权,它是占统治地位的阶级在思想上和道德上的领导权体现。这种文化上的权威并不总是通过强制的暴力手段实现的,通常的做法往往是迫使被统治阶级默认这种文化霸权。"[2] 竞技武术为武术入奥充当了急先锋。高、难、新、美、奇的技术体系看似迎合了竞技体育的需求,不仅向人类和科学提出了宣战,而且更容易为奥林匹克大家庭所接受。但近半个世纪过去了,竞技武术越发让人陌生。

由现有的竞技武术技术体系看,渐渐脱离了传统武术的本真,由"武技"趋向"舞艺",一定程度上迫使传统武术趋向同质,影响了传统武术的真实和发展。因此,要想在世界体育舞台上彰显武术的张力和风采,就必须恪守自己的技术自信,重新筹划武术进入奥运攻略,重新定位"武术入奥"的项目设置、技术体系、评价方法,尤其是选取竞技性武术技术充当挺进奥运重任。

竞技性武术不等于竞技武术。早在民国时期的各种国术比赛当中,中国式摔跤、传统射艺、短兵和长兵四大"国术项目"粉墨登场,精彩纷呈,但今日四大项目与现

---

[1] 中国政府网. 十一届全国人大四次会议记者会温家宝答记者问 [EB/OL]. (2011-05-02) [2018-05-15]. http://www.gov.cn/2011lh/content_1824958.html.
[2] 周宪. 文化表征与文化研究 [M]. 北京:北京大学出版社,2007:144.

代武术体系渐行渐远，似乎远离了武术技术体系的本体。中国式摔跤、传统射艺几近走上"单飞"的发展道路，短兵和长兵也逐渐遁匿出武术范畴，使武术技术体系更加"瘦薄""单弱"。然而从技术结构和评价体系看，此四大项目依然焕发着技术青春，也更接近西方奥林匹克竞技理念。为此，国家武术管理机构宜大力倡扬武术的体育竞赛功能，调整原有的竞技武术发展逻辑，构建出崭新的科学的"武术进奥宏伟蓝图"。

2. 突出武术的健身功能传播，以体育功能冲淡文化抵触

随着人类社会的高度发展，人们即将达到文化创造、文化欣赏和文化建构的自由发展阶段，即休闲时代。此时，人类的行为、思维、情感等方面将通过文化氛围传递出独特的文化信息，从而构筑或达到一定文化意境使个体身心和意志得到全面、完整发展。《国际休闲宪章》中说："所谓休闲，就是人们在完成工作和其他任务之后，在自由支配的时间内所进行的活动，是以补偿性活动为基础的活动。……不论都市生活还是乡间生活，在人们生活的方方面面，休闲都是非常重要的。"言外之意，受严重摧残的身心可以通过某些补偿性活动来扶正。顾拜旦曾说："通过体育锻炼人的身体，最终塑造并教育人，强健人的体魄和美好的身心。"体育，成为人们追求健康身心和美好生活中不可或缺的重要一环。

武术是伴随人类发展最为悠久的身体行为。武术自产生之日就具备敌御外侮、防身自卫、强身健体和修身养性的价值。在不同历史时期，其功能和价值会有不同侧重，然而强身健体价值始终是其主要功能。近年来，除了竞技武术沿着既定奥运目标发展外，以太极拳为代表的养生类武术技术正是沿着"体育功能"一路前行。据不完全统计，世界上演练太极拳者超过3亿，根据美国国家卫生研究院（NIH）下属的国立补充与替代医学研究中心调查显示，截至2007年全美约有300万人从事太极拳运动。到现在习练者更多。很显然，这是太极拳的"体育健身"功能发挥了作用。竞技武术与传统武术两种不同境遇已昭然若揭，武术要想发展必须考虑到消费者的技术取向。太极拳是一种典型的传统的生命与休闲文化。它以千年的"阴阳平衡"和谐理论和"修身养性"健身观为先导，追求身体上的去僵，运动上的轻柔，心理上的无为，精神上的愉悦，思想上的自然，为人类健康发展和和谐社会构建发挥着洪荒之力，是"未来体育的一束新光"。当然，形意拳、八卦掌、苌家武技等诸多重在心志修为的拳派技术都可为人类健康发挥应有的贡献。

目前，武术的健身休闲功能已在国外得到了普遍认可，但相关管理机构的引导力度不够，多是以传承人的传播作为发展动力，呈现出自发性、离散性，缺乏科学规划，大大阻遏了武术的传播速度。为突出武术健身功能，可构建出国家管理部门、协会参与、社会配合和个人从业的四元推广模式，全方面地弥补单方面传播中所出现的漏洞。

四、结语

英国历史学家汤因比的"挑战–反应"原理告诉我们,有机体在遇到挑战时,会本能地产生一系列有效反应,从而最终促进有机体的发展。未来各民族传统文化将游离于"全球意识"和"民族意识"的大路上。没有了"全球意识"那必然要被拒于人类文化前进轨道之外,注定会丧失文化持久力。反之,没有了"民族意识"就不会创造出自己的特色文化,最终只能是东施效颦。武术不应当沉浸在故纸堆中炫耀财富,更不应当在深埋博物馆里孤芳自赏。因此,在各民族优秀文化异军突起的当下,注重文化策略是很重要的。武术的全球化策略要突显武术的体育、健康和休闲功能,不宜过度宣扬武术的文化使命和历史使命方面的担当。

武术弱连带优势研究*

武术在现代的发展过程中出现了一个快速阶段,这个阶段的出现与早期一些武打影视的播映密切相关。武术学术界无人会否定电影《少林寺》对于推动武术发展所具有的重大意义,而且类似的题材很多。不过很少有学者认同将武打电影纳入武术的范畴。诸如此类,包括蕴含丰富武侠元素的网络游戏,鲜有学者研究武术与它们之间的联系。如果根据熟悉效应、权威效应理论和处于一种集体无意识中的文化思维惯性来追问求源,呈现出的一个深度的问题是,武术发展中能够参与创新拓展的力量依然不足。曾经在武术发展过程中积累的经验——适合现状的与不适合现状的依然交织在一起应用在有关武术发展的进程中,在推动武术取得一些新成就之时,也在武术领域潜移默化地形成了一种思维约束机制。我们试图进一步阐释武术与其他领域交叉形成的关系的重要性——即使仅服务于竞技比赛这一主体,发挥这些连带关系的力量也能够极大地促进这一目标的实现。期待相关机构能够加强对这些方面的关注。我们运用美国著名的社会学家、斯坦福大学马克·格兰诺维特教授的弱连带优势理论解释此类关系,呈现一些武术发展中通常被忽视的确存在极大的可能性诱发蝴蝶效应的影响因素,为武术发展提供另一种视角。

一、理论阐释:弱连带优势理论

马克·格兰诺维特教授将人与人之间的关系理解为"连带",并根据"认识时间的长短""互动的频率""亲密性""互惠性服务的内容"这4个要素将连带分成强连带、弱连带,以及无连带。他举例阐释了这3种连带,"设想一种情境,任何2个被任意选择的个人——我们称其为A和B,A和B朋友圈重叠的程度,在A和B没有连带的时候重叠最少,是强连带的时候重叠最多,而若是弱连带的时候,重叠程度则是中等的。"[1] 他描绘了社会关系网络中人们扩充信息的途径。

---

* 作者简介:王伟(1973—),男,汉族,江苏新沂人,博士,教授。2008—2011年在上海体育学院跟随邱丕相教授攻读博士学位,完成学位论文《论武术休闲及其市场拓展》。主要研究方向:武术休闲产业、太极拳文化。本文是与导师邱丕相教授合作完成,原稿发表于《首都体育学院学报》2012年第1期。

[1]格兰诺维特. 镶嵌:社会网与经济行动[M]. 罗家德,译. 北京:社会科学文献出版社,2007.

弱连带优势理论是指社会中一个人往往只与那些在各方面与自己具有较强相似性的人建立比较紧密的关系，但这些人掌握的信息与他（她）掌握的信息差别不大；相反，与此人关系较疏远的那些人则由于与此人具有较显著的差异性，也就更有可能掌握此人没有机会得到的、对他（她）有帮助的信息；因此，人与人之间的弱连带关系是个体融入社会或社区的必不可少的因素，能给人们带来意外的信息和机会，具备联系不同社交圈子的能力。

马克·格兰诺维特教授探讨社会网络对个人求职的影响时发现：家人、好友等强连带往往提供重复而多余的信息；相反，弱连带反而是推荐工作时较有力的网络。Uzzj研究纽约的成衣工厂时发现，网络强弱程度与组织存活之间的关系，是一个倒U字形的曲线。曲线在中央突起，代表当一个公司的网络同时整合了社会镶嵌连带（Ambeddedties）和疏远连带（Armlengthties）时，其组织存活率最高；相反的，曲线的两端下垂，代表如果一个公司的网络纯粹由强连带或弱连带组成，组织存活率会降低[1]，这些都是弱连带呈现的优势。

二、作为武术弱连带的存在

这里我们将马克·格兰诺维特教授的弱连带概念做一些引申，以武术为核心展开连带研究。将人际关系扩展到行业关系，由于行业是某类专业人士的集合，拥有团队的性质，这使得它们本质上具有一致性。我们用 W 表示武术，用 O 表示其他学科或行业领域，用 U 表示武术与其他学科或行业交叉形成的部分，设定一个模式

$$U=f(W, O)$$

由于学科或行业之间界线的形成遵循一定的标准，各学科或行业都具备自身独特的性质和内容；因此，学科与学科之间、行业与行业之间会出现重叠，正如，陶东风所说："学科边界的确立不是什么一劳永逸的事情，也没有什么'内在的'学理可言。社会科学的各学科相互渗透，政治学、经济学与社会学的边界也越来越模糊。"[2] 但是也不可能出现较多的重叠，正如有学者指出的：知识的"分门划界有多种目的。当建立界限保护某学科时，边界就标志着所有者的领土，外人不得擅入，以便跟其他学科划清界限"[3]。于是，不难判断，"武术"和"武术与其他学科或行业交叉形成的部分"的关系是弱连带，即 W 和 U 之间是弱连带，O 和 U 之间也是弱连带。

O 作为一个集合包括了哲学、网络游戏、影视、戏剧、中医等很多内容，相应地，U 集合则呈现出融合易理的拳理、武德、为数众多的武侠类网络游戏、武打影视剧等；相对于现在武术界习惯性的认识——将武术的技术部分作为武术的主体特征——这些

---

[1] 蓝佩嘉. 弱连带、强连带与陌生市场 [J]. 知识经济，2003（6）：15.
[2] 陶东风，徐艳蕊. 当代中国的文化批评 [M]. 北京：北京大学出版社，2006.
[3] 陶东风，徐艳蕊. 当代中国的文化批评 [M]. 北京：北京大学出版社，2006.

领域在思维惯性中也呈现为一种经验性弱连带的存在。这些新兴的内容很多不存在于武术传统的领域，在思维惯性的约束下，也不可避免地出现排斥将这些内容纳入武术范畴的潜在意识；但是，将这些纳入武术文化的范畴却是未尝不可的，它们对武术的发展至关重要。

三、武术弱连带优势

（一）作为传播路径中的"桥"

从传播和拓展市场的角度，武术弱连带可以有效地扩大武术的接触人群。马克·格兰诺维特教授说："当信息传递是透过弱连带而非强连带时，这意味着不管什么样的传播都触及更多的人，以及穿过更大的社会距离。例如，一个人告诉他所有的亲密朋友一则谣言，然后这些朋友也同样照传，那么，有许多人将会是第二次或第三次听到这个谣言，因为这些强连带连接的朋友可能都是些共同的朋友。假定散布此谣言的动机在每一次复述的过程中减弱一点，那么这个透过强连带而流传的谣言，比起透过弱连带，多半会被限制在少数人的小团体之中。其主要原因便是没有跨越不同团体的桥。"[1] 武术弱连带有效地构建了武术与其他团体之间的桥，并将武术的信息渗透到其他领域，并影响着这些领域的受众。对武术而言，比较典型的"桥"就是武打电影，其中比较典型的是《少林寺》。

电影《少林寺》对武术的影响是具划时代意义的。在两三毛钱一张电影票的年代，《少林寺》的票房逾1.4亿元[2]，并且在很多农村地区是免费放映。那个时候的年轻人，几乎都看过这部电影，而相当一部分人也有了去少林寺拜师学艺的冲动。在外出需要带介绍信、全国粮票的20世纪80年代初期，吸引着各地青少年离家出走，奔赴河南少林寺学艺，有的即便离不了家，也会去各地体委、体育馆组织的各类武术学校报名习武。时隔1年后，少林寺周边是一眼望不到边的武术学校，有真正有拳脚功夫的人，以及那些有嘴皮子功夫的人，纷纷进驻嵩山脚下开办武校。然而吊诡的是，他们学艺的目标并不是振兴武术，而是幻想着有一天也能像这些偶像一样铲除恶霸，成为万人敬仰的武林高手。这体现出又一层的弱连带优势，即一种工具理性。那些有嘴皮功夫的人进驻嵩山开办武校与学习武术为了"铲除恶霸""万人敬仰"的动机和行为，都证实着这种优势。从传播的效果来讲，它最大限度地扩展了适用人群，并将很多原初的无连带转化为弱连带。由此带来一个深刻的启迪，武术管理部门在试图实现弘扬武术的战略目标之时，需要建立武术的强大的工具理性意义，帮助人们借助武术力量实现目标，继而再借助这个平台深入推进武术的生活化进程。这是我们认为的作为武

---

[1] 马克·格兰诺维特. 镶嵌：社会网与经济行动 [M]. 罗家德, 译. 北京：社会科学文献出版社, 2007.
[2] 两三毛钱一张电影票时代《少林寺》票房达1.4亿元 [N]. 今晚报, 2008-11-05 (34).

术弱连带存在促进武术发展的颇有价值的意义。

另一个比较有趣的例子是武术与仅有20年历史的新生事物——电子游戏的不期而遇。3D格斗游戏最巅峰的《VR战士》的诞生就是武术又一个弱连带形成的标志性成果。日本人铃木裕为了这款拳脚格斗游戏的诞生,曾远赴河北沧州的小农庄,登门向八极拳名家吴连枝拜师虚心求教。以吴连枝为原型的角色"结城晶"和他的八极拳已成为这款游戏永远的主角。《VR战士》系列的全球销量至今已经达到了400万套,游戏开发已经进入了第5代。不仅有八极拳,还包括中国的少林拳、燕青拳、螳螂拳、虎燕拳,而且有国外的跆拳道、柔道、摔跤、截拳道、合气柔术等。单从这款游戏的销量来讲,它就至少为中国武术做了400万次广告。因为这款游戏,吴连枝誉满日本,八极拳也得以在日本飞速传播。

武术与网络游戏的携手是一个通常被武术学术界忽视的,但却蕴藏巨大传播能量的武术弱连带。武侠题材或蕴含丰富武侠元素的网络游戏已占到整个网络游戏的半壁江山,而网络游戏在互联网上发展迅猛,锐不可当。在美国财经杂志《巴伦周刊》网络版上,网游业界旗手暴雪公司发出预言:"视频游戏将在未来5年内击败电影和电视产业,领军娱乐行业。"在中国,"预言"已被证实:2009年我国网游出版产业实际销售收入达183.8亿元,并为电信业、IT业等带来478.4亿元的收入,规模远超过电影票房、电视娱乐节目和音像制品发行3大传统娱乐之和[1]。

迅速发展的网络游戏造就了我国5550万规模的网游玩家,以及180亿元的年产值。美国人口3亿,其中1亿是网络游戏玩家;中国有10多亿人,玩家人数不到1亿。未来,中国网络游戏还有很大空间。如果未来5年内,中国网游产业保持20%左右的增长率,到2012年,市场规模将达到680亿元,将占全球网游市场规模的一半。

网络游戏如此庞大的受众对于扩大武术影响力的意义不言而喻。仅从社会心理学熟悉效应理论出发思考,玩家们会在无意识状态下接受并肯定武术文化,相对于与他们接触更少的体育项目而言,武术无疑增添了一份竞争力。而且,随着这种感觉的不断积累,也将不可避免地在玩家们的思维中形成路径依赖。

而另外一个视角——从跨学科研究的角度,武术学科与其他学科之间交叉研究形成的弱连带也在不断地挑战着武术学科的传统建构,丰富着武术学科的内容,拓展武术学科的领域。从不断变化的现实来看,这样的弱连带还有着向强连带转化的趋势。

中国逻辑学会副会长、浙江大学人文学院博士生导师黄华新教授在《光明日报》发表了一篇文章《论跨学科研究》,明确地指出了学科之间弱连带的重要性,"学科间的严格分界曾被视为现代科学发展到较高水平的重要标志,而当下社会却向我们呈现出另外一种图景:学科间的严格分界逐渐被打破,呈现出更多的流动性和渗透性;在传统学科版图之外的交叉学科不断出现;学科作为一种'知识的社会秩序'的声望

---

[1] 刘敬文. 评论:网络游戏产业发展历史及现状分析 [EB/OL]. [2010-06-17]. http://news.17173.com/content/2010-06-17/20100617091356162.shtml.

在逐渐衰退和减弱。以问题导向、政策和产业驱动、跨学科交叉合作为特征的新的科学研究模式日益受到关注。推进跨学科研究也成为世界知名大学和其他研究机构应对重大现实问题、提升科研竞争力、保持领先优势的有效路径。"[1]

复旦大学哲学系孙承叔、陈学明教授在复旦大学哲学系《哲学交叉学科系列丛书》总序中阐述了类似的观点,"我们跨入了21世纪。展望新世纪哲学的发展前景,一个重要的趋势就是哲学与其他学科的交叉、渗透,这将成为中国乃至全世界哲学转向的一大特征。哲学交叉学科就是在这样的背景下发展起来的一组新兴学科群。……21世纪是以问题为中心的世纪,恐怖袭击、两极分化、知识经济这些复杂的问题使近代以来传统的学科分类无能为力,社会政治、经济、文化的发展越来越要求学科交叉,哲学交叉学科正是代表了这一国际、国内哲学发展的最新趋势。1996年,复旦大学哲学系进行课程体系改革,我们研究了国内外28所大学哲学系课程设置,发现交叉学科是国外大学普遍开设的课程,而在国内则几乎是空白。……哲学是时代精神的精华,因此,哲学不应该在一个平面上发展自己,而必须在3个层面上立体地发展自己:一是哲学自身的基本理论;二是哲学与社会现实生活的结合;三是哲学与其他学科的交叉。尤其是在市场经济条件下,哲学与其他学科的交叉已成为哲学发展的最新生成点,经济哲学、文化哲学、历史哲学已成为哲学发展的最新生长点。它的作用是双向的,既可以吸收各学科的最新学术成果以发展哲学,同时也可以把哲学素养推向各学科,这对于推进我国的政治、经济、文化的交融与发展,具有重大的现实意义。"[2] 这个观点对于武术学科的发展有着典型的示范效应。在武术学术界,邱丕相教授一直坚持这样的观点;然而,却有不少学者坚持认为,武术研究的重点应该放在对于技术的应用和开发上。我们以为技术固然是武术重要的内容,但不应该是全部,不可以忽视武术作为一种文化现象必须是社会网络之中的一个互动的环节。否则,任何人都难以阐释它所具有的精神性。就武术界非常注重的武德而言,显然不是凭空而降的,它是一个武术与伦理道德之间构建的强连带,已被习俗锁定为武术的核心内容之一。武术文化、武术产业、武术休闲、武术传播等名词的出现,都在无声地宣告着武术正在走出传统的边界,努力探寻提升科研竞争力、保持活力的有效路径,也是从无连带到建立弱连带的过程,亦是一个发现与创新的过程。与马克·格兰诺维特教授主张的结构性镶嵌理论——经济行动者们是嵌入于更为广阔的社会关系网络中的[3]——有契合之处,一方面保留了武术核心内容的独立性,另一方面避免了"社会性孤立"的假设,将武术学科作为社会网中的一个节点去分析,在一个动态的互动过程中博弈定位,使"某些线段断裂,又建立新的线段"[4],可以使武术学科的发展始终能够适应时代的潮流,

---

[1] 黄华新,王华平. 论跨学科研究[N]. 光明日报,2010-03-16(11).
[2] 高国希. 道德哲学[M]. 上海:复旦大学出版社,2005:1-2.
[3] 朱国宏,桂勇. 经济社会学导论[M]. 上海:复旦大学出版社,2005:31.
[4] 罗家德. 社会网分析讲义[M]. 第2版. 北京:社会科学文献出版社,2010:10.

保持蓬勃的势头。

(二) 务虚理性：构建梦想

在访谈中我们发现，很多的习武人士进入武术领域奋斗的前提是从第一次接触到的武术内容中产生了梦想，是这种梦想给予了他们巨大推动力。如前文所述的，他们学艺的目标并不是振兴武术，而是"幻想着有一天也能像这些偶像一样铲除恶霸，成为万人敬仰的武林高手"。这种幻想如同宗教信仰一样，虽然没有人会像塞浦路斯国王皮格马利翁那样能够得到他塑造的美丽的姑娘，但很多人将之作为展示自我实现的最好的模式。皮格马利翁效应和霍桑实验都阐释了这一心理现象，社会关注能够增强个体的自信和感受受到尊敬的舒适，同样，在社会不会对个体进行特别关注的时候，能够迫使个体通过一定的途径争取社会关注，获得尊敬、爱和自我实现。马斯洛说，这是人的潜在需求。典型的"面子"问题就是这一现象的反映。武术的弱连带就提供了很多的机会激发人们的梦想，如同小学生的憧憬一样，武侠小说、影视等帮助一定社会阶段的人们搭建了一个值得奋斗的目标。

所以，武术弱连带对于武术发展的作用是至关重要的，没有这些连带，难以想象武术会有今天的成就，或许还是一个圈子里面的人自娱自乐的项目，也或许会演化为一个流传民间的永恒的传说。重视武术弱连带，努力开辟新的连带，这样的工作应该纳入武术事业的核心范畴。

四、武术弱连带的蝴蝶效应

蝴蝶效应是气象学家洛伦兹 1963 年提出来的，是他在利用计算机的高速运算来提高长期天气预报的准确性时发现的，后来他用系统理论中的隐喻来阐释了这一现象。其大意为一只南美洲亚马孙河流域热带雨林中的蝴蝶，偶尔扇动几下翅膀，可能在 2 周后在美国得克萨斯引起一场龙卷风。此效应说明，对于一切复杂系统，在一定的"阈值条件"下，其长时期大范围的未来行为，对初始条件数值的微小变动或偏差极为敏感，即初值稍有变动或偏差，将导致未来前景的巨大差异，这往往是难以预测的或者说带有一定的随机性。

蝴蝶效应在武术的发展中是频频出现的，但一般都被忽视了。电影《少林寺》就是一个典型的例证，如同洛伦兹所描述的蝴蝶一样，引发了中国武术的发展风暴。其实少林寺只是一座庙宇，在中国众多的寺庙之中，其历史与地位并不是特别的卓尔不群；然而随着这部电影的诞生，中国武术元素的灌注，使大家间接地了解到它还是禅宗祖庭。于是人们认识了少林寺，并在那时蜂拥而至，不过，很少有人去参习佛法，而是帮助那里的人们在这座寺庙的周围树立了一所又一所颇具规模的武术学校。因为有了这种文化经济的拉动，所在地河南登封县升格成了登封市；因为少林寺旅游的长盛不衰，登封市的经济在河南名列前茅；因为看到了登封市的成功发展，河南省大力发展武术经济，又推出了太极圣地陈家沟，并承办了首届和第2届世界传统武术节，并在全省掀起了一波又一波习武的浪潮，声势浩大，不遗余力，将武术浓墨重彩地绘入了河南发往世界的名片。一部电影不仅带动了武术的发展，还带动了一个地方的经济发展，并拉动着新的一轮接一轮的充满创意的良性经济循环：武术的发展继续推动地方经济的发展，地方经济得以发展，继续投入武术相关产业的发展中。一个弱连带触发一个新的弱连带，并将已有的弱连带转化为强连带，生生不息，步履稳健，让人震惊且感叹，而且新奇的事件不断地涌现，不断地推高着武术的影响力。众所周知的事件有普京总统访问少林寺；少林的方丈在国外被尊称为少林的 CEO，并引发了佛教界的一场大争论。这是这部电影在拉动地方经济中引发的连锁反应，在整个影视剧领域，也出现了同样的效果，武侠题材的电影、电视剧数目剧增，并持续成为影视领域不可或缺的主题。

不仅如此。武侠小说到网络游戏可以说是另一个蝴蝶效应的展示。金庸、梁羽生两位大师的首部作品把武侠小说变成了畅销书，由于大受欢迎，所以很多又被改编为电影电视剧，而随着网络游戏的出现，这些题材又被迅速地融入网络游戏之中，并不断地被演绎扩充，快速推动网络游戏的发展，而网络游戏，已成为中国娱乐产业的重要支柱。而仅在20年前，网络对于中国人来说，还是一个陌生的名词；武术与网络之间，还没有任何先知告诉人们它们行将碰面。现在，武术却成为网络经济中重要的文化嵌构。

一些原本相对孤立的元素在一个偶然的事件的带动下建立了弱连带，并存在着转化为强连带的趋势：武术、寺庙、宗教、旅游、经济、网络、方丈、CEO、外国总统……；渐渐地，武术的触角已经伸到了几乎每一个领域，而起因都不曾被人们注意。

五、武术弱连带与武术中心性

武术弱连带与强连带的交织才能够形成一个稳定的结构。按照 Uzzj 的研究，要想其组织存活率最高就需要一个组织同时整合了社会镶嵌连带以及疏远连带。一直以来，一些武术组织过多地投身于竞技比赛的研究与实施，与之建构了一个坚固的强连带。若干年来，这种连带发挥了一定的积极作用，同时也导致了武术发展的严重不平衡，如传统武术与竞技武术的分庭。这就是强者过强，弱者缺失造成的不和谐。由此引起我们反思的是，如何设定这些武术弱连带在某个历史时段的序数效用？

武术社会组织需要将武术置于众多弱连带的中心位置并结合阶段目标去思考。这种中心性是指武术社会组织在规划发展中尽量考虑到所有的弱连带，在此基础之上加强符合战略意图的强连带建设，拓展任何可能形成的弱连带，并且保证在不会缺席任何一方的情况下充分博弈，通过均衡解决问题。事实上，给出一些问题的解决方案并不困难，困难的是，很多合理的方案无法落实到现实中。现实中总是存在布迪厄所说的惯习般的路径依赖——合适的被坚持，不合适的也在被坚持——在飞速发展的时代，有些路径依赖已经成为障碍。

深入研究社会变迁给人们带来的需求变化，特别是社会心理方面的内容对于武术发展来说至关重要。社会发展已经对武术的诸多功能进行了优先顺序的调整，健身已被调整到第一位，娱乐与艺术感知也被推到前面，而技击，已被纳入艺术感知的范畴。武术在努力迈入奥运会的过程中就明显地忽视了构建一些必需的弱连带，也忽视了将一些重要的弱连带向强连带的转化。非常典型的是，一些奥委会的委员不太了解武术，对试图实现一个重要的目标来说，这种忽视是非常可惜的。

六、结论

武术弱连带是武术与其他领域交汇形成的关系，从武术发展的历程来分析，是这些被武术界很多人士所忽视的边缘性的关系极大地促进了武术的发展。武术弱连带的优势是巨大的，它开辟了很多包括专业人士都很难预测与想象的发展空间，这些空间，对于传播武术文化来说，速度是超乎寻常的，效果是深入持久的。改革开放30多年，政府的推动固然是武术发展的中坚力量，但也需要社会力量的紧紧从动。紧紧依靠群众，引导群众，不仅需要发挥武术带来的健身、格斗娱乐等的主体性价值，还要发挥可以帮助人们实现诸如做一名"大侠"理想的工具性价值，动员一切智慧搭建武术的弱连带，深入推动武术发展，会取得更多的成就。每一个弱连带都如同武术之树的一条细细的树根，虽然并不是每一根都能够诱发蝴蝶效应，但若弃之，却是一定不会在其联系的领域诱发蝴蝶效应，就很可能错失一些机会。当它分布越广，扎得越深的时候，才能够促进武术的持续繁荣。

我们期待各级武术组织重视武术弱连带的作用，投入必要的精力开发弱连带，认真研究弱连带的规律，将其运用到武术的国际推广和人们的福祉中去。

人类命运共同体视域下武术形象的重构*

中国武术作为融通世界各国的主力军，因其独特的历史渊源，早已成为典型的"中国符号"，是中华文化海外传播的"金字招牌"，其形象反映出整个中华民族的民族精神、文化意识、体育风貌及社会形态等多个层面的国家现实发展状况，在当下却面临着正面形象的缺位、复杂、世俗性、边缘、神秘等混乱问题。本文提出在人类命运共同体宏观背景下，以武术形象构建为切入点，以儒家思想核心理念为依据，"援儒入武"，对"武术形象重构"展开探讨；通过儒家思想使武术形象的重构既迎合当前时代主题，又符合自身发展规律，以期为正面的武术形象树立提供理论依据与行为标杆，为中国国际形象打造良好的文化基石，成为人类命运共同体构建中正能量传播的助推器。

一、相关概念

（一）人类命运共同体

当前是以和平与发展为主题的时代，世界不再是各国之间势不两立、相互博弈的角斗场，而是国际力量趋于平衡，共创开放、包容、共赢的人类命运共同体和利益共同体的新格局。德国社会学家滕尼斯认为"共同体主要是指建立在血缘基础上的群体，它包括历史形成的联合体与思想认同的结合体，其不仅是各个组成部分的总和，而是有机地浑然生长在一起的整体"[1]。赫曦滢认为"共同体"是"一个空间范畴，其包含的内容随着文明样态和空间变迁不断转换，无论是共同的空间范畴、伦理价值、相关利益抑或精神属性，人类共同体始终是以实现人类对美好生活的追求为根本目的"[2]。近年来，习近平总书记站在全人类进步的高度，多次在国内外重要场合阐述构建人类命运共同体的重要思想，将人类看作一个整体，既符合儒家"天下一家""万

---

* 作者简介：李世宏（1971—），男，汉族，河南新乡人，博士，教授，博士生导师。2009—2012年在上海体育学院跟随邱丕相教授攻读博士学位，完成学位论文《武术市场营销策略研究》。现工作单位哈尔滨体育学院，主要研究方向：武术理论与方法、武术文化与产业。本文原稿发表于《体育与科学》2020年第5期。
[1] 斐南迪·滕尼斯. 共同体与社会 [M]. 北京：北京大学出版社，2010.
[2] 赫曦滢. 空间视阈中的人类共同体"进化"逻辑与当代使命 [J]. 社会科学战线，2019 (9)：236-243.

物一体"的整体性的世界观,也符合儒家"德性政治"的诉求。2013年9月和10月习近平总书记分别提出建设"新丝绸之路经济带"和"21世纪海上丝绸之路"的合作倡议,正是高举和平发展的旗帜,共同打造利益共同体、命运共同体和责任共同体的重要举措;2017年1月18日,习近平总书记在日内瓦发表题为《共同构建人类命运共同体》的主旨演讲;党的十九大报告强调,"中国不仅是构建人类命运共同体理念的倡导者,更是负责任、有担当的实践者"。表达了中国对国际秩序的美好愿望和追求。作为一种新型的国际秩序观,人类命运共同体理念的提出有着深厚的历史基础和文化内涵。它植根于中国的历史文化传统,坚持和发展了马克思主义,吸取了中国特色社会主义理论的内涵。因此,从本土立场的视角来讲,"人类命运共同体是中国鉴于人类共生性关系的日益显现而提出的全球治理思想"[1],既是出于对当前国际新环境和新问题的应对,也源自传统文化的深厚滋养,与传统儒家追求"天下为公""世界大同""万物一体",二者一脉相承,具有价值上的相容性、观念上的相通性,既是中华民族的精神内核,也是联结世界人民命运的文化纽带,为建设人类命运共同体提供了文化支撑。

(二)武术形象

武术本身可以烘托出一种文化形象。形象是本质的外化,形象一旦形成,就会产生一种形象力量,对社会产生重大影响。形象一词在不同语言环境中有着不同释义,从当今传播学角度来看,形象传播学定义为一个主体自身及外界对这个主体的基本认识和评价,它具有外在性、理念性和公众性。李源和王岗在《中国武术形象的概念内涵与价值阐释》一文中对武术形象做了全面分析,认为倘若以形象主体、客体及主客体互动影响的三个维度来描述武术形象,则武术形象亦有三个维度形象之分,即武术主体形象(武术本身具有的形象)、客体形象(他者对武术的认知与评价)、主客体形象(武术相关条件的改变对他者认知的影响)。主体形象即理念性,客体形象即外在性,主客体形象便是公众性。结合来看,武术形象便是他者对武术形象本身所具有的特点、外在表现的认知与评价。武术主体形象的构成包括两方面,即武术本身具有的技击特征和文化特征,"由于武术是利用身体载体演绎文化,因此,武术'走出去'的形象内容包括武术技术体系形象、武术人的形象[2]"。这决定了武术形象是以"人"为主导的传播特征,是通过"人"这一媒介进行展示。有的武术人身兼武术两种特征,有的则只身兼一种,因此不同的武术人所传递的武术形象不尽相同。武术人是武术形象传播的关键,武术人自身形象素质的高低,决定了武术客体形象的定位。在没有形成有效的形象约束力之前,武术人对武术形象的树立有着决定性作用,在很大程度上代表武术的主体形象。然而在世界多元文化交流的今天,武术形象却频频遭遇冲击,在国际上影响力不尽人意,在市场上也被韩国跆拳道冲击得一败涂地,甚至很多武术

---

[1] 戴轶.论人类命运共同体的构建:以联合国改革为视角[J].法学评论,2018,36(4):107-114.
[2] 杨光.市场经济下的武术形象构建论析[J].体育科技文献通报,2018,26(10):146-147.

运动员退役后改开跆拳道馆传播谋生，究其原因是文化输出缺乏形象包装。因此，在武术文化对外输出上，以儒家思想为包装，既能还原武术"本真"，又能使武术顺应时代，是武术文化对外传播的重要思想支撑[1]。

在这个最大的人类命运共同体内部，遵循尊重不同、包容差异、开放多元的准则，符合儒家"和而不同"的方法论原则。人类命运共同体体现分享和共享的伦理准则，试图化解人类社会"相争"的异化状态，而回归人类所应该具有的仁爱精神和正义法则，这也契合儒家的"礼让"、分享和共享原则。人类命运共同体勾画了一副人类未来新生活的光明图景，这和儒家的"大同"理想也不谋而合。因此，人类命运共同体在深层机理上体现着儒家的"道统"，是扎根于中华文化土壤，植根于中国社会现实，着眼于全球发展困局所提出的解决应对之道，其鲜明的中华文明立场、典型的中华文化叙事范式，是武术形象在当代创新性发展的积极成果。

二、人类命运共同体视域下武术形象重构的价值阐释

（一）武术形象重构是中国契合人类命运共同体理念的"文化符号"

武术是中华文化重要组成部分，是以攻防技击、强身健体、修身养性、表演娱乐为主的形体文化，蕴含着中华民族独特的人文情怀和价值观念，为典型中国"文化符号"[2]。《中国国家形象全球调查报告2013》显示：中华文化的载体非常丰富，国际民众认为，最能代表中华文化的依次为武术（52%），饮食（46%），中医（45%）。加上近20年来，以"少林功夫"为素材的各种功夫舞台剧横空出世后，在国内外商演传播引起强烈反响，备受好评，如《风中少林》《功夫传奇》《少林雄风》等近30部功夫舞台剧。这是继20世纪80年代初电影《少林寺》热播后掀起世界第一轮习武热潮以来，再次掀起世界爱武高潮。武术之所以得到国际社会认可，其一，独特的健身、养生、技击、表演、思维方式等功能，使人耳目一新；其二，武术充分体现了中华文化特征，具有十足的运动特色。因此，武术文化作为中国传统文化的代表，在对外传播的同时，一定要注重自身形象的整合，如若不然，不仅不会起到良好的积极效益，反而会使武术在构建人类命运共同体过程中起到反作用。李源、王岗和朱瑞琪在《中国武术负面形象的形成原因及反思》中认为，武术的文化特性决定了它在人们认知过程中的形象的复杂性和多元性，武术自身倡导"和谐"，然而"门户之见"极为严重；武术宣扬"不争"，然而"好勇斗狠"屡见不鲜[3]。

---

[1] 贾海如，康庆武. 儒家思想对武术的重要规范作用 [J]. 湖北体育科技，2006（5）：583-584.
[2] 冯兴刚，李阳. 武术文化形象建构与国家形象塑造的契合 [J]. 沈阳体育学院学报，2015，34（1）：131-134，139.
[3] 李源，王岗，朱瑞琪. 中国武术负面形象的形成原因及反思 [J]. 北京体育大学学报，2013，36（9）：33-40.

(二) 武术形象重构是中国获得人类命运共同体认同的重要途径

"国之交在于民相亲,民相亲在于心相通",要想实现人类命运共同体建设,文化交流的作用不可忽视。众所周知,世界上最具"普世性"的文化便是体育文化,体育文化之所以能成为世界共同语言,其原因在于体育文化是身体文化。身体文化是人类的共性文化,是超越一切意识形态、宗教信仰的原始文化。比起说教性文化,体育文化更容易被大众接受。武术是中国最具代表性的体育文化,浓缩了中国的历史、哲学、思维方式、价值观念,以及审美观念等特有的中华文化[1]。在此基础上,武术作为对外传播文化的主力军,武术自身形象好坏直接影响着武术能否担起传播中华文化的重任。在构建人类命运共同体中,"部分国家基于国内复杂多变的社会环境、独具特色的宗教信仰和地域性文化差异等因素干扰,使得他们对该科学化倡议构想产生了非理性预测,从而导致部分国家营造武术文化落地生根的现实条件不完善,削弱了推动武术文化发展的支持力度"[2]。在此敏感时机,武术形象的正确树立是解决这一矛盾的最佳途径。武术形象的完美重构有着"招蜂引蝶"的作用[3],如待价沽酒,一味地宣传广告未必有用,酒香十里,自有人来。因此,当前武术形象的"复杂性、时代性、世俗性、神秘性、边缘性"等特征在构建人类命运共同体过程中多有不利,应当调整以求符合国家形象建设的需求,发挥武术形象在国家形象中的代言作用,为武术的传播打下良好口碑。

(三) 武术形象重构是中国践行人类命运共同体文化的重要方式

人类命运共同体理念自提出以来,世界人民拍手叫好,然而在各国发展欣欣向荣的同时,世界上也出现不同的杂音,指责中国以"一带一路"践行人类命运共同体是出于战略构想,大肆宣扬"中国威胁论"处处施压,当此之时,在世界上树立一个诚信、负责、友善、和谐的国家形象显得尤为重要[4];武术形象的对外树立,既要符合时代精神需求,又要符合国家对外政策理念,方不失为国家形象树立的代表作。儒家五常"仁、义、礼、智、信"贯穿中华伦理数千年发展,是人修身正己的道德标准。打造武术"仁爱、正义、礼仪、智慧、诚信"的儒家武术形象与中国"兼济天下""亚洲安全观""永不称霸""和谐发展""诚信大国"等国际理念一一对应;是人类命运共同体理念的集中缩影,是中国思维"质"的展现。儒家思想下的武术形象,既符

---

[1] Chen W, Lin C. Study on Fiber Reinforced Composite Materials with Wushu Cultural Heritage [J]. Advanced Materials Research, 2014 (11): 40.

[2] 丁传伟,李臣. "一带一路"战略下中国武术文化"走出去"的思考 [J]. 北京体育大学学报,2017,40 (3): 127-133.

[3] 崔英敏,黄聪. 跨文化传播:武术文化传播发展的新视角 [J]. 北京体育大学学报,2013,36 (7): 36-40,46.

[4] 柳邦坤,蒋青. "一带一路"建设背景下中国国家形象传播渠道探析 [J]. 传媒观察,2015 (9): 38-40.

合人类命运共同体中"天下一家"的"和谐包容"理念,又符合中国构建"和平崛起""服务世界"的国际形象标准[1]。以儒家思想为武术形象重构的标准,在教学、训练、竞赛、表演、交流等方面均衡发展,是今后武术形象改革,并与国际对接交流的重要途径。因此,以儒家思想重构武术形象是践行人类命运共同体的重要方式。

三、人类命运共同体视域下武术形象重构的归因分析

(一)武术形象生态的失衡

中国武术在形成的过程中,在儒家文化、道家文化、佛家文化等精神支柱的浸染之下,彰显着"天人合一""天人和谐"的生态精神与和谐意蕴,体现着武术形象的生态人文关怀。不同时期的社会需求对武术有着不同的时代要求。在古代战争时期,作为军事工具,侧重宣扬攻防技击的"威武"形象;在现代和平时期,武术形象应侧重宣扬修身养性的"和谐、健康、文明"的形象。倘若忽视时代的转变而一味宣扬一种形象,则会导致对文化形象认知的混乱,造成不和谐的因素。武术形象生态的失衡发轫于西方体育中国化的进程中,中国武术被强行纳入体育场域"塑造"的"强性阐释"之路,在这种主体退隐的阐释下,武术出现了一系列不尽人意的尴尬处境[2];形成于现代性的消费社会中,价值的漂泊感,以及金钱至上主义,过度强调金钱、时间和速度,抛弃了武术形象赖以生存的生态维度,在"功利精神心态"的影响之下,其蕴含的人文价值与生态意义在现代社会生态的危机中丢失。例如,武术形象作为对中国武术想象的一种表意实践,好莱坞功夫电影中以武术为主要叙事文本的武侠电影对武术形象的塑造,虽然成为中国武术通过好莱坞功夫电影的窗口,向世界展示了中华民族传统文化的独特魅力,传递着西方社会对中国武术的形象和表意,解读好莱坞功夫电影中武术形象的表意实践,透视并解构这种文化表意实践背后的话语权,对于促进中国武术的国际化认同,加快中国武术形象在人类命运共同体视域下的重构具有重要的现实意义[3],但是在成为受众娱乐消费的同时,江湖争霸的文本叙事、对武术文本意义表达的曲解,为武术营造了一个打打杀杀的文化语境,使武侠电影中武术打斗图像与"报仇雪恨"的习武价值联系在一起,加剧了武术负面形象的形成。这不仅制约着武术的世界传播,同时也影响着大众对武术的消费认知心理[4],严重影响着武术形象的生态环境。

---

[1] 郭玉成,刘韬光.武术构建中国国家形象的作用研究 [J].广州体育学院学报,2012,32(4):11-17.
[2] 金玉柱,王岗.主体性阐释:中国武术发展的自在路径与必然选择 [J].武汉体育学院学报,2017,51(4):61-66.
[3] 梁勤超,李源,闫民.暴力审美:好莱坞功夫电影中的武术形象论析 [J].山东体育学院学报,2015(6):48-52.
[4] 王柏利.武侠电影中武术形象生成的传播符号学阐释 [J].沈阳体育学院学报,2017,36(5):138-144.

（二）武术形象正负之间的扭曲

《中国国家形象全球调查报告2013》显示："国际民众认为中国武术是最能代表中国文化的载体"。对这样一个调查结果，一方面显示出中国武术国际传播取得了显著成效，得到了国际民众的广泛认可；另一方面中国武术对中国国家形象塑造的贡献率，使我们有必要重新确立中国武术在文化"走出去"战略中的地位，使其在人类命运共同体中发挥更大的作用。然而，不容忽视的是中国武术自身形象仍然不尽人意。越轨行为已经给中国武术传播带来了伤痕累累的诸多问题，成为丑化中国武术形象、羁绊中国武术健康前行的重要障碍。无论是"天山论剑""闫芳事件""中泰对决""咏春之争"，还是习武之人"打架斗殴"或被人"打死"的事件屡见报端，成为人们戏弄武术、质疑武术技击功能的热议话题。众所周知，武术是农耕文明的产物，是一种自下而上自发性的技击文化。自诞生起，便具有"平民性""世俗性""封闭性"等特点。武术人口的基数更多是来自基层人民，反映的也多是基层人民的性格和思维方式。与琴棋书画等古典传统"高雅文化"相比，武术甚至可以算得上是真真切切的"草根文化"。正如著名文化社会学者王广西先生在他的《中国功夫》一书中所言的那样，"在中华民族的诸多文化形态中，武术是一个高度封闭的文化系统，除了汉魏时期传入的佛教，它几乎没有受到过外来（文化）影响。武术又基本上来自社会下层，更多地反映出中国古代下层百姓的性格气质，以及他们的思维方式和行为方式，颇有点平民色彩。因此，武术应当属于纯粹的民间文化形态。与琴棋书画、诗文金石等所谓的'雅文化'相比，它似乎显得坚硬而粗粝。"[1] 正是这种"粗砺"和"坚硬"的文化结构和特性，武术文化在社会变革进程中的不适应、不协调，进而使武术在走进大众认知的过程中被曲解、被误读，也因此导致了中国武术形象在社会中的形象地位呈现出"神秘多于科学""实用多于理性""负面多于正面"等诸多形象困惑，尤其在互联网、现代媒体、电影等介质的裹挟下被不断放大，使原本囿于较小范围内传播的中国武术越轨行为，升级为影响极大的社会越轨事件，把朴素自然的中国武术涂抹得面目全非、真假难辨，对中国武术传播产生了很大的负面影响。

四、人类命运共同体视域下武术形象重构的路径寻绎

（一）"仁"打造武术"和谐"形象

当前国际环境属于和平发展阶段，相较于以冷兵器来衡量武艺实战高低的古代，现代化军事实力的对比主要建立在科技热兵器的基础上。武术之所以能冲破时代的枷

---

[1] 王广西. 中国功夫 [M]. 北京：五洲传播出版社，2009：3.

锁涅槃重生,并不是武术实战性重新引起重视,而是因为武术的文化性、健身性、观赏性迎合了时代的需求。武术最原始的面目便是"克敌制胜"的技击形象,所以从古至今大多数国人对武术人形象颇有微词。在当今"促和谐,谋发展"的年代,武术人的习武理念亦应适应时代,不能再一味追求技击上的造诣而应追求修身助人之道。武术的技击特征已逐渐被时代所需而渐趋艺术化,武术人亦应正视时代抉择,收敛技击戾气。孟子认为,人之所以为人,便是有恻隐之心,人人皆具备"仁"的品格。将"仁"延伸开来,便是与人为善、不欺不骗,以"和谐"的理念待人处事。"仁者爱人,推己及人"是一种由内而外发自内心的真挚情感,任何的矫揉造作皆不能长久[1]。武术人与武术形象的构建有着最直接的关联性。因此,武术人应时刻谨记以"仁"为行为理念,以"和"为处世之道,努力打造与人为善的"和谐"武术形象。武术主体形象应调整以"文化""健身""娱乐"为主,"技击实战"为辅,来加以宣传推广。此次新冠肺炎疫情的暴发,很多国家选择支持和帮助中国,因为他们相信中国是一个以和平为处世之道的大国,而中国也没令他们失望。世界伸出的每一双手,中国都不会忘记,中国正在尽己所能,向世界诠释,何为知恩图报!换句话说也就是"仁者爱人,推己及人"。我国人民也为全球的疫情都能得到控制,共筑一个和平安宁的世界而努力。同时面对个别国家、媒体无视中国抗击疫情的巨大努力,身处外交一线的中国外交官们迅速行动,以"仁义不施而攻守之势异也"为宗旨,密集发声。他们言辞得体、有理有据的驳回指责,传递了中国声音,亮出了中国态度,展现了大国形象,濡养着我们每一个武术人的精神。

(二)"义"导正武术"正义"形象

"羞恶之心,义之端也。"当下武术形象杂乱不堪,皆是因为武术人没有正确统一的价值观念。"义"之一字,自古以来便是中国形象的正面代言,然而在脱离了传统思想束缚的今天,却因在世界文化交流碰撞中,迷失了武术人最原本的价值观念。武术人素质形象参差不齐,导致武术形象众口不一。纵观国内,武术人形象仍有很大争议。以国内负面形象为例,门户之见、派别之争尚在其次,尤以冒充"中华神功"类弄虚作假、诈骗钱财的伎俩对武术形象伤害最深。如今的武术形象没有正确塑造的主要原因,便在于相当一部分人行了"见利忘义"之事。以"闫芳收徒"事件为例,借太极宗师名义,行隔空打人的诈骗之举,让中国习武人为之汗颜。徐晓东"打假"事件,一方面,反映出当今社会武术人虚假传播造成的严重负面现象;另一方面,徐晓东以恶制恶的行为也给武术造成不好的影响。武术形象很大一部分便毁于此类人之手,武术人应坚决杜绝此类让武术形象蒙羞的不义之举现象再发生。形象的树立如打造"千里之堤",负面形象传播者便如同"千里之堤"内的"蚁穴"危害无穷。在当前文化

---

[1] 黄莉. 中华武术与儒家文化 [J]. 武汉体育学院学报, 2001 (3): 22-24.

大交融的国际环境下,对武术人的形象进行"拨乱反正"已迫在眉睫。"穷不失义、达不离道",告诉我们无论是得意或者失志都不要违背做人的原则。在"义"思想下的世界观,行为处事只论对与不对,从不计较结果得失。中国五千年悠久历史,为各朝各代塑造了无数个时代迥异的正义形象,有死守扬州的史可法、誓不变节的文天祥、精忠报国的岳飞、流血变法的谭嗣同。他们有的义薄云天、舍生取义,有的义肝忠心、留名青史,每当这些英雄人物展示在我们眼前时,便会让人产生靠拢与膜拜的心理,这就是英雄形象的魅力。武术人不仅要有"路见不平,拔刀相助"的义气,更要有为国为民能"牺牲小我完成大我"的忠义之心。每个习武之人心中都应有一个"正义"的英雄形象来规范自身行为标准,为武术"正义"形象的塑造增添光彩。

(三)"礼"改进武术"礼仪"形象

当下武术门户之争风气盛行,互相指责;师门之间内争不断,钩心斗角,皆是因"礼"之一字在人们心中的地位早已淡化,非同往昔。在当下以市场经济为主导的武术发展,为了确保训练成果往往忽视了礼仪教育。与韩国跆拳道的训练礼仪和场馆布置对比,中国武术场馆有几家悬挂中国国旗?训练前后有几人向国旗行致敬礼?师生之间课前课后又有几人行礼致谢?"礼"之一字可谓是武术形象的核心要素。中、日、韩各国技击文化在世界各地发展之差距"礼"之一字表露殆尽[1]。在武术文化中从始至终便强调以"礼仪"为先,以"德行"为主。武术的"抱拳礼""未曾习武先习德""为武师须教礼,德不贤不可传"等,皆是"礼"之体现。然而真正能做到"未曾习武先习德"的寥寥无几。"辞让之心,礼之端也。""礼"作为中国治政之策、理民之本,是中国社会伦理道德规范与行为准绳的外在表现。孟子曰:"无礼义,则上下乱。""礼"作为其思想核心的外显,影响着中华文明数千年。武术之所以能上升到国粹高度,不仅是因为"能打",而是因为武术贯穿着整个中华文明历史,蕴含着中华民族自强不息的精神和独特的人伦哲学思想。武术人对此更应有清醒认知,不应再执着于较技,争一日之长短。武术有"抱拳礼、鞠躬礼、持械礼",有"武德守则"和"习武十戒"等诸多行为规范,但习武之人却鲜有人能说出其中的条条款款。因此,加强武术人"礼仪"文化教育和熏陶,侧重于人文精神的建设;让人们谈起习武之人时不再是"粗鲁霸道""不安分""莽撞无礼"的样子;而是"儒雅大方""规矩本分""彬彬有礼"形象,使武术人能"知礼""懂礼""行礼""传礼"。假以时日,当人们见到习武之人时,问的不再是"能不能打人""是不是花架子",而是拳理文化和传承渊源。

(四)"智"重构武术"智慧"形象

"明是非、辨善恶","智"之使然。说起武术人给人印象最深的便是"四肢发达,

---

[1] Gubbels J, Stouwe T, Spruit A, et al. Martial arts participation and externalizing behavior in juveniles: A meta-analytic review [J]. Aggression and Violent Behavior, 2016 (9): 26.

头脑简单"的"一介武夫"。不可否认,优秀武术运动员体力付出的时间远大于同等年龄段人群,从而导致学习时间短缺,文化知识面窄,理论知识表达能力远逊于他人。很多习武十多年的运动员对武术尚没有一系列完整的认知。比如,何为武术,何为竞技武术,何为传统武术,武术起源与发展如何等相关的武术常识,皆不能给予一个明确的认识和答复。这便是缺乏理论知识学习的优秀武术运动员现状;笔者通过走访省武术队运动员得知,有许多退役散打运动员为了谋求高薪工作甚至涉黑诈骗。这不禁让人深思:武术如何正确传播?武术传播者能否具有辨别是非的正确价值观?不得不说这是中国当代武术人才培养环节的一种缺憾,虽然可以理解他们,然而其文化素养匮乏的普遍现象应引起高度重视。自古以来文武双全的人才比比皆是,以"孔孟"二圣为例,孔子力大无穷,可举起关城门的木门门闩;孟子善射,三百步开外可射中靶心,震惊齐国神射营。世人只知孔孟二圣教书育人的道德文化思想超越古今,却少有人知道二人的武艺之高超也少有人匹敌。可见"文"与"武"并非一定冲突,只要武术人肯积极改变,努力学习,武术人边缘化形象定会得到改善。因此,在武术传播、教育、训练、培训等方面,国家要负起责任,加大对文化课学习的培养力度,定期考核武术理论知识,努力培养内外兼优的武术人才,是构建武术智慧形象的重要步骤,也是对外传播武术文化不可或缺的重要手段。

(五)"信"还原武术"诚信"形象

伴随着市场经济的到来,中国武术界也迎来商业化的气息,并且愈演愈烈,影视小说与网络炒作使武术蜚声海外的同时,也为武术发展产生了不利影响。横空出世的各类弄虚作假、唯利是图、严重影响中国武术形象的"武术名家""武术大师""宗师"等,他们以自己的行为毁坏着中华武术长城、摧残着中华武术形象。仍以网络争议最大的"太极拳能不能实战"的话题为例。自"徐雷"事件后,社会舆论压力对太极拳的发展产生了非常不利的影响,许多网友又揪出先前电视综艺节目"假太极"现象进行批判,如《巅峰对决》《挑战不可能》等,矛头直指太极拳知名传承人;各大新闻网站凡有关太极拳的宣传报道,下方评论必有挖苦讽刺之语;时至今日,茶余饭后仍成笑柄。这些现象并不是国人对武术的否定,恰恰相反,正是由于对武术的期望值过大,才会产生如此落差,"爱之愈深,痛之愈切。"这些都是武术自古以来的"神秘性"种下的恶果。太极拳形象之所以跌落至此,一是太极拳自身文化定位不够准确;二是太极拳传承人缺乏文化涵养和形象自觉。以此为前车之鉴,武术形象若要重构既要对武术自身进行调整还原"自我",又要对武术人进行行为约束。在当今众多武术人中,仍有相当一部分传播者为了名利过分吹嘘师承所得,尤其在当今互联网时代,各种"群演性"比武炒作日趋泛滥。影视小说已将武术推向"神坛",武术传播者的推波助澜只会让这层神秘的面纱越裹越紧,促使武术畸形发展,武术形象错综复杂,未有准确的概念定位。为了武术健康长远的发展,武术传播者承担着还原武术神秘形象的重任。武术发展需要有战略、有理性、有诚信的发展，切忌炒作造假的不智之举。因此，在武术传播过程中，武术传播者要能明辨是非、踏实本分，保持"诚信"的武术宣传；不造假、不吹嘘，努力还原武术的本质内涵，顺应时代倡议，树立武术"诚信"的健康形象，才是武术可持续发展的正确打开方式。

五、结语

人类命运共同体的构建，不仅是实现中华民族伟大复兴的重要举措，更是中国人民与世界其他国家或地区人民美好梦想互融互通的纽带和桥梁。世界各国的政治、经济、文化在构架人类命运共同体理念下得以全面展示。本文以人类命运共同体中的儒家思想作为武术形象重构指导思想，一方面连接武术和武术人之间的纽带，既不失武术主体形象，又能改进武术客体形象，是使主客体形象相符合的重要桥梁；另一方面对构建人类命运共同体和树立中国国际形象，起到莫大的促进作用[1]。中国作为构建人类命运共同体的倡导者与践行者，其国际形象是决定对外交流的重要前提。武术作为中国传统文化对外开放的载体，武术形象构建是中国形象构建的重要组成部分。儒家思想下"仁爱、正义、礼仪、智慧、诚信"的武术形象，是中国思想对外传播的最高文化体现。儒家思想和武术作为中国最高的思想文化和身体文化，二者的结合宛如两个巨轮推动着人类命运共同体梦想的平稳前进。

[1]方国清，骆红斌. 中国符号：武术文化传播与国家形象的建构［J］. 首都体育学院学报，2012，24（1）：15-19.

"文化误读"与武术研究的历史反思*

一、文化误读理论的简介

"文化误读"是异质文化交流过程中存在的一个正常现象。它是指在与"他者"进行文化交流时,交流主体不仅不可能摆脱自身的文化传统和思维方式的影响,而且往往会有意识或无意识地按照自己习惯的思维模式和潜移默化形成的文化传统对"他者"的文化加以选择、切割和解读。

在过去很长的时间里,无论是中国还是西方的文化系统,都把"误读"与表示错误理解的诸如"误会""曲解""歪曲"之类词语通用。即使是因为"误读"带来了积极后果,也不予以肯定。在传统的观念中,"误读"从来就是应该极力避免的文化现象,哪怕"误读"客观上收到积极的效果,也不能因此作为"误读合理"的理由。换言之,"误读"的概念,至少在中国,从来都是纯粹贬义的。

然而20世纪60年代以来,伴随解构主义观念的流行,西方文化对"误读"进行了重新的认识。阐释学代表人物伽达默尔阐释了"误读"的积极意义,视"误读"为解构阅读、创造性阅读。他认为,不同时代的人们随时间的推移,必然在同一作品中获得不同的启示。文化误读不仅是普遍的、合法的,同时也局限在身处的历史环境里。20世纪80年代初,"误读"理论传入我国,"误读"本身也由一个原本贬义的概念,演化成为文化研究的重要概念和命题。在《中国武术:尴尬的境遇与发展的新策略》一文中,作者王岗、邱丕相明确指出:"一种文化的意义生成和确立,关键在于社会主导意识形态对它的理解和阐释方式,以及阐释者的立场和角度。"这一观点对于我们理解武术的现代化发展至关重要。

众所周知,中国文化与西方文化是两个相互独立的文化体系。由于历史境遇、社会发展与个人需要的不同,在文化交流的时候,人们或多或少会有先入为主的"偏见"即"误读",但如果不是不假思索地全盘照收,而是有选择吸收后的再创造,那么对于

---

* 作者简介:曾天雪(1971—),女,汉族,湖北仙桃人,博士,副教授。2009—2012年在上海体育学院跟随邱丕相教授攻读博士学位,完成学位论文《文化误读与武术发展》。现工作单位:华中师范大学;主要研究方向:武术文化与武术教育。本文原稿发表于《武汉体育学院学报》2008年第9期。

本土文化的发展来说则有推陈出新的作用。

历史是不断向前发展的,"文化误读"赋予了世界以多重丰富的思考,显示了它在人类文明发展史的历史必要性和合理性。

二、"误读""现代化"对中国武术发展的影响

"现代化"与"现代性"是两个容易混淆的概念。英国当代思想家吉登斯曾对"现代性"做过这样的解释,现代性意指在欧洲封建社会之后所建立的而在20世纪日益成为具有世界历史性影响的行为制度与模式[1]。也就是说,所谓现代性,是指最近几个世纪以来在欧洲形成的一种社会形态和生活方式,以及一整套价值理念。

现代性的核心理念包括:人在世界中的中心地位、理性精神、自由平等,以及对进步和发展的信念。而这一系列理念的产生得益于欧洲中世纪以后的文艺复兴、启蒙运动与工业革命。应该说,现代性是西方社会发展内在的、历史的、逻辑的必然,是植根于西方社会传统中的,并在对西方传统的怀疑、拒斥甚至反叛中而形成的一种文化形式,并不具有普世性。

而现代化,从其本义上说,就是西方国家实现现代性的过程。它以工业化为发端,涉及政治、经济、文化、精神等方方面面。

中国作为一个文明古国,在19世纪以前是世界上的强国,中国社会按照自身的规律稳步向前发展。但是鸦片战争以后,西方列强的入侵打破了中国社会原有的发展之路,而不断地战败及一系列丧权辱国条约的签订震破了中国人相信自己古老文明的优越感,再加上西方国家在现代性变革上所取得的令人注目的成就,使当时的中国人产生了学习西方的思想和愿望。

其实在中国历史上,文化交流、学习异质文化的现象并不少见。例如,在盛唐时期,人们基于国力的强盛和对本民族文化的自信,乐于接纳、吸取和利用外来文化。直至明末清初,中国的大多数知识分子仍在肯定和保护本位文化基本精神的前提下引入西方的科学技术,希望在本民族固有的文化体系中借助外来文化的某些力量以寻找更新之路。他们对西学既未表现出趋之若鹜的盲目附和,也少有无知狂躁的一概抹杀,而是根据自身的文化修养、生命体验和价值取向,心态平稳地对中西方的宗教和科学进行了深入的比较和思考。然而,鸦片战争之后,面对列强的侵略而无力抗争的社会现实,在"适者生存"的思想影响下,中国人选择了走现代化的道路。可以说,20世纪中国学者对西方文化的理解和接受基本上都是在"现代化"这个共同范式的支配下发生的,但这个"现代化"当然不是西方国家的"现代化",而是中国人理解的"现代化"。中国在向西方学习的过程中,以本民族的思想、观念来看待"现代化",创造

---

[1] 安东尼·吉登斯. 现代性与自我认同 [M]. 赵旭东, 等. 译. 上海: 三联书店, 1998: 16.

性地认为它是人类共同追求的远景，是脱离物质的贫穷，摆脱低下的生产力，从农耕文明走向工业文明的过程。因此，实现"现代化"，实现国家民主、富强成为整个社会的共同目标。武术，这一中华民族固有的传统体育形式，在这一大的历史趋势下也开始了"现代化"旅程。

1840年以后，被迫打开国门的中国对于西方文化采取了"体用结合，学以致用"的原则。在身体操练方面，面对西方的强势和中国国力的衰弱，社会呈现出崇尚西方体操和遗弃传统武术的思潮。这一思潮具体、典型地表现在"华北改良国术之运动，……教材教法，均受瑞典式体操之影响。"[1] 在中国维持时间最长、影响最大的民间武术团体——精武体育会在保持各种传统武术沿着原有的技术方向发展的基础上，在教学方法等方面加以提高，在组织和活动方式方面，则打破了原有民间各种练武组织所有的宗法或宗教色彩，大量采用了现代体育组织和学校的方式。同一时期，北京体育研究社"将每种拳术分解为不同的单式，再按拳路顺序连接成不同的段趟，配以口令，分段练习。实际上是'查照体操教练规程，订定团体教练之法。'"[2]

随着中华民国的建立，社会民众的国民意识、参与意识、人权意识等日渐觉醒。自鸦片战争以来，中国在政治和军事上的屡次受挫激发了民众通过体育竞技求胜的心理；国际奥林匹克运动影响的扩大和旧中国多次在田径等奥运项目上的失利，加剧了国人以武术对抗西方体育的心理；西方体育竞技内容与方式的引入更是直接促动了武术竞技的开展。这是中国竞技武术发展的历史背景和思想源头。中央国术馆制定的《国术考试条例》和《国术考试细则》就是在这样的历史背景下的一种实践。"从1923年举办的中华全国武术运动大会进行了传统拳术和器械的单练和对练的表演，到1934年第18届华北运动会中，武术表演赛改进为分单练拳术、对练拳术、单练器械、对练器械四项，进行分项比赛评奖；从1924年民国第3届全国运动会将拳术列为表演项目，制定了按手、眼、身、法、步五项技法进行评分的简单规则，到1935年民国第6届全运会武术表演赛将评分标准修订为按姿势、动作、运劲三项进行评分"[3]。融合诸多门派集中表演和竞赛，实行团体、单练和对练等形式进行项目划分，这些武术竞技的方式极大地突破了传统武术庙会献技与擂台打擂的旧有格局。对于武术技术的发展、门派的融合、习练者群体的扩大、武术地位的提高、社会影响的拓展都具有非同寻常的意义。民国时期对于"竞技武术"人们就已经表达了这样一种观点：不仅要在国内进行比试，还要和国外进行比试。他们说："今天是自己比试，将来一定要和外国人比试。"又说："有和日本人比试的消息，……现在虽然没有比，将来总有和我国比试的机会，我们也应该研究到我国的情形、标准方法，做一种准备；……并且还要预备一种人才和外国比试，专做国际比赛的；……所以对于各国比试的标准方法，一定要有

---

[1] 王健吾. 华北之体育 [J]. 体育季刊，1935（2）：217-319.
[2] 体育研究社，北京体育学校. 体育丛刊 [M]. 北京：体育研究社，1924：184-185.
[3] 温力. 中国武术概论 [M]. 北京：人民体育出版社，2005：438-440.

相当准备的！'"[1] 从这里可以看出，在当时已经有一种设想，设计一种专门用于比试的武术也就是能够竞技的武术，它以传统武术为根基，但因为要专门与外国人比，因此对于外国的比试标准就一定要知晓。做到知己知彼，才能百战百胜。"这一种提倡国术的方法，是把国术都市化、资本化"[2]，武术在现代化过程中，不仅外在表现形式，而且在方法、制度上也逐步采取西方体育的样式，武术正逐步实现着"现代化"。

中华人民共和国成立以后，武术作为中国传统体育的主要组成部分受到重视。在体育运动继续学习与借鉴西方体育的大背景下，1957年武术被列为体育竞赛项目；1958年制定出第一部《武术竞赛规则》；1959年出版了第一部《武术竞赛规则》，使武术有了在相同条件下进行竞技比赛的规定和具体的评分标准，加强了比赛的竞技性，注重了动作外形可比性。西方体育的"fair play"精神就这样引入了武术。1961年出版了《体育学院本科讲义·武术》，将体育教学训练原则及其步骤和方法等用于说明武术教学训练。因为这时的体育教学训练原则大多是从西方引进的，所以将体育教学训练原则、步骤、方法运用于武术教学训练体现的更多是西方体育的方法与模式。这一时期也开始从身体发展指标、机能状况、心电图等方面对武术的健身效果进行研究。总体来说，中华人民共和国成立后，按照我们所理解的西方体育的机制，以西方体育为模板，不自觉地用"如何使中国现代化"的世俗理想来理解西方体育文化并继续对武术进行着"现代化"的改造。

"文革"结束后，1982年、1992年和1996年先后召开了三次全国武术工作会议，对武术的现代化发展做了规划。在这一历史时期，国家体委和有关部门进行了大量的武术制度化和规范化工作。通过多部《武术竞赛规则》的制定、规定套路的编排、指定动作的规定和难度动作的设计，更进一步推动武术的现代化，使武术现代化的突出代表——竞技武术的发展更具可比性、可评判性，更加科学。

如果我们承认中国的现代化过程是西方思想文化传入的直接结果，那么我们就无法否认，对西方文化的理解和吸收直接影响了中国的现代化进程。在这个过程中，近代的中国人，是按照他们对西方思想文化的理解去改变已经形成了几千年的中国文化传统。

在武术的现代化过程中，竞技性的武术由于在制度层面、科技层面主动借鉴了西方体育的模式，一直参照体操的比赛规则来制订和修改规则，与西方体育有共通之处。可以说，与西方以求"是"、求"知"为核心的学术体系有了一定的一致性；又因为竞技武术的根仍然在传统武术之中，其思维方式、价值取向等方面仍具有强烈的民族性，与中国学术传统以求"应该"、求"做"为旨归的践行体系有着天然的一致性，所以，竞技武术既能为现代的中国人所接受，又能为西方国家的人所认可，成为与异质体育文化交流的一个较好的形式。

---

[1] 浙江国术游艺大会．浙江国术游艺大会汇刊 [M]．杭州：浙江省国术馆，1930：65-66.
[2] 王健吾．华北之体育 [J]．体育季刊，1935（2）：217-319.

三、"误读""后现代"与传统武术的复兴

作为对西方社会现代性文化危机的一种理论反思，20世纪六七十年代，西方文化开始了"后现代转向"，它分析现代社会的种种问题和危机，对西方文化传统的思想根基——理性主义和本体论进行重新地审视。反对工具理性对人的钳制，对科学理性主义的自明性、确定性、客观性、科学性根基进行了彻底地质疑和瓦解。对于本体论哲学预设的现象世界与本体世界、经验世界与超验世界的分离进行质疑。但这并不等于说后现代是一个新的历史阶段，它是西方现代性的延续，是在西方自身学术传统的基础上的继续发展。它否定的不是现代性的存在，而是现代性的霸权；不是现代性的优点，而是现代性的局限；它欣赏现代性给人们带来的物质和精神方面的进步，同时又对现代性的负面影响深恶痛绝。

改革开放以后，中国面临的境况是在国内，自身的现代化尚未完成；而国外，西方已经进入了后现代。针对这样一种现状，为了尽快实现现代化，人们再一次掀起了"向西方寻求真理"的热潮。伴随这一热潮，在体育界，大量体育理论与实践方法被介绍进来。在这一过程中，武术尤其是竞技武术在科学理性影响下越来越趋向于精细的区分与可量化的操作。这一现象从竞赛体制、项目设置、技术创新到规则裁判等多方面都有所体现。

可是，随着西方社会现代性发展弊端的日益显现，竞技武术在发展中的传统与现代的关系、民族与世界的关系也日益成为人们关注与讨论的焦点。受后现代思潮的影响，人们开始对现代化有了一份清醒、冷静的思考。由于中华民族悠久的历史，使人们很自然地回到传统武术中去寻找答案。这虽不是后现代的本意，但中华民族的特色使这一种误读也带有了创造的意味。

西方的现代性是以理性主义至上的。理性主义的精神实质在于反对愚昧和迷信，认为理性是事物普遍存在的本质。然而，理性主义并不是真理，从它诞生的时候起，就一直受到经验主义等的批判，因为人们找不到那种普遍存在的理性或科学规律。

后现代对现代的反思不是要彻底否定理性，而是对理性的霸权进行否定。因为在人类的发展进程中并不只有理性主义存在，除了理性之外，还有大量经验性的东西存在。虽然在一定的历史阶段，我们尚无法用言语来表达，但这并不代表经验的不存在。而且从辩证唯物主义的立场来看，经验性是绝对的，而理性则是相对的。它们存在着相互依存的关系，且在一定条件下能够相互转化。正是对后现代的误读，认为后现代也重视并强调经验性东西的存在，人们对竞技武术的发展提出了强烈的疑问。

其实，在武术的发展过程中，竞技武术与传统武术的关系并不是决然对立的，它们也如现代与后现代的关系一样。竞技武术在现代化的发展道路上，日益理性、日益科学，能够运用科学理性剔除传统武术中的神秘色彩，对传统武术的实践经验进行系

统的整理与理论的阐发，这是值得肯定的；传统武术作为中国"武"文化的主体"是一个瑜瑕互见的复杂文化体。其中既蕴藏着前人的智慧精华，也裹挟着不可避免的历史积尘，同时还更多地隐匿着需要通过一定的文化转换机制才能焕发出其时代价值的文化传统。"[1] 这是事实。并不能因为竞技武术的理性与科学就否定传统武术；也不能因为传统武术的丰富经验就否定竞技武术。人类社会总是不断向前发展的，理性与经验作为人类的智慧总是相伴而生的。

由于对后现代的误读，让我们以为后现代就是对现代的否定，并由此对在现代化过程中产生并发展的竞技武术进行解构和颠覆，这是不符合后现代本意的。后现代对经验性的认可及复归，使我们重新认识到传统武术在当代社会发展中的价值，对我们进行传统武术的研究提供了新的思路。传统不等于落后、保守、愚昧。传统武术中的大量经验事实及其所蕴含的难言性需要我们用科学的态度去对待，进行更深入、细致的研究，在保证民族性的同时也能将其所包含的科学性向世人展示，而其科学性的中华传统话语的表达也为世界体育话语的丰富增添了新的内容，从而使武术的发展朝着既具民族性又有世界性、既具传统韵味又有科学价值的方向发展，真正成为世界体育大花园的一支耀眼的奇葩，同时成为竞技武术发展"取之不尽，用之不竭"的宝库。

四、研究结论与建议

（一）明确任何一个社会的发展不外乎两大动力，一是自身的传统文化，二是吸收外来有益的文化

在"我们"与"他者"的文化交流与对话中，需要认清自身文化的精华，保持自己文化的独立，有选择地学习与借鉴"他者"文化。作为民族文化符号的武术在自身的发展中、在对外来文化的吸收上，也必须以保持民族文化的独立性为前提，"不能把在悠久历史中积淀形成的文化个性和价值体系消融到西方体育文化语境中去，丧失自己的内在精神与文化记忆，交出自己的价值标准。"[2]

（二）正确理解竞技武术与传统武术的关系

武术在现代化发展过程中，在吸收外来文化和保持自身传统中形成的竞技武术与传统武术并不是两个对立的事物。在武术的发展中，需要把"现代对传统的超越复归"与"传统文化的现代化转化"二者结合起来。正如郑敏在其《解构思维与文化传统》

---

[1] 周伟良. 文化安全视野下中华武术的继承与发展——试论当代武术的文化迷失与重构 [J]. 学术界, 2007 (1): 59-78.
[2] 周伟良. 文化安全视野下中华武术的继承与发展——试论当代武术的文化迷失与重构 [J]. 学术界, 2007 (1): 59-78.

一文中所说,"创新的过程必然是从传统出走,但也必然又对传统多次回归……当创新之灵出走而忘返,追随异国他乡文化而去,我们需要对它呼唤,呼唤它回归母体,将它的'新'带给母体……这正是21世纪汉文化传统创新与回归的使命。"

（三）要完成武术文化传统的创新与回归，就必须要在全球意识的观照下发展武术文化

一方面，竞技武术是武术现代化的产物，在今后的发展中，它可以按照现代化的进程继续前行。因为它在发展的历史过程中与西方体育有了较为一致的用语和规范，从而使武术的国际交流成为可能，让世界其他国家的人民可以通过竞技武术这个窗口来了解中国武术，同时也为世界体育的多元化和多样性提供一种有价值的形式。另一方面，继续深入剖析传统武术的精华，将其所包含的"理、法、势"的合理性、有效性与实用性找寻出来；使其在提高技击能力过程中追求"技、身、心"的和谐统一与时代相结合；使其"践行、体悟"的民族性更加突出、文化性更加鲜明，并为竞技武术的对外展示提供源源不断的资源，从而使武术的现代化发展走一条立体化而非平面化的道路。

有"变"有"常"：当代武术发展的理性选择*

19世纪末至20世纪初，中国社会发生了翻天覆地的巨大变化。在此期间，武术也受其影响，从形式到内容都相应地发生了改变。从清末废除武举制到民国初年马良倡导的中华新武术；从霍元甲携弟子徒众创办的精武体育会到张之江倾全国之力打造的中央国术馆；再到中华人民共和国成立后武术真正地归属于体育，一连串的变革使武术由一门传统的技击术变成一个"不折不扣"的体育项目，并在随后吹起的竞技体育"东风"下，强化了武术的审美价值和艺术属性。

随着近年来武术的发展出现瓶颈，一些主要问题也凸显出来，那就是武术在"传统"与"时尚"、"技击"与"艺术"、"文化"与"物化"等多维二元关系之中始终没有厘定自己的合适位置，出现了"变化无常"现象。上述情况究其原因，多半与武术的"现代性"有关。20世纪下半叶，在中国社会现代化的进程中武术也进入了现代性的发展轨道，在新的历史抉择面前，"摸着石头过河"的武术或者照搬西方，或者盲从时下，使其发展一度出现瓶颈；尤其是20世纪90年代以来，随着"视觉文化"在我国的生根发芽、遍地开花，武术内部更是发生了一系列的显著变化（亦有学者称其为"变质"或"异化"），从武术的艺术化趋向、审美消费理念等都可看出，武术的审美文化发生了现代性转变（摒弃了传统一元论而向多元化发展）。本文就当前时代背景下，针对武术上述问题，站在"国际化"的高度，以"大武术观"的理念视野，对武术的继承与创新或曰武术的"变""常"问题进行专门研究与理性探讨，旨为武术更好、更快地发展提供参考依据和可资路径。

一、研究方法

本文主要采用文献资料法和逻辑分析法。首先，以中国知网为主，以万方、维普、国家数字图书馆等检索平台为辅，运用文献检索的直接法和追溯法，通过高级检索，

---

* 作者简介：马文友（1974—），男，汉族，黑龙江齐齐哈尔人，博士，教授。2009—2012年在上海体育学院跟随邱丕相教授攻读博士学位，完成学位论文《中国武术的审美文化研究》。现工作单位：湖南师范大学；主要研究方向：武术文化与传播、武术美学与艺术社会学、武术教育与发展。本文原稿发表于《北京体育大学学报》2017年第10期。

按照主题"武术发展""武术创新"并含"武术传统""武术异化"等词汇进行交叉遴选,剔除不甚相关及重复文献,搜索出当代武术发展的相关文献著作4部,以及学位、期刊论文和论文集等33篇;对筛选后得到的文献进行分析、总结与提炼,为本研究提供重要的理论支撑;在借鉴前期相关研究成果的基础上,针对当代武术在"传统"与"时尚"、"技击"与"艺术"、"文化"与"物化"三方面的"变""常"关系运用逻辑分析法进行深入具体的解析。

二、武术的传统与时尚

"传统"是武术得以稳定延续和维系本质的必要条件,"时尚"是武术得以更好地继承和发展的不二选择。纵观历史,武术发展从来没有脱离时尚的传统,也没有脱离传统的时尚。传统与时尚的"调和"始终是武术发展中的一个主要矛盾。当代,武术发展中的"传统"与"时尚"问题再次摆在了世人面前,究竟该何去何从仍是一个亟待解决的问题。

(一)武术的时尚可"变"

从时间维度上讲,时尚乃是一时之风尚。"时尚是当社会文化走向大众文化时所采取的一种发展策略,可以说,时尚是大众文化的重要标志"[1]。武术各个时期的社会背景、文化需求不同,所以表现出不同的时尚。"时尚"是增加自身吸引力,引起他者注意的必备手段;也是不同时期的武术吐故纳新,增强生命力的体现。

因此,当代武术不应故步自封,而应该积极主动地吸收"时尚"的东西,接受新思想、新事物,使自己逐步发展壮大。古往今来,武术一直随着人们的审美观不断调整发展的方向,目的就是适应现实的需要。比如,武术由原始的单一的技击形式分化出了武舞,后又出现了表演性质的套路等,这些都是符合当时社会的需要,是武术谋求自身发展的一种"应激"反应。当下武术要想获得更广阔的发展空间,就应该不拘一格、大胆尝试、大力创新,将各种时尚的武术都纳入"大武术观"的范畴中来,积极稳妥地推动其向前发展。

"武术现代化是由传统武术向现代武术转型的过程"[2]。应该说,随着时代的发展,处于转型期的现代武术,价值功能逐渐分化,各种形式的武术不断涌现。尤其是受到视觉文化时代的影响,武术更是出现了前所未有的表现形式。譬如,武侠影视剧、功夫舞台剧、武术动漫、武侠网络游戏等。对此,人们大可不必惊呼武术异化或者变质,应该认同武术的时代发展,以及它本身所具有的娱乐属性和审美功能。

众所周知,现代意义上的武术不仅指传统武术,它还包括其他形式诸如竞技武术、

---

[1] 潘智彪. 论审美文化与社会时尚 [J]. 现代哲学, 2006 (5): 121-126.
[2] 王岗, 郭海洲. 武术现代化指标体系的构建 [J]. 西安体育学院学报, 2007, 24 (1): 1-6.

大众武术、学校武术、艺术武术、媒介武术等。"横看成岭侧成峰",视角不同,分类不同。但是不管怎样,只要能显现出武术的内在美,至于采取什么时尚形式表达并不重要。正所谓,"得鱼而忘筌",抓住事物根本最重要。时下,应该充分利用电子媒介的优势,对武术进行包装、打造,通过服装、音乐、场地器材、舞台背景等综合元素来展现当代武术的美(传统武术也可适当借鉴和部分地采取上述措施,如在服饰样式上、器材材质上应用现代科技进行改造与创新,以满足当下受众的审美需求)。武术中蕴含着丰富而又优秀的传统文化,只要是能表现优秀传统文化内涵的武术,无论采用何种时尚形式进行表达,人们都应该尝试去接受——正所谓"承百代之流,而会乎当今之变"。

(二) 武术的传统要"常"

继承与创新是武术现代化发展的"两条腿",缺少哪一条腿武术都不能顺畅前行。上面对武术时尚形式的创新做了简要说明,下面再谈谈武术传统的继承问题(对于武术的传统"要有鉴别地对待,有扬弃地继承")。有学者指出,"武术在实现现代化的过程中,应看清和把握好武术传统的永恒性和时代性两个方面"[1]。这就为辩证地看待武术传统提供了一种思路。也可以说,武术传统是应该随着时代发展而不断变化着的。这有如余秋雨所说,"传统,不是已逝的梦影,不是风干的遗产。传统是一种有能力向前流淌,而且正在流淌,将要继续流淌的跨时间的文化流程"[2]。大浪淘沙,留其精华。武术需要"常"的正是体现时代特征、鲜活而又流动着的、能够经得起大浪淘沙的那部分文化传统。

武术从产生之日起,经过中国传统文化的不断磨砺,渐渐地融入了"儒、释、道"文化的精髓。其中,受到儒家"仁礼教化"影响形成了"礼让为先、点到为止"的君子之争的比试模式,形成了"尊师重道、授徒择人"等熠熠生辉的武德文化;根据道家"无为而无不为""上善若水""守弱处雌"等哲学辩证思想创生的太极文化(太极拳、太极推手),高度体现了武者"与世无争、崇尚自然"的人文理念,使得武术从"练术"上升到"悟道"的境界;此外还有,受到佛教"禅悟精神"的熏染,武术在习练过程中十分注重"习武"与"修心"并重,并且认为只有"修心"才能有所思、有所得,才能体悟到武术并不是努力追逐那些世俗的东西,而是应该回到自我,寻找失落已久的心性(禅悟的修心见性之功能)。简言之,武术是中国传统文化的重要载体之一,武术中蕴含的传统文化精髓,是现代社会所迫切需要的;正所谓"千举万变,其道一也",任由武术的时尚形式如何变,武术的优良传统不可丢。尤其是当代西方社会发生了人文价值危机,许多思想家诸如丹尼尔·贝尔、莱奥·斯特劳斯、莱维纳斯、

---

[1] 毛明春. 中国武术的传统性与现代化的理论思考 [J]. 山西高等学校社会科学学报,2004,16(6):120-124.
[2] 余秋雨. 余秋雨学术专著系列 [M]. 上海:上海教育出版社,2005:213.

米歇尔·亨利、于依格等在其著述中苦苦寻找诊治"现代病"药方的时候[1]，武术可通过一种身体文化潜移默化的熏陶与感染，使人们从中得到生命灵境的启示。

另外，"一定时期的社会审美倾向往往都是该时期社会审美心理的体现，因而，一定时期的审美创作和审美欣赏便毫无疑问地要以该时期的社会时尚为背景"[2]。武术发展受到当代社会审美心理的影响，表现出一定的感性化、形式化，（武术现代性）"表现为与传统武术的全面断裂"[3]；但这只是一时的，不是武术发展的长期愿景。研究武术"变""常"之目的就是要再次向人们发出"警示"，以便纠正现实中武术发展出现的目光短浅或急功近利的错误。武术的时尚虽能使武术更加普及、更受青年人喜爱；但武术的传统才能使武术保持自我、"出淤泥而不染"。中国武术在新的历史条件下，"既要摒弃老旧的传统又要保持优良的风格，既要直面西方体育的融入又要敢于坚持自己的特色"[4]。我们一方面要鼓励现代武术与时俱进，结合时尚元素进行形式创新；另一方面更要守住武术内在的精神与尚武传统，真正实现"以武达人"的时代诉求。事实上，西方的审美现代性已经清楚地认识到当代社会人文价值理性的缺失，正在积极找寻补救的办法。此刻，中国武术千万不可重蹈覆辙，应该从中吸取经验教训，提前做好防范措施，即通过保持自身优良传统抵制社会风尚的不良影响，以防止武术过度异化，找不到归根之路！

三、武术的技击与艺术

自从武术有了独立的审美意识后，武术的"击"与"艺"就一直处于不断地博弈之中，它们的比重体现了社会发展的时代要求。作者认为随着武术的艺术化发展趋势日盛之现状，十分有必要重申武术的本质问题。

（一）武术的"术"可"变"

"武术"一词，属于偏正结构。"术"原指一种手段、方法、道路等。武术中的"术"即指表达"武"的一种途径与方法。武术的本质是技击，但是表达技击的方式、方法不可拘于一种，要体现多样化和时代性。这样，更有利于武术的长远发展。

譬如，在人民少而禽兽众的远古时代，武术就是一种杀戮的技能、一种求生的手段，崇尚技击，形式单一；商周时期至春秋战国，随着巫术的盛行，武、舞、巫三位一体，交叉重合，武舞的表现形式得到了统治阶级的认可，一度十分风靡；唐宋时期，

---

[1] 河清. 现代，太现代了！中国：比照西方现代与后现代文化艺术 [M]. 北京：中国人民大学出版社，2004：引子9.
[2] 潘智彪. 论审美文化与社会时尚 [J]. 现代哲学，2006（5）：121-126.
[3] 戴国斌. 武术现代性的断裂 [J]. 体育文化导刊，2004（2）：35-38.
[4] 李岩，王岗. 中国武术：从荣耀之身到尴尬之境 [J]. 武汉体育学院学报，2015，49（4）：49-55.

出现了套路的雏形，"套子"武术以一种"令人观睹"的带有表演色彩的形式出现在宋代的瓦舍勾栏之中，成为一种平民阶层喜闻乐见的审美文化；明清时期，是武术拳种、流派大繁荣、大发展时期，出现了前所未有的众多套路，形成了百家争鸣、百花齐放的大好局面；近现代，武术逐渐走上了体育化的发展道路，竞技性成为其主旋律，各种武术赛事纷纷登场，形成了竞技性一枝独秀的格局；当代，以视觉文化为主导的时代，武术的艺术属性得到了空前的强化，随处可见的图像文化像一股热浪一样冲击着人们的眼睛，武术的形式美被高度展现，审美花样增多，出现了功夫舞台剧、武侠影视剧、武侠动漫剧等多样化表现形式。

综上所述，武术的"术"（表现技击的形式）是随着时代发展和社会需求而不断变化着的，即"术"的表达方式和实现路径可以因时、因势而变化。在倡导和平的社会背景下、在视觉文化发展的时代背景中，要善于利用"艺术"形式展现"技击"含义。具体而言，一方面，可以艺术化地模拟武术打斗场景，体验技击的实效性；另一方面，可以通过高科技手段艺术地再现技击，就像中国武术博物馆里面构建的虚拟性对打。

（二）武术的"武"要"常"

武之为"武"，乃在于"技击"。近些年来，关于武术的本质问题再一次引发了学术界的大讨论，通过最近一次（2009 年）武术定义的修订可以看出，武术的本质是"技击"，这一点已经成为学界的共识。这也充分体现出武术与舞蹈、体操、杂技等传统身体技艺根本区别之所在。正所谓"万变不离其宗"，虽然当下社会对武术的诱惑颇多（"文化搭台、经贸唱戏""三俗化、短平快"等现象），但是武术应该保持适当的"文化自觉"，不能自毁其根，随波逐流，演变成本雅明所描述的"机械复制艺术"。须知，武术并非"舞术""操术""杂耍"。武术以技击为宗旨，虽具有花哨的艺术化表演成分，但"技击"本质不能丢弃。武术界人士，尤其是武术理论研究者要勇于批判，批判当下武术出现的弃"技击"于不顾，为艺术而"艺术"的唯美主义倾向。

应该说，中华人民共和国成立初期的武术套路继承了传统武术（查拳、华拳、炮拳、洪拳）的一些优秀品质——技击个性明显，但视觉文化时代以来，武术套路发展更倾向于审美上的视觉冲击，渐渐脱离了传统套路的技击意识和技击样式，将武术动作异化为不知所云、不知所谓何物，更不知所为何用。要明确武术是一种"不离日用常行内"的有实际用处和目的的技击术。"武术的审美发展并不能解决习练者的现实问题"[1]，即使表演性的武术也应以技击是主、艺术为辅。如能领悟此深刻哲理，就可有效避免当代武术套路发展中的尴尬之境。

诚然，继承武术的技击并不是传统社会原封不动的技击，而是符合现代社会发展

---

[1] 侯胜川，刘同为. 大众文化视域下的中国武术发展研究 [J]. 沈阳体育学院学报，2014，33（5）：139-144.

的"技击",是现代人理解的"技击"、是有历史局限性的"技击"。我们要善于利用国人的审美期待,把具有当代价值的"技击"精神、"技击"思想、"技击"理念挖掘出来,提炼成具有鲜明特色的"技击"形式(舞台武术、影视武术等)给予展现,使其在中西协调、古今适应的大背景下实现效益最大化,而不是无原则地随着大众审美趣味被动地妥协、堕落,失去"武"的个性与尊严。

四、武术的文化与物化

"文化"既凝结在物质之中又超脱于物质之外,是能够被传承的国家或民族的历史、传统习俗、风土人情、思维方式、价值观念……[1]。武术的"文化"是数千年来武术在中国传统文化中形成的,是受到传统思维熏染而在技术范式、审美方式、价值取向等方面积淀的精髓,它体现的是一种"自强不息、厚德载物"的民族精神;它已经脱离了单纯的外在技术形式而作为一种肢体语言承载着中华民族的文化要义;武术的"物化"则是指武术"文化传播的过程,其本身并不代表文化(说它不代表文化只是相对于狭义的"文化"——精神层面而言,在这里"物化"特指文化传播的过程、文化凝结为"物"的过程,是摸得着、看得见的有形之物),但却是文化的重要载体,包含文化活动的场所、文化产品等"[2]。所以说,当代武术发展一定要厘清"文化"与"物化"的辩证关系,切不可本末倒置。

(一) 武术的物化可"变"

继承武术"文化"、发扬武术"文化"必须要将其传播出去,这就是武术"物化"的过程。武术"物化"包括武术传播的介质、场所、产品等。长久以来,武术通过什么形式、载体传播其文化价值,一直是因时因地而异,从未拘泥于某种形式或是强求于什么场合。比如,在演武场、晨练场、操场、公园;在单练、对练、拆招等过程中;通过现场、电视、电影、网络等方式。当代出现的艺术武术、媒介武术就是一个很好的证明,它已然成了传播武术"文化"的一种重要载体(如功夫舞台剧等)。有研究者指出,"推进'艺术武术'是全面实现武术大发展的'希望之门'"[3]。应该说,以艺术的形式展现武术的文化内涵,将武术的传统文化内质用当代的艺术形式进行表达,是适应社会发展需要的表现,也是符合大众审美趣味的理性选择,它有效地规避了传统武术古朴、简单的演练风格和单调、乏味的审美方式。

另外,当今的视觉文化时代,一切都善用"图像"的方式进行呈现,"快速、直

---

[1] 董金花. 从体育文化视角思考传统武术文化的流失及对策研究 [J]. 当代体育科技, 2015, 5 (20): 208-256.
[2] 万家阳. 文化与物化 [J]. 中国政协, 2014 (22): 33.
[3] 王岗, 吴松. 大武术观视域下的中国武术发展路径研究 [J]. 北京体育大学学报, 2013, 36 (9): 19-25, 40.

观"的浏览方式取代了"品味、体悟"的传统审美方式。在此情境下,武术也要应时而变,大力打造武术的图像文化,以适应现实社会的审美需求。鉴于此,当下武术的发展需要借用"新媒介"造势,将"媒介武术"视为武术发展的另类生长空间,充分利用视觉文化的平台及传播优势,宣传武术的文化价值,深化人们对武术的理性认知,扩大武术在世界范围的影响力和品牌效应。

客观讲,武术在"物化"过程中不可避免地要受到武术的商品化、媒介化、审美化、娱乐化等形式的影响,但在此过程中要高度凝练和展示武术的"文化"内涵。"物化"只是一种手段,它不能改变武术的文化本质或弱化武术的文化属性。在现代要善于利用一切可用的条件,加大武术的宣传力度和传播范围。切不要苛求某种形式、场合、载体而影响武术的长足发展。总之,现代媒介(视觉文化)在使世界变成一个"互联网""地球村"的同时,也为武术的"物化"过程提供了前所未有的方便渠道;所以,应该抓住时代赋予武术发展的大好时机,将武术的文化传播到世界各地,让全球各个角落的人们都能感受到武术文化的无穷魅力。

(二)武术的文化要"常"

近年来,随着西方审美现代性的不断深化,以及当代社会人文价值出现的认同趋势,中国的国学开始复兴并逐渐受到热捧,宣扬"孔孟之道"的孔子学院在国外获得了广泛认可便证明了这一点。武术也属于国学(众所周知,武术从不同角度诠释了中国传统文化的价值观、审美心理以及思维方式等),但遗憾的是,关于这一点很多人没有认识到,认为武术就是体育行业的事,长期囿武术于体育范畴。武术如此定位,必然缺少大制作、大气魄与大手笔。现代武术缺乏文化认同已是不争之事实。它的哲理、精神、思想、价值等并没有被充分地发掘出来——武术文化之"常"更多是向传统回归、回归"武术传统"。所以,武术的文化认同很重要,这不仅是一个意识问题,同时也是一个态度问题。

应该说,武术文化认同感来源于武术的文化自觉与文化自信。中华文化5000年历久弗衰,就是缘于这种内在的文化自觉与文化自信。武术要想获得长久发展,其文化自觉与文化自信一定要经得起东西方的文化冲击和历史考验。既不能像竞技武术套路那样,深深陷入奥运模式的怪圈,追求西方的外向型文化(西方竞技体育追求外在的高难美新),偏离了传统武术所追求的精神内核(中国武术追求内在的含蓄蕴藉),变成了"空洞的肢体表演""无根的技术比拼",渐渐异化为另类文化(不注重对传统武术技术的积累和融合,更多以西方奥林匹克体育的范式来借鉴"更高、更快、更强——更团结"理念的时候,事实上就已经走上了一条脱离中国武术基本精神内核和思想的道路[1]);也不能像有些武侠影视剧或者武术动漫剧那样,为了迎合部分受众

---

[1]何丽红.知识生产:当代武术发展的动力学解构[J].北京体育大学学报,2016,39(4):45-49,59.

的低级趣味，大肆渲染武术的暴力情节，不惜误导青少年对武术的认知，遮蔽、弱化、误读武术文化的博大精深，以及教人向善、不争无为的价值理念。

邱丕相先生不无伤感地说："当代人要守护武术的精神家园，保持它的基本品格……"[1] 这里所说的"精神家园"主要是指武术的文化价值，是指武术数千年积淀的精髓与灵魂。从古至今，武术的主流文化价值——厚德载物、上善若水的教化理念，海纳百川、崇尚和谐的精神主旨等一直受到人们的青睐；所以，武术形成了光辉熠熠的武德文化、独树一帜的套路形式，以及修身养性、身心一统的不二法门。

当下，彰显武术文化内涵、续写武术文化魅力、固守武术文化阵地、传递武术文化正能量，已经成为抵制西方体育"入侵"和精神"同化"的当务之急。

五、结论

"武术在发展过程中可以'西化'一点，但是绝对不能'走味'"[2]，这是颇具远见的学者站在全球化的高度，并在充分考察国内武术发展现状的基础上以一种高度的责任心和使命感发出的强有力的世纪呼喊。它深层次地触及了武术的"变""常"问题。当代武术要发展，但是不能"无原则""无底线"，不能以牺牲武术"传统、技击、文化"的"本源性"为代价。众所周知，武术以人为载体，以技击为其本质，能有今天的文化格局乃在于千年不断的经验累积与融会创新。虽然武术传统的生态环境已然逝去，不能抱残守缺、止步于"田园"；但是为了一点点眼前利益而放弃武术"英雄本色"的民族根基亦是得不偿失。鉴于此，武术要想在当今的"视觉文化"时代获得大繁荣、大发展，必须做到有"变"有"常"。"常"就是继承，"变"乃是创新。武术在继承与创新之间应适时保持一定的张力，不能顾此失彼、变化无常。本文通过对武术"传统与时尚""技击与艺术""文化与物化"等方面的具体解析与论证，认为武术在上述多维二元关系中的"变""常"本是一体两面，互为基础，相对存在。只有综合考量武术的"变"与"常"，才能使武术的前进之舟时时保持着充足动力；只有准确把握武术的"体"与"用"，才能使武术的审美之维处处洋溢着和谐之光。

---

[1] 邱丕相，马文友. 武术的当代发展与历史使命 [J]. 体育学刊，2011，18（2）：117-120.
[2] 邱丕相，马文友. 武术的当代发展与历史使命 [J]. 体育学刊，2011，18（2）：117-120.

社会学视域下传承武术文化的教育研究 *

20世纪以来，尤其是近几年，对武术文化的研究成为体育学术界的热点。这一方面缘于武术自身发展的需要；另一方面缘于世界范围内的文化"寻根"热潮，尤其是西方学者对中国传统文化的关注。这些研究的特点主要体现在：（1）文化的寻根性，研究多以从探索武术文化与中国传统文化的渊源入手，具有较鲜明的时间线索；（2）领域的广泛性，以传统哲学、伦理学、传统价值观为核心，对武术文化展开较全面的研究；（3）全球化扩散与民族内向化发展，即武术的国际化发展模式和武术文化的国内传承方式；（4）研究倾向的民族性，研究中饱含着研究者们的民族主义情绪。

关于武术文化教育，有学者认为应站在全人类发展的高度，与国家的利益和民族的兴衰相联系，才是真正意义上对中国武术的继承和弘扬，才会使武术文化大气磅礴、生机无限[1]。文化性是武术的灵魂。中华民族精神在武术中具体体现为"止戈和平、整体为上、崇德重义、自强不息"，这是武术现在乃至未来可以承担起教育功能、服务于人的社会化的立足点，也是当代武术教育必须弘扬和培育的民族精神[2]。

然而，理论上的繁荣和蒸腾并未在现实中得以显现，研究的丰富却反衬出当前武术文化教育实践的缺失。须承认，当前我国中、小学学生对奥林匹克运动的了解程度远超过了武术，他们对奥林匹克运动精神及文化的理解是武术运动所无法比拟的，这从我国学校现有适合中、小学学生的奥林匹克运动普及读本的数量而武术却几乎没有的事实中也可见一斑。

归咎于理论研究层面，笔者认为，出现这种状况与现有研究多偏重于文化学、民族学和哲学等学科视角有关。不可否认，这些研究使我们加深了对武术文化的理解，并为教育传承提供了基本的理论储备。但对此保持敏感的关注并不意味着我们应该陷入纯思辨的探求。正如吉登斯所言，由于"普通行动者和社会观察者所关注的问题是

---

* 作者简介：倪依克（1962—），男，汉族，湖南湘阴人，博士，博士后，教授。2004—2006年在上海体育学院博士后流动站工作，合作导师邱丕相教授。博士后出站完成研究报告《民族传统体育学科体系研究》。现工作单位：广州体育学院。主要研究方向：体育人类学、民族传统体育文化。本文原稿发表于《体育科学》2007年（第27卷）第11期。

[1] 邱丕相. 武术文化研究和教育研究的当代意义 [J]. 广州体育学院学报，2005，25（2）：1-3，8.
[2] 邱丕相，戴国斌. 弘扬民族精神中的武术教育 [J]. 哈尔滨体育学院学报，2005，23（4）：1-3.

不一样的",这会使得"社会观察者所使用的描述语言与普通行动者使用的语言总是多少有些不同"。

一、武术文化研究的反思

(一) 基于西方价值取向的传统文化研究

科学技术的高速发展,带来的负面影响是全世界范围内的文化失落。这种失落表现在社会生活的各个方面——整体社会氛围的浮躁与不安定、人心的躁动与空虚、影视艺术追求高科技的感观刺激、文学创作的哗众取宠与肤浅,在这样的环境下,复古思潮近几年在世界范围内涌现,传统文化中的精华重新得到重视与提倡。中国传统文化在沉寂了近一个世纪后,再次在社会中得到肯定,进而在世界范围内得以传播。

事实上,我们对传统文化的重新关注是基于西方对自己"理性传统"的反思和"后现代的困境"的渲染,而不是处于自身的需要。在西方社会对东方文明的诉求中,西方社会是基于自己的价值取向对东方文化进行了"改造",而改造后的这股"复古"思潮又作为一种时尚文化从西方传入中国,在全国范围内掀起弘扬民族传统文化的热潮。这种外来思潮引发的对本土文化的复归,必然导致某种程度的盲目性。当前大部分青少年对中国传统文化的认知与认同,是在"复古"思潮下引发的,而不是建立在对中国传统文化内涵的深刻理解之上的,他们的主要表现就是对中国传统符号的盲目迷恋与追求,却不能承载传统文化的意蕴与精神。人们今天对待传统文化一如往昔对待西方文化一样,偏重于在技艺和器具的层次上承认传统文化的价值。以往是人们死抱传统文化的本体层面不放,即所谓的"中学为体,西学为用";今天人们则死抱传统文化的技艺、器具层面不放,而在价值层面,则完全信奉西方的价值观念,即所谓的"西学为体,中学为用"[1],现阶段我们对传统武术的某些改造也是基于西方体育的价值取向。

(二) 武术文化博大精深下的繁杂与空洞

我们常听到对传统文化的鼓吹,听到对自己文化传统悠长久远的盲目自豪,但一旦落实到具体的问题上,我们并不知道传统文化具象。中国的传统文化非常复杂,既有民间的也有庙堂的,既有健康的也有陈腐的,既有中断的也有延续的。有时,它甚至连一个象征的、具有凝聚意义的仪式都不存在[2]。

植根于传统文化土壤的武术文化,至今也没有比较明确、统一的解释。对于武术文化的本质内涵是什么,也是仁者见仁、智者见智,最后被概括为博大精深——武术

---

[1] 康永久. 传统文化的现代教育传承 [J]. 中国教师, 2005 (6): 5-7.
[2] 孟繁华. 小写的文化: 当下中国的大众文化 [J]. 海南广播电视大学学报, 2001 (3): 33-37.

文化是中国传统文化的产物,是中国传统文化的沉积与反映。因此,武术文化在中国传统文化诸因素的影响中发展,理论上受其思想指导,行为方式上受其制约,既体现中国传统文化的共同特征,又有自己的独特性。可以看出,我们在对武术文化价值进行提升的同时,对武术文化的解释也越来越抽象、繁杂与苍白。

近年来,人们对历史和传统文化的兴趣越来越浓厚,从对"戏说"的喜爱逐渐转向对正史的探究。但是,快节奏的时代,大众追求的依然是简单易懂、富有趣味的文化,易中天的品三国、于丹的论语热,都是很好的例子。过于"博大精深"的武术文化,就显得"曲高和寡",难以进入现实生活的教育之中。

(三) 把武术当作工具,缺乏文化观念

对比中华民族传统体育的其他项目,武术一直以来备受关注,在不同的时期被用来满足不同的需要。在新文化运动时期,是中西文化之争的工具;在"强种强国"的呼声以及不断高涨的民族情绪下,是国人摆脱"东亚病夫"的工具。中华人民共和国成立后,武术又肩负起对外交流、访问表演的责任,被进行了较大的"改良"。在当代,武术文化的研究,主要是为了展现中华传统文化的优越性,弥补西方体育文化的不足。可以说,不管是对武术的改良还是理论研究,其实主要是如何服务于政治或服务于经济的经验总结,过于追求社会需要,社会文化需要什么,武术里面就有什么,这并不能解决长远发展的理念问题,武术的自身价值仍然是模糊的,而这些貌似科学和现代化的理论,只不过是"一经接触到实际应用,顿时分崩离析,最终不得不用经验总结的方法形成一些满足短期功利需要的文字。"[1]

另外,当前的研究中存在极端民族主义,其主张利用武术具有体育项目的特性,从体育运动的角度来突破西方文化殖民主义的垄断。民族主义在中国成为一个巨大而空洞的符号,徒有激情洋溢的爱国情绪,而始终缺乏稳定的、持恒的、为共同体的人们所基本认同的价值体系、社会制度和行为规范,而这些迫切需要构建和认同的实质性内容,恰恰又是中国的民族主义所最匮乏的[2]。

(四) 难以自圆其说的尴尬

经过一个多世纪的发展和异化,中国武术已基本形成在传统文化思想指导下的传统武术体系和在西方竞技体育影响下的现代武术体系。

产生于社会实践的传统武术,多侧重于实用技击。传统武术套路一般简单、朴实、花法较少、实用价值高,所用器械与竞技武术相比,显得大而笨重。现代武术严格地说应该是现代竞技武术,即是套路与对抗两种运动形式分离并完全独立,一方淡化攻

---

[1] 胡小明. 一种基于当代现实的体育理论眺望——关于《两条腿》和后现代意识 [J]. 体育文化导刊, 2003 (12): 18-20.
[2] 赵国庆. 传统武术真意的思考与寻绎——兼论武术的新分类 [J]. 体育文化导刊, 2003 (9): 38-40.

防技击，注重艺术表现效果，一方仅练习在规则限定下的搏斗，它是中西文化结合的武术[1]。

中国武术运动发展演变至今，已较传统武术有了很大不同，其蕴含的传统思想内涵正在被迅猛而来的现代文化所削弱。从继承传统武术的立场出发，我们的确已背离了传统武术对我们的角色希望。传统武术的倡导者在传统文化价值观的约束下，对传统武术规范、体系情有独钟。现代武术的倡导者受现代文化价值观影响，用西方竞技体育模式阐释现代武术发展的价值和意义。有研究认为，"中国武术作为历经数千年而仍具有生命力的文化形态，经过欧风美雨的冲击后出现了新的文化形态。体育化、竞技化的武术已经不是中国武术的精粹代表，过分的西方化使竞技武术完全按照体操的模式发展，从'文化传承'角度，定量化的竞技武术根本就不存在传承的问题，只有历史延续的、固有的武术传统才需要传承、需要生存"[2]。两种文化理念下的武术发展使得武术自身在经历西方文化的冲击和民族文化的捍卫过程中，形成了文化发展的双重性格，使在教育过程中必然陷入难以自圆其说的尴尬境地。

二、社会学视域下武术文化教育研究的理念

每一种文化都有自己独特的行为模式，它使人们在置身于一种新文化时经常会感到无所适从。这是因为他们失去了所熟悉的帮助，即理解周围世界的参考点，而又没有学会如何适应这种新文化。从外部来理解文化是极其困难的，习惯和信仰是更为宽泛的文化的一部分。依据其自身的意义和价值观来研究文化，这是社会学的一个关键预设。"社会学独有的学科视角决定了它会站在更高的层次上，使教育及民族教育的探究具有更为宽广的社会背景、更为深厚的学术支撑和更为丰富的学理内涵。相对而言，社会学对于教育和民族教育问题的讨论更为关注其得以运行的社会宏观背景，这就会在某种程度上凸显教育问题本来具有的社会底蕴。"[3] 社会学研究的主要观点是把人放在社会联系中进行动态的研究，因此，武术文化教育研究引入社会学视角，可以更好地实施文化教育，毕竟，文化的传承主体是人。基于社会学视角，武术文化教育研究应体现以下几种理念。

（一）教育第一

武术传播的核心是文化传承，脱离文化传承的武术传播是无源之水、无本之木。联合国教科文组织策划了"世界文化发展十年"（1988—1997）活动，并于1992年成立了世界文化与发展委员会。1995年，该委员会推出了其研究报告，认为脱离人或文

---

[1] 郭玉成. 体育的武术与文化的武术 [J]. 搏击. 武术科学，20074（5）：1-3.
[2] 卢宁. 教育与人类——教育人类学的思考 [J]. 广西师范大学学报，1991（4）：30-35.
[3] 岳天明. 社会学视野中的教育及民族教育 [J]. 青海民族研究，200617（1）：145-148.

化背景的发展是一种没有灵魂的发展。1998 年，联合国教科文组织又在斯德哥尔摩召开了"文化政策促进发展"政府间会议，提出了《文化政策促进发展行动计划》，并指出"发展可以最终以文化概念来定义，文化的繁荣是发展的最高目标。"

人类社会的生存和发展不能没有文化，文化的传递和发展依赖于教育。教育是传播知识和技能、传递文化价值观念的手段，是培养人的一种社会活动，教育的作用是促成人的社会化。对于年轻一代来说，所有的文化都是通过人类社群之间，以及个人之间的文化传播活动获得的，而不是通过人的生物遗传得到的，因此，要把武术文化从一代人传给下一代人，必须依靠有效的、比动物传递信息活动复杂得多的教育活动。人类学家们把这种传递文化的教育活动过程也称为"濡化"，人类正是在这种"濡化"中得以生存、发展[1]。因此，教育第一，一方面凸现了教育对武术文化传承的重要意义；另一方面是要求应从武术自身出发，以教育为目的，挖掘其所蕴涵的教育价值，并从有利于教育、传播的角度，予以适当的加工整理，亦凸现武术文化的"濡化"。

奥林匹克运动经历百年愈加蓬勃兴旺，重要的原因之一就是它在发展过程中形成了以奥林匹克主义为核心的思想体系。奥林匹克主义提倡通过教育来改革社会，奥林匹克主义将教育作为核心内容置于首要地位。

（二）培育公德与私德

要想弄清楚私德的内涵，首先应该清楚什么是公德。简而言之，所谓公德，就是在公开场合对公众事物的一种态度和行为。公德是有规范的约束和强制的，而私德可能更要自觉和自律。我们一直强调的是公德，实际上，私德更重要。文明的人、高尚的人，在个人的世界里，应该是发现美、创造美的，但缺少私德的人，在一个人的世界里，就可能是无所不为了[2]。没有私德修养，就不会有真正的持久的公德意识和行为。培养人独处时的品德，私德的培养似乎是我们教育的一个盲点。

社会学研究中常使用两种基本方法，第一种方法是社会模式，认为社会力量决定个人行为；第二种方法是存在模式，认为个体决定自己的行为，虽然这种个人决定会受社会力量或其他因素的影响，但该模式的基准是个人行动，而非社会结构。作为研究者，我们在关注社会统一体与文化及制度等要素的关系的同时，还应该关心如何与个人的选择和生活目标相联系[3]，重视私德培养，以培养真正、持久的公德意识和行为。

（三）武术文化教育不等同于"现代学校体育教育"

真正的课堂教学改革，应该是在先进理念支配下，在课堂教学的本质和内涵上深

---

[1] 赵宪宇. 教育的痛和痒 [M]. 北京：北京大学出版社，2005.
[2] 约翰·凯利. 走向自由——休闲社会学新论 [M]. 赵冉，译. 昆明：云南人民出版社，2002.
[3] 刘梦溪. 百年中国：文化传统的流失与重建 [J]. 南京师范大学文学院学报，2004（1）：1-10.

入推进。武术文化的传承是开展弘扬和培育民族精神教育的一项系统工程,需要充分整合和利用教育资源,协调各方面力量形成合力。要特别重视发挥家庭教育和社区教育对中、小学学生成长的积极影响,努力营造良好的社会育人环境。

(四) 武术文化教育不仅是传统文化教育,也包括文化传统的教育

"传统文化"和"文化传统"是两个不同的概念。传统文化,是指传统社会的文化;文化传统,是指传统文化背后的精神连接链。并不是所有的文化现象都能够连接成传统,有的文化现象只不过是一时的时尚,它不能传之久远,当然不可能成为传统。按照美国社会学家希尔斯的观点,传统的含义应该指世代相传的东西,即从过去传衍至今的东西(至少应该传衍三代以上)。文化传统存在于传统社会的文化现象之中,但它更多地是指这些文化现象所隐含的规则、理念、秩序和所包含的信仰。能够集中地体现同一性的规则、理念、秩序和信仰的文化现象,就是传统的文化典范。我们常说的中国文化,就包括中国传统文化和文化传统两部分[1]。武术文化教育,教授的是传统文化,但要渗透的是文化传统。

(五) 武术文化教育是动态的、多层次的

文化,至今还没有统一的定义,诸多学者众说纷纭,莫衷一是。被称为人类学之父的英国人类学家 E.B. 泰勒关于文化的定义被认为是经典性的定义,"文化或文明,就其广泛的民族学意义来讲,是一复合整体,包括知识、信仰、艺术、道德、法律、习俗,以及作为一个社会成员的人所习得的其他一切能力和习惯。"[2] 文化是个动态的概念,这种动态性一方面来自社会环境变迁所带来的影响;另一方面缘于不同时代人们所赋予文化的不同内涵。这种动态性,是基于不同时代人们的现实需求。如果说早期的武术文化教育主要强调民族属性的话,那么,现代的武术文化教育更为"强调民族性和现代性的和谐统一"。从个体角度来讲,人所扮演的社会角色会随着人生历程的进展而变化,随着社会预期与机遇环境的改变,个人也会随着年龄的增长而改变他们的价值体系和世界观,会在一生中采取不同的方式去判断什么是重要的、合适的,以及令人满意的。从这个意义上说,武术文化教育应该是多层次的。

三、社会学视域下当代武术文化教育的实施途径

基于上述理念,依据社会学的社会分层、生命历程等理论,当代武术文化教育可以从以下几个方面进行。

---

[1] 刘晓东. 文化渗透:美国文化教育的理论和实践 [J]. 国外社会科学, 2004 (5): 45-48.
[2] 爱德华·泰勒. 原始文化:神话、哲学、宗教、语言、艺术和习俗发展之研究 [M]. 连树声,译. 上海:上海文艺出版社, 1992.

(一) 完善教育体系，实现渗透教育

一直以来，包括武术文化教育在内的文化教育研究，其目的是如何使大众认同传统文化，从而在社会中形成文化传统，因此，渗透教育至关重要。在美国，教育实际上就贯穿了一条非常明晰的文化渗透的主线，其主要途径是学校、宗教活动、生活指导、社会服务、政府直接干预和家庭教育，从广度上看，涉及社会生活的各个领域。同时，也表现出层次性和渐进性，基础教育阶段的社会研究课程的渗透本身就表现为从小学到中学各个阶段逐渐深入的特点。美国1994年颁布的《社会研究课程标准》提出10个主题轴，以文化，时间、连续和变迁，人、地方和环境，个人发展和认同，个人、团体和制度，权利、权威和管理，生产、分配和消费，科学、技术和社会，全球联系，公民的理想和实践10个主题轴来组织课程。它们并不是各自独立的概念，而是10个交汇整合的主题，由浅入深，在不同年级重复出现并高度整合[1]。

为了使武术文化渗透教育更具科学性和有效性，应加强对基本情况的把握，运用社会学、心理学中的问卷法、访谈法等实证方法，加大研究的广度与深度。在基础研究的基础上进行文化渗透自然就能减少盲目性而更有针对性，较少抽象性而更加具体化。

(二) 规范相关内容

这里包括两个方面的内容：一是要总结出比较统一与权威的武术文化精髓，并依据生命历程理论，对不同层次有所区别，如对中、小学生，要言简意赅，好记好理解，有趣味性，而对于高等专业教育的学生，就要有一定的深度。不要给武术文化戴"高帽子""抽象化"，要具体，不要过于空洞与苍白，博大精深并不利于教育与传播。二是要规范一些必要的仪式。赫伊津哈（1955年）在分析仪式的时候曾说过，文化中存在玩闹或游戏的因素。他提出，在各种社会仪式中，人们都在进行"再表现"（Representation）。通过参与这些仪式，人们将自己同整个活动相认同。这不仅是模仿，参与者（朝圣的人、庆祝的人、演员及观众）是整个活动再创造的一部分，而活动又代表了存在于文化内部的某种意义。仪式可能有许多不同的形式，但其本质是一种庆典式的再创造，它将人们聚集到它的意义周围，从而巩固社会。奥运会上传递、点燃火炬象征着把古希腊和平化身的奥林匹克精神传播到全世界。顾拜旦提出一句响亮的口号："主要的不是胜利，而是参加"，引导人们将参加奥运会切磋技艺、相互交流、增进友谊视为可永久珍惜的。文化是无形的，文化教育不是空洞的说辞，单纯的动作技术是不能完全承载武术文化内涵的。武术文化也应通过一定的仪式表现出来，也就是说，武术文化的传承，光靠技术训练是不行的，它需要文史哲的长期熏陶和教育。

---

[1] 桑全喜. 民族传统体育培养目标的历史嬗变与现状 [J]. 体育文化导刊, 2007 (3): 81-84.

(三) 普及中凸现娱乐性

柏拉图认为"教育,总是用最好的东西。"教育不仅要选择客观真理作为内容,而且也决定用最好的形式去传播真理。柏拉图把教育看成艺术活动,认为"认识真实存在的艺术就是教育艺术",并把这种教育艺术称为"转向艺术",即转向心灵的艺术,能够以最容易、最有成效的方式实现这一转向就是最好的艺术。

教育要与文化艺术相结合,不能仅依靠单纯的技术讲授和思想道德教育。一个多世纪以来,中华民族传统体育发展艰难,其原因与我们一直试图用西方体育的形式来改造它有关,而且是在不具备人文基础的状况下,盲目采用军国主义的观念来鄙视其游戏精神,削弱传统体育活动在集会喜庆时发挥休闲娱乐作用的特点。大砍大削的分解式"改良",使其支离破碎而失去符合我们民族欣赏习惯的审美特色,失去了在后现代社会的潜在领军优势。武术自先秦到近代,与杂技百戏交融,进入戏曲里,出现在庙会中,既有"项庄舞剑"的礼仪表演,也有"闻鸡起舞"的自我陶醉,但现在却不是给人带来欢乐和享受的活动,以至于规模再大的武术比赛也是观众越来越少。中华民族的复兴,必将促进民族传统体育的振兴,而民族体育的振兴,又需要具有体育生活化的后现代意识,使它重新回归休闲娱乐领域,成为人们喜闻乐见的享受活动。只有人们喜欢,才会有兴趣去参与、去关注,也才能在这过程中潜移默化地接受其所蕴涵的文化内涵。

(四) 高等教育人才培养目标应重新定位

中国传统武术文化如何薪火相传,教育是最基本的途径,这其中,学校体育教育的作用是巨大的。在传统文化中对学生进行身体方面的教育,不是单纯的一门课程,它是联系和影响着其他课程的教育。它不仅"均调其血气而收束其筋骸",而且能在思想领域内"调畅其精神而涵养其心术",在道德教化方面,还能收到"移风易俗"的效果。

当代,在学校体育教育中存在基础教育资源贫乏、高等教育自我定位有误等问题,从我国高等体育院校和体育系的民族传统体育专业的课程设置上可以看出,高等教育还基本处于知识"普及"的阶段。

目前,我国高等体育院(系)的民族传统体育专业在人才培养目标上还存在着模糊性,主要表现在三个方面。一是,各院(系)培养目标基本类似,特色不鲜明,如天津体育学院的培养目标为"培养武术套路、散打、摔跤、体育养生等民族民间体育项目的运动员、教练员、专业教师、健身指导、体育俱乐部经营管理人员及从事民族传统体育工作的应用型人才",西安体育学院的培养目标为"培养德、智、体、美全面发展,具有较系统的民族传统体育基本理论、知识与技能。能从事武术教学、训练、科研、竞赛组织等工作的复合型体育专门人才"。其培养目标相似,培养的体育人才在知识结构、能力素质等方面也几乎相同，缺乏特色。二是，培养目标层次性模糊，在研究生教育层次和本科教育层次上没有明显区别，如北京体育大学民族传统体育本科教育的培养目标为"培养德、智、体全面发展的，较系统地掌握民族传统体育的基本理论、技术与技能，能在运动训练、学校体育教育、社会体育健康指导等领域中从事武术、传统体育养生及民族民间体育教学、训练、科研等工作的高级专门人才"，而研究生教育的培养目标是"培养面向现代化、面向世界、面向未来，德、智、体全面发展的，能在民族传统体育领域从事教学、运动训练、科学研究及管理工作的高层次人才"。三是，培养目标大而全，过于全面。培养目标的准确定位，关系着人才培养的质量和速度，影响经济发展和社会进步，因此，应从横向和纵向两个方面对培养目标进行重新定位。

教育不仅是普及，还应包括专业人才的培养。高等院校是培养专业人才的地方。1998年10月联合国教科文组织的《21世纪的高等教育：展望与行动》宣言强调，"帮助在文化多元化和多样性的环境中理解、体现、保护、增强、促进和传播民族文化和地区文化，以及国际文化和历史文化。"武术运动形式中的"术"是与大多数人有直接关系的部分。但仅有"术"是肯定不够的，因为武术中还有许多体育以外的东西，有很多非西方体育价值系统所能涵纳的东西，而这些，恰恰是武术最引人入胜的地方，是其文化精神所在。所以，在人才培养上，还要注重其文化保护能力的培养。高校教育中应把文化遗产教育引入教学体系之中，培养专业人才，反馈到社会之中发挥作用。作者认为，大学应承担起培养民族传统体育非物质文化遗产保护人才的重任。

四、结语

武术文化教育研究始终是传承中华文化不可或缺的环节。"传统的气质氛围，并不是一种肤浅的怀旧情怀。当人的成就像氢气球一样向不可知的无限高空飞展，传统就是绑着氢气球的那根粗绳，紧连着土地。它使你仍旧朴实地面对生老病死，它使你仍旧与春花秋月冬雪共同呼吸，使你的脚仍旧踩得到泥土，你的手摸得到树干，你的眼睛可以为一首古诗流泪，你的心灵可以和两千年前的作者对话。"（龙应台）。在社会学视域下，武术文化的教育研究，就是要创造这种氛围，延续这种气质。

武术哲学的一种研究范式
——从武术视角对其他文化的三重诠释*

一、导言

或许是我两个学科的学习经历和三部专著的系统研究的缘故,武术哲学,已是我的特色学术标签。我的武术哲学,既有从不同视角对武术的哲学思辨,如《武术哲学》《文化符号:武术》,又有从武术视角对其他文化的哲学诠释,如《中华武术与传统文化》。截至目前,我的武术哲学团队的主要研究,是从武术视角对其他文化的哲学诠释。经过长期的摸索,已形成一个比较成熟的研究范式——从武术视角对其他文化的三重诠释。那么,这一研究范式到底是什么意思、有什么意义、又是如何形成的呢?

二、范式的操作思路

从武术视角对其他文化的三重诠释,是以"拿来主义"的态度,看武术之外的其他文化中,哪些内容已经或者有可能被吸纳到武术中,并通过创造性诠释使其成为武术文化的组成部分,以补充或修正已有的武术文化。众所周知,在武术的历史发展中,武术或主动或被动地从中国文化尤其是主流的中国文化中吸纳了大量的营养,从而使武术的文化内容非常丰富,并成了全息性的中国文化载体和颇具代表性的中国文化符号。今天的我们,常对武术这一文化性质感到自豪。殊不知,今后的武术发展,还可以从其他文化中主动或被动地吸纳营养,使其永远保持文化的先进性,并永远具有中国文化甚至是其他任何优秀文化的载体与符号的性质。正是基于这样的认识,我和我的团队一直在从事这一研究工作,不断地从武术视角对我们认为的其他优秀文化进行

---

* 作者简介:乔凤杰(1969—),男,汉族,河南安阳人,博士,教授。2006—2008年在上海体育学院跟随邱丕相教授从事博士后研究,完成出站报告《武术哲学》。现工作单位:清华大学;主要研究方向:武术哲学、运动哲学、武术历史与文化。本文为原载《武术研究》2021年第1期《研究武术与文化之关系的两种范式》的部分内容,有修改。

创造性的三重诠释。

三重诠释，即实然诠释、应然诠释、可然诠释三者并用的诠释。实然诠释，即实际如此的诠释；应然诠释，即应该如此的诠释；可然诠释，即可以如此的诠释。实然诠释是一种确定性的诠释，其所诠释的是实际存在的东西；应然诠释是一种可能性的诠释，其所诠释的是尚不能确定其是否实际存在但在逻辑上应该存在的东西；可然诠释是一种创新性的诠释，其所诠释的是实际上并不存在但在逻辑上可以让其存在的东西。有人把所有的诠释方法归纳为三类，即以作品为中心的诠释、以作者为中心的诠释、以读者为中心的诠释。如果以此为标准来进行定性的话，那么，我们这里所说的三重诠释，大致上是一种以读者（也就是诠释者）为中心的诠释。具体而言，从武术视角对其他文化的三重诠释，是以武术人为中心的诠释。

从武术视角对其他文化的三重诠释，既诠释其他文化对武术实际产生的意义，也诠释其他文化对武术应该产生的意义，还诠释其他文化对武术可以产生的意义。对其他文化的武术意义的实然诠释，是以材料记录为依据，通过对材料记录内容的分析，来诠释其他文化中的哪些东西实际被吸纳到武术文化中；对其他文化的武术意义的应然诠释，是在没有材料记录的情况下，通过对其他相关迹象和某些相关内容的分析，来诠释其他文化中的哪些东西应该被吸纳到了武术文化中；对其他文化的武术意义的可然诠释，是在既没有材料记录也没有其他相关迹象的情况下，单纯通过对其他文化中某些内容的本质与价值的分析，来诠释其他文化中的哪些东西还可以被吸纳到武术文化中。与当今所有的文化诠释研究一样，从武术视角对其他文化的三重诠释，可能会遇到这样的质疑：任何文化中都会有精华与糟粕，你们如何识别精华与糟粕，从而保证所诠释的是精华而不是糟粕？

我们承认，任何人都没有能力非常精准地识别任何文化中的哪些内容属于精华和哪些内容属于糟粕，但是我们又要非常肯定地告诉大家，这一问题丝毫不影响我们从武术视角对其他文化的三重诠释，因为我们进行的三重诠释，根本就不关心所谓的精华与糟粕问题，而只是要"循其旧法，择其善者而明用之"（《荀子》）。简单地说，我们对其他文化所有内容的三重诠释，并不以对精华或者糟粕的鉴定为前提，而只是要在我们的能力范围内选择内容进行创造性的诠释，从而使其能为当今的武术文化建设所利用。

在我们看来，任何材料的价值大小，都既与材料本身有关，也与使用材料的人有关。比如，同样一块不规则的木头，放到一个普通人手中，它可能分文不值，但经过一个高明艺术家雕琢之后，它却可能价值连城。对当今人类生存与社会发展来说，任何文化都是可用的材料，它在今天能够产生的价值，除了与其本身有关外，或许与利用者本身的关系更大。我们坚信，"善用物者无弃物"，只要我们始终着眼于当今的武术文化建设，因材而用，也就没有必要过多地纠结这些文化中的所谓精华与糟粕。"循其旧法，择其善者而明用之"，是我们在诠释任何文化的武术意义时都秉持的基本态度。

三、范式的现实意义

武术文化的内容，固然会有一些来自武术人的实践经验，但更多的则是被人为植入的其他文化。从武术视角对其他文化的三重诠释，既有实然诠释，也有应然诠释，还有可然诠释，简单地说，就是要把其他文化中实际被武术吸纳的东西、应该被武术吸纳的东西、可以被武术吸纳的东西统统地建构到武术文化中。毫无疑问，这一研究本身，是在"让文化滋养武术、让其他文化为武术所用"。

初看起来，这种研究似乎一直在炒剩饭，然而实际上并非如此。从武术视角对其他文化的三重诠释，在任何时候都是与时俱进的武术文化建设。

首先，虽然我们一直在讲武术是其他文化的载体，但这里所说的武术其实并不是现实中的任何一种武术，而是把所有武术种类合到一起所形成的一个抽象化的整体武术。具体到每一个具体的武术拳种尤其是每一个具体的武术项目，其已经承载的其他文化内容其实远没有我们整体上想象的那么多。即使上述并不全面的其他文化，也是非常零散地存在于不同的拳种流派中。毫无疑问，从武术视角对其他文化的三重诠释，把武术零散地承载的其他文化内容整合到一起，自然是非常有意义的。

其次，从武术视角对其他文化的三重诠释，既要把零散存在于不同武术种类的其他文化通过"实际如此"的诠释整合在一起，更要把没有被武术接纳吸收的其他文化通过"应该如此"和"可以如此"的诠释整合到武术中，使当今的武术文化内容更加丰富、更加传统、更加现代。这种诠释，在诠释内容上是不断增加的，在诠释方法上是面向时代的。从根本讲，从武术视角对其他文化的三重诠释，最直接的作用就是丰富与完善当代的武术文化内容，增强武术的时代性与生命力。

作为一种研究范式，从武术视角对其他文化的三重诠释，可能会给人们的固有观念或者习惯带来些许的冲击。可以想象，在现代学术研究特别是当今中国的武术文化研究中，人们对实然诠释一般不会有什么排斥，对应然诠释或许会有不同的看法，但对可然诠释这种研究范式很大可能就会产生疑虑。然而在我看来，这其实是大可不必的，因为如果我们把眼光放远一点、认真回顾一下历史的话，不难发现，这种研究范式其实早已是中国武术人的老套路了，而且正是因为这种研究范式才让武术有了很多出人意料的创新性发展。试想一下，如果没有少林寺僧从武术角度对佛教的可然诠释，禅拳合一的少林拳怎么可能产生？如果没有陈王廷对太极理论、道教思想的可然诠释的话，以太极为名的太极拳又怎么可能产生？

四、范式的形成过程

作为一种研究范式，从武术视角对其他文化的三重诠释，肇始于我的硕士论文

武术哲学的一种研究范式——从武术视角对其他文化的三重诠释

《对<老子>思想的武术学剖析》（2000 年在河南大学哲学系徐仪明教授指导下完成），自觉于我的博士论文《中华武术与传统文化》（2005 年在南京大学哲学系赖永海教授指导下完成，2006 年在社会科学文献出版社出版），逐渐成熟于我的后续研究、我对研究生的学术指导、研究生们自己的学术研究。

现在看来，从武术视角对其他文化的三重诠释，在我的硕士论文研究中已经开始了。在我当时从武术视角来剖析《老子》思想时，几乎是带着"寻找新大陆"的兴奋劲来进行的，所以我在这篇论文的研究与写作中，思想是极其开放的，也就糊里糊涂地运用了我今天才意识到的实然诠释、应然诠释、可然诠释相结合的三重诠释。

我的博士论文研究，自觉而清晰地完成了应然诠释与实然诠释的有机结合。客观地讲，这并不是事先设计的，而是被逼出来的。因为，完全凭材料说话的实然诠释范式在我当时的研究中无法发挥太大的作用。具体情况是当时在进行中华武术与传统文化之关系的研究时，我遇到了一个非常尴尬的状况——中国哲学、中国文化研究的资料浩如烟海，而武术学科中能够收集到的则是可信度很低、数量还比较少的资料，以及一些无法考证的纷纭传说。面对这样的状况，为了完成这个选题的研究任务，我只能在尽可能诠释历史事实的前提下，更多地进行了义理层面的诠释。这种研究范式所导致的是，我对中华武术与传统文化之关系的研究，虽然也有少量的基于材料的实然诠释即"实际如此的诠释"，但更主要的则是对中华武术与传统文化之内在关系的应然诠释即"应该如此的诠释"，是对中华武术与传统文化的思想会通。

把可然诠释作为一种明确的研究方法，是在我此后的研究特别是指导我自己的研究生进行学术研究时所慢慢确定的。可然诠释，是在解读原本与武术没有明显关系的文化时，让研究者立足于武术的发展需求，以"为我所用"的解读方式来吸纳被研究文化中的营养成分，从而扩充或改善武术文化的内容。相比应然诠释，可然诠释的创造性自然要更加明显一些。因为应然诠释虽非引经据典、言出有据，但毕竟还是能够在武术与文化之间找到或显或隐的联系。可然诠释，秉持的是一种学习的、拿来主义的思想原则。当我们发现某一种文化特别优秀但却与武术之间没有什么联系，而我们又特别想从这种优秀文化当中学点东西的时候，可然诠释就可以发挥作用了。

客观地说，如果王献斐（河南大学 2011 级博士生）的博士论文《武术内向训练与道教内丹修炼》、熊金才（河南大学 2011 级硕士生）的硕士论文《论少林拳的禅拳合一》主要是实然诠释与应然诠释相结合的话，那么，赵严（河南大学 2012 级硕士生）的硕士论文《修心：从茶道到武道》则已经是实然诠释、应然诠释、可然诠释三者并用的三重诠释。此后，王刚（清华大学 2014 级博士生）的博士论文《道德仁艺：武术修炼视角的儒家思想研究》、朱安洲（清华大学 2017 级博士生）的博士论文《武术视角的老子思想研究》、严盼盼（清华大学 2015 级硕博连读生）的博士论文《武术视角的佛教思想研究》、陈胜飙（清华大学 2019 级博士生）的博士论文《武术视角的天人合一思想研究》等，均已是十分明确的三重诠释了。

五、结语

简而言之,从武术视角对其他文化的三重诠释,是要把其他文化中对武术可能有用的所有内容都创造性地诠释到武术文化中去,是要让其他文化更多地为武术所用。这一研究范式本身,完全可以推广到其他领域。实际上,在任何领域对其他文化的任何意义(如戏曲、书法等意义)的研究,三重诠释都是具有创造性的诠释方式,都是以诠释者为中心的、拿来主义的、为我所用的自身文化建构。正因如此,作为一种研究范式,从武术视角对其他文化的三重诠释,不但对武术领域的文化哲学研究具有指导意义,而且对其他领域的文化哲学研究也具有参考意义。

中国武术文化优势扩散研究*

一、前言

习近平总书记在省部级主要领导干部学习贯彻十八届三中全会精神全面深化改革专题研讨班开班式的讲话（2014年2月17日，中共中央党校）指出，要加强对中华优秀传统文化的挖掘和阐发，努力实现中华传统美德的创造性转化、创新性发展，把跨越时空、超越国度、富有永恒魅力、具有当代价值的文化精神弘扬起来，把继承优秀传统文化又弘扬时代精神、立足本国又面向世界的当代中国文化创新成果传播出去。只要中华民族一代接着一代追求美好崇高的道德境界，我们的民族就永远充满希望。

近代以来，中国传统文化受到前所未有的冲击，许多珍贵的文化传统遗失，文化遗产被破坏，文化的多样性受到挑战。在此历史背景下，以及当前中国在国际社会发挥越来越重要的作用下，充分认识弘扬传统文化的重要性，将发掘传统文化优势纳入提高文化软实力工作中来，更加显得必要和及时[1]。如今，我们需要发扬与时俱进的时代精神，坚持古为今用、推陈出新，大力发扬中华文化的优秀传统。

千百年来，中国武术文化深受中华传统文化思想的影响，具有中华传统文化的多种优势，并形成了以身心为基础的、特征分明的文化优势，即人格模式的君子之道、行为模式的礼仪之道、思维模式的中庸之道，以及文化内容的多样性[2]。这种优势经过历代武术家的实践、阐发与完善，积淀成为中国武术的技击体系和思想体系的文化传统，并且经过长期潜移默化，成为以中华民族主体精神为核心的文化体系的一部分，成为彰显中华民族部分伦理道德和社会行为的准则，在我国传统体育文化中具有显著的文化优势，在国际非奥运会体育项目文化中也具有一定的文化优势。中国武术需要

---

* 作者简介：黄聪（1974—），男，汉族，四川南充人，博士，教授，博士生导师。2007—2010年在上海体育学院跟随邱丕相教授从事博士后研究，完成出站报告《中国古代北方民族体育文化》。现工作单位：陕西师范大学；主要研究方向：体育史、民族体育文化与社会发展。本文原载《西安体育学院学报》2016年第5期，人大复印资料《体育》2017年第01期全文转载。

[1] 马庆红. 发掘中华传统文化优势提高国家文化软实力 [N]. 光明日报，2009-11-11.
[2] 唐加文. 中华文化的优点和缺点 [J]. 文史月刊，2013，(1)：29-32.

加强挖掘和阐发,需要创新发展,更需要立足本国又面向世界传播出去。因此,了解中国武术的文化优势,并做好中国武术文化优势扩散具有重要意义。

二、中国武术文化价值调整与优势扩散的结构基础

(一) 中国武术文化价值规律与价值同轴对称调整

文化价值规律是指一定社会文化价值体系决定社会内部不同价值选择的规律[1]。无论武术是以传统还是以现代竞技形式发展和向外传播,无论武术是以个人还是以国家形式发展和传播,这种集体或个人的选择,都存在一种自觉或不自觉的意志,具有一定的价值力量。无论是国家还是个人,或是不同派系或拳种的武术人,他们对武术都有各自的价值目标和选择。尽管大家的目标或选择不尽相同,甚至存在矛盾,但任何一种目标或选择都应当服从于整个社会的价值体系规律。否则,就会出现差异、变动、矛盾和冲突,就会受到调制,使其回归社会价值轴心。价值同轴对称是指价值选择的各种矛盾冲突以一定的社会文化价值体系为轴心相互对立运动[2]。在现实社会实践中,个人的与集体的、创新的与传统的、本体的和异体的各种价值,并非同时处在社会价值轴心上,而是在同轴上处于偏离或背离状态,并在不断的发展中围绕着同轴适应、调整和转化,使偏离的或背离的得到恢复。中国武术正处于这种状态,其原始价值轴心是国内社会的价值体系。然而,它目前又受到国际现代化社会价值体系的影响,特别是受到以资本运转为核心、以现代形而上学为哲学根基而形成的西方现代文化的影响。因而,中国武术在中国传统文化和西方现代文化之间徘徊,需要在一个世界轴心和国家轴心之间不断地进行调整。目前,竞技武术在世界轴心选择上没有完全满足中国民众的价值偏好,反而推行西方现代体育的标准与规范,于是就有人提出以中国自己的价值体系为轴心,要回归武术传统。这种做法虽然能够解决民众一时的满足,但全球化环境下,保守会使武术远离世界轴心,必然会受到价值规律的惩罚。因此,在目前境况下,武术发展要从国情出发、从实际出发,审时度势,做好传承与创新、保护与开发,遵循社会规律,探寻路径。

武术是中国人创造的,只有把它运用好,才有利于国家的发展,否则,它可能反过来钳制我们的动机和行为。这正是文化悖谬与价值二律背反现象[3]。这一点无论是在武术的国际化发展中,还是在国内社会发展中都值得注意。国家的本意是通过竞技武术打开中国武术的国际化通道,因而,在批判竞技武术不足的同时,还应当发掘其积极的社会作用,使其围绕社会价值轴心良性发展,避免制造文化对抗,影响已经形

---

[1] 司马云杰. 文化价值论——关于文化建构价值意识的学说 [M]. 西安:陕西人民出版社,2003:180-197.
[2] 司马云杰. 文化价值论——关于文化建构价值意识的学说 [M]. 西安:陕西人民出版社,2003:180-197.
[3] Mannheim, Karl. The Structure of Thinking [M]. London: Routledge and Kegan Paul, 1982:36-59.

成的竞技武术文化结构，造成不必要的社会损失，从而避免对我国进一步推进传统武术的国际化发展造成负面影响。

(二) 中国武术文化优势扩散的结构基础

武术是中华文化的代表，具有一定的文化优势。但在如今经济全球化的现状下，代表西方集体意识的文化慢慢被中国人群接受，如对科技的依赖、对经济效益的追求等。在制度上还没有做好充分准备的情况下，这种文化已经具有向集体意识发展的趋势，造成文化与制度的凿空，人们对文化价值的追求呈现多元化，并时时出现几种价值之间的冲突。曼海姆认为集体意识是具有观点性，但却又刻板成见地结合经验的沉淀物，但是这个客体性必然是要在一定的时空条件下为人们所界定与证实。同时，集体意识受到时空的影响，也具有一定程度的主体间性，即在一定条件下，它必然被相当数目的人群所接受、共享，而且因此成为社会中的一股自主的力量，产生要求其他成员接纳的作用[1]。仅此而言，我们分析武术文化还尚未达到集体意识这一层面，虽然国内练武人多，但它的社会作用并没有被相当数目人群所熟知并认同；在国际上，虽然建立了很多武术协会或联合会，但它所产生的社会作用相对于西方体育所产生的社会作用来说距离还很远。可喜的是，在中华民族伟大复兴的大背景下，中国传统文化受到从政府到民间组织、从个人到集体的重视，武术文化正在从群体意识向集体意识推进。

不过，在任何社会里，集体意识的有效施用范畴并非绝对普及[2]。在一定时空条件下的任何社会都可能有一套居于优势地位的主导价值和规范来作为其成员之间的行为指导准则。因而，仅用集体意识来描述一定时空条件下的社会是不够的。哈贝马斯提出的优势标准解决了这一问题，即预设着社会有一定的结构规律，而这一规律是超乎个人意志所能控制的。不管成员是否意识到，这种优势标准都在社会的组织运作和人的行为模式中视为准绳，成为指导社会运转的核心原则，社会的基本性格也可以从这一标准来捕捉[3]。

据此，可以界定某一社会组织运作或人的行为模式是否具有正当性，一定时空条件下的文化传统模式也是基于此而形成的。武术处于体育这样一个社会环境下，它的文化传统模式是在中国这一大背景下的优势标准下形成的，与国际接轨的过程中必然会与世界的优势标准存在冲突与融合，这是一个正常的文化发展现象。但在处理这种冲突与融合过程中所取得的效果却又受到理念、态度和行动模式的影响。相对整个世界而言，中国是一个次群体，它有着自己的意识和行为规则，一旦与国际接轨就存在

---

[1] Mannheim, Karl. The Structure of Thinking [M]. London: Routledge and Kegan Paul. 1982: 36-59.
[2] Mannheim, Karl. The Structure of Thinking [M]. London: Routledge and Kegan Paul. 1982: 36-59.
[3] Habermas, Jurgen. "Technology and science as 'ideology'" in Toward a Rational Society [M]. Boston: Beacon. 1970: 81-122.

不同意识与行为规则之间的竞争。这种竞争可能导致冲突，也有可能彼此根据需要而做必要的调整，这就决定于理念、态度和行动模式。有时也受到时空条件的影响，如武术能在北京2008年奥运会上作为表演赛项目而不能在其他奥运会上成行，即是时空影响的结果。在西方体育如此强势和深入人们生活的情况下，武术能否也成为一种优势标准？一般而言，优势标准是受持有者权力大小、某一时空条件下成员心目中的突显理念目标、人性中不可化约的特质意识和行动规则是否具有实践的潜在效率和效用影响的。因而，武术的发展必须要依靠国家强大，其次是要能提供给成员基本的物质基础，提供便利的照顾，这是较为基本的、原始的经济功利意义。更为重要的是要超越经济功利目的而建立适合成员的价值理念。一套行之有效的价值理念，往往才是真正主宰人的意识和行为规则的利器。优势标准并非只是抽象象征理念，它一定要由抽象的象征理念转化成为一套具有可被制度化的具体形式，才可能在人们日常生活中落实而发挥作用，才具有权威性。为了使这种优势标准通过权威而正当化，就需要诠释、修饰、转化和安置等。因此，武术要成为优势标准，需要将武术的发展提高到中华传统文化发展的战略高度，认真践行和推广人格模式的君子之道、行为模式的礼仪之道和思维模式的中庸之道，并保护武术文化的多样性，使其为人接受，逐渐成为成员心目中的突显理念目标、人性中不可化约的特质意识和行动规则。

三、中国武术文化优势扩散的思路与途径

（一）通过理论与实践的搓揉转变武术发展思路

当前武术发展不给力，其中一个较大的问题是理论与实践之间联系不紧密，对武术的期盼与武术本身的发展之间不匹配。这一现象出现的原因在于理论与实践之间的搓揉不足，应当转变发展思路。文化一般产生于最广大的人民群众，但最终将文化提炼的往往是社会精英，经过提炼后的文化还需要返回群众进行实践。在这一生产、提炼与再实践的过程中，存在认知的差异和情感认同归属问题。在解决这一问题中，非常重要的环节是文化的"转型"与"安置"[1]。所谓转型就是根据内在规律，由一个状态转变成为另一个状态的过程；而安置则是状态转变后，如何让新状态逐渐定型下来的塑造过程。例如，中华人民共和国成立后国家根据人民群众强身健体的需要，将传统武术整编为长拳，这是武术的一次转型。后来根据武术国际化发展需要，又进一步将传统武术整编为竞技武术，这是武术的又一次转型。将整编后用于广大群众的体育活动和将竞技武术推向全球的过程就是对转型新事物的安置过程，而如何让人接受这种转型与安置的关键环节的技术选择就是"诠释"和"正当化"。一个新事物的转

---

[1] 叶启政. 期待黎明：传统与现代的搓揉[M]. 上海：上海人民出版社，2005：8-30.

型是否顺利重点在于诠释，安置是否成功主要在于如何使其"正当化"。作者认为，目前国家关于武术发展价值的取向其正当化不容置疑，然而在武术的转型与安置过程中其诠释远远不足。武术的转型没有经过一套润色诠释过程，没有使人们充分认识到竞技武术作为一种规范模式与行为典范在中国武术发展新领域所具有的代表性，从而导致人们利用自己惯有的诠释思路与方式进行认知，并与管理部门的初衷发生分歧。改变传统思路，将武术的发展特别是对待传统武术与竞技武术发展理论的独特性与普遍性之间进行合理转换，并将这一理论的抽象程度根据需要进行必要的提升或降低，这是管理部门需要加强做的工作。通过认知、诠释和传播等方式进行，以集体的力量使传统武术与竞技武术各自所具有的独特性与普遍性交替产生。在这一过程中，大家所认知的理论的抽象度会因为多种因素进行反复调整。当新的认知多次验证得到其理论对实践的有效性，从而形成理论与实践之间的有效搓揉，这一转型与安置才能得到更大的认可，实践才会更为顺利与成功。

武术的转型作为一种特殊的民族文化的转型，它具有参照物，一是国外类似文化的横向比较，再是文化自身的纵向比较。在比较过程中形成的文化落差需要调适。特别是诸如西方竞技体育和跆拳道、柔道等文化的影响，冲击并破坏了武术原有的均衡秩序，击破了武术原有的神圣，使武术的发展不再在中国人认同的优势标准的轴线上，致使这种认知出现心理落差，因而，要正确客观地认识这个时代与社会，将传统文化与现代文化、本土文化与外来文化进行理论与实践的有效搓揉，转变传统思路，做好转型与安置，实现武术的良性发展。

（二）通过武术人的自我审视夯实武术发展基础

在批判西方竞技体育对本土武术严重影响的同时，作为文化的承载者，我们应当勇于做好自我检查，以便推进武术的健康发展。往往个别低俗和极端的武术现象会造成极坏的影响，从而影响社会对整个武术的认识。特别是跆拳道、柔道等文化在中国有序的发展，与中国部分武术门派之间互不相让的格局形成鲜明对比，严重影响武术的声誉和社会地位。据统计，但凡想让孩子学习武艺健身的家长，73%的人会选择跆拳道和柔道[1]。家长没有否定武术本身的文化价值、实用意义和健身价值，只是认为跆拳道等项目更规范，更有利于孩子健康成长。

为何跆拳道能在一个武术文化渊源悠久的国家立足，并且得到较好发展，反观武术本身在本国却没有得到相应的发展？作者认为，就武术从业人员而言，应当从以下几个方面进行审思：一是武术文化要服从国家文化发展的统筹设计，二是要有武术文化整体发展的大局意识，三是不可唯利是图，四是创造创新发展环境，五是重视教育效果产生的效应。目前跆拳道是奥运会项目，它倍受群众与政府的重视，与其具有规

---

[1] 任璐. 文化资本运营：中华体育文化在体育强国建设中的使命与实践路径研究 [D]. 西安：陕西师范大学，2013：22-30.

范科学的统筹管理不无关系。另外,跆拳道教育中非常重视礼仪教育,这也是很多家长送孩子学习跆拳道的一个重要因素。武术人具有讲义气和不服输的优良品质,但用错时间或场合往往会造成极坏的影响,势必对接受主体形成障碍。由此引申出我们当代武术人应当反思与自检,在真正领悟武术发展的精要,除去武术中的糟粕,走上科学发展之路后,武术才能引起重视,得到更好发展。

(三) 通过文化资本运营打造中国武术品牌

就现代体育而言,西方竞技体育已然成为世界体育的中心,而中国等其他发展中国家和欠发达国家都尚处于体育的边陲。中心体育具有示范和影响整个体育世界的作用,同时也具拥有体育财富和领导世界体育的能力。中国武术目前处于世界体育的边陲,受到中心体育的影响,正在思考与改革,甚至在以西方体育的模式进行创新。竞技武术的发展就是其中一个典型的事例。众所周知,文化是人类在社会活动与创造过程中形成的,它并非就是一种抽象的形态孤立存在,更多的却是以商品的形态存在,它不只是用以满足人类基本生活需求,也往往被象征化以界定人们的社会地位和身份。比如,以拥有商品的种类、数量、品质和品牌来判定。这种价值判断经验证后就形成了对文化优势基本认知基础。就世界体育而言,中国武术处于边陲;就中国传统体育而言,武术具有民族传统文化的优势。目前需要思考的是如何将这种文化优势向世界中心推进。就现代社会文化发展而言,文化的进步与优势正当化,最主要的就是使其表现形式和价值日常生活化,其重要的环节是文化商品的生产与消费,实现的途径是科技创新和文化商品流通。中国武术缺少科技创新,这不仅表现在对武术科学的探索,而且表现在科技成果如何转化为创新成果。竞技武术就是武术的一项重大创新,然而其文化优势却难以扩散。科技成果转化环节受阻,往往影响文化商品的生成。比如,对太极拳健身机理、传统养生的导引术、五禽戏等研究成果没能有效转化为商品。在实现成果转化的基础上还要考虑消费者的需求和消费心理,要适合中心社会人群的消费习惯。作者在美国实地调查发现,他们在年轻时追求时尚体育消费,而到中老年时却非常重视养生。他们以前缺少渠道,对中国的体育不了解,随着近些年武术向美国群众推广,越来越多的人喜欢上这类运动。但美国人不喜欢中国推广武术过程中将武术神秘化,他们认为这样带有浓厚的民族文化主义色彩,难以接受。反而,从科学和技术的层面进行解释与传播能使他们更容易接受,并且会在这一过程中自然地了解或接受武术文化。当然,还有在利益驱动下,武术人的心态与武术本身所宣扬的文化品质之间存在较大的落差等问题。仅此而言,中国武术目前需要做的不是鼓吹自己的文化,而是在现有的基础上策划如何更有效地将其从边陲向中心推进。作者之所以提出武术文化资本化,其重点在于强调以文化商品的概念,引入更多的团队与资本,能通过科学规范的策划,将武术推向文化消费,让更多的人群在文化消费的同时认同这种文化。一旦在这一过程中武术所体现的形式和价值被中心人群接受并日常生活化,那么就意味着它的文化优势得到有效扩散,就将靠近中心体育位置,将成为更多社会群体的一种需求与标准。一般而言,社会群体在购买和使用某种商品时,主要是基于它的使用价值。然而,任何一种商品都附着了文化,将通过这一过程展现文化,彰显其特定的社会意义,并衍生出一定的文化意涵。作者认为,在当前推进武术国际化发展中,要正确地诠释中国武术,才能做好中国武术文化优势的扩散。

当今时代,文化因素已经成为经济竞争的核心因素;谁拥有强大的文化软实力,谁就能够在激烈竞争中获得主动[1]。在国家提出"中华文化更好地走向世界"的号召下,武术文化不能落后。在武术全球化发展战略中,要将武术文化作为人类的一种文化消费,让大家在消费的过程中体验和感受文化的魅力。在武术的发展过程中,重视武术文化资本化的作用是必须的。在20世纪90年代,伍绍祖同志就说过,武术要谋求自身发展,不要寄希望在国家给你拨款来发展[2]。这已经很明确地告诉我们应当怎么做,要发展就得体现出自己的价值,用武术本身所产生的经济价值来发展武术。

全球化语境下的武术文化发展,以政府行政手段向国外推广是一种选择,但就目前而言,特别是在国家正在推进经济发展供给侧结构性改革,鼓励大众创业、万众创新的"双创"发展的大背景下,武术应当在争取政府政策支持的同时,更应当通过自身价值的实现,融入全球化进程,从而推向全球,这是武术发展的必然。陈庆德先生认为,以经济活动的技术形式制造的一个从主观到个人基础上分离出来的价值领域造就了一个"价值"的客体与主体之间超个人的关系,这便导致了资本这种特殊性存在向普遍性的提升,通过社会生活实践,把各种各样的事情建构成一种利益,而且是一种现实可行的利益;当其表现为一种"投入"时,也就有了获取利益回报的权利[3]。于是,文化资本体现为"身体化、客观化和制度化"三种存在形式的表述[4]。具体到武术而言,武术自身所具有的社会价值、健身价值和经济价值是很多现代生活人群的一种需求,目前我们需要做的就是将其资本化,获得社会效应回报。

武术在资本化发展中要关注文化的品牌建设。文化品牌体现了一种文化的精神影响力和核心竞争力。在现代消费文化主导下,很多消费在获得商品的使用价值的同时,更注重获取文化符号价值。人们消费的对象已不仅是商品本身或商品的使用价值,而是被嵌入商品包装中的品位、格调和广告所表征或暗示的商品势能或潜能[5]。武术文化之所以应当资本化成为中国文化的品牌,主要是基于它具有文化的经济价值与精神价值的双重凝聚。武术文化一旦成为一种民族文化品牌,那么,就意味着它不仅具有

---

[1] 广东省委常委、宣传部部长林雄阐述改革开放30年后广东如何发展的一个观点。转引自:朱又可,夏辰. 核心还是文化 [N]. 南方周末. 2009-08-20.
[2] 伍绍祖. 我的武术观 [C]//1996—1997全国武术获奖论文集. 北京:人民体育出版社,1999:12-13.
[3] 陈庆德. 民族文化资本化论题的实质与意义 [J]. 昆明:云南大学学报(社会科学版),2008(2):25-34.
[4] 皮埃尔·布迪厄,华康德. 实践与反思——反思社会学导引 [M]. 李猛,李康,译. 北京:中央编译出版社,1998:61-68.
[5] 苏国勋,张旅平,夏光. 全球化:文化冲突与共生 [M]. 北京:社会科学文献出版社,2006:43-45.

普通商业品牌的同质性，而且还具有其独特的个性[1]。

另外，武术在资本化发展中要关注武术文化产业化发展。文化产业已经成为人类社会发展的重要的动力形态之一[2]。武术文化产业化发展正是武术文化在现代社会实现资本价值的途径。消费是促进生产的最好方式，扩大武术文化的消费领域和消费群体是发展武术的良性选择。武术文化产业化发展，就是要通过武术文化的开发利用，使其实现资本价值，夯实其生存与发展的基础。武术文化产业化发展应当关注体制问题、解决有效供给问题，明确武术文化产品的市场定位，打破传统单一行业运作模式，建立有利于刺激文化消费的市场环境，培育和发展武术文化产业中介组织[3]。当然，在武术文化资本价值实现过程中，还应当注意到多方位和多渠道地利用资本市场，进行跨界整合，关注信息与网络的作用，注重人才培养，以及必须用全球化的眼光，走内向型与外向型相结合的发展道路，使中国武术文化优势得到迅速有效扩散。

四、结语

中国武术确实在改革开放几十年中取得了巨大的进步。在关注这种进步的同时，人们对它的文化认知和价值追求也发生了改变，提出的使命更多、要求更高。有些意见与建议是积极的，有些却需要辩证思考。在国际化发展大环境下，人们对武术的讨论应当站在国家层面的同时，也要站在世界发展的层面，这样才能给武术一个适合时事的定位，才能把握发展的规律。武术文化优势是否能得到有效扩散，既决定于中国能否稳定快速发展，也取决于中国是否对武术有正确客观的认识和科学的统筹规划，并采取积极有效的措施使其优势标准正当化。同时，我们必须清楚地认识到这是一个长期的过程，需要大家的不懈努力。

---

[1] 黄聪，任璐，汤金洲，等. 武术文化资本化与全球化语境下的武术发展 [J]. 西安体育学院学报，2012 (6)：702-705.

[2] 胡惠林. 文化产业学 [M]. 北京：高等教育出版社，2006：22-25.

[3] 黄聪，任璐，汤金洲，等. 武术文化资本化与全球化语境下的武术发展 [J]. 西安体育学院学报，2012 (6)：702-705.